Eine Arbeitsgemeinschaft der Verlage

Böhlau Verlag · Wien · Köln · Weimar
Verlag Barbara Budrich · Opladen · Toronto
facultas.wuv · Wien
Wilhelm Fink · Paderborn
A. Francke Verlag · Tübingen
Haupt Verlag · Bern
Verlag Julius Klinkhardt · Bad Heilbrunn
Mohr Siebeck · Tübingen
Nomos Verlagsgesellschaft · Baden-Baden
Ernst Reinhardt Verlag · München · Basel
Ferdinand Schöningh · Paderborn
Eugen Ulmer Verlag · Stuttgart
UVK Verlagsgesellschaft · Konstanz, mit UVK / Lucius · München
Vandenhoeck & Ruprecht · Göttingen · Bristol
vdf Hochschulverlag AG an der ETH Zürich

Univ.-Prof. Dr. phil. habil. Roland Stein, Jahrgang 1962, Dipl.-Psych.; Lehrstuhl für Sonderpädagogik V, Pädagogik bei Verhaltensstörungen an der Bayerischen Julius-Maximilians-Universität Würzburg. Forschungsschwerpunkte: Arbeit und Beruf, Beratung, Unterricht.

Alexandra Stein, Jahrgang 1974, Studienrätin im Förderschuldienst; langjährige Tätigkeit an Förderschulen und Förderzentren mit den Förderschwerpunkten „emotionale und soziale Entwicklung" und „Lernen".

Roland Stein
Alexandra Stein

Unterricht bei Verhaltensstörungen

Ein integratives didaktisches Modell

2., überarbeitete und aktualisierte Auflage

Verlag Julius Klinkhardt
Bad Heilbrunn • 2014

Online-Angebote oder elektronische Ausgaben zu diesem Buch
sind erhältlich unter www.utb-shop.de

Die Deutsche Bibliothek – CIP-Einheitsaufnahme
Die Deutsche Nationalbibliothek verzeichnet diese Publikation in der Deutschen Nationalbibliografie;
detaillierte bibliografische Daten sind im Internet über http://dnb.d-nb.de abrufbar.

Einbandgestaltung: Atelier Reichert, Stuttgart.
Druck und Bindung: Friedrich Pustet, Regensburg.
Printed in Germany 2014.
Gedruckt auf chlorfrei gebleichtem alterungsbeständigem Papier.

UTB-Band-Nr.: 4120
ISBN 978-3-8252-4120-9

Inhalt

Vorwort

Die in diesem Buch, erstmals 1999, dann 2006 und nun 2014 zum Thema gemachte Erörterung des „Unterrichts bei Verhaltensstörungen" beschränkt sich keineswegs, wie man vielleicht vermuten könnte, auf den Unterricht in besonderen
Schulen, die man unter den Namen „Schule mit dem Förderschwerpunkt emotionale und soziale Entwicklung" oder auch „Schulen für Erziehungshilfe" kennt.
Mit dieser Thematik wurde und wird in allen Auflagen und Ausgaben des Buches
Unterricht allgemein angesprochen, denn Verhaltensstörungen stellen dort einen
fundamentalen Aspekt dar. Sie sind ein grundsätzliches Phänomen des Unterrichtsgeschehens, das die erwähnten Schulen besonders betrifft, aber ebenso auch Allgemeine Schulen bzw. Regelschulen, inklusive Schulen oder andere Sonder- und
Förderschulen bzw. Förderzentren.

Da also Verhaltensstörungen im Unterricht universell auftreten, müssten sie zum
einen auch für alle Schulformen Berücksichtigung finden, zum anderen ganz
grundsätzlich in Überlegungen zum Unterrichtsgeschehen mit einbezogen werden.
Dabei spricht dieses universelle Auftreten von Verhaltensstörungen auch dafür, sie
als Aspekte des allgemeinen Interaktionsgeschehens in Lerngruppen und nicht einfach als Beeinträchtigungen und Behinderungen des fachlichen Lernens zu bedenken. Sobald dies jedoch konsequent geschieht, kann die Zielsetzung des Unterrichts
nicht in einer reinen Wissensvermittlung liegen, sondern in der Förderung allgemeiner und umfassender Bildung, verstanden als Entwicklung der ganzen Person
einschließlich ihrer Interaktionen mit der Umwelt.

Wir haben uns mit dem vorliegenden Buch das Ziel gesetzt, in diesem Sinne einen
Beitrag zur Unterrichtsgestaltung zu leisten und Aspekte zu einem unterrichtlichen
Arbeiten zusammenzutragen, welches der Entwicklung der ganzen Person ebenso
gerecht wird wie unterschiedlichen pädagogischen Situationen in allgemeinen sowie
in Förder-Schulen – und welches Erziehung und Bildung miteinander verbindet.
Im Sinne eines solchen umfassenden Verständnisses von Unterricht ist es notwendig, in der täglichen Unterrichtsvorbereitung Verhaltensstörungen konsequent mit
zu berücksichtigen. Das Verständnis von Verhaltensstörungen ist allerdings dazu
auch zu reflektieren und zu überdenken.

Das hier entwickelte Modell soll zum einen eine Hilfe für die Gruppen der Studierenden, der Praxisbegleiter und der Lehrenden an Universitäten, Hochschulen und
Studienseminaren darstellen; zum anderen soll es ebenso auch Lehrern und anderen
pädagogisch-professionell Tätigen in verschiedenen Bereichen nützlich sein. Dabei

werden jene besonders angesprochen, die sich, aufgrund des universellen Auftretens solcher Störungen, spezifischer und vertiefter mit Verhaltensstörungen auseinandersetzen möchten – seien sie im Bereich der Sonder- oder Heilpädagogik, der Schulpädagogik, der Sozialpädagogik und Jugendhilfe oder auch der allgemeinen Pädagogik tätig.

Hilfen für die pädagogische Arbeit versucht das vorliegende Buch dadurch zu bieten, dass es eine Art „Gerüst" für die Unterrichtsgestaltung bei Verhaltensstörungen im Sinne einer Grundlegung bereitstellt. Es kann und will nicht dem Anspruch gerecht werden, ein Praxisratgeber zu sein. Möglichkeiten der Umsetzung des hier vorgestellten modellhaften Gerüsts in die Praxis werden dennoch im Verlauf und nochmals zum Abschluss erörtert. Insofern stellt das vorliegende Buch einen Überblick und eine Basis dar; es fordert Pädagogen auf, sich für diese Sicht von Unterricht zu entscheiden und sie dann selbständig in die eigene Praxis zu integrieren.

Für uns hat eine Entwicklung über eine mittlerweile lange Zeit hinweg stattgefunden, die durch unterschiedliche Phasen mit je eigenen Zielsetzungen gekennzeichnet ist: Den Ausgangspunkt bildete die intensive Diskussion eines didaktischen Modells – der subjektiven Didaktik Kösels – hinsichtlich seiner Relevanz für die Pädagogik bei Verhaltensstörungen. Aus Unzufriedenheit verschiedener Art heraus, insbesondere im Hinblick auf Systematik und Konkretisierung, ergab sich die Entwicklung eines grundlegenden eigenen didaktischen Rasters. In die weitere Auseinandersetzung flossen dort, wo Entwicklungsbedarf deutlich wurde, zunehmend auch Ideen aus anderen didaktischen Modellen ein. Um diese Gedanken auf eine mögliche Umsetzung hin zu konkretisieren, war die Suche nach hiermit kompatiblen Konzepten der unterrichtlichen Arbeit ein weiterer Schritt. Es entwickelte sich also der Wunsch, für die Pädagogik bei Verhaltensstörungen Didaktiken und Unterrichtskonzepte zusammenzutragen und vor allem grundlegend kritisch zu erörtern: dies im Hinblick auf Verhaltensstörungen sowie von einem spezifischen Verständnis sowohl menschlichen Lernens als auch des Erziehungsauftrages ausgehend. Aus diesem kritischen Gesamtbild verschiedener vorliegender Ansätze und ihres Beitrages für einen Unterricht bei Verhaltensstörungen bildete sich dann schließlich ein unseren Vorstellungen entsprechendes Modell zu einem solchen Unterricht heraus, welches umfassenderen Ansprüchen gerecht werden soll als das zunächst verfügbare Raster.

Auf Basis dieser Entwicklungen entstand im Jahr 1999 die erste Ausgabe des vorliegenden Buches, bei deren kritischer Durchsicht uns eine Gruppe von Dozenten und Studierenden des Instituts für Sonderpädagogik der Universität Koblenz-Landau unterstützt hat. Besonders hervorzuheben sind Prof. Dr. Willi Seitz, auf dessen grundlegenden theoretischen Arbeiten die hier vertretene Auffassung von Verhaltensstörungen basiert, sowie Hans-Ludwig Auer, der sich in die Diskussion der didaktischen Modelle und Unterrichtskonzeptionen einbrachte und in den beiden ersten Ausgaben 1999 und 2006 das Kapitel zu TZI übernommen hatte.

Im Jahr 2006 erfolgte dann eine Neuherausgabe des Buches. Hier wurden vor allem folgende Anregungen und Rückmeldungen mit aufgenommen und eingearbeitet:

• Diskussionen im Rahmen von Lehrerfortbildungen;
• Seminararbeit im Hinblick auf inhaltliche Bearbeitung des Modells integrativer Didaktik, aber auch Erprobung des Einsatzes von Modellfacetten im Rahmen der universitären Lehrerbildung;
• Erfahrungen mit Versuchen der Annäherung an das Modell in der unterrichtlichen Praxis an Förderschulen;
• weiterführende Diskussionen des Modells mit unterschiedlichen Professionellen: Hochschuldozenten, Fachleitern an Studienseminaren sowie Lehrern in der schulischen Praxis.

In der vorliegenden Form geht das Buch nun in eine dritte Ausgabe. Acht Jahre liegen zwischen der zweiten und der nun entwickelten Fassung. In diese Zeit fällt vor allem die UN-Konvention über die Rechte von behinderten Menschen, die in einer nie gekannten Dynamik zu einer Diskussion schulischer Inklusion geführt hat, welche das gesamte Schulsystem bereits heute stark verändert hat und sicher weiter verändern wird. Diese Diskussion hat die vorliegende Neufassung ohne Zweifel beeinflusst, obwohl sie grundsätzlich mit der ursprünglichen Auffassung des Buches kompatibel ist. Notwendige Veränderungen bezogen sich eher auf den organisatorischen Rahmen schulischer Unterrichtung und Förderung. – Nachdem das Buch mittlerweile eine fünfzehnjährige Geschichte hat, stellte sich zum einen die Aufgabe einer dezidierten Auseinandersetzung mit der Inklusionsdiskussion und ihren Folgen für schulischen Unterricht, zum anderen die erneute Frage der Recherche und Miteinbeziehung jüngerer Ansätze in der didaktischen, aber auch konkret unterrichtlichen Diskussion. Beide Aspekte, Inklusion sowie die Suche nach neuen Anregungen, aber auch die zwischenzeitlich vollzogene Entwicklung der beiden hinter dem Buch stehenden Personen selbst haben diese Neufassung geprägt.

Ein neuer, herzlicher Dank gilt Dr. Thomas Müller, Lehrstuhl für Pädagogik bei Verhaltensstörungen an der Universität Würzburg, für seine Unterstützung bei der Bearbeitung des Kapitels 5.4.

Auf dem beschriebenen Wege, so hoffen die Autoren, kann es zu einer gelingenden Integration der ursprünglichen, nach wie vor aktuellen Grundintention und des Grundtenors des Buches mit Neuem kommen.

Würzburg, im April 2014
Alexandra und Roland Stein

Anmerkung:

Im vorliegenden Buch wird zugunsten besserer Lesbarkeit durchgängig auf eine streng „gendergerechte" Sprache verzichtet. Dort, wo es nicht anders gekennzeichnet ist, sind jeweils beide Geschlechter gemeint.

1 Auf dem Weg zu einer integrativen Didaktik

Überblicksarbeiten zu den Themen Unterricht oder gar Didaktik scheinen, nach einem Boom in den 1960er und 1970er Jahren, etwas aus der Mode gekommen zu sein. Besonders deutlich wird dies im Bereich der Pädagogik bei Verhaltensstörungen – als einer sonderpädagogischen Disziplin, wissenschaftlich vertreten durch eine ganze Reihe von Professuren und Lehrstühlen an Universitäten und Pädagogischen Hochschulen in Deutschland – einer Disziplin, deren Thematik der „Störungen" jedoch auch traditionell weit in den Bereich der Regelschulen hineinreicht. Allerdings deutet sich hier in den letzten Jahren an, dass didaktische Fragen doch wieder ein wenig stärker in den Blick geraten (vgl. etwa Hillenbrand 1999; 2011; Willmann 2006; 2007).

Gründe für die nachgelassene Publikationsfreudigkeit zu dieser Thematik mag man einige finden: Einerseits existieren seit Jahrzehnten umfassende, bekannte, weit entwickelte Didaktik-Konzeptionen – gegen die andererseits der Vorwurf der Praxisferne erhoben wird. Beide Thematiken, Didaktik wie Unterrichtsgestaltung, erweisen sich zudem als enorm breit und damit schwierig zu behandeln. Aus Perspektive der Pädagogik bei Verhaltensstörungen scheint es vielleicht interessanter und Erfolg versprechender, sich mit spezifischen, überschaubaren Konzepten zu beschäftigen, die jeweils einzelne Bausteine der praktischen Arbeit darstellen: so etwa strukturierter oder offener Unterricht, so etwa der Einsatz bestimmter „pädagogisch-therapeutischer Verfahren" wie Token Economies, Themenzentrierte Interaktion, Spielpädagogik oder Entspannungsverfahren. Und mit der Frage der Passbarmachung solcher allgemeinen Konzepte für die Erziehungshilfe, will man sie systematisch und differenziert gestalten, hat man unter Umständen schon genug zu tun.

Für das Entstehen des vorliegenden Buches waren insbesondere unterschiedliche Erfahrungen im Rahmen der ersten Phase der sonderpädagogischen Lehrerbildung für die Pädagogik bei Verhaltensstörungen von besonderer Bedeutung:

- Zum einen hat es sich aus dem Wunsch der nutzbringenden Einsetzbarkeit in der Lehrerbildung heraus entwickelt – ausgelöst durch die Unzufriedenheit mit bestehenden didaktischen Modellen und Unterrichtskonzepten im Hinblick auf deren Auswertung und Umsetzung für die Pädagogik bei Verhaltensstörungen.
- Zum anderen entstand es über längere Zeit hinweg in der Interaktion von Lernenden und Lehrenden an der Hochschule sowie Lehrern in den Praktikumsschulen – ganz besonders, was das hierin enthaltene eigene Modell anbelangt.

Auf diesem Wege wurde die gesamte Arbeit auch über mittlerweile 15 Jahre hinweg weiterentwickelt.

Dieses Modell stellt damit die Konstruktion der beiden Autorenpersonen dar, wie sie sich im Austausch mit anderen an der Diskussion Beteiligten herausbildete – eine Konstruktion dessen, was im Folgenden unter Didaktik und Unterricht bei Verhaltensstörungen verstanden wird. In diesem Sinne handelt es sich natürlich auch um *eine mögliche Konstruktion* auf der Basis vielfältiger Erfahrungen. Aber auch aus diesem zurückgenommenen Verständnis heraus freuen sich die Autoren, wenn Leser mit dieser Konstruktion mitgehen können und sie für sich nützlich finden werden.

Um ein solches Mitgehen zu ermöglichen, sollen im Folgenden zunächst wesentliche Momente und Schritte des Entwicklungsprozesses hin zur vorgelegten integrativen Didaktik bei Verhaltensstörungen im Überblick skizziert werden.

Im Rahmen dieses Prozesses, aus der Auseinandersetzung mit Didaktik und Unterrichtskonzepten der Pädagogik bei Verhaltensstörungen heraus, stand insbesondere die nach und nach gewachsene Intention im Vordergrund, ein Modell zur Beschreibung, Planung und Durchführung von Unterricht bereitzustellen, welches sich der Komplexität der pädagogischen und sozialen Wirklichkeit möglichst weitgehend annähert, dabei jedoch auch übersichtlich und handhabbar bleibt und im besonderen pädagogisches Handeln bei verschiedenen Arten und Graden von Störungen berücksichtigt. Im Verlauf dieses Entwicklungsprozesses kam es immer wieder zur kritischen Hinterfragung der Passung und Stringenz von **Grundgedanken** und -konzepten im Rahmen des sich entwickelnden Modells, ebenso jedoch auch zur Weiterentwicklung des Modells auf Basis modifizierter Grundlagen.

Die folgenden Darstellungen enthalten Elemente systemisch-konstruktivistischen Gedankengutes. Maßgeblich sind dabei wesentliche Leitlinien aus diesem Bereich, da verschiedene Ansätze auf systemisch-konstruktivistischer Basis wichtige Gedankengänge und Anstöße für die eigene didaktische Konzeption geboten haben. Schmidt (1995, 30) weist darauf hin, dass es sich beim Konstruktivismus nicht um ein einheitliches Theoriengebäude handle, sondern „eher um einen Diskurs, ... manchmal durchaus dissonant". Im Verlauf der Arbeit wurden den Autoren manche solcher Dissonanzen zwischen verschiedenen Theorien sowie zwischen Theorien und den eigenen Entwürfen deutlich – Entdeckungen, die zu wichtigen Modifikationen und Weiterentwicklungen des eigenen Konzeptes führten. Dieser Entdeckungsprozess kann auch nach 15 Jahren der Geschichte des Buches keineswegs als abgeschlossen bezeichnet werden.

Im Zuge dieses gedanklichen Prozesses kam es jedoch auch wieder zur Entfernung von einigen konstruktivistischen Positionen, indem bedeutungsvolle Aspekte anderer Herkunft in die eigenen Überlegungen mit einbezogen wurden. Somit wird hier bewusst keine in engerem Sinne konstruktivistische Position vertreten; der Konstruktivismus hat ein Anregungspotenzial für dieses Buch geboten.

Die Auseinandersetzung mit verschiedenen systemisch-konstruktivistisch orientierten Konzepten führte auch zu dem Wunsch nach einer stärkeren Konkretisierung im Hinblick auf Lernen und Unterricht. Damit stellen die hier vorgelegten Gedanken auch den Versuch einer solchen Konkretisierung dar, welcher sicher das Risiko des Vorwurfes birgt, wohlüberlegte konstruktivistische Offenheiten einzuschränken. Gleichzeitig kann sich dieser Beitrag zur Diskussion um Unterricht bei Verhaltensstörungen aber trotzdem wiederum nur als eine *Anregung* verstehen, die der Umsetzung durch Pädagogen harrt. Der Raum für deren eigene Konstruktionen soll hier nur insofern eingeschränkt werden, als ein bestimmter Werterahmen und grundlegende Prämissen zu beachten sind. Es ist dabei zu berücksichtigen, dass diesen Gedanken der Charakter eines „Idealmodells" innewohnt: Es präsentiert Zielvorstellungen pädagogischen Handelns, deren Umsetzung nur über einen längeren Prozess und möglicherweise nie vollständig erreicht werden kann; es zielt somit nicht auf eine Realisierung im Sinne einer Kopie, sondern soll Konstruktionen der Leser anregen – eigene Entwürfe, die dem hier entwickelten „Idealmodell" mehr oder weniger entsprechen. Dieser Idealcharakter sollte den Lesern bei der Auseinandersetzung mit dem im weiteren Verlauf zu entwerfenden Ansatz für Unterricht bewusst sein.

Das vorgelegte Modell versteht sich als „**integrativ**", wobei der Begriff „integrativ" hier in mehrerlei Sinne gedacht sein soll, wie sich im weiteren Verlauf noch zeigen wird. In dieser Einleitung ist damit zunächst gemeint, dass im angestrebten Modell, mag es auch verbesserungswürdig bleiben, wesentliche Aspekte des Geschehens zusammenfließen:

• grundlegende Sichtweisen von Lernen, Entwicklung und Störungen des Verhaltens;
• didaktische Aspekte im Sinne eines überblicksartigen Konzeptes der Planung, Durchführung, Begleitung und Auswertung von Lernprozessen;
• verschiedene, jeweils in das didaktische Konzept einzupassende und miteinander zu verknüpfende Methoden;
• jeweils für alle diese Aspekte die besondere Berücksichtigung von Störungen des Erlebens und Verhaltens in unterrichtlichen Situationen.

Eine Integration aller dieser wichtigen Teilaspekte ist zunächst gemeint. Damit kommt dem Attribut „integrativ" hier ein breiter Bedeutungskontext des „Zusammenfließens" verschiedener Aspekte zu, der nicht mit der klassischen, heute teilweise angesichts der Diskussion um Inklusion als überlebt betrachteten Bedeutung „integrativen Unterrichts" verwechselt oder gar als synonym betrachten werden darf.

Ein weiterer Bedeutungskontext kommt hinzu: Im Vordergrund der folgenden Überlegungen steht auch die wichtige Aufgabe, in der unterrichtlichen Arbeit wesentliche Aspekte des Menschen integrativ zu berücksichtigen: in Bezug auf alle am Unterrichtsgeschehen beteiligten Personen emotionale, kognitive und körperliche Aspekte; in Bezug auf die Interaktionen Lernender und Lehrender auch soziale

Aspekte. All diese Aspekte müssen auch in die Betrachtung und Berücksichtigung von Verhaltensstörungen einfließen. Eine in diesem Sinne integrative Sichtweise im Sinne des Zusammenfließens verschiedener zentraler Aspekte stellt einen der Kerngedanken von Confluent Education und Humanistischer Pädagogik dar. Besonders deutlich wird sie in der Gestaltpädagogik (vgl. Burow 1988; 1993; Stein 2005). Diese Ansätze sind daher auch ein wichtiger Ausgangspunkt der nachfolgenden Überlegungen.

Dabei wird die Skizze eines allgemeinen Unterrichtsmodells angestrebt, welches einen flexiblen Umgang mit **Störungen** an allen Schulen ermöglicht und somit *auch* für den Unterricht an Schulen für Erziehungshilfe geeignet ist. Es soll also kein – im Hinblick auf eine bestimmte Schülergruppe – spezielles Modell entwickelt werden, sondern eines, das sich im Hinblick auf Verhaltensstörungen als inklusiv versteht: im Sinne einer Passung für verschiedenste Schulformen.

Ein Modell, das den flexiblen Umgang mit Störungen erlauben soll, muss prozessorientiert ausgerichtet sein, um Planungsänderungen zu ermöglichen. Des Weiteren bedarf es einer systematischen Erörterung dessen, was unter Verhaltensstörungen verstanden wird. Wichtige Ansatzmöglichkeiten und Impulse für ein prozessorientiertes Modell finden sich bei Kösel (vgl. 1993; 2002; 2007a; 2007b). Hiermit liegt allerdings ein sehr offenes Modell vor, das breiten Interpretationen und vielfältigen Konkretisierungen Raum lässt. Aus einer weitreichenden Allgemeinheit heraus droht ein Konzept jedoch der Beliebigkeit und Wertfreiheit anheim zu fallen, wenn es nicht zentrale Bedingungen festlegt: Zunächst sollte es einer grundlegenden Systematisierung folgen, um Klarheit zu gewährleisten; des Weiteren muss es auch Ansätze der Konkretisierung vorsehen, um sich nicht dem Vorwurf auszusetzen, nur Neues aus der Ablehnung des Vorhandenen heraus zu propagieren, ohne direkte Perspektiven zu bieten; und schließlich sollte es von einem **Werterahmen** ausgehen, um das Unterrichtsmodell durch Zugrundelegung eines Menschenbildes näher zu bestimmen und damit auch einen Missbrauch zu vermeiden.

Der grundlegende Werterahmen der Humanistischen Psychologie und Pädagogik (vgl. Benesch 1981, 276ff.; Fröhlich 1994, 326; Chu 1980, 234; Linster 1980, 173; Kriz 1994, 179; Kleber & Stein 2001; Stein 2005) bietet für die vorliegende Arbeit eine adäquate Basis, auch im Sinne eines Menschenbildes. Im Hinblick auf die Frage inhaltlicher Werte sei allerdings auch auf die Gedanken zur Erziehung zu moralischem Urteilen und Handeln verwiesen (vgl. 3.6.1).

Aus Sicht der Humanistischen Psychologie verfügen Menschen über ein „humanes Potential" in dem Sinne, dass die Fähigkeiten und Tendenzen zu Hilfsbereitschaft, Güte, Wohlwollen und Wertschätzung potentiell vorhanden sind. Es wird eine Tendenz zur Selbstverwirklichung angenommen: Der Mensch ist aktiv – auch dann, wenn seine primären Bedürfnisse befriedigt sind – und strebt nach Entfaltung vorhandener Fähigkeiten und nach Wachstum. Entfaltung und Wachstum werden dabei geprägt durch die existentielle Suche nach Sinn und Wertorientierung. Weitere humane Tendenzen sind Selbstheilung und Selbststeuerung. Eine Grundbedingung jeglicher menschlichen Existenz wird in der Verantwortung für sich selbst, aber auch für die Gruppe gesehen. Hier finden sich enge Anbindungen an ein differenziertes Verständnis von Erziehung als der Kernaufgabe im Kontext Verhaltensstörungen. Die Humanistische Psychologie betrachtet den Menschen nicht als statisch und festgelegt, sondern als flexibel und veränderungsfähig. Eine weitere zentrale Perspektive ist die Ganzheitlichkeit im Sinne der Integration oder „Confluence", wie weiter oben bereits angesprochen.

Der zentrale Zugang zum Menschen wird im Einfühlen und Eindenken in dessen Erleben gesehen. Allerdings ist dieses Erleben aus einer Außensicht heraus kaum angemessen einzuschätzen: So kann etwa ein Außenstehender niemals alle maßgeblichen Einzelheiten einer Biographie erfassen, welche das gegenwärtige Erleben erheblich mitbestimmen. Bezieht man diesen Gedanken auf Unterricht, so kann dieser nur durch eine wechselseitige Verständigung zustande kommen. Die lernenden Personen selbst sind mit einzubeziehen. Das gleiche gilt für das Verstehen, für die Interpretation von Verhaltensstörungen. Dies sind zugleich Aufgaben für und Anforderungen an Erziehung im unterrichtlichen Geschehen.

Jeder Mensch ist Schöpfer seiner eigenen Wirklichkeitskonzeption; es handelt sich dabei um individuelle **Konstruktionen** (vgl. Heyting 1996). Roth (vgl. 1992; 1998; 2009) hat dies für die basalen neurophysiologische Funktionen aufgezeigt: Er geht davon aus, dass Wahrnehmung grundsätzlich nicht Realitäten und Objektives wiedergibt und abbildet, sondern so gestaltet wird, dass sie für das betreffende Lebewesen zweckmäßig im Sinne des Überlebens funktioniert. Daher hängen die Komplexität der (Über-) Lebensbedingungen und die Komplexität von Wahrnehmung und Nervensystem zusammen.

Umgebungen sind grundsätzlich vieldeutig im Hinblick auf Gegenständlichkeit, Gesetzmäßigkeit und ihre Bedeutung. Daher sind auch die das Nervensystem über die Sinnesorgane erreichenden Informationen vieldeutig. Der Umgang mit dieser Vieldeutigkeit ist nur möglich über eine Reduktion der Komplexität, wobei das Gehirn für seine Konstruktionen auf interne Prinzipien zurückgreifen muss (vgl. Roth 1992, 284).

Letztlich werden von allen Sinnesrezeptoren aus die auf sie einströmenden Reize in Form elektrischer Impulse weitergeleitet – also *unspezifisch*, unabhängig von der Sinnesmodalität. Da das Gehirn keinen anderen Zugang als diesen zur Realität hat, sind bereits die empfundenen Unterschiede zum einen zwischen verschiedenen Sinnesmodalitäten, zum anderen auch den Inhalten, welche sie übermitteln, grundsätzlich konstruiert.

Das Gehirn wird also über die Sinnesorgane beeinflusst, konstruiert die äußere Welt jedoch allein aus den neuronalen Informationen, die über alle Sinnessysteme ihrem Charakter nach gleich sind: Schon, ob eine Information etwa visuell, akustisch oder taktil ist, muss auf Basis der neurologischen Impulse vom Gehirn rekonstruiert werden. Dabei kann das Gehirn nur nach interner Konsistenzprüfung vorgehen. Roth (vgl. 1987a, 242f.) unterscheidet hier drei Arten einer solchen Konsistenzprüfung: Neben einer grundsätzlichen Einschätzung der Zuverlässigkeit (1) sind dies die „parallele Konsistenzprüfung" (2), das heißt der Vergleich zwischen verschiedenen sensorischen Erregungen, sowie die Überprüfung der internen Stimmigkeit, ein Vergleich mit früheren Erfahrungen mit Hilfe des Gedächtnisses – von Roth als „konsekutive Konsistenzprüfung" (3) bezeichnet.

Insofern betrachtet Roth das Gehirn als selbst-rückbezüglich, als ein funktional selbstreferentielles und semantisch selbstreferentielles oder selbst-explikatives System. „Funktional selbstreferentiell" ist ein System dann, wenn es nur mit seinen eigenen Zuständen interagiert, wenn seine Zustände das Ergebnis der Interaktion früherer Zustände sind. Einflüsse von außen sind möglich; deren Wirkung ist jedoch ausschließlich durch das System bestimmt (vgl. Roth 1987a, 241). Ein „semantisch selbstreferentielles" oder „selbst-explikatives" System „weist seinen eigenen Zuständen Bedeutungen zu, die nur aus ihm selbst kommen" (ebd.).

Die Abgeschlossenheit des Gehirns, seine Selbstreferentialität bringt Vorteile insofern, als das Gehirn nicht starr an seine Umwelt angekoppelt und fremdgesteuert ist sowie die Bewältigung komplexer Umwelten möglich wird. Das Gedächtnis spielt hierbei eine wesentliche Rolle.

> „Externe Komplexität wird durch intern generierte Komplexität reduziert. Wäre das menschliche Gehirn ... ein ‚offenes', d.h. auf genaue Erfassung der Welt ausgerichtetes System, so wäre es häufig von der Flut der Umweltereignisse überwältigt und zur Steuerung sinnvollen Handelns gar nicht fähig" (ebd., 247).

Realität ist damit ganz grundsätzlich immer eine individuelle, je subjektive Konstruktion. Die Verständigung zwischen Individuen über ihre jeweiligen Konstruktionen verhilft zur Entwicklung von Bereichen einer gemeinsamen, geteilten Realität, wobei jede Verständigung auch wieder das Potential neuer Verkennungen und Missverständnisse enthält. Daher müssen Konstruktionen immer wieder neu abgeklärt werden; Verständigung ist somit ein prozesshaftes Geschehen und eine stetige Notwendigkeit. Dies eröffnet ein grundsätzliches Verständnis von Erziehungsprozessen.

Auch **Lernen** muss in den Prozess der Konstruktionen eines Menschen eingeordnet werden; Wissen und Erfahrungen werden nicht passiv aufgenommen, sondern aktiv konstruiert. Dass Menschen ihr Bild von der Welt selbst konstruieren, bedeutet auch, dass sie die Welt auf Grundlage dieser eigenen Konstruktionen wahrnehmen (vgl. etwa Schmidt 1995, 31): „Wir können also ohne Übertreibung sagen, dass das Gedächtnis unser wichtigstes Sinnesorgan ist" (Roth 1987b, 280). Wissen kann sich bewähren, ist jedoch nicht als einzig gültige Wahrheit anzusehen. Schmidt (1987, 38) weist auf die ethischen Konsequenzen hin, die sich aus dieser Auffassung ergeben:

„Wenn Wahrheit und Wirklichkeit als absolute und letztverbindliche Berufungsinstanzen ausscheiden, weil sie prinzipiell von keinem Menschen erkennbar oder besitzbar sind, dann müssen wir für unsere Handlungen und Kognitionen die Verantwortung übernehmen, müssen in eigener Person für unser Verhalten und unsere Wissenskonstruktionen einstehen. Wir können dann nur versuchen, andere durch Argumente zu überzeugen, wir müssen uns einem nutzenorientierten Ideenwettbewerb aussetzen."

Zudem lässt sich aus dem Gedanken der Selbstreferentialität auch folgern, dass Lernen stets integriert in die gesamte Person vonstatten geht, denn bestehende Strukturen beinhalten nie ausschließlich kognitive Anteile, sondern immer eine Gesamtheit aus Kognitionen, Emotionen (emotionalen Bezügen) und auch körperlichen Momenten, denen etwa im Rahmen von Verhaltensmustern besondere Bedeutung zukommt. Gerade bei Kindern spielen emotionale Momente von Erlebnissen und Erfahrungen eine besondere Rolle.

Damit sind zuletzt zwei Aspekte zur Sprache gekommen, denen auch im Zusammenhang des eingangs skizzierten Werterahmens besondere Bedeutung zugeschrieben wurde: zum einen der Aspekt der Verantwortung des Individuums für die eigenen Kognitionen und Handlungen, zum anderen die Ganzheitlichkeit menschlichen Lernens und menschlicher Entwicklung. Gerade das von Schmidt eingeklagte Prinzip der Verantwortlichkeit bietet eine auch aus Sicht der Humanistischen Psychologie zentrale Handlungsmaxime für Lernen und Leben, auch für Erziehung.

Der Prozess der Bildung bezeichnet aus der hier eingenommenen und begründeten Perspektive ein umfassendes, ganzheitliches „Wachsen" und „Werden" der Person, wobei emotionale, kognitive und körperliche Momente zusammenfließen. Bildung ist in diesem Sinne die stets aktive, gestaltende Konstruktion von Wirklichkeit, Wissen, individuellen Ziel- und Wertstrukturen, Selbstkonzept und Identität (vgl. Kleber 1997, 46; Stein 1997b, 16ff.). Dabei wird Lernen und Bildung zwar von den bestehenden Strukturen bestimmt und findet von diesen aus statt; eine solche Selbstreferentialität kann jedoch nicht als Stillstand und unveränderte Reproduktion verstanden werden: Bestehende Strukturen werden immer neu im Hinblick auf ihre Bewährung ausbalanciert, wie es auch Piaget in seinem Prinzip der „majorisierenden Äquilibration" beschreibt: „Es besagt, daß das Individuum in jedem Anpassungsmoment nach einem Gleichgewicht ringt, wobei der Impuls zur inneren Koordination und zum Aufbau immer komplexerer Strukturen aus der Erfahrung des Ungleichgewichts, des Widerspruchs oder des kognitiven Konfliktes resultiert" (Resch 1996, 11). Das Individuum strebt dabei zunehmend stabilere Systeme der Sinnfindung an: Zum einen erfolgt Konstruktion als Assimilation im Rahmen bestehender Strukturen, zum anderen werden Strukturen im Sinne des Prozesses der Akkomodation verändert und neu konstruiert, um ein erlebtes Ungleichgewicht zu reduzieren oder zu beseitigen.

Lernen findet in der Beziehung zwischen dem Lernenden und der Umwelt statt. Im Lernprozess wird dabei sowohl das **System** Lernender als auch die Umwelt geformt (vgl. Huschke-Rhein 1996). Menschen denken, erleben, handeln, entwickeln sich stets in komplexen systemischen Bezügen, in unterschiedlichen, je eigen strukturierten sozialen Gruppen und in spezifischen ökologischen Zusammenhängen. Lernen ist damit immer auch soziales Phänomen und soziale Konstruktion, wobei Konstruktionen auch über Prozesse wechselseitiger Verständigung zwischen Menschen zustande kommen und verändert werden. Dabei weist Benkmann (vgl. 1998, 484), Piaget folgend, auf die besondere Bedeutung der Kind-Kind-Beziehungen hin: Kontakte zwischen Erwachsenen und Kindern seien durch prinzipielle Ungleichheit gekennzeichnet, wohingegen in Beziehungen zu Gleichaltrigen eher Autonomie und gegenseitige Achtung entwickelt werden könnten. Dies wird in jüngeren Konzeptionen der „peer culture" und der „peer-education" berücksichtigt (vgl. etwa Opp & Unger 2006).

Das Erleben und Verhalten einer einzelnen Person ist daher kaum jemals ohne Berücksichtigung ihrer Bezüge zu verstehen. Mehr noch: Der Fokus der Betrachtung liegt aus systemischer Sicht nicht auf der Seite der Eigenschaften einzelner, isolierter Objekte (und Subjekte), sondern auf den Wechselwirkungen und -beziehungen dieser Objekte in ihren Interaktionen, die gemeinsam als übergeordnete Einheit, als System betrachtet werden. Dabei werden auch das Verständnis von Lernen, soziale Rollen und Bezüge gemeinsam ausgehandelt, worauf Benkmann (1998, 483) verweist: „In diesen Prozessen verständigen sich die Beteiligten über den Sinn- und Bedeutungsgehalt schulischen Lernens. Sie stellen eine Definition der schulischen Lernsituation her, die nicht statisch ist, sondern immer wieder konstruiert und redefiniert werden muß." Insofern Lernen kognitive, emotionale und soziale Aspekte umfasst, bezieht sich auch dieser Gedanke auf Erziehungsprozesse als dynamische Prozesse des gemeinsamen Aushandelns (vgl. Kobi 2004).

Für Pädagogik und Unterricht bedeutet dies, dass im Mittelpunkt der Aufmerksamkeit nicht allein die Strukturen und Prozesse der einzelnen Lernenden, sondern auch die Kommunikationen zwischen Lehrenden und Lernenden sowie der Lernenden untereinander stehen. Es ist allerdings zu bedenken, dass bei Beobachtung von Kommunikationsprozessen stets die je subjektiven Konstruktionen der einzelnen Beteiligten zu berücksichtigen sind. Im Sinne einer gelingenden Kommunikation muss dabei „die Ausbildung von gleichen oder ähnlichen Strukturen in Subjekten" (Tschamler 1996, 76) vonstatten gehen. Durch die miteinander geteilten Systeme von Kultur und Sprache werden Gemeinsamkeiten oder zumindest Ähnlichkeiten gebildet: „Was wir – eingebunden in biologische und soziokulturelle Evolutionsprozesse – als Wirklichkeit erfahren, ist ökologisch valides (überlebenstaugliches) Wissen, das wir erfahrungsgemäß mit anderen teilen, eben weil seine Konstruktion vom Umgang mit anderen (Interaktion), von Sprache und Kultur konstituiert wird" (Schmidt 1995, 31). Lehren und Lernen werden damit letztlich als konstruierende Aktivitäten von miteinander interagierenden Systemen verstanden. Dabei ist es unverzichtbar, menschliche Lebewesen als Einheit, im Ineinanderfließen von kognitiven, emotionalen und körperlichen Aspekten zu betrachten. Hiermit wird ein Moment angesprochen, welches in der konstruktivistischen Literatur nicht deutlich genug berücksichtigt scheint, wo in der Regel Kognitionen im Vordergrund stehen. Allerdings klingen solche Aspekte an – beispielsweise bei Schmidt (vgl. 1987b, 61f.) mit seinem Rückbezug auf Ciompi sowie auch bei Reich (vgl. 1997).

Im Sinne des skizzierten Verständnisses von Lernprozessen wird auch die „Realisation" von Lernen im Sinne einer Herstellung von Verhältnissen, der Verwirklichung von Lehrzielen als Lernergebnissen unmöglich. Lernen ist keineswegs ein unmittelbares Resultat von Informationsübertragung. Es kann von außen auch nicht sicher festgestellt werden, ob und welche Lernprozesse stattgefunden haben (vgl. Heyting 1996). Didaktische Prozesse und Interaktionen sowie auch Erziehungsvorgänge können nur „nicht-instruktiv" verlaufen (vgl. Maturana & Varela 1987, 85; 187ff.; siehe auch Kobi 2004, 90f.; Kap. 3.6.1); Lehrende können nur versuchen, sich den Wirklichkeitskonstruktionen der Lernenden zu nähern, sie können Angebote zu deren Erweiterung und Veränderung machen. Dazu müssen sie immer wieder Anknüpfungsmöglichkeiten anstreben: Kontakte und Verbindungen für die Lernenden mit ihren Konstruktionen und ihrer Wirklichkeit. Wenn dieser Vorgang erfolgreich ist, kommt es zur Ankoppelung zwischen den Konstruktionen des Lehrenden und jenen des Lernenden. Kösel (vgl. 1993, 44ff.) verwendet hierfür den Begriff der „strukturellen Koppelung", womit er Gedanken von Maturana & Varela (vgl. 1987, 85) aufnimmt.

Dies hat **Konsequenzen** für die *Entwicklung von Lernprozessen*: Es ist stets von großer Bedeutung, welche Möglichkeiten des Anschlusses an verfügbare Informationen Lernende im Rahmen ihres selbstreferentiellen Systems haben. Huschke-Rhein (vgl. 1996) folgert daraus, dass es von besonderer didaktischer Relevanz sei, die Selbsttätigkeit Lernender anzuregen und von der Fremdbestimmung zur Selbstbestimmung fortzuschreiten.

Zu den Konstruktionen von Realität gehört auch ein *Verständnis dessen, was unter einer Verhaltensstörung verstanden wird*. Es handelt sich ja auch hier um eine Konstruktion, die von jedem letztlich individuell spezifisch konzipiert wird: von Lehrern, den selbst betroffenen Schülern, den Mitschülern, Eltern ... Sprache und Kultur bilden auch hier in gewissem Sinne Gemeinsamkeiten, die zur Verständigung beitragen können. Allerdings ist zu berücksichtigen, dass Lehrer und andere Professionelle im Feld der Pädagogik bei Verhaltensstörungen eine größere Definitionsmacht innehaben, welche besonders deutlich wird in den Aufgabenfeldern der Diagnostik und Begutachtung, Tätigkeiten, die für die betroffenen Schüler zu verschiedenen Konsequenzen führen – etwa hinsichtlich ihrer Beschulung. Auch wenn Professionelle unter Umständen ein größeres Wissen haben, was Verhalten, Verhaltensstandards und Störungen anbelangt, ist diese Definitionsmacht stets kritisch im Auge zu behalten, die eigene Konstruktion des Phänomens Verhaltensstörung zu überprüfen und zu hinterfragen. Die Definitionsmacht im Hinblick auf „Verhaltensstörungen" kann in besonderer Weise, stärker noch als allgemeine Wissensvorsprünge, dazu missbraucht werden, um Entwertungen des Anderen herbeizuführen.

Eine wesentliche Grundvoraussetzung für Verständigung besteht darin, dass Erlebensprozesse und Bedürfnisse bei den betreffenden Personen bewusst sind. Dies ist grundsätzlich nicht immer der Fall. Bewustheit kann allerdings durch Prozesse der Kommunikation gefördert werden; Verständigung meint den Versuch der Mitteilung der eigenen Konstruktionen an andere und setzt spätestens im Prozess der Auseinandersetzung mit eigenen Konstruktionen und denen des Anderen Bewusstheit voraus.

Ausgehend von dem bis hierher dargelegten Verständnis von Lernen und Bildungsprozessen entsteht ein Dilemma: Es stellt sich die Frage der grundsätzlichen *Planbarkeit von Unterricht*. Letztlich konstruieren Lernende auf Basis ihrer je eigenen Strukturen individuelle Lernwege; diese Wege sind von außen sicher kaum eindeutig zu erfassen – und sie sind schon gar nicht vorab zu bestimmen. Bei Unterricht handelt es sich somit, angesichts der konstruierenden Individuen in ihrem systemischen Zusammenspiel, um ein hochkomplexes Geschehen, welches nur schwer vorhersagbar ist. Pädagogen können, wie erörtert, lediglich Anknüpfungspunkte für solche Lernprozesse bieten. Eine dem eigentlichen Unterricht vorausgehende lineare Planung scheint weder möglich noch sinnvoll.

Die Frage nach der Planbarkeit von Unterricht stellt sich insbesondere dann noch einmal verstärkt, wenn Störungen auftreten, die prinzipiell kaum vorhersehbar sind und Flexibilität im pädagogischen Handeln erfordern. Ein solcher flexibler Umgang setzt jedoch ein grundlegendes Verständnis und eine differenzierte Sicht des Phänomens Verhaltensstörungen voraus, eine Sicht, welche der Komplexität solcher Störungen gerecht wird und ein reflektiertes und begründetes Vorgehen ermöglicht.

Neben dem hier bereits erörterten grundsätzlichen Verständnis von Lernen bildet daher das in Kapitel 2 dargelegte **Verständnis von Verhaltensstörungen** eine weitere wichtige Grundlage für Überlegungen zur Planung von Unterricht. Dabei wird „Verhaltensauffälligkeit" als Auffälligkeit einer Person und „Verhaltensstörung" als Störung des Person-Umwelt-Bezugs betrachtet – eine aus systemischer Sicht notwendige begriffliche Unterscheidung, auf die im Rahmen der Klärung zentraler Begriffe näher eingegangen wird. Dies schließt auch einen den nachfolgenden didaktischen und unterrichtlichen Überlegungen zugrunde liegenden weiten, nicht nur äußerlich sichtbares Verhalten umfassenden Verhaltensbegriff mit ein. Besonders ist ergänzend die Abhängigkeit der Bewertung eines Verhaltens als auffällig oder gestört von unterschiedlichen normativen Bezugssystemen zu berücksichtigen; diese Bezugssysteme werden daher unter 2.2 skizziert. Eine Thematisierung von derlei Bewertungen findet sich insbesondere in der Etikettierungstheorie. Der Etikettierungsansatz wird als ein grundlegendes Modell zur Erklärung von Verhaltensstörungen dargestellt – neben dem personorientierten, dem situationistischen und dem interaktionistischen Ansatz. Im Zusammenhang mit dem letzteren erfährt die interaktionistisch-handlungstheoretische Sichtweise ausführlichere Erörterung, da sie sich im Rahmen der Überlegungen zu Unterricht als besonders bedeutsam erweisen wird. Die Betrachtung von Möglichkeiten der Einteilung und Klassifikation auffälligen Verhaltens und Erlebens einschließlich epidemiologischer Erkenntnisse dient zum einen der Aufschlüsselung verschiedener Formen von Auffälligkeiten, zum anderen der Betrachtung von Möglichkeiten der Bestimmung und Diagnostik.

Kapitel 3 beleuchtet die Frage der **Beschulung** bei vorliegenden Verhaltensstörungen. Da bei Überlegungen zu einem didaktischen und methodischen Modell für den Unterricht bei Verhaltensstörungen auch die Bedingungen, der Rahmen, in dem Unterricht stattfindet, bedacht werden müssen, scheint eine solche Betrachtung unverzichtbar. Dabei stehen vor allen Dingen die diesbezüglich relevanten organisatorischen Aspekte im Vordergrund; es finden unterschiedliche Formen der Förderung Berücksichtigung: inklusive Formen sowie integrative und besondere Unterstützungssysteme. In einem Fazit werden dann auch konkrete Forderungen an ein solches Modell der Didaktik und des Unterrichts aufgestellt. Eine Auseinandersetzung mit grundlegenden Unterrichtsprinzipien der Pädagogik bei Verhaltensstörungen schließt direkt daran an, einem weiteren, besonderen Aspekt der Beschulung. Dabei soll zunächst Erziehung, auch Erziehung zu moralischem Urteilen und Handeln, als Basis allen unterrichtlichen Arbeitens im Kontext Verhaltensstörungen betrachtet werden. Anschließend werden verschiedene Prinzipien diskutiert: Prinzip des „therapeutischen Milieus", Prinzip der Kooperation, Prinzip des Durchgangs, Prinzip der Strukturgebung, Prinzip der Prozessorientierung sowie ergänzend Aspekte emotionalen Unterrichtslebens und weitere Momente. Im Rahmen dieser Auseinandersetzung wird an verschiedenen Stellen deutlich, dass es sich hier zum einen um spezifische Prinzipien für die Pädagogik bei Verhaltensstörungen handelt, die zugleich allgemeine Prinzipien sein oder zu diesen werden können, wenn ein qualitativ anspruchsvoller und zugleich inklusiver Unterricht realisiert werden soll. Verschiedene dieser Prinzipien werden dabei aus einer dialektischen Perspektive beleuchtet. Abschließend erfolgt eine Diskussion des Verhältnisses zwischen Erziehung und Therapie, da es in diesem Buch um (inklusives sowie besonderes) unterrichtliches Handeln gehen soll.

Anstöße zur Entwicklung eines eigenen didaktischen Ansatzes stammen sowohl von klassischen als auch von neueren **didaktischen Modellen**: teils durch Gedanken, die grundlegend für den vorliegenden Kontext etabliert und bedeutsam sind, teils jedoch, darüber hinaus, auch aus einer gewissen Unzufriedenheit mit den vorhandenen Konzepten heraus. In Kapitel 4 werden daher didaktische Bausteine für ein integratives Konzept zusammengetragen, indem relevante Modelle zunächst dargestellt und anschließend auf der in den vorangehenden Kapiteln herausgearbeiteten Basis kritisch betrachtet werden. Hierbei sind jeweils die Aspekte der „Rollen von Lernenden und Lehrenden" und der „Passung für die Pädagogik bei Verhaltensstörungen" berücksichtigt sowie eine abschließende Diskussion, insbesondere ausgehend von dem grundgelegten Verständnis von Lernen und von Erziehung. Als relevante didaktische Modelle werden die eher klassischen Ansätze der bildungstheoretischen Didaktik Klafkis, der lehrtheoretischen Didaktik nach Schulz und der kritisch-kommunikativen Didaktik Winkels untersucht, ergänzt durch die gestaltpädagogische Didaktik und die subjektive Didaktik Kösels als neuere Modelle. Des Weiteren wurden didaktische Aspekte der Themenzentrierten Interaktion (TZI) und das Modell strukturierten Unterrichts von Grabski u.a. mit aufgenommen – letzteres, weil es sich um einen Ansatz handelt, der im Hinblick auf Lernende mit Verhaltensauffälligkeiten entwickelt wurde, ersteres, weil Aspekte der TZI in unterschiedliche didaktische Modelle eingingen und auch für das eigene Konzept von Bedeutung sind.

Ausgehend von ersten Entwürfen einer Didaktik-Konzeption stellte sich zunächst auch die Frage nach adäquaten **Unterrichtskonzepten** einschließlich methodischer Vorgehensweisen sowie Anforderungen an das Lehrerhandeln – und zwar solchen Ansätzen, die mit dem hier dargelegten Verständnis von Lernen und Entwicklung sowie den daraus folgenden didaktischen Überlegungen vereinbar sind und gleichzeitig für einen Unterricht bei Verhaltensstörungen als geeignet erscheinen. Später stand dann das Interesse der Konkretisierung des sich entwickelnden Didaktikmodells hinsichtlich einer gemeinsamen Planung von Unterricht im Vordergrund, wofür verschiedene Unterrichtskonzepte wertvolle Bausteine lieferten. Die Darstellung solcher Ansätze in Kapitel 5 orientiert sich weitgehend an dem bereits skizzierten Raster des vorhergehenden Kapitels, insofern auch hier auf Rollen, die Passung für die Pädagogik bei Verhaltensstörungen und Kritik eingegangen wird. Neben den speziell im Hinblick auf Schüler mit Verhaltensauffälligkeiten entwickelten Konzepten strukturierten Unterrichts werden auch Elemente offenen Unterrichts sowie vor allem der handlungsorientierte Unterricht und der Projektunterricht, als eine wichtige Grundlage des zu entwickelnden Modells der Unterrichtsplanung, betrachtet. Mit Ausnahme der strukturierten Ansätze stehen die dargestellten Konzepte in einem engen Zusammenhang mit dem personenzentrierten Ansatz von Rogers, weshalb im Rahmen der Betrachtung von Unterrichtsmodellen auch auf den schülerzentrierten Unterricht nach Rogers eingegangen wird. Ergänzend findet die neuere, international zunehmend verbreitete MGML-Methodology Berücksichtigung, die zwischen Strukturierung und Offenheit angesiedelt ist. Verschiedene bedeutsame, auch neuere Modelle „jenseits" von Unterrichtskonzepten im engeren Sinne werden abschließend mit einbezogen, darunter auch Streitschlichterkonzepte oder das Klassenmanagement bzw. classroom management.

Die Kapitel 4 und 5 tragen damit Grundlagen für den Entwurf des im Anschluss hieran vorgestellten Modells der Didaktik und des Unterrichts bei Verhaltensstörungen zusammen. Gleichzeitig wird dabei aber auch das Ziel verfolgt, Lesern im Sinne eines Lehrbuchcharakters einen Überblick über relevante Konzeptionen für den Unterricht zu bieten. Beide Kapitel sollen Anstöße für eine kritische Auseinandersetzung mit den dort vorgestellten Modellen der Didaktik und des Unterrichts geben. Eine solche Auseinandersetzung ist unbedingt notwendig, wenn unterrichtliches Handeln reflektiert und begründet erfolgen soll.

Schließlich wird in Kapitel 6 **ein Modell integrativer Didaktik** entworfen. Die Basis bildet die Entwicklung und Formulierung grundlegender Prinzipien für eine solche Didaktik. In diesem Zusammenhang ist auch die Beschreibung der besonderen Rolle von Lehrenden von Bedeutung: Das Modell sieht Lehrende in der Funktion „Pädagogischer Partner" mit den vier Aufgaben des Lern-Begleiters, des Beraters, des Organisators und Gestalters sowie des Erziehers. Sie entwickeln in Kooperation mit den Lernenden „Didaktische Gestalten": Bei Berücksichtigung der wesentlichen Bedingungen und Voraussetzungen stellen Didaktische Gestalten eine Auswahl von Zielen, Inhalten, Lernformen und Medien, bestimmten Unterrichts-Prozess-Strukturen und adäquaten Auswertungsmöglichkeiten von Unterricht dar. Der Entwurf solcher Didaktischen Gestalten erfolgt gemeinsam, demokratisch, begründet und kontinuierlich-prozesshaft in der Lerngruppe. Didaktische Gestalten und deren Struktur stehen im Zentrum des unter 6.2 vorgestellten integrativen didaktischen Modells. Wie gemeinsame Planung – als Prozess – auf Grundlage dieses Modells dann, konkreter gefasst, aussehen könnte, ist Gegenstand der Ausführungen unter 6.3. In Zusammenhang mit 6.1 und 6.2 wird ein Modell von Unterricht entwickelt, welches sich als ein *Idealmodell* versteht. Dieses ist mit veränderten Aufgaben des Lehrers verbunden. Deren Darstellung unter 6.4.1 stellt zugleich auch eine Konkretisierung der allgemeinen Beschreibung der Rolle von Pädagogen unter 6.1.2 dar. Schließlich werden Überlegungen im besonderen Hinblick auf den Unterricht bei Verhaltensstörungen sowie mögliche Annäherungen an das beschriebene Idealmodell diskutiert.

Im Verlauf der Entwicklung des Buches kam es immer wieder zur Auseinandersetzung mit verschiedenen **Bedenken bezüglich der Umsetzbarkeit** des in Kapitel 6 entworfenen Modells: Bedenken aus eigenen Überlegungen heraus, Bedenken von Studierenden und Referendaren, insbesondere aber auch Bedenken von erfahrenen Professionellen in der schulischen Praxis. Um diese ernst zu nehmen, aber auch eine dezidierte Auseinandersetzung mit ihnen aus dem Gedankengut des entworfenen Modells heraus zu führen, sollen in einem abschließenden Kapitel 7 einige wesentliche solcher Bedenken, die aus den bisherigen Erfahrungen heraus auch bei Lesern vermutet werden könnten, Erörterung erfahren.

Im Folgenden wird der Begriff der „Facette" häufige Verwendung finden. Er hat für das vorgelegte Modell einen zentralen Stellenwert, und dies aus gutem Grund: Eine Facette wird als einzelnes Bruchstück verstanden, welches zugleich Aspekte der Ganzheit beinhaltet, der es zugehört. So ist die Facette der „Kognition" beim Menschen immer mitbestimmt von emotionalen und Verhaltens-Anteilen. Kognition, Emotion und Verhalten beeinflussen sich gegenseitig und wirken stets gemeinsam. Im Sinne näherer, auch analytischer Betrachtung kann eines der Elemente herausgelöst werden, aber es wohnen ihm weiter Aspekte der Ganzheit inne. Nie kann man Kognitionen völlig von Emotionen und Verhalten ablösen und wirklich trennen. Dies wird durch den Begriff der „Facette" am klarsten bezeichnet – klarer als durch Begriffe wie „Moment" oder „Aspekt". Auf den Begriff des „Elementes" wird aus diesen Gründen fast völlig verzichtet. Das hier skizzierte Facetten-Prinzip wird deutlich in der Funktion des Facettenauges oder dem Wesen eines beliebigen Bruchstückes aus Hologrammen.

2 Verhaltensstörungen

Wenn im Folgenden recht breit und ausführlich Begrifflichkeit und zentrale Aspekte des Phänomens „Verhaltensstörung" thematisiert werden, dann geschieht das aus mehreren Gründen: So ist die Klärung zentraler Begriffe unverzichtbar, wenn die hier zugrunde liegenden Auffassungen und Haltungen offen gelegt und somit Missverständnisse und Fehlinterpretationen vermieden werden sollen. Eine solche Erörterung ist darüber hinaus unbedingt notwendig, weil Planungsprozesse und unterrichtliches Handeln immer begründet und reflektiert erfolgen müssen – dies gilt bereits hinsichtlich der Überlegungen zur Beurteilung und Entwicklung didaktischer Konzepte, betrifft jedoch vor allem deren konkrete Umsetzung im Unterricht. Nur ein differenziertes Wissen über Verhaltensstörungen und deren Entstehung ermöglicht eine sensible Wahrnehmung und einen adäquaten Umgang mit Störungen im Unterricht; ein solches differenziertes Wissen muss also in die Begründungen und Reflexionen von Unterricht einfließen.

Es ist sehr wichtig, dass Pädagogen einen (eben begründeten und reflektierten) adäquaten Umgang mit Störungen im Unterricht anstreben – sei es der Unterricht in allgemeinen Schulen oder auch in speziellen Einrichtungen der Erziehungshilfe. Dabei geht es im unter Kapitel 1 umrissenen Sinne darum, umfassende Bildungs- und Erziehungsprozesse – und nicht nur eine reine Wissensvermittlung – zu ermöglichen. Anders wird Lernen auch nicht sinnvoll zu verstehen sein. Somit bildet zwar die Frage nach dem Zusammenhang von Verhaltensauffälligkeiten und Lernstörungen einen interessanten, jedoch keinen zentralen Aspekt – insbesondere dann nicht, wenn sie auf die Frage der Beeinträchtigung inhaltlichen Lernens durch Verhaltensauffälligkeiten reduziert ist. *Hier* geht es nicht primär darum, inwiefern Verhaltensauffälligkeiten ein solches Lernen beeinträchtigen, um dann über eine Beseitigung, Reduzierung oder Kompensation von Verhaltensauffälligkeiten diesen Bereich des Lernens zu fördern. Störungen bilden im Rahmen des Lernens als eines umfassenden Bildungsprozesses einen integrierten Bestandteil der Entwicklung von Individuen und Gruppen; es ist daher die Aufgabe von Pädagogen, diese Störungen nicht allein als Hindernisse zu betrachten, sondern auf ihren Sinngehalt hin zu analysieren und dementsprechend in die Planung von Bildungs- und Erziehungsprozessen mit einzubeziehen.

Ein gestört erscheinendes, in irgendeiner Form auffälliges Verhalten lässt sich in verschiedensten Kontexten beobachten. Zu seiner Beschreibung wurde und wird, umgangssprachlich wie wissenschaftlich, adjektivisch wie substantivisch, eine Vielzahl unterschiedlicher Begriffe verwendet: Verhaltensstörung, verhaltensauffällig, Verhaltensbehinderung, erziehungsschwierig, gemeinschaftsschwierig, gestört, neurotisch, psychotisch, herausfordernd usw. Daher muss hier zunächst eine Begriffsklärung betrieben werden, wobei auch zu fragen ist, ob sich das, was unter Verhaltensstörungen verstanden wird, auf die enge Verhaltensebene beschränken lässt – oder ob hier andere Ebenen wie Kognitionen und Emotionen mit zu berücksichtigen sind.

Im vorliegenden Kontext steht ein bestimmter Ausschnitt von Verhaltensstörungen im Vordergrund: solche, die in der Schule beobachtet und beschrieben werden. In vielen Fällen hängen sie mit ähnlichen oder entsprechenden Verhaltensweisen außerhalb des schulischen Kontextes zusammen – jedoch können auch Störungen ausgemacht werden, die speziell in Erziehungskontexten, noch spezieller in schulischen Erziehungskontexten auftreten. Das schulische System reagiert in diesem Sinne in Form von Didaktik und Unterrichtsgestaltung auf grundsätzlichere Störungen, die sich innerhalb von pädagogischen Situationen konstituieren – aber auch auf solche Störungen, die es selbst erzeugt. Grundsätzlich werden Verhaltensstörungen als eine spezifische, eben pädagogische Kategorie betrachtet (vgl. Speck 1978, 8f.). Andere Aspekte wären etwa ein medizinischer (psychiatrischer) oder ein juristischer (und auch delinquenzpädagogischer), die hier jedoch nicht im Vordergrund stehen.

Dass Verhaltensstörungen ein offenkundig drängendes und gesellschaftlich verbreitetes Problem darstellen, zeigen epidemiologische Studien (vgl. etwa Ihle & Esser 2002; 2008 sowie Stein 2012, 44ff.), die recht hohe Prävalenzraten ausgeprägter psychischer Störungen bei etwa 15 und 18 % aller Kinder und Jugendlichen zutage fördern. Auch die Persistenzraten, also das Überdauern psychischer Störungen über längere Zeit, sind recht hoch – Ihle & Esser (vgl. 2002) schätzen sie auf 10 %. Im Vordergrund des Störungsspektrums stehen Angststörungen, dissoziale, depressive und hyperkinetische Störungen – mithin neben den öffentlich stark diskutierten „externalisierenden" auch sehr stark, möglicherweise stärker, „internalisierende" Problematiken.

Aus schulischer und didaktischer Perspektive müssen diese Raten sehr ernst genommen werden. Es gilt aber auch, sich möglicherweise manifestierenden personalen Fehlentwicklungen möglichst frühzeitig vorzubeugen. Zudem kann Schule keine Therapie psychischer Störungen leisten, auch wenn sie – zumal angesichts deren offenbar starker Verbreitung – damit umgehen muss. Es bedarf daher eines pädagogischen Begriffsinstrumentariums, das auch präventiv orientiert ist – während das psychiatrische Konzept „psychische Störung" sich direkt auf eine auffällige Persönlichkeit, also auf die Person des Kindes oder Jugendlichen hin orientiert. Ein solches pädagogisches Begriffsinventar soll im Folgenden entwickelt werden.

2.1 Begrifflichkeit

Wie eingangs erwähnt, finden sich in der Literatur im Zusammenhang mit auf-fälligem Verhalten verschiedenste Begriffe, die oft synonym zur Bezeichnung des Gegenstandes verwendet werden. Die Begriffswahl ist dabei auch von der theoreti-schen Position des Autors abhängig. Gleichzeitig sind die einzelnen Begriffe nicht einheitlich definiert – so auch die Bezeichnung „Verhaltensstörung", die weite Ver-breitung erfahren hat: Die Definitionen unterscheiden sich teilweise recht stark und spiegeln jeweils eine spezifische Sicht wider. Angesichts dieser Problematik erscheint es notwendig, zunächst zentrale Begriffe zu klären und den Gegenstand zu bestimmen.

Umfassende und differenzierte Begriffsbestimmungen finden sich unter anderem bei Myschker (vgl. 2009), Bach (vgl. 1989a) und Seitz (vgl. 1991). Im Folgenden sollen die beiden letztgenannten Bestimmungen skizziert werden – beispielhaft für zwei unterschiedliche Sichtweisen, die in der Definition von „Verhaltensstörung" zum Ausdruck kommen: eine eher personorientierte Sicht bei Bach und eine stär-ker systemorientierte Sicht bei Seitz.

Nach Bach (1989a, 6) kann unter einer Verhaltensstörung

> „... *die Art des Umgangs eines Menschen mit anderen, mit sich selbst und mit Sachen verstan-den werden, die von der erwarteten Handlungsweise negativ abweicht*, indem sie als sinnvolle Zustände oder Handlungsabläufe, Zusammenleben oder individuale Entwicklung gefähr-dend, beeinträchtigend oder verhindernd angesehen wird."

Bach weist explizit darauf hin, dass nicht ein Verhalten an sich die Störung aus-macht, sondern die Abweichung des gezeigten Verhaltens von den Erwartungen eines Beurteilenden. Die Verhaltensstörung ergibt sich somit aus dem Zusammen-wirken der Person, die das Verhalten zeigt, und einem oder mehreren Beurteilen-den.

So könnte die Feststellung einer „Verhaltensstörung" auch auf der Unangemes-senheit der zugrunde liegenden Erwartungen oder auf Wahrnehmungsfehlern auf Seiten des Beurteilers beruhen. Solche Störungen bezeichnet Bach als „*Pseudover-haltensstörungen*". Hierzu zählen beispielsweise auch einmalige durch Zufälle oder durch Zwang bedingte Abweichungen, die ein Beobachter als Verhaltensstörung wahrnimmt. Von Pseudoverhaltensstörungen kann auch dann gesprochen werden, wenn das Verhalten vorwiegend durch die Situation bedingt ist, also situative Be-dingungen gegenüber dispositionellen dominieren (vgl. ebd., 29f.).

Den Begriff der Pseudoverhaltensstörung grenzt Bach von der „*Verhaltensstörung*" ab: Von letzterer soll nur dann gesprochen werden, wenn dem Verhalten eine ab-weichende Verhaltensdisposition zugrunde liegt, welche für die Diskrepanz zwi-schen dem erwarteten und dem gezeigten Verhalten ausschlaggebend ist, während unangemessene Erwartungen des Beurteilenden eine untergeordnete Rolle spielen.

Als „*Verhaltensbehinderung*" werden von ihm diejenigen Störungen bezeichnet, die umfänglich, generalisiert, schwer und langfristig sind.

Die Begriffe „Verhaltensbehinderung", „Verhaltensstörung" und „Pseudoverhaltensstörung" bilden Unterbegriffe, die dem Begriff „*Verhaltensbeeinträchtigung*" subsumiert werden.

Bach sieht die Notwendigkeit, Pseudoverhaltensstörungen in das „Reflexionsfeld über Verhaltensstörungen" mit einzubeziehen, was er mit der Bedeutung von Zuschreibungen im Hinblick auf die Entstehung von Verhaltensstörungen begründet (vgl. ebd., 30). Gleichzeitig nimmt er eine klare Abgrenzung zwischen Pseudoverhaltensstörungen und Verhaltensstörungen vor. Letztere werden als Eigenart der Person betrachtet, als „beständigere Sachverhalte ..., die für bestimmte Personen als Dispositionen einen gewissen Eigenschaftscharakter haben, die jedoch ... nur als eine unter anderen Komponenten für das Auftreten von Problemlagen angesehen werden sollen" (ebd., 6). Als solche sind sie nach Bach (vgl. 1978, 22; 1999, 39) objektivierbar. Damit wird letztlich doch die Sichtweise von Verhaltensstörungen als objektiv feststellbare Eigenschaft der Person nahegelegt, womit der Autor trotz Hinweis auf situative Faktoren und Bewertungen eine *personorientierte Sicht* einnimmt.

Abweichungen des Erlebens und Verhaltens einer Person von einer Norm bezeichnet Seitz als „Verhaltensauffälligkeit", die er von der „Verhaltensstörung" – als einer Störung des Person-Umwelt-Bezugs – abgrenzt. Der Begriff der „*Verhaltensauffälligkeit*" wird nach Seitz (1982, 12) gelegentlich „allein unter der Perspektive der ‚Zustands-Feststellung' verstanden", wobei die innerpsychischen Hintergründe sowie die Bedingungen, aus denen der auffällige Zustand resultiert, vernachlässigt würden. Im Unterschied zur Verhaltensstörung würde sich der Begriff hier auf eine Auffälligkeit der Person beziehen und eine personorientierte Sicht zugrunde liegen. Wählt man jedoch diesen einseitigen Blickwinkel, so wird die Tatsache nicht berücksichtigt, „daß eine solche Auffälligkeit unter ganz bestimmten *aktuellen* (zeitlichen, räumlichen und situativen) Bedingungen auftritt und daß die jeweiligen *aktuellen* Bedingungen zur Auslösung und zur Art und Weise des (auffälligen) Verhaltens und Erlebens beitragen" (Seitz 1992a, 108; kursiv Stein & Stein).

Im Unterschied zum Begriff der „Verhaltensauffälligkeit" liegt dem Verständnis von „*Verhaltensstörungen*" nach Seitz eine systemorientierte Sicht zugrunde. Mit Verhaltensstörungen sind dann nicht die Abweichungen eines Zustands der Person von einem Normzustand gemeint, sondern „auffällige Abweichungen der Reaktionsprozesse von den regelrechten Funktionsprozessen" (Seitz 1982, 13). Es liegt eine Störung der Prozesse des aktuellen Person-Umwelt-Systems vor.

Eine Verhaltensstörung definiert Seitz (1991, 7) als

„eine Auffälligkeit ..., die in einer Störung eines Funktionsgleichgewichts des Person-Umwelt-Bezugs liegt, sei es, daß für eine bestimmte Funktion ... unangemessene, nicht regelgerechte Mittel ... eingesetzt werden oder daß eine bestimmte Teilfunktion des Gesamtsystems ... zu sehr in den Vordergrund tritt."

Eine Funktion könnte beispielsweise das Erreichen von Zuwendung durch den Lehrer sein. Dann wären unangemessene, zum Einsatz kommende Mittel etwa lautes Reden, aggressives Verhalten – aber möglicherweise auch eine übertriebene, gar distanzlose Hilfsbereitschaft. Auch könnte die Suche nach Zuwendung (als Teilfunktion) zu sehr in den Vordergrund treten und andere Funktionen überlagern, beispielsweise das intrinsisch motivierte Lernen. Dies kann einerseits im Schüler selbst begründet sein, aber auch Ursachen in der durch den Lehrer oder die Lerngruppe geprägten Situation haben: so etwa, wenn ein Lehrer nur auf auffälliges soziales Verhalten reagiert und angemessenem Verhalten kaum oder keine Aufmerksamkeit schenkt.

Beispiel

Nach Seitz (vgl. 1992a, 109) besteht in der Regel zwischen Verhaltensstörung und Verhaltensauffälligkeit eine Beziehung derart, dass sich die Störung im Person-Umwelt-System in einem „auffälligen" Erleben und Verhalten der Person zeigt, die Verhaltensauffälligkeit also als *Signal* für eine Störung betrachtet werden kann.
Den Begriff „Verhaltensstörung" grenzt Seitz (vgl. 1992a, 111) dergestalt ein, dass kognitive und motorische Leistungen im engeren Sinne, die prinzipiell zum Bereich des Verhaltens gezählt werden können, nicht unmittelbar erfasst werden; im Vordergrund stehen vielmehr nicht primär leistungsbezogene Verhaltensaspekte. Der Bereich des Verhaltens umfasst dabei jedoch nicht nur das „manifeste" Verhalten, sondern das psychische Verhalten im weitesten Sinne und damit auch das innere Erleben (vgl. ebd., 110), so dass zum Bereich der nicht leistungsbezogenen Persönlichkeit die folgenden Teilbereiche gehören, in denen sich Auffälligkeiten zeigen können (vgl. Seitz 1977, 9-14; 1998a, 547f.; Seitz & Rausche 2004, 25ff.):

- *Verhaltensstile:* Hiermit sind Eigenarten gemeint, die den Stil, die Art und Weise des (öffentlich manifestierten) Verhaltens einer Person ausmachen – zum Beispiel fehlende Willenskontrolle, indem ein Schüler grundsätzlich nicht in der Lage ist, seine eigenen Bedürfnisse zu unterdrücken.
- *Motive*: Diese werden als das Verhalten antreibende psychische Kräfte verstanden, wobei Bedürfnisse, Interessen, Einstellungen und Werthaltungen unterschieden werden können – zum Beispiel das überdauernde starke Bedürfnis eines Schülers, beim Spielen und Arbeiten alleine zu sein.
- *Selbstbild und das Bild von der Um- und Mitwelt*: Dieser Bereich umfasst die Gesamtheit der Meinungen, Vorstellungen und Gefühle einer Person gegenüber sich selbst, als Ergebnis der Selbstreflexion und -bewertung, sowie gegenüber der Umwelt und anderen Personen – zum Beispiel als egozentrische Selbstüberschätzung, indem ein Schüler grundsätzlich der Überzeugung ist, mehr bieten zu können als andere, aber auch als übersteigertes Misstrauen und Argwohn gegenüber anderen.

- *Gefühle*: Im Zusammenhang mit Gefühlen weist Seitz auf verschiedene Bedeutungen des Begriffes hin: Gefühle als verhaltensauslösende sowie als verhaltensbegleitende emotionale Zustände und Gefühle als Grundstimmungen. Als Personmerkmal und damit auch im Sinne von Verhaltensauffälligkeiten sind dabei insbesondere die letztgenannten von Bedeutung, indem entweder eine bestimmte Gefühlsqualität permanent überwiegt oder Gefühle und Stimmungen extremen Veränderungen unterworfen sind. – Zum Beispiel könnte ein Schüler durchgängig traurig sein oder rasch zwischen starker Traurigkeit und überschäumender Freude schwanken.

Obwohl hier der Bereich der leistungsbezogenen Persönlichkeit ausgeklammert wird, bestehen enge Zusammenhänge mit diesem. Insofern zeigen sich Störungen häufig in beiden Bereichen, und es ergeben sich Wechselwirkungen. Allerdings können hier mit dem Ziel einer Systematisierung durchaus Schwerpunkte gesetzt werden: Treten Verhaltensstörungen primär in den vier oben genannten Bereichen auf, können sie als *„primäre Verhaltensstörungen"* bezeichnet werden – gegenüber primären Lern- und Leistungsstörungen. Hiervon sind sekundäre Störungen zu unterscheiden. Von *„sekundären Verhaltensstörungen"* kann gesprochen werden, wenn die auffälligen Symptome in den oben angeführten vier Teilbereichen der Persönlichkeit, die primären Ursachen jedoch im Leistungsbereich liegen. Von *„sekundären Leistungsstörungen"* spricht man, wenn Schwierigkeiten im Leistungsbereich als Folge von Verhaltensstörungen auftreten. Auf solche sekundären Lernstörungen geht beispielsweise Seitz (vgl. 1992b) ein, wenn er mögliche Auswirkungen einer mangelnden Selbst- und Willenskontrolle – als Auffälligkeiten im Bereich des Verhaltens – auf das Lernen erörtert.

Im vorliegenden Kontext stehen damit, aus einer systemorientierten Sicht im Sinne von Seitz heraus, Verhaltensstörungen im Vordergrund. In die Betrachtung werden auch Schüler mit einbezogen, denen ein auffälliges Verhalten zugeschrieben wird. Hier ist dann der Blick auf die Person selbst gerichtet. In solchen Fällen wird von Kindern, Jugendlichen oder allgemein lernenden Menschen *mit* Verhaltensauffälligkeiten die Rede sein. Dabei wird auch dem wichtigen Gedanken Specks (vgl. 1979, 2) gefolgt, diese Menschen seien, auch wenn in ihrer Anwesenheit oft Störungen auffallen, nicht *nur* und auch nicht *in allen Kontexten und Belangen* verhaltensauffällig. Die Störungen ergeben sich in je spezifischen Situationen und Interaktionen (vgl. 2.3). Damit soll also grundsätzlich eine systemorientierte Sicht eingenommen werden.

Hier wird dem Begriff Verhaltensstörungen in einem interaktionistischen Verständnis der Vorrang gegeben – auch gegenüber anderen Begriffen. Zwei solcher Gruppen von Begriffen sollen allerdings noch erwähnt und zu dem hier verfolgten Verständnis in ein Verhältnis gesetzt werden (vgl. ausführlicher auch Stein 2012, 6ff.):

- In jüngerer Zeit haben sich Begriffe wie „herausforderndes Verhalten", „Verhaltensoriginalität" oder „Kinder mit überraschendem Verhalten" verbreitet. Die

Intention ihrer Verwendung liegt in der Regel, einer konstruktivistischen Sicht folgend, darin, neutrale oder sogar positiv besetzte Begriffe anstelle negativer zu verwenden, um zu verhindern, dass die Betroffenen auf ihre Probleme „reduziert" und damit stigmatisiert werden. Diese Intention ist ehrenwert – birgt allerdings einige erhebliche Probleme: Zum einen wird durch den Begriff „Herausforderung" die Wahrnehmung stark auf die externalisierenden Problematiken gelenkt, und andere drohen übersehen zu werden; Begriffe wie „Originalität" ziehen andere Einschränkungen nach sich, denn es geht auch um stereotype, voraussehbare, immer wiederkehrende Problemverhaltensweisen. Zum anderen besteht die beträchtliche Gefahr, durch solche positiv fokussierenden Begriffe die teilweise massiven Problematiken wie etwa Gewalt und Dissozialität nicht mehr ausreichend ernst zu nehmen.

Noch weiter geht die gerade im Zuge der Inklusionsdiskussion aufkommende Forderung, Störungen und Behinderungen überhaupt nicht mehr als solche zu bezeichnen, um die betroffenen Menschen nicht zu kategorisieren und damit zu stigmatisieren. Probleme gehören allerdings zum Menschen wie seine Kompetenzen. Und Begriffe, auch für Probleme und Defizite, sind in unserer Gesellschaft unverzichtbar, um durch konkrete Bezeichnung auch Hilfebedarf zu reklamieren und für Unterstützung zu sorgen. Angesichts der teilweise erheblichen Problemlagen von Kindern und Jugendlichen mit Verhaltensauffälligkeiten ist der Verzicht auf Begriffe unverantwortlich.

- Die Kultusministerkonferenz (vgl. 1994; 2000) spricht für den hier thematisierten Bereich vom Förderschwerpunkt emotionale und soziale Entwicklung bzw. von Förderbedarf im Bereich des emotionalen Erlebens und des sozialen Handelns. Der durch die Kultusministerkonferenz vorgenommene begriffliche Wechsel sollte einem Wechsel der Sichtweisen entsprechen: das (pädagogisch) Aufzubauende zu benennen, und dies nicht als Defizit. Verbreitet wird davon ausgegangen, dies entspräche einer Kompetenzorientierung. Eine solche Begrifflichkeit richtet den Fokus zwar auf das Wesentliche, wird in diesem Buch jedoch aus zwei Gründen nicht aufgenommen:

  o Zum einen sind bei Verhaltensauffälligkeiten nicht nur die Bereiche der emotionalen und sozialen Entwicklung betroffen, sondern durchaus auch kognitive Aspekte: Informationsverarbeitung, Wahrnehmung, Beurteilung eigenen Handelns usw. Solche Aspekte werden etwa im Modell der Selbst- und Handlungsregulation berücksichtigt (vgl. Kap. 2.3.3).

  o Zum anderen droht der Problemfokus, wenn von „Förderung der emotionalen und sozialen Entwicklung" die Rede ist, auf die Frage der mehr oder weniger „vorhandenen" Kompetenzen hin eingeschränkt zu werden. Dies ist bei Verhaltensauffälligkeiten oft der Fall, aber keineswegs die einzige Möglichkeit: Es ist auch möglich, dass Kompetenzen durchaus vorhanden sind, aber aus irgendwelchen Gründen nicht gezeigt bzw. umgesetzt werden. Dies könnte durch innere Blockaden verursacht sein, aber auch durch ein mangelndes Wollen. Eine reine Förderung der emotionalen oder sozialen Entwicklung würde dann nicht weiterhelfen, sondern eine Arbeit an den Blockaden oder auch am moralischen Bewusstsein des Kindes oder Jugendlichen (vgl. Stein 2006; 2012).

Dass die Bestimmung eines Verhaltens oder Erlebens als „auffällig" durchaus und in erheblichem Maße relativ und abhängig von sozialen und historisch herausgebildeten Normen ist – ein Aspekt, den insbesondere Hensle & Vernooij (vgl. 2002, 230) in ihrer Definition hervorheben – wird im nachfolgenden Kapitel ausführlicher erörtert.

2.2 Normen

Der Begriff „Verhaltensstörung" als solcher wird als problematisch beurteilt, insofern er – zumindest in seiner umgangssprachlichen Verwendung – die Annahme nahe legt, dass es sich um etwas Objektives, eine Tatsache handle (vgl. Bach 1989a, 5; Stein 1994, 230; 2012, 18ff.). Dies würde eher für eine Verwendung des Begriffs „Verhaltensauffälligkeit" sprechen: Ein solcher Begriff impliziert deutlicher das Vorhandensein eines Beurteilers, wodurch das Problem der Subjektivität klarer wird.

Für Verhaltensstörungen gilt jedoch wie für Verhaltensauffälligkeiten, dass sich deren Vorhandensein nicht absolut bestimmen lässt, sondern nur ausgehend von normativen Bezugssystemen. Die Feststellung einer Verhaltensauffälligkeit oder -störung nimmt immer ein Beobachter vor, im Vergleich mit (mehr oder weniger subjektiven) Bewertungsmaßstäben. Solche Bewertungsmaßstäbe sind von besonderer Bedeutung für Pädagogen und Sonderpädagogen, die sich im Grunde ständig in Situationen der Einschätzung von Verhaltensweisen befinden.

Als wesentliche Bezugssysteme der Beurteilung von Verhalten können folgende genannt werden (vgl. Seitz 1982, 16-19; 1998a, 547; Stein 2012, 18ff.):

- *Statistische Normen*: Als normal kann in qualitativem Sinne das Verhalten gelten, welches in einer Gruppe von Personen am häufigsten auftritt. In quantitativem Sinne kann die Ausprägung einer Verhaltensweise als normal bezeichnet werden, die der für die Gruppe festgestellten mittleren Ausprägung dieses Verhaltens entspricht. Statistische Normen beziehen sich auf die Gegebenheiten der Wirklichkeit und sind weniger von einem individuell unterschiedlichen Normenverständnis betroffen.

- *Sozio-kulturelle Normen*: An ihnen orientiert sich das Verhalten der Mitglieder einer Gesellschaft oder Gemeinschaft sowie dessen Bewertung durch die übrigen Mitglieder. Die je gültigen Normen können sich bei verschiedenen gesellschaftlichen Gruppen erheblich unterscheiden, so dass ein Verhalten, welches in der eigenen Gruppe als angemessen gilt, beim Übergang in eine andere als auffällig bewertet wird.

- *Persönliche Norm- und Idealvorstellungen des Beobachters*: Diese sind durch die familiäre, schulische und berufliche Sozialisation des Beobachters beeinflusst. Bedingt durch die jeweils zugrunde liegenden persönlichen Maßstäbe kann dieselbe Verhaltensweise von einer Person als auffällig, von einer anderen als angemessen und normal beurteilt werden.
- *Psychologisch-fachwissenschaftliche Aussagen über „regelgerechtes", „gesundes" Verhalten*: Im Sinne des *„psychohygienischen Aspektes"* steht bei der Beurteilung des Erlebens und Verhaltens die jetzige und zukünftige psychische Gesundheit der Person im Zentrum. Es geht um die Frage, welches Verhalten für diese förderlich ist bzw. sich negativ auswirkt. Unter dem *„soziohygienischen Aspekt"* erfolgt dagegen eine Beurteilung hinsichtlich der Interessen der Umgebung der Person.

Bisher wurden lediglich solche Maßstäbe angesprochen, die von außen an die betreffende Person gerichtet sind. Empfinden und Sichtweise der Person selbst, also ihr Erleben, sind dabei nicht berücksichtigt. Es ist jedoch unverzichtbar, diese in die Beurteilung von Verhalten mit einzubeziehen: Dies gilt insbesondere hinsichtlich der Einschätzung von Interventionen, ist jedoch ausgehend von der in Kapitel 1 dargelegten Grundhaltung prinzipiell zu fordern. Somit muss ein weiteres Bezugssystem Berücksichtigung finden:

- *Subjektive Maßstäbe der Person selbst*: Es geht darum, wie sich die Person selbst subjektiv erlebt. Bestimmte (als auffällig bewertete) Verhaltensweisen können für sie die einzige Möglichkeit darstellen, mit ihrer persönlichen Situation fertig zu werden, und erscheinen daher für die Person normal. Erlebt sie sich dagegen als anders, als abweichend, so kann dies mit subjektivem Leidensdruck verbunden sein.

Bach (vgl. 1989a, 11ff.) weist auf die Relativität von Verhaltensstörungen hin. Die Beurteilung eines Verhaltens als gestört ist abhängig von

- dem situativen Kontext, in dem das Verhalten auftritt (*situative Relativität*);
- dem jeweiligen Milieu oder der sozialen Stellung der Person, die das Verhalten zeigt (*soziale Relativität*);
- dem Alter der betreffenden Person (*altersmäßige Relativität*);
- weltanschaulichen, religiösen und volkstumsmäßigen Positionen (*weltanschauliche* und *ethnische Relativität*);
- dem jeweiligen historischen Hintergrund (*epochale Relativität*).
- Ergänzend zu den Aspekten bei Bach ist auch eine *geschlechtsbezogene Relativität* zu bedenken (vgl. Stein 2012, 21).

Schließlich wäre noch der Beitrag verschiedener *Beurteilerrelativitäten* zu nennen: Insbesondere spielen die Einbezogenheit des Beurteilenden in die Situation, dessen soziale Stellung und Herkunft, das Alter sowie seine Werthaltung, Interessenlage und seine Vorurteile eine Rolle. Auf die grundsätzliche Bedeutung des situativen

Kontextes weisen auch Maturana & Varela (1987, 151) hin: „Ob eine Verhaltensweise als eine besondere Konfiguration von Bewegungen adäquat erscheint, wird deshalb von der Umgebung abhängen, in der wir sie beschreiben."

In einer pluralistischen, „wertoffenen" Gesellschaft entsteht möglicherweise aus der Normenfrage eine neue Problemdimension: Angesichts einer erheblich angestiegenen Normenvielfalt wird man hinterfragen, von welchen Normen aus Verhaltensstörungen oder -auffälligkeiten denn bestimmt werden. Die vielfältigen Normen einer solchen Gesellschaft legitimieren auch eine Vielfalt von Verhaltensweisen – dies könnte zu dem führen, was Speck (1996, 22) prognostiziert: „Das ‚nicht-gestörte' Kind wird zur Ausnahme, riskiert aber damit ebenfalls soziale Probleme." Damit klagt Speck angesichts eines postmodernen „anything goes" die Bedeutung eines grundsätzlichen Normenkataloges ein. Allerdings sollte dieser reflektiert und gut begründet sein.

Für Pädagogen, die ein Verhalten als „auffällig" bzw. „gestört" definieren, sind also stets drei Fragekomplexe zu reflektieren:

- Welche Norm liegt der eigenen Beurteilung zugrunde?
- In welchem Kontext, unter welchen Bedingungen erscheint die Verhaltensstörung?
- Aus welchen möglicherweise relevanten und Einfluss nehmenden Kontexten und Bedingungen heraus beurteilen Pädagogen die Störung als solche?

Diese Fragekomplexe kritisch mitzudenken hat entscheidende Bedeutung für verantwortungsvolle Beurteilungen – insbesondere, wenn Pädagogen an Zuweisungsentscheidungen beteiligt sind.

2.3 Zur Erklärung von Verhaltensstörungen

Für die Auswahl geeigneter pädagogischer Maßnahmen angesichts von Verhaltensstörungen und auch für generelle Überlegungen zur Unterrichtsgestaltung sind – mehr oder weniger bewusst – bestimmte Sichtweisen von Verhaltensstörungen und insbesondere Annahmen zur Erklärung von großer Bedeutung. Gerade bei Entscheidungen zur Frage der schulischen Inklusion und der Integration von Schülern mit Verhaltensauffälligkeiten können solche Sichtweisen eine Rolle spielen, aber auch bei anderen wichtigen Fragen: Erfordert der Unterricht bei gehäuft auftretenden Verhaltensstörungen eine besondere Didaktik? Sind bestimmte Unterrichtsmethoden anderen vorzuziehen? Müssen im Unterricht therapeutische Elemente berücksichtigt werden?

Besondere Bedeutung kommt daher der Selbstreflexion des Lehrers zu: Grundsätzlich sollte sich jeder Pädagoge mit seiner Sicht von Verhaltensstörungen, seinen impliziten Erklärungskonzepten zu Ursachen und Entstehung solcher Störungen bewusst und kritisch auseinandersetzen. „Naive", „vorwissenschaftliche" Annahmen dazu sind stets vorhanden und beeinflussen das pädagogische Handeln – es ist wichtig, sie bewusst zu machen und im Hinblick auf systematische wissenschaftliche Konzepte zu reflektieren.

Diese Sichtweisen pädagogisch Handelnder können in aller Regel vier klassischen grundlegenden Modellen zur Erklärung von Verhaltensstörungen zugeordnet werden. Daher werden diese Modelle im Folgenden dargestellt. Anschließend erfolgt die Erörterung einer komplexen Sicht der Entstehung und Aufrechterhaltung von Verhaltensstörungen.

2.3.1 Personorientierter Ansatz

Grundsätzlich, so wird sich im Weiteren noch deutlicher zeigen, ist zwischen der Entstehung (Ontogenese) und dem aktuellen Auftreten (Aktualgenese) von Verhaltensstörungen zu unterscheiden. Personorientierte Ansätze gehen von einer „kranken" Persönlichkeit aus; hierzu zählt auch das psychiatrische Konzept „psychische Störung". Die Ursache für das auffällige Verhalten wird dabei in einer auffälligen Persönlichkeitsstruktur gesehen, in abweichenden Persönlichkeitseigenarten – als überdauernden Charakteristika und Reaktionstendenzen der Person. Diese werden auf organische Faktoren zurückgeführt oder als Ergebnis der bisherigen Biographie beziehungsweise des Zusammenwirkens von organischen Bedingungen und Sozialisationsbedingungen betrachtet (vgl. Myschker 2009, 49). Es werden somit *auch* Umweltfaktoren in die Erklärung mit einbezogen, insofern sie für die Entwicklung der auffälligen Persönlichkeitsstruktur von Bedeutung waren – etwa Erziehungsfehler in der frühen Entwicklung des Kindes oder zurückliegende Lernerfahrungen. Aktuelle situative Faktoren finden dagegen bei der Erklärung des auffälligen Verhaltens keine Berücksichtigung (vgl. Seitz 1992a, 113f.).

In dem Bemühen, die historische Dominanz dieser personorientierten, auch als „medizinisch" bezeichneten Sicht abzubauen, wurde die Kategorie der Verhaltensauffälligkeiten häufiger auf solche beschränkt, die durch Erziehungseinflüsse zustande gekommen sind und daher auf gleiche Weise behebbar wären. Dabei wurden jedoch, wie Speck (1979, 1f.) darstellt, organisch-genetische Komponenten von Verhaltensauffälligkeiten in der Diskussion abgespalten. „Das psychotische, das autistische, das neural geschädigte Kind mit Verhaltensstörungen stellen einen defizitären Bereich einer einseitig orientierten Pädagogik der Verhaltensstörungen dar" (ebd., 1). Obwohl auch für Psychosen und Autismus Einflüsse der Erziehung und des Lernens zu diskutieren wären, scheint es notwendig, ohne einer rein oder auch nur dominant personzentrierten oder gar organisch-genetischen Sicht Vorschub zu leisten, solche Faktoren für die Entstehung von Verhaltensstörungen mit zu berücksichtigen. Im Hinblick auf die Menschen, mit denen Pädagogen interagieren, wäre eine Ausklammerung dieser vollständigen Ursachenkategorie unzulässig; es scheint auch nicht möglich, diese Ursachen lediglich anderen Arbeitsfeldern, etwa der Psychiatrie, zuzuweisen.

Wie bereits betont wurde, berücksichtigt eine personorientierte Sichtweise Umweltbedingungen, die zur Entstehung von Verhaltensauffälligkeiten führen können, durchaus. Eine zentrale Frage ist beispielsweise die nach dem Zusammenhang von soziokultureller Benachteiligung und dem Auftreten von auffälligem Verhalten – als Eigenart einer Person. So gibt es Untersuchungen, die auf Zusammenhänge zwischen Schichtzugehörigkeit (einem allerdings nur noch bedingt als zeitgemäß beurteilten Konzept) und dem Auftreten psychischer Störungen hinweisen (vgl. etwa Dohrenwend & Dohrenwend 1975; Havers 1981, 152ff.; Lauth 1983; Remschmidt & Walter 1990). Die Resilienzforschung der vergangenen Jahre (vgl. Resch 1996; Petermann, Kusch & Niebank 1998) hat andererseits gezeigt, dass derlei Faktoren nicht zu überdauernden Beeinträchtigungen führen müssen. Nichtsdestotrotz ist angesichts der dargestellten Befunde davon auszugehen, dass insbesondere durch erhebliche soziokulturelle Benachteiligung eine Vielzahl von Risikofaktoren auftritt, die Verhaltensauffälligkeiten überdauernder Art hervorrufen können. – Im Fokus stehen hier allerdings solche Bedingungen, die aus der Vergangenheit heraus, also ontogenetisch im Hinblick auf die Entwicklungsgeschichte des Individuums, zur Herausbildung der je eigenen (schwierigen) Persönlichkeit beigetragen haben – wenig aber die Frage, inwiefern sie aktuell einen Beitrag zu Verhaltensstörungen leisten.

2.3.2 Situationistischer Ansatz

Im Gegensatz zu den personorientierten Ansätzen, die von einer auffälligen Persönlichkeitsstruktur als Ursache für eine Verhaltensstörung ausgehen, sind dem situationistischen Erklärungsmodell zufolge einzig die aktuelle Situation und ihre Bedingungen für das Auftreten einer Verhaltensstörung entscheidend. Person-Variablen treten dabei in den Hintergrund. Es wird davon ausgegangen, dass, unabhängig von den individuellen Eigenarten der Person, durch bestimmte Eigenarten der Situation auffällige Reaktionen der Person hervorgerufen werden (vgl. Seitz 1992a, 114f.).

Vorausgesetzt werden „starke" Situationen (Mischel): Mischel geht davon aus, dass es bei starken und deutlichen situativen Hinweisreizen weniger individuelle Unterschiede in den Reaktionen gibt; Person-Variablen wirken sich in solchen Situationen also kaum aus (vgl. Zimbardo 1995, 501; ausführlicher bei Fisseni 1998, 452ff.). Die Situation „provoziert" ein bestimmtes (gestörtes bzw. störendes) Verhalten.

Situationen, die auffälliges Verhalten auslösen, lassen sich danach unterscheiden, ob der Inhalt des Verhaltens vorhersagbar ist oder nicht:

- Wenn die Situation einen hohen Aufforderungscharakter besitzt, bestimmte Bedürfnisse provoziert, dann kann unter Umständen die Richtung der Reaktion, also der Charakter des resultierenden Verhaltens, vorhergesagt werden.
- Hiervon sind belastende Situationen zu unterscheiden, die auffälliges Verhalten auslösen, das in Bezug auf den Inhalt verschieden sein kann. Solche Situationen können etwa
  o neuartige oder von den Erwartungen abweichende Situationen,
  o komplexe und mehrdeutige Situationen,
  o Situationen mit hohem Zeitdruck,
  o überfordernde, aber auch
  o unterfordernde Situationen,
  o Situationen, die ein Vorhaben vereiteln sowie auch
  o Situationen, die den Selbstwert beeinträchtigen,

sein (vgl. Seitz 1992a, 115; 1998b, 135; Stein 2012, 54f.).

In der Persönlichkeitsforschung besteht schon seit langem ein Forschungszweig, der sich mit der Frage beschäftigt, inwiefern und unter welchem Umständen das konkrete Verhalten oft weniger von bestimmten typischen Eigenschaften der Persönlichkeit als von situativen Umständen abhängig ist (vgl. Zimbardo 1995, 481f.; Stein 2012, 53ff.), deren Bedeutung aber bei der Beurteilung der Ursachen des Verhaltens häufig unterschätzt wird. Dieser Forschungszweig ist stark durch die Arbeiten von Mischel geprägt. Während es über einige Zeit recht still um diese Tradition wurde, besteht mittlerweile wieder verstärkte Aufmerksamkeit für die situationistische Perspektive, und Sommers (vgl. 2011) stellt fest: „Situations matter". Situative Aspekte und ihre Wirkung sind stets mit zu bedenken – auch dann, wenn sie erst in Interaktion mit der Person selbst zutage treten. So wurde im Rahmen der personorientierten Perspektive der Faktor der soziokulturellen Benachteiligung erwähnt. Jenseits einer überdauernden Wirkung sind hier auch *aktuelle* situative Aspekte von Bedeutung: Eine Beeinträchtigung von Ressourcen und Möglichkeiten kann in belastenden Situationen dazu führen, dass Verhaltensauffälligkeiten durch soziokulturelle Benachteiligung hervorgerufen werden, ohne dass sie *überdauernd* an der Person festzumachen sind. Insofern kann das Problem soziokultureller Benachteiligung auch aus einer situationistischen Perspektive auf Verhaltensstörungen von Bedeutung sein. So könnte zum Beispiel ein ansonsten unauffälliges Mädchen aus benachteiligten familiären Verhältnissen angesichts eines angekündigten Klassenausfluges vor dem akuten Problem stehen, dass dieser für es nicht finanzierbar ist. Soweit dies in der Klasse offenkundig zu werden droht, kann es zu einer starken erlebten Belastung auf Seiten des Mädchens führen. Gerade, um nicht aufzufallen, mag es in seiner Verzweiflung eine günstige Situation in der Schule nutzen, um einem Mitschüler Geld zu stehlen, damit es am Ausflug teilnehmen kann – obwohl der Diebstahl den Überzeugungen des Mädchens widerspricht. Wird dieser Diebstahl aufgedeckt, tritt damit eine „Verhaltensauffälligkeit" zutage, die letztlich situationistisch bedingt ist, indem eine aktuelle Belastungssituation entsteht. Dabei ist zu bedenken, dass die Reaktion von Menschen auf solche Belastungen ganz unterschiedlich ausfallen kann; hier wurde lediglich eine Beispielreaktion herausgegriffen. Die situationistische Perspektive richtet sich auf den Charakter solcher aktuell belastenden Situationen und will sie in die Aufmerksamkeit führen.

Bei dauerhaftem Wirken starker soziokultureller Belastungen steigt jedoch die Gefahr einer über die Situation hinaus wirkenden Veränderung personaler Bedingungen – es entsteht eine „schwierige" Persönlichkeit im Sinne der personorientierten Perspektive.

In den Rahmen der situationstischen Sichtweise ist auch die jüngere Schulklima-Forschung einzuordnen. So findet etwa Somersalo (vgl. 2002) in einer finnischen Untersuchung einen Zusammenhang zwischen einem „poor school climate" und Problemen der psychischen Gesundheit – und stellt dem die positiven Wirkungen eines „healthy classroom invironment" gegenüber. Ein schlechtes Schulklima würde insofern Verhaltensauffälligkeiten bei Schülern hervorrufen oder verstärken. Zugleich ist festzustellen, dass es deutliche Hinweise auf eine kontinuierliche Verschlechterung des Klassenklimas im Laufe der Schulzeit gibt (vgl. Grewe 2007, 231). Dabei stehen im Vordergrund der Lehrerwahrnehmung offenbar häufig störendes oder besonders unterstützendes Unterrichtsverhalten, weniger jedoch Aspekte des Soziallebens innerhalb der Schülergruppe (ebd., 232); diese werden auch eher weniger reflektiert und gezielt gefördert. „Viele Lehrkräfte sehen hier ein deutliches Defizit in der Lehreraus- und -fortbildung und wünschen sich gezielte Fortbildungsangebote in diesem Bereich" (ebd.).

Es gibt bisher nur wenige systematische, grundlegende und explizite Analysen eines förderlichen Schulklimas (siehe aber Steinhausen 1996). Eine Übersicht bieten Achermann, Pecorari, Winkler Metzke & Steinhausen, H.-C. (vgl. 2006) – sie versuchen es negativ formuliert zu fassen: „Ein negativ erlebtes Schulklima … ist hauptsächlich durch Leistungs- und Konkurrenzdruck sowie durch mangelndes Vertrauen bzw. fehlenden Respekt in der Beziehung der Jugendlichen untereinander und in der Beziehung zur Lehrperson geprägt" (ebd., 34). Zu Letzterem gehört auch die (mangelnde) soziale Unterstützung. Von großer Bedeutung scheint ein Schulklima zu sein, das von Vertrauen und Respekt in der Beziehung der Schüler untereinander, den Beziehungen zu den Lehrpersonen sowie auch der Zusammenarbeit mit den Eltern gekennzeichnet ist (vgl. ebd., 25). – Entscheidender für die Korrelation mit der Befindlichkeit sei dabei allerdings die individuelle, nicht die kollektive Wahrnehmung. Recht differenziert wurden in einer Studie von Winkler Metzke & Steinhausen (2001; zit. n. Achermann u.a. 2006, 27) geschlechtsabhängige Klimawirkungen festgehalten. Als grundsätzliche zentrale Parameter des Schulklimas sieht diese Studie die folgenden fünf Aspekte:

- Konkurrenz zwischen Schülern
- Anerkennung durch Gleichaltrige

- Kontrolle durch die Lehrperson
- Mitbestimmungsmöglichkeiten
- Leistungsdruck

Dabei spielen durchaus auch Entwicklungsaspekte eine Rolle: So steigert sich das Bedürfnis nach Selbstgestaltung, etwa im Übergang zwischen Grundschule und weiterführenden Schulen, worauf die Schul- und Unterrichtskonzepte Rücksicht nehmen müssten, um nicht Unzufriedenheit hervorzurufen und in der Folge auch psychische Beeinträchtigungen.

Zu bedenken ist natürlich, dass es nicht nur die Wirkung des Schulklimas auf die psychische Befindlichkeit der Schüler gibt, sondern auch umgekehrt psychische Störungen das Schulklima beeinträchtigen können. Insofern werden durch diesen Forschungszweig situationsbezogene Aspekte zutage gefördert und können hier am Beispiel der Schulklimaforschung herausgearbeitet werden – es handelt sich aber letztlich auch um interaktionale, wechselseitige Zusammenhänge zwischen Umwelt und Menschen – noch dazu, als ein schlechtes Klima von Menschen als solches *erlebt* wird und damit nicht allein das Klima als solches eine Rolle spielt, sondern dessen (je subjektive) Wahrnehmung. Diese Verschränkung situativer und personaler Aspekte soll im Folgenden Thema sein.

2.3.3 Interaktionistischer Ansatz

Grundgedanken des interaktionistischen Ansatzes

Dieses Erklärungsmodell führt Verhaltensauffälligkeiten auf die Wechselwirkung zwischen bestimmten Person-Variablen und bestimmten Qualitäten der aktuellen Situation zurück. Es werden weder die Eigenarten einer Person noch Besonderheiten der Situation allein als Ursache betrachtet, sondern die aktuelle Auffälligkeit als Ergebnis einer gestörten Person-Umwelt-Interaktion gesehen. Somit sind beide Bedingungs-Bereiche in ihrem Zusammenwirken von Bedeutung. Person-Variablen und Situationsqualitäten werden dabei in gegenseitiger Abhängigkeit wirksam: Eine bestimmte Disposition einer Person kommt nur unter bestimmten situativen Bedingungen zur Wirkung, wie umgekehrt bestimmte Bedingungen der Situation nur bei Personen mit bestimmten Dispositionen zu Wirkungen führen (vgl. Seitz 1992a, 115ff.; 1998a, 549; Stein 2012, 56f.).

Diese Wechselwirkung zwischen Person- und Situations-Bedingungen ereignet sich in der Auseinandersetzung der Person mit der Situation. Besondere Bedeutung kommt dabei den situationsbezogenen Erlebnissen der Person zu, der Wahrnehmung und Bewertung der aktuellen Situation durch das Individuum auf dem Hintergrund überdauernder Reaktionstendenzen. „Dabei spielen auch Erwartungen der Person über die Wahrscheinlichkeit und den subjektiven (emotionalen) Wert von Folgen, die sich aus der Situation und aus dem Handeln in dieser Situation ergeben können, eine Rolle" (Seitz 1998a, 549).

Auf Modelle zur Beschreibung und Erklärung von Verhaltensstörungen, die einer solchen interaktionistischen Sichtweise folgen, kann an dieser Stelle nicht näher eingegangen werden. Eine Übersicht findet sich bei Holtz & Kretschmann (vgl. 1989). Von besonderer Bedeutung – vor allem auch für den Unterricht bei Verhaltensstörungen – ist allerdings der Aspekt der Handlungskontrolle. Dieser wird daher im Weiteren etwas ausführlicher dargestellt, wobei der interaktionistisch-handlungstheoretische Ansatz nach Seitz im Vordergrund steht, in dem wesentliche Aspekte der hier dargestellten Perspektive zur Erklärung von Verhaltensstörungen deutlich werden. Eigene Gedanken ergänzen diese Betrachtung (vgl. auch Stein 2002; 2012, 72ff.).

Verhaltensstörungen als Folge mangelnder Selbst- und Handlungskontrolle

Nach Seitz (vgl. 1992b; 1998b) können Verhaltensstörungen als ein Misslingen des aktuellen (kognitiven) Handelns zur Bewältigung von Anforderungen der aktuellen Situation angesehen werden, wobei auch überdauernde Dispositionen der Person eine wichtige Rolle spielen. Der Versuch der Verknüpfung von ontogenetischer und aktualgenetischer Betrachtung stellt im Rahmen dieses Ansatzes einen zentralen Aspekt dar. Dieses Konzept wurde bislang vor allem zur Erklärung von delinquentem Verhalten bzw. von Lernstörungen herangezogen (vgl. ebd. sowie Seitz & Walkenhorst 1995); es kann jedoch auch für die Beschreibung und Erklärung von Verhaltensstörungen allgemein genutzt werden (vgl. Stein 2012, 72ff.): In der Auseinandersetzung der Person mit der aktuellen Situation sind für die Entstehung von Verhaltensstörungen neben bestimmten Situationsqualitäten auch bestimmte Persönlichkeitscharakteristika und Reaktionstendenzen der Person verantwortlich, die diese aus ihrer zurückliegenden Biographie mitbringt. Hinsichtlich der ontogenetisch erworbenen Personmerkmale kommt insbesondere den Sozialisationsbedingungen innerhalb der Familie besondere Bedeutung zu. Hier soll jedoch die Betrachtung der aktuellen Entstehung von Verhaltensstörungen im Vordergrund stehen.

Es wird dabei von einer Wechselwirkung von Personvariablen und Bedingungen der Situation ausgegangen, die sich in situationsbezogenen Erlebnissen der Person realisiert (vgl. zum Folgenden Abb. 1 auf S. 45).

Als *bedeutsame Personmerkmale* stellt Seitz vor allem Aspekte der Selbstkontrolle heraus. Diese betreffen zwar unterschiedliche Bereiche der Persönlichkeit, stellen jedoch nur einen eng umrissenen Teil dar. Grundsätzlich haben weitere aus unterschiedlichen Bereichen der Persönlichkeit stammende Eigenarten Einfluss auf die Auseinandersetzung mit einer aktuellen Situation (siehe auch 2.1): Neben den *Verhaltensstilen*, wozu etwa die Bewusstheit als ein Aspekt der Selbstkontrolle, aber auch die emotionale Kontrolliertheit, soziale Initiative oder Scheu und Zurückhaltung zählen, kommt den *Motiven* einer Person besondere Bedeutung zu, ihren Einstellungen, Werthaltungen, Interessen und Bedürfnissen. In diesen Bereich fallen auch normativ-empathische Aspekte im Sinne der Verinnerlichung sozial-moralischer Wertvorstellungen. Ebenso relevant sind Aspekte des *Selbstbildes*, etwa die Selbstwirksamkeit sowie das Selbstwertgefühl. Letzteres steht in Zusammenhang mit einem weiteren wichtigen Bereich der Persönlichkeit, den *Gefühlen und Stimmungen*. Schließlich sind noch die *Fähigkeiten und Fertigkeiten* einer Person von Bedeutung.

Neben den genannten Eigenschaften spielen auf Seiten der Person *Intentionen* eine wichtige Rolle: Hierunter werden Ziele oder angestrebte Zustände gefasst, die eine Person durch ihr eigenes Handeln verwirklichen möchte (vgl. Heckhausen 1987, 146). Längst nicht alle Intentionen können jedoch gleich realisiert werden. In solchen Fällen werden sie gespeichert und dann abgerufen, wenn eine Gelegenheit zu ihrer Umsetzung gegeben zu sein scheint. Auf Basis der Intentionen und der eingeschätzten Situation werden konkrete Vornahmen zur Intentionsrealisierung gebildet (vgl. ebd., 150). Handlungskontrolle beinhaltet die beiden Prozesse der Intentions- und der Ausführungskontrolle (vgl. Heckhausen u.a. 1985, 279): Die ausgewählte Intention muss in der Folge gegen die Konkurrenz verschiedener Einflüsse, darunter auch andere Intentionen, abgeschirmt werden, um sie zu realisieren; zudem bedarf die Ausführung der bewussten Überwachung. Die jeweilige Struktur der aufgebauten Intentionen entscheidet also mit über den erlebten Aufforderungscharakter von Situationen sowie darüber, wie ein Mensch in der jeweiligen Situation reagiert und handelt. In einer Motivationsphase werden Intentionen auf ihre Realisierbarkeit hin überprüft, um sie anschließend, falls möglich, in einer Volitions- oder Willensphase umzusetzen. Heckhausen (vgl. 1987, 146) beschreibt dabei die Motivationsphase als *realitätsorientiert*, die Volitionsphase als *realisierungsorientiert*.

Bisher wurden eher allgemeine Persönlichkeitsmerkmale angesprochen. Daneben sind auch auf zurückliegenden Erfahrungen beruhende, spezifische *Erwartungen* hinsichtlich bestimmter Situationen und Handlungen bedeutsam: Erwartungen hinsichtlich der weiteren Entwicklung von Situationen, Erwartungen an Folgen des eigenen, eingreifenden Handelns in solchen Situationen sowie Erwartungen, welche weiteren Folgen aus den Ergebnissen von Situationsentwicklungen und eigenen Handlungen resultieren könnten (vgl. Heckhausen u.a. 1985, 6ff.). Diese Erwartungen sind unter anderem abhängig von eigenen Erfahrungen, eigenen kognitiven Strukturen sowie der Einschätzung persönlicher, situationsbezogener Kompetenzen.

Hinsichtlich der *situativen Bedingungen* weist Seitz (vgl. 1998b, 135) auf das Fehlen einer allgemein anerkannten Einteilung belastender Situationen hin und nennt exemplarisch einige Qualitäten von Situationen, die im Hinblick auf Verhaltensstörungen von Bedeutung sind. Solche Qualitäten von Situationen wurden bereits im Zusammenhang mit dem situationistischen Ansatz (vgl. 2.3.2) angesprochen.

In der erlebnismäßigen Auseinandersetzung der Person mit der Situation kommt es dann, wie bereits erwähnt, zu einem Zusammenwirken beider Faktoren, Person und Situation.

> „Die Prozeß-Abfolge der erlebnismäßigen Auseinandersetzung mit Situationen wird als kognitives Handeln bezeichnet, wobei Handeln als ‚bewußtes zielgerichtetes Verhalten' verstanden wird" (Seitz & Walkenhorst 1995, 382). Dabei umfasst der mit dem Begriff der „Handlung" umschriebene „komplexe Vorgang ... nicht nur die äußerlich sichtbaren Erscheinungsformen des Verhaltens ... und die situativen Umstände, unter denen das Verhalten auftritt, ... sondern auch die inneren psychischen Prozesse, die das Verhalten steuern, auslösen und begleiten" (Seitz 1992b, 192).

So stehen einer Person in einer bestimmten Situation meist mehrere Alternativen für ihr Verhalten zur Verfügung. Über diese muss sie sich klar werden und nach einem Vergleich der Alternativen und den dann zu erwartenden Folgen zu einer Entscheidung kommen. Die Person setzt sich mit der Situation auseinander, mit der sie konfrontiert wird.

Wenn Handlung als „bewusstes zielgerichtetes Verhalten" verstanden wird, ist damit nicht gemeint, dass dem Handelnden immer alle Momente der Handlung voll bewusst sein müssen. Einzelne Momente können infolge mehrmaliger Wiederholung automatisiert sein. Dies ist auch sinnvoll, denn die Bewusstseinskapazität in einer bestimmten Situation ist begrenzt, und die Automatisierung von Teilkomponenten dient damit der Bewusstseinsentlastung sowie einer Beschleunigung der Realisierung von Handlungen (vgl. Heckhausen 1987, 151f.).

In ihrem Ablauf lässt sich eine Handlung in drei Phasen beschreiben: Antizipation, Realisationsphase und Interpretationsphase. Werbik (vgl. 1983, 88) nimmt eine weitere Unterteilung vor, indem er innerhalb der Antizipationsphase zwischen Aufforderungsphase und Suchprozess unterscheidet. Daraus ergeben sich vier Phasen der Handlung:

- Antizipation:
  o *Aufforderungsphase*: Am Anfang steht die Wahrnehmung und Interpretation der Situation. Nach Werbik (1983, 88) kann eine Handlung „als Antwort auf eine *Aufforderung* (oder allgemeiner: als Antwort auf eine Situation, welcher der Akteur *Aufforderungsgehalt* zuschreibt)" betrachtet werden. Aufforderung kann dabei nicht in dem Sinne verstanden werden, als gehe diese rein von der Situation aus. Wie die Situation wahrgenommen und welcher Aufforderungsgehalt dieser zugeschrieben wird, hängt auch von der Person selbst ab – etwa von ihren Bedürfnissen oder Gefühlen.
  o *Suchprozess*: Diese Phase umfasst vor allem Planungsprozesse. Die Person sucht nach möglichen Handlungsweisen, durch die ein Ziel erreicht werden kann. Nach einem Vergleich unterschiedlicher Alternativen, auch hinsichtlich der zu erwartenden Folgen, wird eine Entscheidung für eine Alternative getroffen. In diese Entscheidung geht der *Wert* ein, den die Person dem durch eine Hand-

lungsweise zu erreichenden Ziel beimisst, sowie die *Erwartung*, die Einschätzung der Wahrscheinlichkeit, dass diese Handlungsweise mit Erfolg realisiert werden kann. Die getroffene Entscheidung leitet dann zur nächsten Phase über.

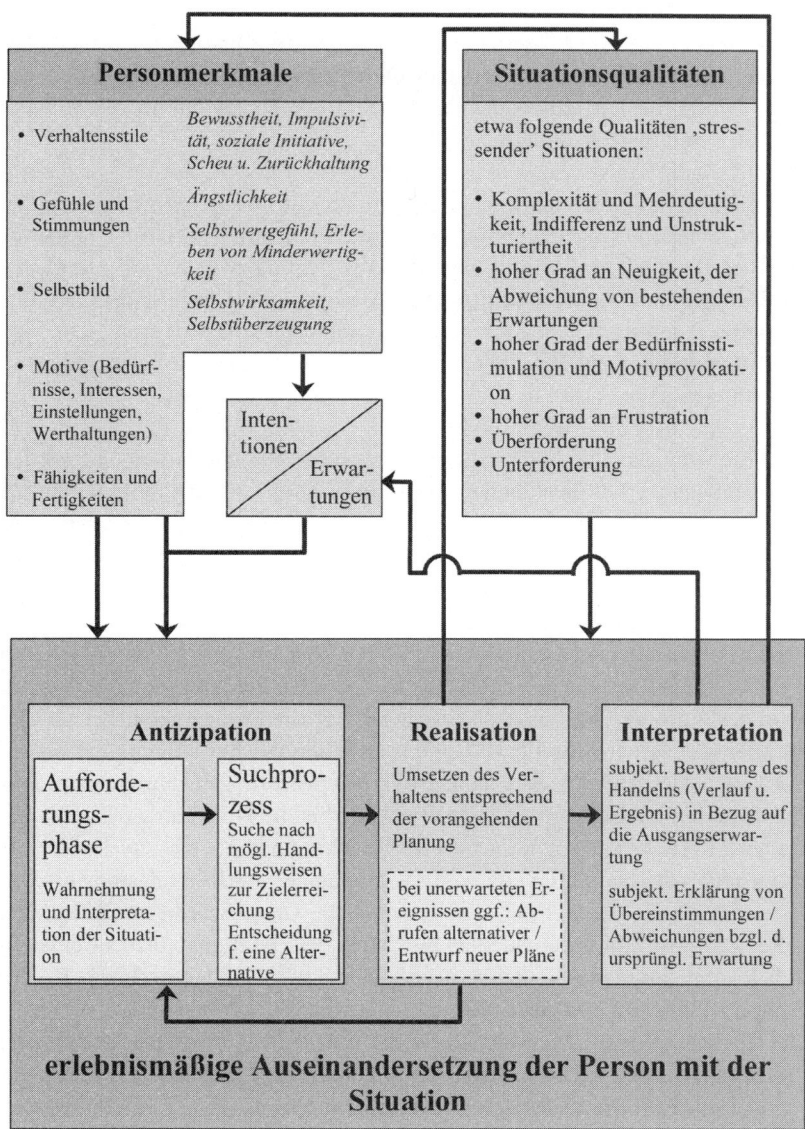

Abb. 1: Modell des interaktionistisch-handlungstheoretischen Ansatzes

- *Realisation/Ausführungsphase*: In dieser Phase erfolgt die Umsetzung des Verhaltens entsprechend der vorangehenden Planung. Diese läuft nicht automatisch ab, sondern ist von kognitiven Prozessen begleitet – besonders in der Auseinandersetzung mit auftretenden Schwierigkeiten. Das Eintreten unerwarteter Ereignisse kann dabei ein Abrufen alternativer Pläne oder die Entwicklung neuer Pläne erforderlich machen, was ein erneutes Durchlaufen der ersten Phase bedeuten kann. Durch die Realisation des Planes kann der Handelnde in die Situation eingreifen und diese verändern.
- *Interpretation/Phase der Bewertung im Nachhinein*: Diese Phase umfasst die subjektive Bewertung des Handelns in seinem Verlauf und Ergebnis in Bezug auf die Ausgangserwartungen. „Dazu gehören auch subjektive Erklärungen über die Ursachen für die Übereinstimmung oder Abweichung zwischen ursprünglichen Erwartungen und tatsächlich eintretenden Ereignissen" (Seitz 1992b, 193). Diese Interpretation dürfte auch für weitere Handlungen von Bedeutung sein, insofern Auswirkungen auf Personeigenarten im Allgemeinen und insbesondere auf Erwartungen einer Person in ähnlichen Situationen denkbar sind.

Sowohl die vorangehende Beschreibung als auch die Graphik stellen eine modellhafte Vereinfachung von Realität dar und können eine Handlung in ihrer Komplexität nicht vollständig erfassen. So wurde beispielsweise lediglich eine Interpretation im Nachhinein angesprochen. Interpretationen könnten jedoch im gesamten Verlauf einer Handlung relevant werden – selbst bei weitgehend automatisierten Handlungen, etwa dann, wenn irgendwelche Probleme auftreten.

Mängel der Handlungskontrolle können in jeder der genannten Phasen auftreten und ein auffälliges Verhalten zur Folge haben. So kann die Interpretation der Situation in der Aufforderungsphase ein auffälliges Verhalten nahe legen. Aber auch die Wahl unangemessener Mittel bzw. Handlungsweisen zur Bewältigung der Situation im Verlauf des Suchprozesses kann zu Verhaltensstörungen führen, ebenso wie die inadäquate Bewältigung von Schwierigkeiten bei der Umsetzung des geplanten Verhaltens. Im Rahmen der Bewertung im Nachhinein können beispielsweise eine Rechtfertigung der Handlung und damit verbunden eine Selbstentlastung erfolgen (vgl. Seitz & Walkenhorst 1995, 387f.). Mögliche Ursachen einer misslingenden Handlungskontrolle in unterschiedlichen Phasen des Handlungsablaufs werden im Hinblick auf delinquentes Verhalten beispielsweise bei Werbik (vgl. 1983, 88) und Seitz (vgl. 1998b, 136-143) genannt.

Auch Heckhausen (vgl. 1987) thematisiert Störungen, die in verschiedenen Phasen der Initiierung und Durchführung einer willentlichen Handlung auftreten können. So könnte etwa die tatsächliche Realitätsorientierung, die Orientierung an den Gegebenheiten, bei Überprüfung der Umsetzbarkeit von Intentionen gestört sein. Von einer etwas anderen Strukturierung des Handlungsablaufes ausgehend unterscheidet er – den zentralen Phasen einer Handlung entsprechend – drei wesentliche

Fehlergruppen, welchen eine Fülle möglicher Störungen zugeordnet wird (vgl. auch die Erörterung von Intentionen weiter vorn): Initiierungs-, Desaktivierungs- und Ausführungsfehler.

Handlungen müssen in ihrem Ablauf, wie er oben dargestellt wurde, nicht immer voll bewusst sein. Sie können auch automatisiert ablaufen – zumindest in einzelnen Teilschritten. So ist eine Unterscheidung verschiedener Ebenen der Handlungsregulation nach dem Grad der Bewusstheit und der Generalität bzw. Spezifität möglich. Diese Ebenen sind jedoch nicht isoliert, sondern vielmehr hierarchisch aufeinander bezogen, insofern Regulationsprozesse auf den höheren Ebenen diejenigen auf den unteren Ebenen steuern, kontrollieren und überwachen:

> „Handlungen, die von höheren Ebenen reguliert werden, erfordern bewußte Zuwendung, mit der Pläne erzeugt, Entscheidungen gefällt und Rückmeldungen verarbeitet werden. Handlungen, die von unteren Regulationsebenen gesteuert werden, sind dagegen relativ ‚automatisch‘, die höheren Ebenen beschränken sich auf gelegentliche Kontrolle" (Semmer& Frese 1979, 127).

Es lassen sich nach Haselmann und van Quekelberghe die folgenden vier Regulationsebenen unterscheiden (vgl. Holtz & Kretschmann 1989, 952f.):

* Auf der untersten Ebene, der *sensumotorischen Ebene*, laufen reflexhafte, hochautomatisierte und stereotype Bewegungsabfolgen ab.
* Relativ gleichbleibende, gleichzeitig aber auch an die Bedingungen der Situation flexibel angepasste Handlungsgrundmuster kennzeichnen die zweite, die *perzeptiv-anschauliche Ebene*.
* komplexe Handlungen, etwa Problemlösen, sowie intellektuelle Operationen werden der *intellektuellen und reflexiven Ebene* zugeordnet. Hierunter fällt sowohl die Reflexion im Handlungsablauf selbst als auch das abstrakte Denken über Handlungen jenseits von diesen – also beispielsweise eine vollzogene Handlung im Nachhinein zu durchdenken.
* Die vierte Ebene wird als *personal-ideologische Ebene* bezeichnet.

> Sie „umfaßt Lebens- und Grundüberzeugungen der Person, persönliche Normen und ethische Prinzipien, Annahmen über sich selbst und die Welt und Lebensleitlinien bzw. Lebenspläne, die kaum voll bewußt, oft nur bruchstückhaft nachvollziehbar und zumeist sprachlich schwer formulierbar sind" (Holtz & Kretschmann 1989, 953).

Das Regulieren derselben Handlung kann bei verschiedenen Individuen bzw. bei einem Individuum zu unterschiedlichen Zeitpunkten durchaus auf verschiedenen Ebenen erfolgen, worauf Semmer und Frese hinweisen:

> „So ist etwa das Schalten [beim Autofahren] für einen Anfänger durchaus intellektuell reguliert, einzelne Operationen, die zu späteren Zeitpunkten unselbständige Operationen darstellen, sind zu Anfang noch selbständige Handlungen, die höchste Konzentration erfordern" (Semmer & Frese 1979, 129).

Neben den Phasen kann auch jede der genannten Bewusstheitsebenen für die Beschreibung und Erklärung von Verhaltensstörungen bedeutsam sein und sollte bei der Analyse Berücksichtigung finden. So könnten die Ursachen einer Verhaltensstörung innerhalb der jeweiligen Pläne und Zielsetzungen auf einzelnen Ebenen liegen. Hinzu kommen Widersprüche und Abweichungen zwischen Plänen und/oder Zielsetzungen innerhalb einer Ebene. Weiterhin sind Konflikte oder erhebliche Unstimmigkeiten zwischen den einzelnen Regulationsebenen möglich. Aus all diesen Problemen resultieren oft verschiedene Formen der Selektion und deformierenden Inferenz von Informationen (vgl. Holtz & Kretschmann 1989, 953f.).

2.3.4 Etikettierungsansatz

Nach der Etikettierungstheorie ist ein Verhalten an sich nicht „auffällig" oder „gestört", sondern wird dies erst durch die Bewertung eines Beobachters (vgl. Lamnek 1996, 216ff.). Auffälliges Verhalten kann als Ergebnis eines durch den Beobachter vorgenommenen Vergleiches mit bestimmten normativen Maßstäben betrachtet werden. Im Vordergrund steht dann die vom Beobachter wahrgenommene Verhaltensstörung, weniger die Verhaltensauffälligkeit bzw. -störung als solche. In die Betrachtung sind daher auch die Person des Beobachters sowie die der Bewertung zugrunde liegenden Maßstäbe mit einzubeziehen (vgl. Seitz 1992a, 117). Es kann nochmals unterschieden werden, ob tatsächlich zunächst irgendein dann bewertetes oder „etikettiertes" Verhalten vorlag (*gemäßigte Etikettierung*) oder der Beobachter unabhängig von einer solchen Basis dem Etikettierten eine Abweichung zuschreibt (*radikales Etikettieren*). Im letztgenannten Fall können irgendwelche Attribute der Anlass für die Zuschreibung einer Abweichung sein, welche mit dem Verhalten nicht direkt in Zusammenhang stehen – etwa das äußere Erscheinungsbild einer Person oder ihre Nationalität.

Der Aspekt der gemäßigten und radikalen Etikettierung ist insbesondere für pädagogische und diagnostische Maßnahmen und Situationen kritisch zu bedenken. Von besonderer Bedeutung sind auch die Folgen: Eine gemäßigte oder radikale Etikettierung kann dazu führen, dass das zugeschriebene „gestörte" Verhalten tatsächlich (gehäuft) auftritt.

2.3.5 Zu einem komplexen Modell zur Erklärung von Verhaltensstörungen

Jeder der oben dargestellten Ansätze rückt bei der Erklärung von Verhaltensstörungen bestimmte Aspekte ins Zentrum der Betrachtung, während andere vernachlässigt werden, woraus jeweils eine einseitige Sichtweise resultiert. Jeder einzelne Ansatz kann jedoch einen Beitrag zur Erklärung von Verhaltensstörungen leisten, was auch in der folgenden Abbildung deutlich wird. In diesem Modell werden alle bis hierher dargestellten Sichtweisen in ihren wesentlichen Komponenten aufgenommen und in ihrem aktualgenetischen Zusammenspiel skizziert:

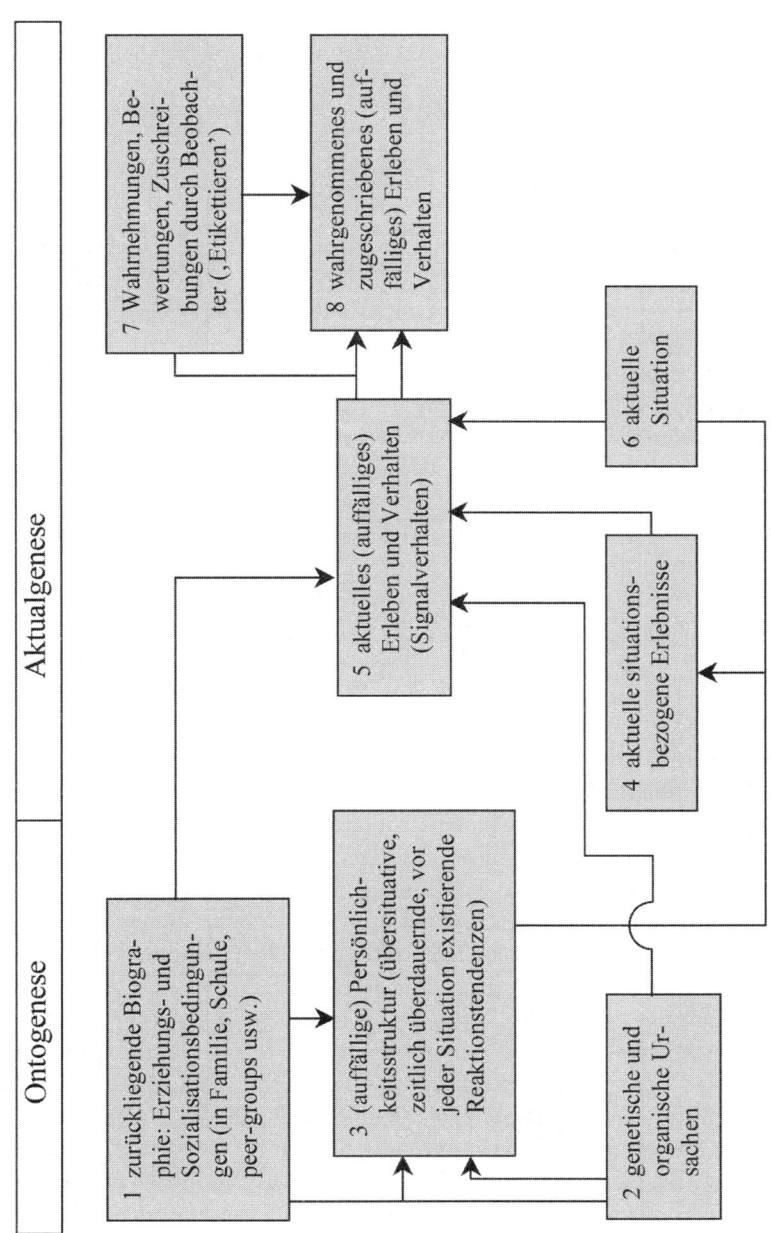

Abb. 2: Modell der Genese von Verhaltensstörungen (vgl. Seitz 1992, 113; 1981, 33; Stein 2012, 52).

Erklärt wird hier ein aktuelles als auffällig wahrgenommenes Verhalten, dessen Ursache

- im Sinne des personorientierten Ansatzes in einer auffälligen Persönlichkeitsstruktur des Kindes (3),
- aus Sicht des situationistischen Ansatzes in den aktuellen situativen Bedingungen (6) und
- aus Sicht des interaktionistischen Ansatzes in der Wechselwirkung zwischen beiden (4) gesehen werden kann.
- Schließlich sind die Wahrnehmungen, Bewertungen und Zuschreibungen eines Beobachters (7) von Bedeutung, durch die ein gezeigtes Verhalten erst zum auffälligen Verhalten wird, was vor allem im Rahmen des Etikettierungsansatzes betont wird.

Das Zusammenwirken dieser Faktoren führt in je unterschiedlicher Gewichtung zu einer Verhaltensstörung. Andere Personen und deren möglicher Beitrag zur Entstehung eines als auffällig beurteilten Verhaltens sind dabei mit berücksichtigt:

- zum einen in der Wahrnehmung, Bewertung und Zuschreibung durch einen Beobachter: Das Verhalten wird durch andere (etwa den Lehrer) wahrgenommen, bewertet und als auffällig beurteilt, wobei deren Erwartungen und eigene Persönlichkeit eine wesentliche Rolle spielen;
- zum anderen in der aktuellen Situation: eine andere Person (beispielsweise der Lehrer) könnte durch ihr Verhalten ein auffälliges Verhalten auslösen;
- aber auch in der zurückliegenden Biographie: So könnte beispielsweise ein bestimmter Erziehungsstil der Eltern für die Entstehung von Verhaltensauffälligkeiten mit verantwortlich sein.

Verhaltensstörungen ergeben sich also durchweg aus und in Situationen pädagogischer Interaktionen. Dieses Modell gilt grundsätzlich für beide bzw. alle Partner einer Interaktion, im hier betrachteten schulischen Kontext also für Lernende und Pädagogen. Sie begegnen sich in der aktuellen Situation (6), aber auch schon in der Ontogenese (3). Dabei spielen wechselseitige Interpretationsprozesse eine Rolle (7, 8): je eigene Wahrnehmungen, Bewertungen und Zuschreibungen, die das wahrgenommene und zugeschriebene Erleben und Verhalten bestimmen. Erfolgt dieser Vorgang ohne echten Bezug auf das aktuelle, tatsächliche Verhalten und die Situation, so handelt es sich um den Vorgang einer radikalen Etikettierung.

Beide Seiten treten als jeweils so gewordene Person in den aktuellen Interaktionsprozess ein (1, 2, 3; personaler Aspekt): mit ihrer eigenen Biographie, insbesondere den spezifischen Erziehungs- und Sozialisationsbedingungen, mit individuellen genetischen und organischen Voraussetzungen und der auf Basis dieser Voraussetzungen und dieser Biographie entstandenen (auffälligen) Persönlichkeitsstruktur. Für das Feld der Pädagogik sowie im Hinblick auf Verhaltensstörungen ist zu bedenken, dass Pädagogen zumeist mit größerer Wissens- und mit größerer Definitionsmacht ausgestattet sind (vgl. hierzu Kapitel 1).

Die Interaktionspartner bewegen sich in dem bestimmten Setting einer aktuellen Situation (6; situationaler Aspekt). Aus der Interaktion zwischen ontogenetischen Voraussetzungen beider Partner in und mit der Situation resultiert auf beiden Seiten ein jeweiliges aktuelles (auffälliges) Erleben und Verhalten. Die Beteiligten erleben, deuten und bewerten wiederum das aktuelle Verhalten, die Person des Kommunikationspartners sowie auch die eigene Person (7, 8; labeling; Etikettierung) – und bewegen sich damit in einem transaktionalen Feld von Verhalten und beiderseitigen Konstruktionen.

So sind etwa pädagogische Situationen fast durchgängig auch soziale Situationen der Interaktion zweier oder mehrerer Personen. Solche Interaktionen entstehen aber immer aus wechselseitigen aktiven Konstruktionen der beteiligten Partner: Ihre Konstruktionen der Realität bestimmen, was weiter geschieht – wobei dieses folgende Geschehen wiederum interpretiert, konstruiert wird. Die subjektiven Wahrnehmungen der Situation und des aktuellen Geschehens basieren dabei auf den jeweiligen Welt- und Selbst-Modellen der beteiligten Personen, die sie aus ihrer individuellen Geschichte heraus gebildet haben. Konkretisierungen solcher Konstruktionen wären etwa Bewertungen, Verarbeitung, Bewältigungsstrategien, Erwartungen, aber auch Vorgänge wie Tätigkeit oder Handlung im Sinne von Tätigkeitsmodellen. Die beschriebenen Vorgänge stellen zunächst je persönliche Konstrukte dar. Hierbei sind immer auch Machtaspekte von Bedeutung: So könnte derjenige Partner, der eine Position inne hat, die mit mehr Macht verbunden ist, einseitig seine Interpretationen und Konstruktionen durchsetzen. Da in pädagogischen Kontexten der Pädagoge derjenige sein dürfte, der über mehr Macht verfügt, muss er immer wieder in kritischer Selbstreflexion seine Konstruktionen hinterfragen – was nur auf Basis eines differenzierten Verständnisses von Verhaltensstörungen, Bedingungen und Entstehungsprozessen möglich ist.

Die skizzierten Ansätze zur Erklärung von Verhaltensstörungen legen jeweils unterschiedliche pädagogische Maßnahmen nahe (vgl. Bach 1993, 30ff.; Myschker 2009; Stein 2012). So wären von einem personorientierten Ansatz ausgehend individuumzentrierte Maßnahmen angezeigt. Die Maßnahmen würden dann auf eine Veränderung der Persönlichkeitseigenarten des Individuums, der auffälligen Persönlichkeitsstruktur zielen. Stehen – wie beim situationistischen Ansatz – Bedingungen der Situation im Vordergrund der Betrachtung, gälte es diese zu ändern. Aus Sicht des Etikettierungsansatzes hätten sich die Maßnahmen nicht auf die Person selbst zu richten, sondern zielten vielmehr auf eine Entstigmatisierung. Zentral wäre die kritische Reflexion von Erwartungen und Normen und gegebenenfalls deren Korrektur. Bei interaktionistischen Ansätzen kommt dem situationsbezogenen Erleben der Person besondere Bedeutung zu. Pädagogische Maßnahmen hätten dann Einfluss auf die Wahrnehmung und Bewertung von Situationen zu nehmen, aber auch eine gelingende, handelnde Auseinandersetzung mit diesen zu unterstützen.

Im Hinblick auf pädagogisches Handeln kann eine einseitige Sichtweise nicht sinnvoll sein; sie entspricht nicht der Komplexität realer Situationen. Wichtig ist es daher für Pädagogen, alle möglichen Bedingungen grundsätzlich im Blick zu haben, kritisch zu reflektieren und in Interaktionsprozessen zu bedenken – sowie auch Maßnahmen gezielt einzusetzen. Im Rahmen der Auswertung von Unterricht können Pädagogen bei auftretenden Störungen die Ursachen dafür nicht allein beim Schüler suchen, sondern sie sollten gleichzeitig ihr eigenes unterrichtliches Handeln, die Interaktionsprozesse zwischen ihnen und dem Schüler sowie anderen Beteiligten im Feld und auch ihre Wahrnehmung des Schülers und ihre Erwartungen kritisch hinterfragen.

2.4 Klassifikation von Verhaltensauffälligkeiten

Schon der Phänomenbereich der Verhaltensauffälligkeiten ist in sich außerordentlich heterogen. Beachtung im Alltag finden vor allem aggressive Erscheinungsweisen, da diese in besonderem Maße Aufmerksamkeit auf sich lenken und Betroffenheit auslösen; manche mögen auch an den Phänomenbereich der Hyperaktivitäts- und Aufmerksamkeitsproblematiken denken. Doch spielen hier, worauf bereits hingewiesen wurde, ebenso Formen starker, überdauernder Ängstlichkeit eine Rolle, des Weiteren etwa Depressivität, autistische Verhaltensweisen, Autoaggressivität und andere Auffälligkeiten.

Über die letzten Jahrzehnte sind verschiedene Versuche gemacht worden, Verhaltensauffälligkeiten in Subgruppen zu klassifizieren. Dabei gibt es unterschiedliche Intentionen und entsprechende Möglichkeiten, zu einer solchen Klassifikation zu kommen. Seitz (vgl. 1982, 20ff.) unterscheidet in Anlehnung an Heller & Nickel (vgl. 1978) und Havers (vgl. 1978) drei Formen, die durch eine vierte, die funktionsbezogene Klassifikation, ergänzt werden können:

- *Deskriptive Klassifikation*: Hiermit ist die Klassifikation nach dem äußeren Erscheinen, nach bestimmten Symptomen gemeint. Mit Havers (vgl. 1978, 31) kann noch einmal zwischen phänomenologischer und empirischer Klassifikation unterschieden werden, der Klassifikation nach Augenschein oder auf Basis empirisch gewonnener Daten, wobei letztere besonderen Ansprüchen der Exaktheit und des Theoriebezuges genügen sollte.
- *Explanatorische Klassifikation*: Diese Klassifikationsmodelle orientieren sich an den (Gruppen von) Ursachen auffälligen Verhaltens: Verhaltensstörungen werden theorieorientiert im Hinblick auf Ursachen und Erklärungen klassifiziert. Havers (vgl. 1978, 32ff.) nennt ähnlich eine „ätiologische" Klassifikation.
- *Funktionsbezogene Klassifikation*: Diese Form weist Ähnlichkeiten mit der explanatorischen Klassifikation auf, ist jedoch nicht damit identisch. Während diese sich an den Ursachen, also dem „Woher" des Verhaltens orientiert, wäre eine

funktionsbezogene Klassifikation darauf bezogen, *wohin* sich ein Verhalten richtet, worauf es (mehr oder weniger bewusst) abzielt, was also die Funktion des Verhaltens ist: etwa Aufmerksamkeit, Spannungsabbau oder anderes (vgl. Stein 2012, 33).

- *Interventionsbezogene Klassifikation*: Hier werden Verhaltensstörungen entsprechend angezeigter und Erfolg versprechender Interventionsverfahren klassifiziert.

„Für die Praxis wäre es wünschenswert, daß eine gegenseitige Zuordnung von Einstufungen nach dem einen oder anderen Kriterium möglich wäre" (Seitz 1982, 21). Hiermit ist eine Verbindung aller Klassifikationsformen gemeint, dementsprechend, dass aufgrund einer bestimmten Erscheinungsweise Rückschlüsse auf eine Ursachengruppe, auf Funktionen sowie auf bestimmte Interventionsmethoden möglich wären. Schon die Verbindungen zwischen Erscheinungsweisen und der Gruppierung von Ursachen sind allerdings problematisch: So kann ein und dasselbe auffällige Verhalten durchaus unterschiedliche Ursachen haben. Aggressives Verhalten könnte sich durch Bekräftigung und Zuwendung seitens der Eltern verfestigt haben; es könnte jedoch auch an aggressiven elterlichen Modellen gelernt worden sein. Andererseits mögen gleiche Erziehungsbedingungen als Ursachen zu durchaus unterschiedlichen Auffälligkeiten führen. So könnte durch ein inkonsistentes Elternverhalten sowohl kindliche Ängstlichkeit angesichts erlebter Unkontrollierbarkeit der elterlichen Reaktionen gefördert werden als auch Aggressivität, da diese im Rahmen der Inkonsistenz intermittierend verstärkt wird.

Daher sind bislang insbesondere Modelle deskriptiver Klassifikation zu finden. Seitz (vgl. 1982, 22) erwähnt auch Ansätze zu einer explanatorischen Klassifikation; interventionsbezogene Konzepte stehen im Wesentlichen noch aus. Das bekannteste Modell der Klassifikation von Verhaltensstörungen, gleichfalls empirisch-deskriptiv ausgerichtet, stammt von der Arbeitsgruppe um Quay und Peterson und beinhaltet eine Klassifikation in vier Gruppen (vgl. Peterson, Quay & Tiffany 1961; Quay, Morse & Cutler 1966; Quay & Werry 1972). Dieses Konzept durchzieht die einschlägige Fachliteratur (vgl. etwa Havers 1978; Seitz 1982; Goetze 1996, 63f.; Myschker 2005, 51ff.). Unterschieden werden hier die Gruppen „unsozialisiert-psychopathisch", „neurotisch gestört bzw. unausgeglichen", „fehlende Reife" sowie „subgruppen-sozialisiert bzw. sozialisiert delinquent" – wobei Myschker (vgl. ebd., 52) darauf hinweist, dass insbesondere die beiden erstgenannten Gruppen durch Folgeuntersuchungen empirisch weitestgehend abgesichert scheinen, weniger die beiden letztgenannten.

Derlei Klassifikationen bewegen sich auf einer rein individuumzentrierten, die Verhaltensauffälligkeiten personalisierenden Ebene und bleiben so auf den Phänomenbereich beschränkt. Daraus ergeben sich mindestens zwei wesentliche Probleme:

- Die Klassifikation erfolgt rein phänomenologisch-empirisch und sagt damit nichts über Ursachen der festgestellten Störungen aus. Damit bietet sie auch kaum Ansätze zur Herleitung gezielter Interventionen.

- Das Konzept beinhaltet eine Übertragung und Generalisierung im Sinne allgemeiner Person-Eigenschaften der Menschen, deren Verhalten hier als auffällig beschrieben wird. Damit bleiben situationistische und interaktionistische Ansätze außen vor.

Im Sinne des bisher kritisch Gesagten sowie im Sinne des unter 2.3.5 beschriebenen komplexen Modells sind solche Annahmen aber weder sinnvoll noch zulässig. Somit liegt der einzige Nutzen solcher Formen der Klassifikation in der Differenzierung dessen, was unter „Verhaltensauffälligkeiten" verstanden wird. Damit ist jedoch hier nur ein Teilbereich des Gesamten erfasst: die Form, in der eine Störung (bei einem Schüler) zutage tritt, ihre Erscheinungsweise.

Zudem erweist sich das dargestellte Vier-Gruppen-Modell als zu einfach; die Gruppen sind alles andere als trennscharf – und die der Kategorisierung zugrunde liegenden Forschungen und Befunde sind mittlerweile etliche Jahrzehnte alt. Daher führt es, auch wenn es nach wie vor in der Fachliteratur viel zitiert wird, nicht weiter.

Zur grundsätzlichen Strukturierung kann ein Blick auf epidemiologische Befunde hilfreich sein. Hier wird zwar nicht grundlegend und konzeptionell kategorisiert – aber es werden implizit Gruppen von Auffälligkeiten gebildet, die allerdings auch auf einer phänomenologischen Ebene bleiben. Im Rahmen der Metaanalyse von Ihle & Esser (vgl. 2002) wurden die Ergebnisse der nach bestimmten strengen Kriterien als seriös beurteilten Studien zu psychischen Störungen zusammengefasst. Hier wurden insbesondere folgende Gruppen mit den größten Prävalenzraten, also Auftretensraten solcher Störungen in der Gruppe der Kinder und Jugendlichen, gebildet:

- Angststörungen
- dissoziale Störungen
- depressive Störungen
- hyperkinetische Störungen
- Essstörungen
- autistische Störungen
- Störungen des Substanzgebrauchs

Von besonderer Bedeutung sind die ersten vier Gruppen mit den deutlich höchsten Auftretensraten; aber auch seltenere Phänomene wie etwa Autismus (vgl. Remschmidt 2002; Kamp-Becker & Bölte 2011) oder auch Traumatisierungen (vgl. etwa Ellinger, Hoffart & Möhrlein 2009) stellen erhebliche Herausforderungen für eine schulische Förderung dar. Ergänzend sei auf ein Problem hingewiesen, welches in diesen Daten nicht auftaucht: dasjenige des Schulabsentismus, der zu einem versteckten, aber nicht zu unterschätzenden, bisweilen auch geduldeten Problem des Schulsystems geworden ist (vgl. Herz, Puhr & Ricking 2004; Ricking, Schulze & Wittrock 2009).

Zwischen den genannten Gruppen werden allerdings teilweise erhebliche Komorbiditäten beobachtet, also Doppel- oder Mehrfachdiagnosen – so dass sich auch diese nicht als trennscharf erweisen. Es wird im Grunde ein heuristisches Einteilungsmodell zugrunde gelegt, das sich an internationalen psychiatrischen Diagnosesystemen wie der ICD und dem DSM orientiert (siehe unten).

Angesichts der unter 2.3.5 erörterten Komplexität von Verhaltensstörungen können verschiedene Klassifikationsversuche, wie sie hier dargestellt wurden, insbesondere die phänomenologischen und empirischen Ansätze, nur unbefriedigend wirken. Ziel müsste ein Klassifikationssystem sein, das, wie es Seitz (vgl. 1982, 42f.) fordert, integrativ Erscheinungsweisen, Erklärungen und Interventionsmöglichkeiten berücksichtigt. Dies ist natürlich ein hoher Anspruch, der bislang nicht eingelöst wurde. Allenfalls wurden Ansätze aus verschiedenen Theorieschulen heraus versucht; jedoch kann auch eine rein behavioristische oder rein psychoanalytische Konzeption der Komplexität des Phänomens Verhaltensstörungen kaum gerecht werden.

Abschließend sollen drei Klassifikationssysteme erwähnt werden, die für die Pädagogik bei Verhaltensstörungen von Bedeutung sind, stärker der hier vertretenen interaktionistischen Sicht gerecht werden – sich jedoch aus anderen als den bis hierher angeführten Gründen als pädagogisch problematisch erweisen (vgl. auch Stein 2012, 35ff.):

- Bei der „International Statistical Classification of Diseases and Related Health Problems" in ihrer aktuellen zehnten Fassung (ICD-10; vgl. Dilling, Mombour & Schmidt 1993; Zaudig, Wittchen & Sass 2000) handelt es sich um ein von der Weltgesundheitsorganisation (WHO) herausgegebenes medizinisches Diagnosesystem. Es dient auch der Klassifikation psychiatrischer Störungen. Die ICD-10 bietet eine multiaxiale Diagnostik auf insgesamt sechs Achsen. Hier wird nicht nur das klinisch-psychiatrische Syndrom erfasst, sondern auch umschriebene Entwicklungsstörungen, das Intelligenzniveau, die körperliche Symptomatik – sowie aktuelle abnorme psychosoziale Umstände. Des Weiteren wird auf der sechsten Achse eine Globalbeurteilung der psychosozialen Anpassung vorgenommen.

- Ganz ähnlich ist auch das „Diagnostical and Statistical Manual of Mental Disorders" in der 4. und nun im Englischen auch 5. Version (DSM-IV, vgl. Petermann, Kusch & Niebank 1998 – bzw. DSM 5), herausgegeben von der American Psychiatric Association (APA), multiaxial orientiert. Hier werden auf fünf Achsen neben den klinischen Störungen, Persönlichkeitsstörungen und Geistiger Behinderung sowie medizinischen Krankheitsfaktoren auch psychosoziale oder umgebungsbedingte Umstände und das Funktionsniveau beurteilt.

- Da, wo sie in ihrer Komplexität eingesetzt werden, können beide Systeme zumindest dem Anspruch gerecht werden, neben phänomenologischer Klassifikation auch Aspekte der Situation und, in Ansätzen, der Interaktion zu erfassen sowie, über das Gesamtbild der Informationen, auch explanatorische Informationen zu gewinnen.

- Von zunehmende Bedeutung für verschiedenste Einsatzfelder ist die „Internatio-nal Classification of Functioning" (ICF; vgl. DIMDI 2004), für die auch eine be-sondere Fassung für Kinder und Jugendliche, die ICF-CY, entwickelt wurde (vgl. WHO 2011). Bei diesem auch von der WHO herausgegebenen Konzept handelt es sich um ein hochkomplexes Klassifikationssystem, das (anders als auf Störun-gen und Krankheiten fokussierte Systeme) den Ansprüchen der Defizit- und der Kompetenzorientierung gerecht werden soll. Zudem werden neben personalen auch soziale und gesellschaftliche Aspekte mit erfasst – es geht um Abweichungen und Schädigungen („Impairment"), individuelle Funktionsfähigkeit („Activity") sowie auch gesellschaftsbezogene Funktionsfähigkeit („Participation", Teilhabe). Auch wenn damit aus interaktionistischer Perspektive viele wichtige Informatio-nen berücksichtigt werden könnten, liegen die Umsetzungsprobleme zum einen in der großen Komplexität, zum anderen aber auch, bei genauerem Blick, für den hier fokussierten Kontext in der teilweise mangelnden und problematischen Berücksichtigung gerade solcher Aspekte, die Verhaltensstörungen konstituieren oder ausmachen (vgl. Stein 2013).

3 Beschulung bei Verhaltensstörungen

Unterricht bei Verhaltensstörungen findet in bestimmten sozialen Umgebungen statt. Mittlerweile besteht ein Spektrum bzw. Kontinuum von inklusiver Unterrichtung in allgemeinen Schulen über verschiedene Stufen der Beobachtung und Förderung bis zu spezifischen sonderschulischen Organisationsformen der Pädagogik bei Verhaltensstörungen: den Schulen für Erziehungshilfe und den Schulen für Kranke. Im Folgenden soll zunächst von der aktuellen Diskussion um die Entwicklung eines stärker inklusiven Schulsystems ausgegangen werden, um dann Realisierungsformen inklusiver Beschulung zu betrachten, anschließend Modelle einer gestuften Integration – und danach Modelle besonderer Beschulung, für die ein spezifisches didaktisches und methodisches Konzept des Unterrichts bei Verhaltensstörungen von großer Bedeutung ist. Nachdem zunächst integrative, dann insbesondere in den letzten Jahren inklusive Bemühungen erhebliche Intensivierungen erfahren, und da sich das hier entwickelte unterrichtliche Konzept auch in diesem Sinne als integrativ und integrierend sowie schulbezogen als inklusiv versteht, werden anschließend Möglichkeiten, Schwierigkeiten und Grenzen inklusiver Beschulung kritisch diskutiert.

In Anbetracht der Fragestellung stehen hier insbesondere organisatorische Aspekte im Vordergrund: Es geht um eine Didaktik, die eben nicht speziell für den Unterricht an Schulen für Erziehungshilfe konzipiert ist, sondern als eine allgemeine Didaktik verstanden wird, die jedoch in besonderem Maße Störungen berücksichtigt – eine Didaktik für den Unterricht an allgemeinen Schulen, in Integrationsklassen und ebenso an der Schule für Erziehungshilfe oder der Schule für Kranke. Entsprechende Überlegungen müssen aber immer die organisatorischen Rahmenbedingungen, unter denen ein Unterricht bei Verhaltensstörungen stattfindet, mit einbeziehen. Historie und Unterrichtsgestaltung hingegen werden hier weniger berücksichtigt; es wird auch nicht vertieft auf die Diskussion um inklusive versus besondere Förderung eingegangen (vgl. dazu Speck 2010; Ahrbeck 2011; Stein & Müller 2014b).

Verschiedene zentrale Unterrichtsprinzipien der Schule für Erziehungshilfe, deren Geltung auch für eine inklusive und integrative Beschulung zu bedenken ist, werden unter 3.6 erörtert. Dabei kommt, nach der Fokussierung auf Lernen unter 1., einer ergänzenden Erörterung von Erziehung im Unterricht bei Verhaltensstörungen besondere Bedeutung zu – aber auch, abschließend, einer Diskussion von Unterricht und Erziehung versus Therapie.

3.1 Inklusion, Integration, Separation

Deutschland hat 2008/2009 die UN-Konvention über die Rechte von Menschen mit Behinderungen (vgl. VN-BRK 2008) rechtskräftig unterzeichnet. Im Vordergrund der Diskussion steht seitdem sehr stark der Artikel 24, der ein „integratives Bildungssystem auf allen Ebenen und lebenslanges Lernen" vorsieht und fordert, dass Menschen mit Behinderungen nicht vom „allgemeinen Bildungssystem" ausgeschlossen werden.

Die UN-Konvention thematisiert keineswegs nur die Frage der Beschulung. Sie bietet einen Rahmen für die Weiterentwicklung einer inklusiven Gesellschaft im Hinblick auf unterschiedlichste Lebensphasen und Aspekte. Für eine differenzierte Betrachtung der UN-Konvention hinsichtlich der Frage von Schule und Unterricht sind neben dem Artikel 24 auch andere Artikel von Bedeutung – hier sollen zwei hervorgehoben werden:

- Artikel 5, Abs. 4: „Besondere Maßnahmen, die zur Beschleunigung oder Herbeiführung der tatsächlichen Gleichberechtigung von Menschen mit Behinderungen erforderlich sind, gelten nicht als Diskriminierung im Sinne dieses Übereinkommens."
- Art. 7, Abs. 7: „Bei allen Maßnahmen, die Kinder mit Behinderungen betreffen, ist das Wohl des Kindes ein Gesichtspunkt, der vorrangig zu berücksichtigen ist".

Auch im Hinblick auf Schule und Unterricht gilt damit: Besondere Maßnahmen sind für die Herstellung von Gleichberechtigung mit einbezogen, und das Wohl des Kindes steht im Vordergrund. Wichtig und hilfreich ist es, nicht einzelne Artikel der Konvention losgelöst zu betrachten, sondern die Konvention in ihrem Gesamtbild zu betrachten.

Seit 2009 entwickelte sich in Deutschland eine sehr stark emotionalisierte und polarisierte Diskussion um deren Umsetzung. Erheblich in der Kritik stehen die Förderschulen als Sondereinrichtungen – insbesondere aufgrund der damit verbundenen Herausnahme und potenziellen Ausgrenzung der Schüler. Zugleich wird aber auch die sonderpädagogische Subdifferenzierung in Fachrichtungen hinterfragt, teilweise auch die Existenz der Sonderpädagogik als solcher – als einer von der allgemeinen, sonstigen oder Regel-Pädagogik zu unterscheidenden Fachdisziplin.

Eingeklagt wird ein Paradigmenwechsel: Die Bemühungen um Integration werden so gesehen, dass hier der Fokus darauf liegt, Kinder an bestehende (schulische) Systeme anzupassen – während es beim Bestreben um Inklusion darum geht, solche Systeme zu entwickeln, die alle Kinder aufnehmen können. Diese Polarisierung wird allerdings den traditionell weiter gehenden Vorstellungen der bisherigen Integrationsbewegung nur sehr bedingt gerecht (vgl. Speck 2010).

Dabei ergeben sich im Hinblick auf ein inklusives Schulsystem oder auch nur die Frage der Integration besondere Probleme für zwei Gruppen: Kinder und Jugendliche mit schwersten (geistigen) Behinderungen – sowie diejenigen mit Verhaltensauffälligkeiten. In verschiedenen Literaturüberblicken wird eine besonders schwierige Situation für die Integration von Schülern mit Verhaltensauffälligkeiten deutlich (vgl. Goetze 1990; 2008; Preuss-Lausitz & Klemm 2008; Speck 2010, 100) – auch im Hinblick auf die problematischen Einstellungen der Lehrer dieser Schülergruppe gegenüber, wie Goetze (vgl. 1991) anhand einer Analyse der einschlägigen Forschung aus den 1980er Jahren deutlich machte. In der aufwändigen US-amerikanischen „National Longitudinal Transition Study 2" (vgl. NLTS 2006) zeigte sich, dass die Schülergruppe mit „emotional disturbances" die meisten Schwierigkeiten verursachte.

Diese Brisanz machen auch die schulischen Förderquoten deutlich: Sie sind für den Förderschwerpunkt Emotionale und Soziale Entwicklung zwischen 1999 und 2012 von 0,36 % auf 0,9 % aller Schüler gestiegen (vgl. Kultusministerkonferenz 2010; 2012; 2014). Zu bedenken ist, dass sich zugleich auch die sonderpädagogischen Förderquoten insgesamt, also über alle Förderschwerpunkte hinweg, von 5,2 auf 6,6 % erhöht haben – ein allerdings deutlich weniger starker Anstieg. Auch erhöht hat sich (bei allen Integrationsbemühungen) die Förderschulbesuchsquote im hier betrachteten Förderschwerpunkt, also die Quote derjenigen Schüler, die separiert gefördert werden – und zwar von 0,27 % auf 0,5 % – nahezu eine Verdoppelung. Zugleich ist auch hier die allgemeine Förderschulbesuchsquote über alle Förderschwerpunkte leicht gestiegen, und zwar von 4,6 auf 4,75 %. Für die Quoten aller Förderschwerpunkte ist anzumerken, dass die Förderquote in den letzten Jahren eher ansteigt, die Förderschulbesuchsquote eher wieder sinkt, während sich beide Quoten im Förderschwerpunkt emotional-soziale Entwicklung auch in den letzten Jahren immer noch erhöht haben.

Die Anstiegsraten für den Förderschwerpunkt Emotionale und Soziale Entwicklung über die letzten zehn Jahre hinweg sind also enorm. Zugleich tritt eine recht erhebliche Schere zutage zwischen epidemiologischen Daten (ca. 12 bis 18 %) und Förderquoten (ca. 0,9 %).

Die Diskussion um Inklusion verläuft beeindruckend lebhaft. Wie schon mehrfach in den vergangenen Jahrzehnten tut sich die Sonderpädagogik schwer mit ihrer Positionierung als „wertgeleitete Wissenschaft" zwischen normativem und wissenschaftlich-sachlichem Auftrag. Leider lässt sich beobachten, dass aus inhaltlichen Gründen heraus teilweise selektiv mit Forschungsbefunden umgegangen wird. Nach einer ersten Phase, in der separierende Institutionen, aber auch die Definition von Behinderungen als solche sowie die Existenz der Sonderpädagogik, gerade auch aus der eigenen Disziplin heraus, heftig und teilweise auch argumentativ sehr einseitig in die Kritik gerieten, treten nun zunehmend Skeptiker auf den Plan (Huber 2006; 2009; Speck 2010; Ahrbeck 2011), die eine stärker sachliche Diskussion einklagen. Zugleich ist allerdings in verschiedenen Bundesländern der Umbau bereits in vollem Gange. Förderschulen werden zurückgefahren oder vollständig abgeschafft. Andere Länder, etwa Bayern, halten aktuell grundsätzlich am System der Förderschulen fest, wollen dieses allerdings durchaus auch sukzessive umbauen und im Hinblick auf das Ziel Inklusion weiterentwickeln.

Der Aussage im Zuge der Inklusionsdiskussion, alle Menschen seien gleich, hält Fröhlich (vgl. 2013) gerade deren Verschiedenheit entgegen. Eine solche Diversität von Menschen erfordert aus seiner Sicht, spezifisch mit Blick auf Kinder mit erheblichem Förderbedarf, professionelles Fachwissen über die Besonderheiten, Techniken bzw. Verfahren, um den Besonderheiten zu begegnen sowie „eine grundsätzliche Haltung, dass nicht Durchschnittlichkeit das Ziel aller pädagogisch-therapeutischen Maßnahmen ist, sondern die Ausdifferenzierung von Individualität als Diversität" (ebd., 10). Genau dies wird beispielsweise für hochbegabte Kinder in der aktuellen Diskussion eingeklagt, während für Kinder mit Förderbedarf die pauschale Forderung nach einer Schule für alle erklingt.

3.2 Inklusive Schulen

Sonderpädagogische Maßnahmen zielen seit jeher auf ein möglichst hohes Maß an Integration, hier verstanden als uneingeschränkte Teilhabe am gesellschaftlichen Leben. Dies gilt – als Zielsetzung – auch für die unter 3.4 zu thematisierenden, besonderen Formen der Förderung. Während jedoch nach dem Zweiten Weltkrieg dieses Ziel zunächst hauptsächlich über eine spezielle Förderung in Sonderschulen verfolgt wurde und die Bemühungen in Richtung eines Auf- und Ausbaus von Sonderschulen gingen, wurden seit den 1960er Jahren – im Bereich der Körperbehindertenpädagogik beginnend – andere Möglichkeiten diskutiert und schulische Integration angestrebt (vgl. Haupt 1985, 152f.; 2009).

Diese Tendenz – weg von separierenden hin zu integrativen Formen der Förderung – zeigte sich bereits vor Inkrafttreten der VN-BRK auch im Bereich der Pädagogik bei Verhaltensstörungen. Sie ergibt sich infolge der Kritik an separierenden Einrichtungen, die vor allem die Stigmatisierung der Schüler als Gefahr herausstellt. Neben der Vermeidung der mit der separierenden Förderung verbundenen Gefahren werden als Vorteile einer integrierten (heute: inklusiven) Förderung unter anderem der mögliche positive Einfluss der Mitschüler angeführt sowie die Gelegenheit, in der Regelgruppe angemessenes Verhalten einzuüben. Eine wesentliche Rolle spielt aber auch eine veränderte Sicht von Verhaltensstörungen: Sie werden nicht mehr einseitig dem Schüler zugeschrieben, der folglich einziger Adressat der Maßnahmen ist, sondern es kommen zunehmend andere Faktoren (Verhaltensbedingungen und Erwartungen) und somit auch weitere Adressaten in den Blick (vgl. schon Bach 1989b, 249ff.). Da Verhaltensstörungen in bestimmten Situationen und im Umgang mit bestimmten Personen auftreten, sind diese Faktoren zu berücksichtigen. Eine Sichtweise von Verhaltensstörungen, wie sie in Kapitel 2 herausgearbeitet wurde, lässt eine rein separierende Förderung als problematisch erscheinen: Ob ein Verhalten als auffällig betrachtet wird oder nicht, hängt von den der Bewertung zugrunde liegenden Beurteilungsmaßstäben ab, die hinterfragt werden sollten. Verhaltensstörungen entstehen in einem Zusammenwirken von Person-Variablen und situativen Bedingungen, wobei beiden ein unterschiedliches Gewicht zukommen kann. Eine ausschließliche Förderung des Schülers außerhalb des Settings, in dem die Störung auftaucht, würde daher in den meisten Fällen zu kurz greifen. Dennoch kann in einzelnen Fällen, vielleicht auch nur zunächst, eine separierende Förderung nützlich sein: etwa, wenn die Umgebung eine erhebliche Belastung für den Schüler darstellt oder wenn umgekehrt massive Verhaltensauffälligkeiten eines Schülers über viele Situationen hinweg auftreten und ihrerseits eine unzumutbare Belastung seiner gegenwärtigen Kontaktpartner bedeuten.

Bach (vgl. 1989b, 251f.) fordert eine Felddiagnostik vor Ort und längerfristige Feldinterventionen, die im Rahmen integrierter, heute inklusiver Förderung möglich werden. Für ihn bedeutet dies jedoch nicht gleichzeitig eine generelle Abkehr von eher separierenden Organisationsformen, die er bei Vorliegen bestimmter Problemkonstellationen als sinnvoll ansieht. Er macht auf Probleme aufmerksam, die bei der integrierten Förderung auftreten können, und weist auf Grenzen hin, die in speziellen schulischen Gegebenheiten begründet sein können, aber auch auf solche, die durch besondere Problemlagen der Schüler bedingt sind (vgl. ebd., 257ff.). So können extreme Verhaltensauffälligkeiten – zumindest ergänzend – separierende Formen der Förderung notwendig machen.

Heute wird die Frage der Felddiagnostik vor Ort grundsätzlich im Rahmen des „response-to-intervention"-Modells (RTI) gefordert (vgl. Huber & Grosche 2012). In Abgrenzung zu einem als „wait-to-fail"-Ansatz beschriebenen Vorgehen, bei dem gewartet wird, bis es zu ernsthaften Problemen gekommen ist, geht das RTI-Modell von einer weitreichenden präventiven Orientierung von Maßnahmen aus. Das Grundprinzip besteht darin, möglichst früh anzusetzen, wenn sich mögliche Fehlentwicklungen andeuten. Das erfordert aus Sicht des RTI-Modells flächendeckende Schulleistungs- und Verhaltensscreenings, um Probleme zu erkennen und diesen mit gezielten, präventiven Maßnahmen im Sinne einer „evidenzbasierten Instruktion" zu begegnen. Wenn diese nicht greifen, sind auf einer zweiten Stufe intensivere Maßnahmen vorzusehen. Diese sollen durch eine engmaschigere Diagnostik begleitet werden. Sind auch diese Maßnahmen nicht ausreichend erfolgreich, sollte eine intensive Einzelfallhilfe erfolgen – basierend auf einer dann umfassenden individuellen Diagnostik erfolgen häufige und intensive Interventionen.

Begrüßenswert ist hier sicher zum einen das stark präventive Herangehen, welches eine inklusive Beschulung unterstützt, zum anderen eine Orientierung an solchen Maßnahmen, deren Wirksamkeit untersucht und belegt werden konnte. Auf der anderen Seite erfordert das Modell einen teilweise erheblichen Aufwand an flächendeckender und alle Schüler betreffender Diagnostik, die konzeptionell recht stark personorientiert ausgerichtet ist und wenig auf die situativen Bedingungen – und es droht recht pauschal von der „Machbarkeit" der einzusetzenden Programme ausgegangen zu werden, welche evaluiert wurden.

Organisationsformen

Als grundsätzliche Formen integrativer Beschulung nennt Theunissen (vgl. 1992, 120ff.) das E-Klassen-Konzept (vgl. 3.4), die Kooperation zwischen Regelschule und Schule für Erziehungshilfe sowie integrativen Unterricht. Der erstgenannte Ansatz ist hinsichtlich seiner Integrationsleistung als problematisch anzusehen, worauf auch Theunissen hinweist. Da es sich hierbei um eine Form gesonderter Förderung – wenn auch innerhalb der Regelschule – handelt, kann diese Organisationsform, wie es etwa auch Bach (vgl. 1989b, 248/252) sieht, nicht zu den Formen integrativer Förderung gezählt werden – sie wird unter 3.4 mitdiskutiert. Die beiden anderen Formen sind auch für die aktuelle Inklusionsdiskussion von Belang. Im Sinne integrativer, heute auch inklusiver Beschulung besteht eine Möglichkeit in der *Kooperation zwischen Schulen für Erziehungshilfe und Regelschulen*: Hierdurch kann Theunissen (vgl. 1992, 122f.) zufolge Prävention betrieben werden, jedoch auch individuelle Entwicklungsförderung und Schulsozialarbeit. Die Aussonderung von Schülern mit Verhaltensauffälligkeiten soll durch ein Angebot spezieller Hilfen vermieden werden. Sonderpädagogen einer Schule für Erziehungshilfe oder eines Förderzentrums sind hierzu teilweise in der Allgemeinen Schule eingesetzt, wobei die pädagogische Arbeit der Lehrkräfte dort unterstützt und gestärkt werden soll. Die Kooperation erstreckt sich vor allem über die Bereiche Beratung, Schülerhilfe und Teilzeitförderung sowie Re-Integration. Neben positiven Erfahrungen mit der schulischen Integration zeigten Schulversuche jedoch auch, dass sich hiermit die Einweisung in eine Schule für Erziehungshilfe nicht in jedem Fall verhindern ließ. So sieht es auch Reiser (vgl. 2007) angesichts des Forschungsstandes: „Vor dem Versprechen, durch integrative schulische Erziehungshilfe könnten alle Spezialeinrichtungen erübrigt werden, muss gewarnt werden" (ebd., 85). Wesentlich ist, dass bestimmte Voraussetzungen gegeben sind – beispielsweise die Kooperationsbereitschaft der beteiligten Lehrer (vgl. Theunissen 1992, 122-126).

Unter *„integrativem Unterricht"* ist das gemeinsame Lernen und Arbeiten von Schülern mit und ohne Behinderungen bzw. Schwierigkeiten zu verstehen – hier im Besonderen von Schülern mit und ohne Verhaltensauffälligkeiten. Zu den hierfür notwendigen Bedingungen liegen jedoch kaum empirisch abgesicherte Erfahrungen vor. Gleichzeitig werden Verhaltensauffälligkeiten in der Diskussion um integrierte

Förderung nur wenig berücksichtigt, so dass Erfahrungen aus Integrationsversuchen nicht unbedingt auch diese Gruppe von Schülern betreffen (vgl. Theunissen 1992, 126). Als Voraussetzungen, welche die Integration von Schülern mit Verhaltensauffälligkeiten ermöglichen, werden neben organisatorischen Bedingungen – wie dem Zwei-Pädagogen-System und kleinen Klassen sowie dem Angebot von Einzelförderung, Beratung und Therapie – auch eine entsprechende Didaktik und Methodik betrachtet. Theunissen (vgl. ebd., 127) nennt strukturierte Unterrichtsmodelle, Formen offenen Unterrichts sowie Projektarbeit als geeignete Unterrichtskonzepte für Schüler mit Verhaltensauffälligkeiten und den gemeinsamen Unterricht. Daneben werden eine gezielte Vorbereitung und flankierende Maßnahmen wie die stundenweise Einzelförderung als hilfreich angesehen. „Integrativer Unterricht" strebt somit nicht nur die Integration als Ziel an, sondern bemüht sich gleichzeitig darum, diese bereits in der Institution Schule zu verwirklichen.

Dabei kann jedoch noch nicht unbedingt von Integration gesprochen werden, nur weil Schüler mit Behinderung oder Auffälligkeiten mit anderen in einem Raum unterrichtet werden. So versteht Feuser (1982, 88) unter schulischer Integration „die gemeinsame Tätigkeit Lernen am gemeinsamen Gegenstand in Kooperation behinderter und nichtbehinderter Schüler". Damit sollten weder eine Anpassung der Schüler mit Behinderungen noch das Reduzieren von Entwicklungsmöglichkeiten für diejenigen ohne Behinderungen verbunden sein. Feuser betrachtet Integration nicht als einen Zustand, der erreicht werden kann, sondern als einen immer wieder neu zu vollziehenden Prozess. „Das bloße Zusammensein von Behinderten und Nichtbehinderten bedeutet nicht Integration, sondern ist ein erster, notwendiger Schritt ihrer Ermöglichung" (Feuser 1982, 100). Integration impliziert nach Feuser (vgl. 1989) eine Reform des gesamten Bildungssystems: die Überwindung des mehrgliedrigen, segregierenden und selektierenden Schulsystems. Sie erfordert eine veränderte Pädagogik und Unterrichtspraxis.

In diese Richtung geht auch die aktuelle Tendenz, Schulen zu inklusiven Schulen weiterzuentwickeln. Heimlich (vgl. 2014, 195) beschreibt diese durch vier Merkmale: Einbindung aller Schülerinnen und Schüler in die Gemeinschaft und das Schulumfeld, Barrierefreiheit, Unterstützung der Zusammenarbeit auf allen Ebenen sowie das Eintreten für Gleichheit der Teilhabechancen. In Deutschland haben seiner Einschätzung nach bisher allenfalls einige wenige Schulen dieses Ziel erreicht. Dies mache erhebliche Bemühungen und Schulentwicklungsprozesse auf verschiedenen Ebenen notwendig, auch im Hinblick auf das grundsätzliche Schulkonzept sowie das Schulleben. Als organisatorische Grundlagen nennt Heimlich (vgl. ebd.) Klassen mit reduzierten Schülerzahlen sowie ein Zwei-Pädagogen-System aus allgemeinen Lehrern plus Sonderpädagogen. Für letztere bestehen mittlerweile unterschiedliche Organisationsmodelle: teilweise sind sie einem Förderzentrum oder einer Förderschule zugeordnet, aber in der allgemeinen Schule tätig – teilweise werden sie dieser direkt zugewiesen. In die Kooperation müssten aber auch andere pädagogische und therapeutische Kräfte mit einbezogen werden; zudem müsste ein lokales Netzwerk von Unterstützungsmaßnahmen aufgebaut werden.

Ein häufig diskutiertes und eingesetztes Instrument zur inklusiven Schulentwicklung ist der „Index für Inklusion" (Booth & Ainscow 2002); eine deutsche Version stammt von Boban & Hinz (2003).

Nachdem inklusive Schulen von einer erheblichen Heterogenität der Schülerinnen und Schüler ausgehen und mit dieser arbeiten müssen, hat die Auseinandersetzung mit dieser Thematik deutlich zugenommen. Sie wird sowohl in der Schulpädagogik als auch in der Sonderpädagogik im Hinblick auf verschiedene Aspekte geführt: schulorganisatorisch, pädagogisch – sowie auch didaktisch (vgl. etwa Demmer-Dieckmann & Struck 2001; Graumann 2002; Seitz 2005; Boller, Rosowski & Stroot 2007; Kiper, Miller, Palentien & Rohlfs 2008; Moser 2012), auch anhand beispielhafter Berichte inklusiv arbeitender Schulen (etwa Schneider 2010; Stähling & Wenders 2013). Didaktische Vorschläge orientieren sich häufig an reformpädagogischen Konzepten, offenem und projektorientiertem Unterricht (vgl. etwa Graumann 2002, 119ff.; Meister und Schnell 2012; siehe auch Kap. 5), ergänzt durch organisatorische und strukturelle Veränderungen im Tagesablauf und dessen Durchgliederung, der Selbstorganisation der Schüler, gemeinsamen Versammlungen zur Abstimmung (vgl. Demmer-Dieckmann 2001) sowie der grundsätzlichen aktiven Einbindung der Schüler in Form von Gruppenunterricht oder kooperativem Lernen mit wechselseitiger Schülerunterstützung (vgl. etwa Kiper 2008, 148f.).

Die Diskussion der Weiterentwicklung von Schulen zu inklusiven Schulen muss grundsätzlich kritisch-konstruktiv geführt werden, auch im Hinblick auf die Schwierigkeiten und möglichen Grenzen. Dies geschieht leider häufig allzu wenig; in einem stark normativen Diskurs drohen Kritiker oft als konservative Bewahrer diskreditiert zu werden. Ein Blick auf die im Rahmen von Kritik angesprochenen Schwierigkeiten soll nun erfolgen.

Schwierigkeiten und mögliche Grenzen

Im Gesamtbild der oben angesprochenen Diskussion zu Heterogenität fällt auf, dass diese fast durchgängig als Chance bezeichnet wird – was sie durchaus auch sein kann und häufig ist. Eine solche Betonung dient sicher, gerade in der aktuellen Entwicklungsphase, auch der Ermutigung von Schulen und Lehrkräften, Heterogenität konstruktiv anzugehen und als Ressource zu nutzen. Allerdings drohen dabei Schwierigkeiten und Grenzen eines konstruktiven Umganges mit Heterogenität allzu sehr in den Hintergrund zu geraten. Auch diese gilt es kritisch in den Blick zu nehmen (siehe etwa Kronig 2011). Empirische Befunde sprechen eindeutig dafür, im Hinblick auf Heterogenität beide Seiten in Betracht zu ziehen – Chancen wie Risiken. So profitierten im „Hamburger Schulversuch" zur Integration an Grundschulen Leistungsschwache gerade nicht von heterogenen Gruppen (vgl. Ahrbeck

2011, 35ff.) – und es findet sich folgende Schlussfolgerung: „Heterogenität ist dann leistungsabträglich, wenn die Streuung zu groß ist; Homogenität ist dann kontraproduktiv, wenn der Leistungsdurchschnitt der Gruppe zu niedrig ist" – so Bleidick (1999, 134), der daraus die Schlussfolgerung zieht, Heterogenität und Homogenität stellten keine für sich hinreichenden Bedingungen dar, die sich ohne weiteres positiv oder negativ auswirken würden. Auch im Rahmen eines eigenen Forschungsüberblicks zu integrativen und separativen schulischen Settings (vgl. Ellinger & Stein 2012) ergaben sich deutliche Befunde, die zu Nachdenklichkeit Anlass geben sollten: „Betrachtet man die Befunde zum Gruppenklima in integrativen Settings, muss festgehalten werden, dass Schülerinnen und Schüler mit Verhaltensauffälligkeiten zu den sozialen Verlierern innerhalb heterogener Gruppen gehören. Je heterogener sich die Lerngruppe zusammensetzt, desto eindeutiger scheint die Ausgrenzung und Diskriminierung der Verhaltensschwierigen auszufallen" (ebd., 100).

Eine besondere Diskussion verdient die zukünftige Zuordnung der Sonderpädagogen im Hinblick auf inklusiven Unterricht und inklusive Schulen. Werden sie nicht einer Förderschule oder einem Förderzentrum (auch ohne eigene Schüler), sondern einer allgemeinen Schule direkt zugeordnet, wie es Heimlich (vgl. 2014, siehe oben) als Möglichkeit sieht, so sind verschiedene Probleme zu bedenken: Sie sind zwar dann Teil des Regelschulkollegiums, verlieren zugleich jedoch die Rückorientierung auf die eigene Profession, im Hinblick auf Wissens- und Erfahrungsaustausch, aber auch die Einnahme einer eigenen, eben sonderpädagogischen Haltung und Anwaltschaft für bestimmte Kinder und Jugendliche, die Schule unter benachteiligenden Bedingungen durchlaufen, und für die sich Sonderpädagogen traditionell qua Auftrag besonders einsetzen. Des Weiteren besteht das Risiko, dass die einzelnen Sonderpädagogen an allgemeinen Schulen in eine Aushilfs- und Lückenfüllerfunktion geraten, da sie der Weisung dieser Schule unterstehen. Und schließlich drohen sie einen systemischen Blick von außen auf die Schule zu verlieren, da sie dieser ja als Teil angehören – ein Blick, der sich eben nicht nur auf einzelne Schüler richtet, sondern auch auf Unterricht, dessen Qualität und Gestaltung, das Lehrerkollegium sowie die gesamte Schule, ihre Konzepte und ihre Kultur. All diese Argumente sprechen dafür, eine externe Verortung von Sonderpädagogen im Sinne der Anbindung an eigene Institutionen wie Förderzentren aufrechtzuerhalten.

Ganz grundsätzlich scheinen Inklusion und Integration, insbesondere jedoch diejenige von Schülern mit Verhaltensauffälligkeiten, nicht nur mit wichtigen Chancen, sondern auch mit Problemen verbunden zu sein. So weist bereits Theunissen (vgl. 1992) auf Ergebnisse verschiedener Studien hin, wonach diese Schüler in Integrationsklassen eher unbeliebt sind und sozial abgelehnt werden. Sie schätzen sich selbst negativer ein und nehmen auch ihre Mitschüler negativ wahr. Dies wurde mittlerweile durch neuere Untersuchungen sehr deutlich bestätigt (vgl. Huber 2006; 2009). Die Probleme müssen allerdings nicht als unüberwindbar betrachtet werden, wobei den Unterrichtsbedingungen – etwa der Förderung sozialen Lernens – wesentliche Bedeutung beigemessen wird. Dennoch beurteilt beispielsweise Goetze (vgl. 1990/2008; 1991) die Voraussetzungen von Schülern mit Verhaltensauffälligkeiten als besonders ungünstig (auch Theunissen 1992, 128f.).

Im Rahmen einer Betrachtung des Zusammenhangs zwischen Selektion und Integration geht Reiser (vgl. 1997) unter anderem auf besondere Schwierigkeiten bei der Integration von Schülern mit Verhaltensauffälligkeiten ein. Wesentlich ist dabei das Spannungsverhältnis zwischen der Notwendigkeit, Normen aufzustellen und aufrechtzuerhalten, und dem Verständnis der persönlichen Motive der Normabweichung. Das pädagogische Ziel sieht Reiser (vgl. ebd., 271) darin, dass die mit normativen Erwartungen verbundene Selektion eine Selektion definierter Verhaltensweisen und keine Selektion von Personen darstellt. Die Grenzen dieses Ziels sieht er dort, wo „der Konflikt die Tragfähigkeit der pädagogischen Organisation überschreitet" (ebd., 271).

Reiser unterstützt den Vorschlag Wockens, durch eine Zuteilung eines Sonderpädagogen zu vier Klassen Lern-, Sprach- und Verhaltensstörungen zu begegnen, hält jedoch im Hinblick auf Verhaltensstörungen den Verzicht auf andere Maßnahmen nicht für möglich (zur sonderpädagogischen Grundversorgung vgl. auch Wachtel 1998, 12ff.).

> „Die Schulen werden durch die sonderpädagogische ‚Förderung', was immer das bei Verhaltensstörungen bedeuten mag, nicht durchweg in die Lage versetzt, massive Verhaltensprobleme zu handhaben. Es kommt zur Selektion durch Schulverweise, Schulausschlüsse, Schuleschwänzen, Heim- und Psychiatrieüberweisungen, wo dann wiederum Sonderbeschulung erforderlich wird" (Reiser 1997, 271).

Eine Abschaffung der Schulen für Erziehungshilfe lehnt Reiser (vgl. ebd.) ab – mit Blick auf solche Schüler, „die in der Grundschule als nicht gruppenfähig in Erscheinung treten und die eine umfassende Behandlung in Tagesheim oder Heim und in diesem Kontext auch eine besondere Beschulung benötigen" (ebd.). Allerdings sollte dann seines Erachtens keine Halbtagsbeschulung, sondern eine Ganztagsbeschulung erfolgen. Diese Einschätzung teilt auch Willmann (vgl. 2007) auf Basis einer Analyse der Beschulungsformen, ihrer Effekte, Möglichkeiten und Probleme. Auch Myschker (2009, 347) spricht sich gegen eine Abschaffung separierender Einrichtungen aus:

> „Kinder und Jugendliche, die durch ihre Umwelt oder durch sich selbst in ihrer Entwicklung bedroht sind, müssen – auch damit adäquate Hilfe geleistet werden kann – im Sinne einer ultima ratio auch separiert und in kleinen Gruppen zusammengefasst werden können."

Als eine Lösung werden schon seit längerem Stufenmodelle angesehen, wobei die einzelnen Stufen durch einen unterschiedlichen Grad der Verwirklichung schulischer Integration gekennzeichnet sind. In solchen Modellen sind verschiedene Organisationsformen der schulischen Förderung von Kindern und Jugendlichen mit Verhaltensauffälligkeiten berücksichtigt – unter anderem auch die bisher skizzierten.

3.3 Stufenmodelle der Integration

Nach Bach (vgl. 1995, 4; 1989b, 246f.) verläuft die historische Entwicklung nicht geradlinig von einer separierenden zu einer integrierenden Förderung. Vielmehr seien „pendelschlagartige Positionswechsel" zwischen beiden Grundrichtungen der Förderung von Kindern und Jugendlichen mit Beeinträchtigungen festzustellen. Diese lassen sich weitgehend durch die Bevorzugung unterschiedlicher Sichtweisen von Verhaltensstörungen und deren Entstehung erklären. Von einer Sichtweise ausgehend, welche die Komplexität, die Differenziertheit sowie die Feldbezogenheit vorliegender Probleme berücksichtigt, ist dagegen nach anderen Formen der Förderung zu suchen, wobei insbesondere der Bereich *zwischen* den genannten Extremen nicht übersehen werden sollte. Wenn seit 2009 das Pendel sehr stark in Richtung inklusiver Beschulung ausschlägt, wäre aus dieser historischen Perspektive irgendwann auch wieder mit Gegentendenzen zu rechnen.

Eine Lösung sieht Bach (1995, 7) in einem „System weitmöglicher integrierter Förderung mit der Tendenz, sich selbst als abnehmende Größe zu verstehen und durch Förderung eine Reduzierung der Förderung zu ermöglichen". Er schlägt ein Stufenmodell mit einer Förderschule als organisatorischem Zentrum vor, wonach Stufen umfänglicher Förderung erst dann relevant werden, wenn sich die vorhergehenden als unzureichend erweisen. Dabei ist die folgende Stufung vorgesehen (vgl. Bach 1995):

- Stufe 1: Förderung durch den Regelschullehrer
- Stufe 2: Förderung durch einen Sonderschullehrer im Umfang von ein bis zwei Stunden
- Stufe 3: Förderung durch einen Sonderpädagogen in enger Zusammenarbeit mit dem Regelschullehrer über drei bis sechs Stunden (in Ausnahmefällen auch umfänglicher)
- Stufe 4: Förderung in der zuständigen Förderschule

Ein weiteres Stufenmodell bietet das Brandenburger Fördermodell bei Verhaltensstörungen (vgl. Goetze & Rudnick 1996; Rudnick & Goetze 1996). Auch dieses Modell strebt eine weitgehende schulische Integration an: Ziel ist die möglichst wohnortnahe, integrationsorientierte Förderung von Grundschülern mit emotionalen Störungen/Verhaltensauffälligkeiten; diese soll nach Möglichkeit unter Regelbedingungen stattfinden, aber gleichzeitig sind andere Formen vorgesehen, falls solche notwendig werden. Wie im eben skizzierten Konzept erfolgt die Förderung auf der ersten Stufe durch die Grundschule ohne sonderpädagogische Betreuung und auf der letzten Stufe in einer Förderklasse oder Förderschule. Der Bereich dazwischen ist jedoch stärker ausdifferenziert als bei Bach. Da es sich beim Brandenburger Fördermodell um ein für den Kontext Verhaltensstörungen einschlägiges Modell handelt, es deutliche Kompatibilität mit einer interaktionistischen Sicht aufweist und für seine Entwicklung Erfahrungen mit anderen Konzepten und Ergebnisse von Schulversuchen berücksichtigt wurden, soll dieses im Folgenden eine etwas ausführlichere Betrachtung erfahren.

Dem diesem Modell zugrunde liegenden systemischen Denkansatz entsprechend setzen Diagnostik und Intervention nicht nur an der Person des Kindes an, sondern beziehen auch das schulische und außerschulische Umfeld mit ein. Die Notwendigkeit der Felddiagnostik und feldbezogener Maßnahmen betont auch Bach (vgl. 1995, 6).

Das Brandenburger Fördermodell umfasst die folgenden sechs Stufen schulischer Intervention, die von der Förderung in der Grundschule (Stufe 1) über die Förderung in der Grundschule mit zusätzlicher (sonderpädagogischer) Unterstützung (Stufen 2-5) bis hin zu Förderklassen für Schülerinnen bzw. Schüler mit emotionalen Störungen/Verhaltensauffälligkeiten (Stufe 6) reichen:

1) Förderung durch die Grundschule (ohne sonderpädagogische Betreuung)
2) Grundschulklasse mit sonderpädagogischer Beratung
3) Grundschulklasse mit sonderpädagogischer, zeitlich begrenzter, ambulanter Begleitung
4) Grundschulklasse mit integrativer sonderpädagogischer Förderung
5) Grundschulklasse mit integrativer sonderpädagogischer Förderung und zeitweiligem Besuch eines Förderkurses
6) Förderklassen bzw. -schulen

Die Einschaltung eines förmlichen Förderausschuss-Verfahrens ist dabei erst ab Stufe 4 notwendig und vorgesehen.

Die Platzierung der Schüler innerhalb des Systems richtet sich nach dem Schweregrad der emotionalen Störung/Verhaltensauffälligkeit, wobei niedrige Stufen Vorrang haben in dem Sinne, dass Höherstufungen nach dem Modell erst dann vorzunehmen sind, wenn die Möglichkeiten der vorhergehenden Stufe maximal ausgeschöpft wurden.

Die schulische Förderung im Saarland ist grundsätzlich nach einem Modell organisiert, das eine Stufung ähnlich der oben dargestellten aufweist (vgl. Myschker 2009, 359ff.).

Bei Goetze und Rudnick (vgl. 1996) werden als Einflussgrößen auf die pädagogische Arbeit der Grundschule Schüler, Lehrer und Unterricht herausgestellt. Hieraus leiten sie die Forderung ab, dass sich die Grundschule auf eine veränderte Schülerschaft einzustellen hat und es als ihre Aufgabe betrachtet, psychosozial gefährdeten Kindern pädagogische Hilfen anzubieten. Des weiteren kommen damit auch Lehrerverhalten und Unterricht als mögliche Auslöser für Verhaltensstörungen in den

Blick. Demnach wäre zunächst nach unterrichtlichen und schulischen Bedingungen zu fragen, die zum Auftreten von Störungen beitragen oder als deren Ursache betrachtet werden können, und die Möglichkeiten der Grundschule – etwa auch durch Veränderungen des Unterrichts, Gespräche mit Erziehungsberechtigten usw. – sollten genutzt werden. Erst wenn sich keine Erfolge abzeichnen, wird sonderpädagogische Hilfe hinzugezogen. Somit findet mit dieser ersten Stufe ein wesentlicher Schritt Berücksichtigung, um eine rein personorientierte Sichtweise zu überwinden, indem zunächst das gesamte System überprüft würde.

Auf der nächsten Stufe wird dann sonderpädagogische Beratung eingesetzt. Aber auch diese Maßnahme richtet sich noch nicht direkt an den betreffenden Schüler, sondern zielt auf verschiedene Systeme, an denen dieser beteiligt ist. Ungünstige Wechselwirkungen sollen aufgedeckt und verändert werden. Dabei hat die Beratung vor allem präventiven Charakter, indem sie die Entstehung eskalierender Prozesse vermeiden möchte, die sich infolge mangelnder Passung zwischen inner- und außerschulischen sowie personalen Bedingungen ergeben können.

Wenngleich die dritte Stufe durch gravierendere Interventionen gekennzeichnet ist, trägt auch sie noch hauptsächlich präventiven Charakter. Innerhalb eines begrenzten Zeitraumes arbeiten Grundschullehrer, Sonderpädagogen und gegebenenfalls weitere Fachkräfte zusammen – mit dem Ziel, das Bedingungsgefüge (Unterricht, Klassenzusammensetzung, Lernbedingungen des Kindes sowie das Erziehungsverhalten der Eltern) günstig zu verändern. Somit sollen die Verhaltensauffälligkeiten des Kindes zunächst indirekt – über eine Veränderung seines Lern- und Lebensumfeldes – beeinflusst werden. Aber auch kurzzeitige direkte Unterstützung innerhalb und außerhalb des Unterrichts ist vorgesehen. Diese dritte Stufe weist auf der organisatorischen Ebene Ähnlichkeiten mit dem Berliner Ambulanzlehrersystem (vgl. Myschker 2005, 312ff.; Kreische u.a. 1991) auf, das ab dem Schuljahr 1987/88 im Bezirk Steglitz eingerichtet wurde. Es löste die dort bestehenden Beobachtungsklassen (siehe oben) vollständig ab. Damit erfolgt Förderung nur noch integrativ. Eine Stufung liegt jedoch insofern vor, als das Ambulanzlehrersystem Teil eines Förderzentrums – einer Grundschule mit integrativen Klassen – ist, in welchem Schüler unterrichtet werden, bei denen sich die ambulanten Maßnahmen als unzureichend erwiesen. Ein wesentlicher Vorteil des Ambulanzlehrersystems gegenüber den Beobachtungsklassen wird auch hier in der Möglichkeit gesehen, präventiv zu arbeiten.

Wenn die bis hierher eingeleiteten Maßnahmen nicht ausreichen, ist die Bildung eines Förderausschusses und das Einsetzen weiterer Stufen erforderlich.

Auch im Anschluss an das Förderausschuss-Verfahren ist zunächst noch der Verbleib des Kindes in der Grundschule vorgesehen, wobei der Förderbedarf in Zusammenarbeit von Klassenlehrern, Sonderpädagogen und Eltern abgedeckt werden soll. Die integrierte Förderung – gekennzeichnet durch den Einsatz eines Sonderschullehrers in der Regelschule – soll dem Kind ermöglichen, auch weiterhin in seiner Stammklasse zu bleiben. Dem sonderpädagogischen Förderbedarf entsprechend wird das Kind im Unterricht, parallel zu diesem oder im außerunterrichtlichen Bereich durch den Sonderpädagogen direkt betreut. Dabei sollte ein möglichst geringes Maß an äußerer Differenzierung eingehalten werden, was bedeutet, solche Maßnahmen zu bevorzugen, die weitgehend in den Unterricht der Gesamtklasse integriert sind. Zur Realisierung einer inneren Differenzierung werden offene Unterrichtsformen vorgeschlagen. Ziel dieser integrativen Förderung ist es, Probleme im Verhaltens- und Leistungsbereich zu überwinden. Als mögliche Organisationsformen werden folgende genannt:

- Einzelintegration
- Umschulung des Kindes mit anderen Förderkindern in eine Klasse mit gemeinsamem Unterricht – dieser Möglichkeit wird eine bedeutende Rolle bei der Reintegration zugeschrieben
- Neubildung von Klassen mit gemeinsamem Unterricht für mehrere Kinder mit sonderpädagogischem Förderbedarf

Ist im Verlauf der integrierten Förderung kein signifikanter Rückgang der Verhaltensprobleme festzustellen und liegen schwerwiegende Leistungsrückstände vor, sind im Rahmen der nächsten Stufe zusätzlich Förderkurse vorgesehen. Die Schüler bleiben grundsätzlich in ihrer Stammklasse, werden aber zeitweilig in kleinen Lerngruppen besonders gefördert. Förderstunden können dazu dienen, Leistungsrückstände auszugleichen sowie gruppenorientierte Verhaltensmuster herauszubilden und zu trainieren, aber auch Möglichkeiten der Ruhe und Entspannung zu bieten. Außerdem können therapieorientierte Maßnahmen angeboten werden. Es wird betont, dass die Zusammenfassung von Kindern mit sehr unterschiedlichem Förderbedarf eine starke Individualisierung des Unterrichts erfordert.

Falls all diese Maßnahmen ohne Erfolg bleiben und eine entsprechende Förderung des Kindes in der Grundschule nicht möglich scheint, wird als letzte Stufe der Besuch einer Förderklasse bzw. einer Schule für Erziehungshilfe notwendig. Goetze & Rudnick (1996, 25) stellen hierzu fest:

> „Für schwer emotional gestörte Kinder bedarf es solcher ‚Schonraumbedingungen' in Form von Kleinstklassenunterricht, mit besonderen didaktisch-methodischen Unterrichtsformen, sozialpädagogischer Betreuung und pädagogisch-therapeutischer Unterstützung im ganztägigen Betrieb."

Die Interventionen zielen auf eine möglichst schnelle Rückschulung in die Regelschule. Als Organisationsformen werden die Förderschule für Erziehungshilfe, ausgelagerte Klassen der Förderschule in Wohnortnähe des Kindes sowie Förderklassen an Grundschulen genannt. Entsprechend umfassen die Maßnahmen auf dieser Stufe die Rückführung der Schüler in die Regelschule. Damit sind Formen separierender Förderung, wie sie oben dargestellt wurden, in ein System von Maßnahmen eingebunden, welche die Integration der Schüler zum Ziel haben.

Bei der letzten Stufe des Modells wäre grundsätzlich eine weitere Stufung sinnvoll, da Förderklassen in Regelschulen einerseits und Förderschulen andererseits jeweils durchaus unterschiedliche Möglichkeiten im Hinblick auf Integration bieten. So ergeben sich beispielsweise bei Förderklassen vermutlich eher Gelegenheiten zur Kooperation mit der Regelschule.

Es besteht mittlerweile eine große Fülle gestufter Modelle und Ansätze. Einen Überblick gibt Reiser (vgl. 2007), der zugleich zweierlei beklagt: dass es keine Gesamtkonzepte der integrierten schulischen Erziehungshilfe gebe – und dass es an wissenschaftlicher Begleitung und Evaluation mangle. Beides hat sich auch in der aktuellen Dynamik der schulischen Veränderungen hin zu mehr inklusiver Beschulung kaum geändert. Der besondere Beitrag von Goetze & Rudnick (vgl. 1996) liegt darin, spezifisch für den Kontext Verhaltensstörungen eine systematisierte Stufung entwickelt zu haben, der zudem, etwa über die Komponente Beratung, stark präventiver Charakter zukommt.

3.4 Besondere Schulen

Besondere Einrichtungen sind seit Inkrafttreten der VN-Konvention in Deutschland sehr umstritten. Die Kultusministerkonferenz (vgl. 2011, 2) nennt Förderschulen auch in ihrem Beschluss zur inklusiven Bildung als fachlich kompetente Förderzentren mit Bildungs- und Beratungsaufgaben:

> „Förderschulen mit spezifischen sonderpädagogischen Förderschwerpunkten können sowohl Lernorte mit eigenen allgemeinbildenden und berufsbildenden Angeboten als auch Förderzentren mit sonderpädagogischen Angeboten in den anderen allgemeinbildenden und berufsbildenden Schulen in der Region sein. Sie arbeiten mit den anderen allgemeinbildenden und berufsbildenden Schulen in ihrem Einzugsbereich eng zusammen und unterstützen alle Entwicklungen, die zu einer Rückschulung, zu einem möglichen Wechsel in Formen des gemeinsamen Lernens führen oder in eine Ausbildung münden. Sie sind in diesem Sinne zeitlich befristete Bildungsangebote. Es bleibt den Ländern überlassen, inwieweit sich Förderschulen für Kinder und Jugendliche ohne Behinderungen öffnen, um dort gemeinsames Lernen zu ermöglichen" (ebd., 16).

Damit werden die Funktionen von Förderschulen enger als früher mit allgemeinen Schulen verbunden – und es werden Arbeitsschwerpunkte sowie Entwicklungsbereiche genannt.

3.4.1 Schulen für Erziehungshilfe

> „In den verschiedensten Ländern bestehen eigenständige Sonderschulen für verhaltensgestörte Kinder, und zwar entweder als öffentliche Schulen, als Heimschulen oder als Klinikschulen. Sie sind demnach nicht organisatorischer Teil einer Regelschule" (Speck 1979, 141).

In Deutschland wurden in den meisten Bundesländern seit den 1960er Jahren eigenständige, öffentliche Sonderschulen für Kinder und Jugendliche mit Verhaltensstörungen eingerichtet – allerdings gibt es sie derzeit nicht oder auch nicht mehr in allen Ländern (vgl. Hartke u.a. 1998 für Schleswig-Holstein); verschiedene Bundesländer diskutieren aktuell über eine Abschaffung. Einen Überblick zu entsprechenden länderspezifischen Regelungen bieten Myschker & Stein (vgl. 2014, 352ff.).

Die Sonder- bzw. Förderschulen im Rahmen der Pädagogik bei Verhaltensstörungen trugen in Deutschland, je nach Bundesland, verschiedene Namen (vgl. Speck 1989, 206f.), die zudem auch, durch die Fachdiskussion bedingt, immer wieder aktuellen Veränderungen unterliegen: Schule für/zur Erziehungshilfe, Sonderschule für Verhaltensgestörte, Sonderschule für Verhaltensbehinderte, Sozialpädagogische Sonderschule, Sonderschule für entwicklungsgestörte Kinder, Sonderschule für schwererziehbare und gemeinschaftsschwierige Kinder, Sonderschule für Kinder mit gemeinschaftsschwierigem Verhalten. Aktuell haben sich die Bezeichnungen Schule für/zur Erziehungshilfe sowie Schule mit dem Förderschwerpunkt emotional-soziale Entwicklung durchgesetzt. Hinzu kommen in Berlin „Beobachtungsklassen" bzw. aktuell „sonderpädagogische Kleinklassen" (Myschker & Stein 2014, 361) für schwierige Schüler.

Oft arbeiten diese Schulen mit Erziehungsheimen zusammen („Heimschulen"), teilweise öffentlich, teilweise privat organisiert. Mittlerweile ist der Anteil der Heimschulen zugunsten anderer Formen zurückgegangen (Willmann 2007, 29). Speck (vgl. 1989, 207ff.) nennt neben den Heimschulen noch Tagesschulen und Klinikschulen. Er verweist des Weiteren auch auf die Schulen für Lernbehinderte bzw. Schulen für Lernhilfe, heute Schulen mit dem Förderschwerpunkt Lernen, da sich auch hier bei einem großen Teil der Schüler Auffälligkeiten des Verhaltens feststellen lassen und Lernbeeinträchtigungen sowie Verhaltensstörungen in engem Zusammenhang stehen.

Im Hinblick auf den Förderbedarf der Schüler wurde insbesondere der Charakter von Tagesschulen und Tagesheimschulen diskutiert, um eine umfassende Betreuung zu gewährleisten. Dort, wo die Schulen an Heime angegliedert sind, ergibt sich zumindest für die im Heim untergebrachten Schüler die Möglichkeit einer solchen Rund-um-die-Uhr-Förderung – mit all ihren Vor- und Nachteilen (vgl. ebd., 209f.). Es besteht auch eine große Fülle von Halbtagsschulen, die Willmann (vgl. 2007, 24ff.) aufgrund der fehlenden Kooperation mit der Jugendhilfe kritisch beurteilt.

Seit der Einführung des Kinder- und Jugendhilfegesetzes (KJHG) zu Beginn der 1990er Jahre ergeben sich erweiterte und andere Möglichkeiten der Kooperation. „Entsprechend haben sich ... neben der traditionellen Heimschule auch zusehends Schulen in Jugendhilfe-Verbundstrukturen mit Tagesgruppen (§ 32 KJHG) herausgebildet, die teilweise auch unter den Bezeichnungen heilpädagogische Tagesstätten oder Tagesheimgruppen geführt werden" (Willmann 2007, 29). Gerade diese Kooperation hat große Bedeutung für die konzeptionelle Arbeit der Schulen für Erziehungshilfe.

Als besondere Form der Schule für Erziehungshilfe ist die Variante einer rein ambulanten Arbeit im Sinne einer „Schule ohne Schüler" zu erwähnen. Eine schon seit längerem in dieser Form arbeitende Schule ist die Schule für Erziehungshilfe des Lahn-Dill Kreises (vgl. 2013).

Zu erwähnen sind des Weiteren „kreuzkategoriale" Verbundschulen. Bereits vor Beginn der verstärkten Debatte um inklusive Beschulung wurden in verschiedenen Bundesländern Sonderschulen mit mehreren Förderschwerpunkten eingerichtet oder entsprechend umgewandelt – im Vordergrund steht die „Verbundtrias" der Förderschwerpunkte Lernen, Sprache sowie sozial-emotionale Entwicklung. Solche Lösungen weisen einiges an Für, aber durchaus auch an Wider auf (vgl. etwa die kritische Diskussion bei Willmann 2007, 30ff.).

Schulen für Erziehungshilfe sollen Kinder und Jugendliche aufnehmen und erziehen sowie unterrichten, die „infolge erheblicher psychischer Störungen und sozialer Auffälligkeiten in der allgemeinen Schule nicht entsprechend gefördert werden können" (Kultusministerium Rheinland-Pfalz 1979, 7). Ihre Funktionen werden insbesondere darin gesehen, schwerwiegende Fehlentwicklungen der betroffenen Schüler zu verhindern, die Mitschüler sowie die Lehrer der Regelschulen vor Belastungen durch die „schwierigen Schüler" zu schützen, im Sinne der Individualisierung den besonderen Erziehungsbedürfnissen der Schüler mit Verhaltensauffälligkeiten gerecht zu werden und für sie speziell ausgebildete Lehrer bereitzustellen (vgl. Speck 1989, 207).

Den Versuch einer differenzierteren Beschreibung der Schülerschaft bietet beispielsweise der Bayerische Lehrplan zum Förderschwerpunkt emotionale und soziale Entwicklung, der sich insbesondere auf die einschlägigen Förderschulen und Förderzentren hin orientiert (Bayerisches Staatsministerium für Unterricht und Kultus 2001, 5):

> *„Kinder mit dem Förderschwerpunkt emotionale und soziale Entwicklung wachsen bisweilen in einem Lebensfeld auf, in dem wesentliche Entwicklungsbedingungen fehlen und häufig individuelle Lernbedürfnisse vernachlässigt werden. Ihre Lebenswirklichkeit ist oft von Erziehungsverunsicherung der Erwachsenenwelt geprägt, die das persönliche Handeln der jungen Menschen nachhaltig beeinflusst. Es können aber ebenso organische Beeinträchtigungen die kindlichen Entwicklungsmöglichkeiten hemmen. Die Kinder leiden unter vermindertem Selbstwertgefühl sowie unter Existenz- und Versagensängsten, die in Misserfolgserfahrungen, enttäuschten Erwartungen und in deprivativen Entwicklungen begründet sind.*
>
> *Diese Schüler können Aggressionen oder Fluchtverhalten zeigen; auch antworten sie nicht selten mit Rückzug, mit übermäßig angepasstem oder unangemessenem Verhalten, mit Depression und mit Leistungsverweigerung. Sie vermögen bisweilen Folgeerscheinungen aus ihren scheinbar unmotivierten Handlungen ohne erkennbaren Realitätsbezug nicht oder nur schwer vorherzusehen. Sie legen auch verminderte Anpassungsfähigkeit bei der Orientierung in ihrer Le-*

benswelt an den Tag. Die personale Entwicklung dieser Schüler ist deshalb nicht selten ebenso gefährdet wie die Bindung an andere Personen in ihrer Mitwelt. Auch müssen diese Kinder immer wieder Abbrüche von tragenden Beziehungen, Ablehnung und Einsamkeit erleben" (ebd. 5).

Dabei ist zu berücksichtigen, dass seit jeher nur ein sehr kleiner Teil aller Kinder, bei denen Verhaltensauffälligkeiten beobachtet werden, als „sonderschulbedürftig im Sinne der Sonderschule für Verhaltensgestörte angesehen" wird (Speck 1979, 135). Wenn Speck 1979 (vgl. ebd.) eine Rate von unter 1% aller Schulkinder nennt, so gilt dies auch noch heute. „Nicht miteingerechnet sind hierbei diejenigen Schulkinder mit Verhaltensstörungen, die wegen anderweitiger Behinderungen eine andere Sonderschule besuchen, z.B. die Schule für Geistigbehinderte oder für Lernbehinderte" (ebd.) – auch dieser Hinweis ist nach wie vor hochaktuell. – Auf die tatsächlichen Förderquoten und ihre Entwicklung in den vergangenen zehn Jahren wurde bereits hingewiesen – und auch auf das Verhältnis zwischen epidemiologischen Raten psychischer Störungen und den schulischen Förderquoten. Offenkundig wurde schon immer ein großer Teil von Schülern mit Verhaltensauffälligkeiten inklusiv beschult. Ob eine adäquate Förderung gewährleistet wird, ist eine nicht einfach und oft am individuellen „Fall" zu klärende Frage.

Als besondere Ziele des Unterrichts für den Förderschwerpunkt und damit auch für Schulen für Erziehungshilfe nennt beispielsweise der adaptierte bayerische Hauptschullehrplan die Folgenden:

> „Für Schüler mit Förderbedarf im Bereich der emotionalen und sozialen Entwicklung müssen die fächerübergreifenden Unterrichts- und Erziehungsaufgaben mehr als eine Bewusstseinsentfaltung für gesellschaftliche und persönliche Zeitfragen beinhalten. Es ist notwendig, individuelle Erziehungsziele zu formulieren, um grundlegende emotionale und soziale Entwicklungsziele wie Selbstvertrauen, positives Selbstkonzept, Gruppen- und Kommunikationsfähigkeit aufbauen zu können. …
> Zu den emotionalen Entwicklungszielen gehört die Fähigkeit, Emotionen wahrnehmen, ausdrücken und regulieren zu können. Die Schüler müssen ein ausreichendes Maß an Selbstbewusstsein, Selbstsicherheit und Selbstvertrauen aufbauen. …
> Zu den grundlegenden sozialen Entwicklungszielen gehört die Fähigkeit, Emotionen der Mitmenschen sowie soziale Situationen wahrnehmen und einschätzen zu können. Die kommunikativen Fähigkeiten der Schüler sind ebenso von Bedeutung. Darüber hinaus müssen die jungen Menschen in der Lage sein, zu warten, zu teilen, sowie ihre eigenen Fähigkeiten und sich selbst angemessen in ein soziales Miteinander einzubringen. Frustrationstoleranz und Empathie müssen als komplexe Entwicklungsziele aufgebaut werden" (Bayerisches Staatsministerium für Unterricht und Kultus 2006, 18f.).

Grundsätzlich werden in dieser Hinsicht auch die Förderung der Gruppenfähigkeit, der Fähigkeit zu angemessener Konfliktbewältigung sowie der Bereitschaft zur Übernahme von Verantwortung für die persönliche Lebensgestaltung genannt (vgl. ebd., 6ff.). Erziehung steht im Vordergrund: „Der sonderpädagogischen Förderung von Schülern mit hohem Förderbedarf im Förderschwerpunkt emotionale und soziale Entwicklung muss im Bereich der Erziehung in besonderer Weise Rechnung getragen werden" (ebd., 9).

Da ein besonderes Ziel in der Rückschulung der aufgenommenen Schüler in die Regelschule besteht („Prinzip des Durchgangs"; vgl. 3.6.4), soll sich der Unterricht insbesondere an den Lehrplänen allgemeiner Schulen orientieren (vgl. Myschker 2005, 302f.; Husslein 1989, 474f.). Bei der Planung und Gestaltung des Unterrichts – und damit auch bei der Auswahl von Lernzielen und -inhalten – sollen jedoch auch die mit den Verhaltensauffälligkeiten verbundenen Erschwernisse berücksichtigt werden (vgl. Bayerisches Staatsministerium für Unterricht und Kultus 2001; 2006). Die Erfolge der Rückschulung werden einhellig außerordentlich skeptisch beurteilt (vgl. etwa Speck 1989, 208; Myschker 2005, 303). Myschker (vgl. ebd.) berichtet Rückschulungsquoten von lediglich 5 bis 20 %. Speck (vgl. 1989, 209) weist darauf hin, dass insbesondere die Heimschulen in der Regel zur „Dauerlösung" werden, da hier oft weniger Verhaltensauffälligkeiten als vielmehr primär Milieuprobleme Anlass für die Heimunterbringung waren – Probleme, die überdauernd bestehen bleiben.

Einen Lösungsversuch könnte man in der Einrichtung von an eine Regelschule angegliederten Spezialklassen für Schüler mit Verhaltensauffälligkeiten sehen, die zumeist mit dem Begriff der „Beobachtungsklasse" (B- oder Beo-Klasse) belegt werden; bekannt sind auch die Begriffe der E-Klassen („Erziehungs-Klassen für schwererziehbare Kinder der Volksschule"), der „Kleinklassen" und der „Sonderklassen" (vgl. Myschker 1989, 169; Speck 1979, 138ff.; Bach 1989b, 248).

Auch hier handelt es sich um ein „stationäres" Fördersystem (vgl. Myschker 2005, 308), bei dem innerhalb einer Regelschule eine oder mehrere Klassen mit Schülern mit Verhaltensauffälligkeiten eingerichtet werden. Zweck dieser Sonderklassenform ist zum einen die Vermeidung einer vollständigen Separation der betroffenen Schüler (anstelle eines Schulwechsels in eine Sonderschule); zum anderen dient sie der Diagnostik und eben Beobachtung, einer Leistungsentlastung, der Einzelförderung, besonderen Erziehungsmaßnahmen und nicht zuletzt der Entlastung von Mitschülern. Ziel ist eine „baldige Rückführung" der Schüler in reguläre Klassen nach zwei bis drei Jahren; diese Klassen haben also einen klaren Durchgangscharakter (vgl. Myschker 1989, 173; Vernooij 1989, 1079).

Dabei sind Beobachtungsklassen und ähnliche Modelle schon seit langem durchaus umstritten: „Diskriminierungen innerhalb der Schule sind nicht auszuschließen" (Speck 1979, 140). Außerdem zeigte sich, dass die B- oder Beo-Klassen zu Sammelbecken für aggressiv-ausagierende Schüler wurden, welche in den regulären Klassen besonders unerwünscht waren (vgl. Myschker 1989, 174). Auch die Rückgliederung, für die hier eigentlich günstigere Bedingungen bestehen sollten als bei einem Wechsel von der Sonderschule zurück in die Regelschule, gestaltet sich oft recht problematisch. Dort, wo keine Schulen für Erziehungshilfe bestehen (wie etwa in Berlin), erfolgt sie aus den lediglich in Grundschulen eingerichteten Beobachtungsklassen heraus automatisch (vgl. Myschker 2005, 303) – verbunden mit den denkbaren Vor-, aber auch Nachteilen.

„Im ganzen gesehen läßt sich damit sagen, daß die pädagogische Legitimierung von Spezialklassen innerhalb eines Regelschulsystems nicht eo ipso gegeben ist, sondern weithin von der Differenziertheit und Integrationsbereitschaft innerhalb des gegebenen Schulsystems abhängig ist" (Speck 1979, 140). So beurteilt Speck (vgl. ebd.) diese Variante der Sonder-Beschulung recht skeptisch und fordert zumindest günstige personelle Bedingungen und Ganztagsbetreuung als Voraussetzungen für die erfolgreiche Arbeit in Spezialklassen. Myschker (2009, 261) betrachtet die Organisationsform der Hamburger Kleinklassen als nicht sinnvoll; Bach (vgl. 1989b, 252) jedoch weist ihnen je nach spezifischer Problemlage durchaus eine Nützlichkeit zu. Neben den Beobachtungsklassen ist noch die „Beobachtungsklinik" zu nennen, ein speziell eingerichteter Raum in einer Grundschule, „in dem Problemschüler stunden- oder tageweise sonderpädagogisch betreut werden" (Vernooij 1989, 1079). Nach einer begrenzten Zeit (etwa zwei Monate) erfolgt eine Entscheidung über Reintegration, Überweisung in eine Beobachtungsklasse oder Heimeinweisung.

Myschker (vgl. 2005, 208f.) empfiehlt Gruppengrößen von 6-8 Kindern/Jugendlichen mit Verhaltensauffälligkeiten in Klassen separierter Förderung. Realiter werden diese Gruppengrößen eher überschritten. Zumindest für einen Teil des Schultages erfolgt die Arbeit in Schulen für Erziehungshilfe im Zwei-Pädagogen-System, wobei in aller Regel aus anderen Berufsgruppen (Sozialpädagogen, Erzieher usw.) kommende „Pädagogische Fachkräfte" im Unterricht assistieren. Auch wird als besondere, ergänzende Form des Unterrichts in Schulen für Erziehungshilfe Einzelförderung, oft auch als „pädagogisch-therapeutische" Einzelförderung bezeichnet, durchgeführt. Bröcher (1997b, 302) verweist hier insbesondere auf die Notwendigkeit einer Arbeit an der individuellen Entwicklungsgeschichte: „Eine solche biographisch orientierte Einzelförderung ist angezeigt, wenn sich die individuelle Konfliktbelastung eines einzelnen Schülers in besonderer Weise zugespitzt hat. Daneben muß sie *institutionell* ermöglicht werden, indem ein Lehrer für die erforderliche Stundenzahl von anderen Aufgaben freigestellt wird." Hier ist zu bedenken, dass die wichtige Methode der Einzelförderung nicht notwendig mit therapeutisch akzentuierten Vorgehensweisen verbunden sein muss und kann – vgl. dazu die kritischen Ausführungen unter 3.7.

Nicht erst im Zuge der intensiver gewordenen Integrations-, mittlerweile Inklusionsdiskussion hat sich um Formen der Sonderbeschulung im Rahmen der Pädagogik bei Verhaltensstörungen ein Streit entwickelt (vgl. Speck 1989, 206ff.). Ihre Einrichtung ermöglicht zwar einerseits eine gezielte Förderung von Schülern mit Verhaltensauffälligkeiten, andererseits bringt die Aussonderung der Schüler jedoch auch negative Folgen mit sich, insbesondere die Gefahr der Stigmatisierung dieser Kinder und Jugendlichen. Die Kritik geht allerdings auch dahin, dass hier in hohem Maße Störungen konzentriert und damit neue Schwierigkeiten geschaffen werden, dass sich vorliegende Störungen aus verschiedenen Gründen noch verschlimmern können, dass die Auswahlkriterien für Schüler unklar sind, dass die pädagogische Arbeit in dieser Schulform angesichts der Konzentration von Problemen nicht ausreichen könne, dass sie unter Umständen ein nicht nützlicher institutioneller Umweg sei, dass das „Schonklima" die soziale Integration der Schüler eher erschwere und dass diese Schule auch dem Anspruch und Charakter einer „Durchgangsschule" nicht gerecht werde (vgl. Speck 1979, 141; 1989, 208; Myschker 2005, 302ff.). Zugunsten dieser Sonderschulform werden aber auch bestimmte Vorzüge ins Feld geführt: Sie schütze gerade vor täglichen Diskriminierungen, jedoch auch vor Überforderungen, sie biete ein Schonraummilieu auf Zeit oder, da wo notwendig, auch auf Dauer, sie entlaste Lehrer wie Schüler der Sonderschule, jedoch auch Lehrer und ehemalige Mitschüler der Regelschule, sie biete eine Karenzzeit für den Ausgleich von Defiziten und Erziehung, sie ermögliche in erhöhtem Maße Individualisierung und sie biete die Betreuung durch Spezialisten und hohe Professionalität vor Ort (vgl. Speck 1979, 141; 1989, 207; Myschker 2005, 303ff.; Stein & Müller 2014a).

3.4.2 Schulen für Kranke

Auf ein zweites institutionelles Intensivangebot soll hier nur knapp ergänzend eingegangen werden; es ist allerdings von zunehmender Bedeutung: die Schulen für Kranke im Bereich Kinder- und Jugendpsychiatrie (vgl. etwa Wertgen 2014). Ausgestaltung und Konzepte dieser Schulen sind derzeit sehr heterogen (vgl. Fesch & Müller 2014). Differenziert wird zwischen der Schule für Kranke selbst, Krankenhausunterricht sowie Hausunterricht (vgl. Willmann 2007, 39). Schulen für Kranke sind unterschiedlich organisiert: als selbstständige Schule, im Verbund mit einer anderen Sonderschule, im Sinne der Unterrichtung durch abgeordnete Lehrer oder in Form der zentralen Entsendung von Lehrern (ebd.).

Die Arbeit der Schulen für Kranke ist in aller Regel stark von der umgebenden Institution der Klinik geprägt. „Der Schule kommt primär die Funktion zu, in diesem klinischen Kontext ein Stück Kontinuität und Normalität zu wahren und den leistungsmäßigen Anschluss nach der Klinikentlassung zu sichern. Im Sinne eines umfassenden ‚therapeutischen Milieus' geht es dabei freilich auch darum sicherzustellen, dass die schulischen Erfahrungen, die die Kinder am Vormittag machen, den umfassenderen Behandlungszielen nicht zuwiderlaufen" (Göppel 2002, 125f.). Für das Lehrpersonal beschreibt Wertgen (vgl. 2014, 209) aber auch die Aufgabe, die individuelle Krisensituation und die Bedürfnislage der Schüler zu verstehen.

Was die Frage der Professionalität und Entwicklung anbelangt, so fördert eine Analyse des Forschungsstandes zu Schulen für Kranke in der Psychiatrie erhebliche

Defizite zutage. Es gibt recht wenig Forschung; die gesamte Thematik zeichnet sich durch großen Entwicklungsbedarf aus (vgl. etwa Frey & Wertgen 2012).

Eine bedarfsgerecht gestufte Nachsorge und Beratung dürften spannende Brennpunkte der Diskussion um die zukünftigen Aufgaben von Schulen für Kranke darstellen (vgl. etwa Wertgen 2009; Stein 2010).

Die Bedeutung der Schulen für Kranke ist im Hinblick auf die Förderung von Kindern und Jugendlichen mit Verhaltensauffälligkeiten erheblich. Schulen für Erziehungshilfe können und sollten sie jedoch nicht ersetzen, denn ihre Arbeit beginnt dort, wo psychiatrische Auffälligkeiten attestiert werden und Kinder zumindest teilweise aus dem pädagogischen in ein medizinisches System wechseln. Hier kommt den Schulen für Kranke eine wichtige Mittlerfunktion zu – aber eng verknüpft mit der Kinder- und Jugendpsychiatrie. Insofern bezeichnet Willmann (2007, 43) diese Schulform aus pädagogischer Perspektive auch als ein „ambivalentes Angebot". Eine stärker präventive und geniun pädagogische Aufgabe können Schulen für Kranke schwerlich übernehmen; die zentrale pädagogische Mittlerfunktion „zwischen" Schulpädagogik und Psychiatrie kommt eher den Schulen für Erziehungshilfe zu.

3.5 Inklusion bei Verhaltensstörungen: Fazit

Bereits 1985 stellte Haupt in Bezug auf integrative Bemühungen fest:

> „In den Entwicklungen der letzten Jahre zeichnen sich zwei Grunderfahrungen ab, die das derzeitige Spannungsfeld um die schulische Integration Behinderter deutlich machen:
> – gemeinsamer Unterricht von behinderten und nichtbehinderten Schülern bedeutet noch nicht Integration
> – Integration kann durch den Besuch einer Sonderschule allein nicht gewährleistet werden" (Haupt 1985, 155).

Dies gilt heute gleichermaßen, auch im Hinblick auf Inklusion. Wenn denn Stufenmodelle ein praktikabler Weg zu sein scheinen, insofern sie organisatorische Voraussetzungen schaffen, ist im Einzelfall zu fragen, inwieweit dadurch Integration ermöglicht wird.

Es zeigt sich, dass es wesentlich von Didaktik und Methodik abhängig ist, ob eine Annäherung an das Ziel Integration gelingt bzw. ob diese als Weg realisierbar ist. In dieser Hinsicht ist die Frage von Inklusion, Integration und Segregation auch im vorliegenden Kontext von Bedeutung. So sieht auch Wachtel (vgl. 1998) im Rahmen einer systematischen Betrachtung unterschiedlicher Formen schulischer Förderung die Entwicklung einer „Didaktik des Gemeinsamen Unterrichts" als vordringliche Aufgabe.

Mit dem Ziel Inklusion sind folgende Forderungen an eine Didaktik für den Unterricht bei Verhaltensstörungen zu stellen:

- Im Bereich der Pädagogik bei Verhaltensstörungen wird der Berücksichtigung des emotionalen und sozialen Bereichs in allen Beschulungsformen besondere Bedeutung beigemessen, aber auch der fachliche Bereich darf insbesondere im Hinblick auf die berufliche Integration der Schüler nicht vernachlässigt werden. Wegen der ohnehin schlechteren Chancen dieser Jugendlichen auf dem Arbeitsmarkt ist vor allem auf zweierlei zu achten: zum einen auf eine Herausbildung sozialer und kognitiver Kompetenzen, die eine Basis für berufsvorbereitendes und berufliches Weiterlernen bilden – zum anderen darauf, eine Verfestigung sehr negativer Einstellungen zum Lernen überhaupt möglichst zu verhindern, denn diese Einstellungen wirken später als erhebliche Hindernisse für das Lernen in Berufsvorbereitung, Ausbildung und Berufsschule. Bei der Planung und Gestaltung von Unterricht sind daher der emotionale, körperliche, soziale und kognitive Bereich gleichgewichtig zu berücksichtigen.
- Die Schule für Erziehungshilfe hat dem Verständnis als Durchgangsschule gemäß letztlich die Rückschulung der Schüler in die Allgemeine Schule zum Ziel. Es stellt sich daher die Frage, ob eine besondere Didaktik im Hinblick auf dieses Ziel sinnvoll ist – oder eher die Reintegration der Schüler erschwert. Grundsätzlich – und damit nicht als besondere – ist eine Didaktik zu fordern, die Störungen berücksichtigt und einen flexiblen Umgang mit diesen erlaubt.
- Insbesondere hinsichtlich der inklusiven bzw. inklusionsorientierten Förderung von Schülern mit Verhaltensauffälligkeiten kommt der Didaktik eine entscheidende Rolle zu: Sie muss ein gemeinsames Lernen aller ermöglichen. In diesem Zusammenhang steht jedoch weniger die Frage nach einem geeigneten Unterricht bei leistungsmäßig heterogenen Gruppen – wie etwa bei Feusers integrativer Didaktik – im Vordergrund: Diese ist generell relevant, auch und gerade im Unterricht an einer Schule für Erziehungshilfe. Es kommt vielmehr vor allem darauf an, dass Verhaltensstörungen berücksichtigt werden. Es fehlt nach wie vor an der Ausarbeitung einer diesen besonderen Aspekt aufnehmenden und integrierenden Didaktik.
- Schließlich könnte eine entsprechende Unterrichtsgestaltung dazu beitragen, das Auftreten von Verhaltensstörungen und somit die Aussonderung von Schülern zu vermeiden. So werden die Ursachen von Verhaltensstörungen häufig zu schnell dem betreffenden Schüler zugeschrieben und dabei übersehen, dass diese erst im Zusammenwirken von Personmerkmalen und situativen Faktoren entstehen, Ursachen also auch im Unterricht zu suchen sind. Ein Didaktikmodell sollte somit auch Anhaltspunkte für die in dieser Hinsicht kritische Reflexion von Unterrichtsprozessen und deren Veränderung enthalten. Hiermit ist auch die Forderung nach Selbstreflexion verbunden, um Prozesse der Stigmatisierung einzelner Schüler zu vermeiden.

Die Zusammenarbeit mit anderen Fachkräften stellt dabei eine wesentliche Aufgabe von Sonderpädagogen dar: Neben Kontakten zu anderen Einrichtungen und Ämtern ist mit Blick auf die Integration der Schüler insbesondere die Kooperation mit Regelschullehrern im Rahmen der Reintegration oder Formen schulischer Integration von Bedeutung, worauf auch Bach hinweist (vgl. 1989b, 255f.; 1987, 80/83). Außerdem ist hier der wichtige Aspekt der Zusammenarbeit mit Ausbildern und Berufsschullehrern beim Übergang von Schule zu Ausbildung hervorzuheben. Auf die besondere Bedeutung einer Weiterentwicklung der Vorbereitung auf die Zeit nach der Schule bereits in der Oberstufe der Sonder- bzw. Förderschulen wurde bereits seit längerer Zeit insbesondere aus der Pädagogik bei Lernbeeinträchtigungen heraus hingewiesen, was jedoch ebenso für die Pädagogik bei Verhaltensstörungen gilt (vgl. Hiller 1997, 177ff.; Stein 1997b). Für die Lehrer bedeutet dies, „in engeren Kontakt zu ausbildenden Einrichtungen zu treten – vor allem zu Berufsbildungswerken und überbetrieblichen Ausbildungswerkstätten, jedoch auch zu Betrieben. Dazu müssen den entsprechenden Lehrern jedoch zeitliche und curriculare Freiräume eröffnet werden" (Stein 1997b, 200). Pädagogen in Betrieben, Berufsschulen, Einrichtungen der Berufsvorbereitung, der Benachteiligtenausbildung sowie Berufsbildungswerken sind hier die wesentlichen Kontaktpartner. Dabei kommt insbesondere die Begleitung von abgegangenen Schülern im Übergangsbereich zur Berufsausbildung in Frage, jedoch auch der Einsatz von besonders weiter qualifizierten „Beratungslehrern" für diesen Übergangsbereich (vgl. ebd., 201).

Es gibt eindeutig zu wenige, insbesondere auch vergleichende Befunde zur Wirksamkeit inklusiver versus besonderer, auch separativer Beschulung. Dies zeigt etwa die umfassende internationale Metaanalyse von Lindsay (2007), aus der sich zudem allenfalls leichte Vorteile für integrative Beschulung ergeben. Noch dazu stellt sich die Frage, was denn die Erfolgskriterien für das jeweilige Setting sein sollten: Zumeist stehen Leistungs- und kognitive Fortschritte im Vordergrund. Aber ebenso bedeutsam könnte die Entwicklung von Lernmotivation, Emotionalität, sozialer Kompetenz und Performanz, Selbstkonzept, sozialer Integration oder anderen Aspekten sein. Ein Forschungsüberblick zu Beschulungsmodellen bei spezifischem Blick auf Kinder und Jugendliche mit Verhaltensauffälligkeiten zeigt, dass die Befundlage hierzu keineswegs eindeutig ausfällt (vgl. Ellinger & Stein 2012) – für einzelne dieser Aspekte, erst recht jedoch für deren Zusammenspiel. Oft wird es eine Abwägung sein, welcher Aspekt der Förderung besonders im Vordergrund steht, um sich dann für ein Beschulungsmodell zu entscheiden. Dringend vonnöten sind differenzierte, sachneutrale Forschungsbefunde dazu, *für wen unter welchen Bedingungen in welcher Hinsicht welches Setting* zu bevorzugen wäre. So sieht auch Hillenbrand (vgl. 2013, 265) bei Sichtung des internationalen Forschungsstandes „kaum eine Überlegenheit irgendeiner der Organisationsformen Mainstreaming, special class oder special school".

3.6 Grundlegende Unterrichtsprinzipien und -aspekte der Pädagogik bei Verhaltensstörungen

Jeder, der sich mit der Pädagogik bei Verhaltensstörungen auseinandergesetzt hat und ein Brainstorming zur Frage besonderer Unterrichtsprinzipien durchführt, dürfte zu einer solchen Fülle von Prinzipien kommen, dass es fast nahe liegt, ein alphabetisch geordnetes Glossar zusammenzustellen. Dies erst recht, wollte man vertieft auf die zahlreichen hier relevanten Prinzipien aus verschiedenen theoretischen Positionen heraus eingehen – etwa der Psychoanalytischen Pädagogik, der Verhaltensmodifikation, der Humanistischen Pädagogik usw.

Beide Herangehensweisen sind jedoch mit Problemen verbunden: Im Rahmen eines knappen Abrisses, wie er hier erfolgt, ist es kaum möglich, dem Anspruch einer systematischen Herleitung von Prinzipien aus unterschiedlichen theoretischen Konzeptionen zu genügen; ein alphabetisches Glossar würde zwar dem Anspruch an Vollständigkeit eher gerecht werden, hier jedoch nicht weiterführen, da die Fülle der so zusammengetragenen Prinzipien kaum überschaubar und somit wenig hilfreich wäre. Daher sollen anstelle dessen einige ausgewählte, wesentliche Prinzipien vorgestellt und kritisch diskutiert werden – Prinzipien, die im Hinblick auf die didaktisch und methodisch orientierte pädagogische Arbeit unmittelbar relevant sein könnten. Dabei orientieren sich die Auswahl zum einen an der einschlägigen Literatur, zum anderen am grundgelegten Verständnis von Pädagogik und Lernen sowie Erziehung, wie es in den Kapiteln 1 und 2 skizziert wurde. Des Weiteren wird hinsichtlich der Formulierung von Unterrichtsprinzipien Rücksicht auf die gesamte Breite der Erscheinungsweisen von Verhaltensauffälligkeiten genommen (vgl. Kapitel 2) – nicht etwa lediglich auf Aggressionen im Unterricht (vgl. etwa Baulig 1982).

Schließlich scheint im Hinblick auf das Ziel, die Diskussion um Unterrichtsprinzipien voranzubringen, die Einsicht notwendig, dass diese in ihrer Dialektik zu betrachten sind. Nur auf einem solchen Wege wird es möglich, auch Missverständnisse und pädagogische Fehler zu vermeiden. So erschließt sich der scheinbare pädagogische Gegensatz des „Führen versus Wachsen lassen" letztlich im „Führen *und* Wachsen lassen" durch eine integrierende Berücksichtigung beider Polaritäten. Dies gilt auch für die spezifischen Prinzipien einer Pädagogik bei Verhaltensstörungen: Oft ist, wie es am skizzierten Beispiel deutlich wird, ein bestimmtes Unterrichtsprinzip zugleich auch durch ein Gegenüber, einen Gegenpol definiert. Dabei kann dieser Gegenpol nicht etwa als negativ verworfen werden, sondern ihm wird gleichfalls Wert und Bedeutung für die pädagogische Arbeit zugeschrieben. Es bleibt dann dem Pädagogen und seiner Sensibilität überlassen, wie er das Prinzip im Rahmen einer spezifischen Unterrichtssituation berücksichtigt.

3.6.1 Jenseits der Prinzipien: Erziehung als Kernaufgabe eines Unterrichts bei Verhaltensstörungen

Erziehung

Für die Pädagogik bei Verhaltensstörungen wird traditionell ein „Vorrang der Erziehung" gefordert (vgl. Husslein 1989, 475f.). Wie bereits in dem teilweise verwendeten Begriff der „Schule für Erziehungshilfe" zum Ausdruck kommt, handelt es sich hier um ein besonders zentrales Anliegen. Es geht um die Kernaufgabe der Pädagogik bei Verhaltensstörungen, die sich in diesem Rahmen nicht einfach als ein „Prinzip" abhandeln lässt, sondern allem anderen vorangestellt werden muss.

Allerdings bleibt dabei, sowohl auf schulischer als auch auf schuladministrativer Ebene, oft eher unklar, was mit Erziehung gemeint ist (vgl. Müller & Stein 2013). Klare Zielsetzung ist oft, dass Schüler um- oder nach-erzogen werden sollen, wobei Ziele von außen vorgegeben werden. – Böhm (vgl. 2005, 186) bestimmt Erziehung als „jene Maßnahmen und Prozesse …, die den Menschen zu Autonomie und Mündigkeit hinleiten und ihm helfen, alle seine Kräfte und Möglichkeiten zu aktuieren und in seine Menschlichkeit hineinzufinden". Gerade aus sonderpädagogischer Perspektive werden neben Autonomie und Emanzipation auch soziale und personale Integration als Ziele von Erziehung bestimmt (Willmann 2010b, 211). Autonomie kann dabei, mit Speck (1991), nicht im Sinne einer individuellen Freiheit und Unabhängigkeit, sondern zugleich als Respektieren der Freiheit und Würde des anderen und der „Kultivierung der eigenen Urteilskraft und eigenen sittlichen Maximen der Gewissensbildung" (ebd., 84) verstanden werden – also im Sinne der Erarbeitung eigener ethischer Leitlinien im Hinblick auf den anderen. Hier ist Erziehung insbesondere auch Erziehung zu Moralität, zu moralischem Urteilen und davon geleitetem Handeln. Es geht dann um das „Erlernen von Autonomie als des rechten Gebrauchs der Freiheit" (ebd., 83) – was das Befolgen von Regeln im Sinne von Disziplin nicht ausschließt, aber einem solchen Grundverständnis von Autonomie unterliegend.

Bei Erziehung handelt es sich in aller Regel um einen intentionalen Prozess in einer sozialen Situation: Jemand erzieht jemanden, und der Mensch ist erziehungsdürftig (vgl. Kant 1997). Dies wird durch Benners „Allgemeine Pädagogik" (vgl. 1991) in zweierlei Hinsicht differenzierter und deutlicher betrachtet:

- Erziehung beinhaltet für ihn zum einen das Moment der Aufforderung zur Selbsttätigkeit: „Jedes Zuwenig und Zuviel an pädagogischer Sorge verstößt gegen die besondere Finalität der Erziehungspraxis" (ebd., 73). Daher sei es wichtig, „den richtigen Zeitpunkt für die Übergabe pädagogischer Autorität in die ökonomische, sittliche, politische, ästhetische und religiöse Selbstautorität der Zu-Erziehenden nicht zu verpassen" (ebd.).
- Zum anderen beinhaltet Erziehung Benner zufolge das Moment der Überführung gesellschaftlicher in pädagogische Determination. Dabei gilt es nicht nur zu

überprüfen, *wie* gesellschaftliche Anforderungen durch die pädagogische Praxis tradiert werden können, sondern auch, *unter welchen Bedingungen* solche gesellschaftlichen Anforderungen anzuerkennen sind – und es gilt auch, diese gesellschaftlichen Anforderungen *selbst* zu überprüfen (vgl. ebd, 89f.). So bezeichnet auch Winkler (vgl. 1995) Erziehung als eine gesellschaftliche Funktion, die Erzieher und Edukand in einen kulturell-sozialen Kontext setzt.

Hier wirkt grundsätzlich ein vermittelndes Moment unter Beteiligung zweier Menschen: Erzieher und zu Erziehender. *Jemand* (ein Pädagoge) fordert *einen anderen* (den zu Erziehenden) zur Selbsttätigkeit auf, wobei er gesellschaftliche in pädagogische Determination überführt. Allerdings ist eingedenk der Diskussion didaktischer Konzepte in Kapitel 4 kritisch zu fragen, ob Erziehungsintentionen Schüler wirklich erreichen können – oder jedenfalls so, wie sie gemeint sind (vgl. dazu auch Gudjons 1994a, 170f.).

Diesen Gedanken arbeitet Kobi (vgl. 2004) in Form einer Reihe von Postulaten aus – hier wird Erziehung als ein dialogisches und prozesshaftes Geschehen zwischen Erzieher und Zu-Erziehendem betrachtet: Erziehung ist eine Haltung, keine spezifische Tätigkeit. Sie vollzieht sich in einem Gestaltungsprozess zwischen Erzieher und Edukand, in dessen Verlauf es zu gegenseitigen Aushandlungen kommt. Das Thema dieses Diskurses ist die Daseinsgestaltung zwischen Subjekten. Erziehung kann insofern nie instruktiv wirken, sondern lediglich Entwicklungsprozesse stimulieren. Des Weiteren kommt es im Erziehungsdiskurs zu einem beiderseitigen Beziehungswandel, in dem sich beide verändern, nicht nur der Zu-Erziehende.

Erziehung beinhaltet damit immer auch die Möglichkeit und das Potenzial des Scheiterns und der „Ohnmacht" (Oelkers 2001, 63 ff.; Kobi 2004, 74).

Im Zuge der Diskussion um die Arbeiten zur Entwicklung moralischen Urteilens von Kohlberg (vgl. 1995) ist seit den 1990er Jahren auch der moralische Aspekt von Erziehung diskutiert worden (vgl. Stein 2012, 212ff.) – Speck (1991; 1996) kritisiert eine „Ausblendung" der moralischen Dimension und fordert deren Neuverankerung in der Diskussion um Erziehung, die entsprechenden Aufgaben und das damit verbundene Möglichkeitspotenzial. Dabei stellt sich auch die Frage der Miteinbeziehung der Eltern als Erziehungsberechtigter – bei erheblichen Erziehungsschwierigkeiten oft eine ganz besondere Aufgabe. Aufgrund seiner besonderen Bedeutung wird dieser Aspekt unten noch einmal vertieft aufgenommen und erörtert.

In jüngerer Zeit muss sich Erziehung auch der Frage der Messbarkeit stellen, sie muss sich rechtfertigen. Dabei gilt es für erzieherische Arbeit, sich zum einen dieser Anforderung zu öffnen, denn die Finanzierung von besonderen Maßnahmen wird mittlerweile oft von Wirkungsnachweisen abhängig gemacht – zum anderen aber auch Grenzen deutlich zu sehen, jenseits derer Erziehungsprozesse, ihr Geschehen und ihre „Wirkungen" nicht immer, nicht genau oder gar nicht „messbar" sein werden.

Prozesse und Geschehnisse der Erziehung verlaufen letztlich nie störungsfrei; Störungen sind ein konstitutiver Teil. „Schwierige" oder „besondere" Erziehung liegt dann vor, wenn Bemühungen erheblich intensiviert werden müssen (vgl. Speck 1979, 106), wenn das Ausmaß und die Intensität von Erziehungsschwierigkeiten die „normalen" Probleme von Erziehung überschreiten (Willmann 2010b, 206). Eine absolute Grenze wird kaum zu ziehen sein; der Umgang mit verfestigten Verhaltensauffälligkeiten repräsentiert den Kontext „schwieriger" Erziehung, der Umgang mit alltäglichen Verhaltensauffälligkeiten ist stetige Erziehungsrealität.

Erziehung als Aufgabe macht auf die besondere Bedeutung der Persönlichkeitsentwicklung und -reifung als eines umfassenden Bildungsprozesses aufmerksam – abgegrenzt von einem rein kognitiven Lernfortschritt, wie er traditionell im Vordergrund unterrichtlicher Zielsetzungen stand. Eine dualistische Trennung in umfassende Bildung einerseits und inhaltliche Lernprozesse andererseits erscheint allerdings nicht sinnvoll: Umfassende Bildung findet immer auch im Rahmen von Prozessen inhaltlichen Lernens und durch diese statt; beide sind untrennbar miteinander verschränkt.

Im Sinne einer Aufforderung zur Selbsttätigkeit und einer als umfassend verstandenen Bildung ist es erforderlich, dass Lehrende und Lernende gemeinsam zur Verständigung über Erziehungsziele als Ziele einer allgemeinen Persönlichkeitsentwicklung, also des Bildungsprozesses der Lernenden kommen – Ziele, die dann im Rahmen unterrichtlicher Vorgänge angestrebt werden können. Dabei steht Erziehung auch insofern im Vordergrund, als bezüglich der Prozesse einer solchen Persönlichkeitsentwicklung der Rolle des Pädagogen als einem Partner für die Pädagogik bei Verhaltensstörungen ganz besondere Bedeutung zukommt. Erziehung ist die zentrale Aufgabe aus Perspektive einer schulischen Pädagogik bei Verhaltensstörungen.

Erziehung zu moralischem Urteilen und Handeln

Im Vordergrund des Umganges mit Verhaltensstörungen stehen insbesondere Fragen der Kompetenzförderung – auch die Kultusministerkonferenz (vgl. 2000) wählt die Begrifflichkeit des „Förderschwerpunktes emotionale und soziale Entwicklung". Gerade im Hinblick auf das Auftreten problematischer Verhaltensweisen von Schülern, etwa Aggressivität und Gewalt, aber auch Hyperaktivität, gilt es jedoch, parallel dazu die erhebliche Bedeutung des moralischen Urteilens in den Blick zu nehmen. Diese ganz eigene Ebene droht bei einer Fokussierung nur auf emotionale und soziale Kompetenzen übersehen zu werden. Allerdings berücksichtigt beispielsweise das Modell der Selbst- und Handlungsregulation (vgl. 2.3.3), dass in sozialen Situationen moralische Maßstäbe im Hinblick auf das eigene Handeln von Bedeutung sind, die „abgerufen" werden können – aber eben auch nicht. Zu bedenken ist, dass sich die Bezüge zwischen Urteilen und Handeln als komplex erweisen; im Hinblick auf das resultierende Verhalten eines Menschen ist eine Fülle von weiteren Faktoren zu bedenken.

Während unter „Ethik" die wissenschaftliche, insbesondere philosophische, Auseinandersetzung mit Fragen der Moral verstanden wird, bezeichnet „Moral" die normativen Leitlinien eines Individuums. Dabei werden zwei Formen moralischer Urteile unterschieden: Pflichten als das, was man tun sollte, sowie Handlungsziele, als das, was gut oder erstrebenswert ist (vgl. Hügli & Lübcke 1997, 190). Moralische Urteile bedürfen der Begründung (im Sinne von Argumentation und Legitimation) und der Systematisierung (im Sinne eines reflektierten und konsistenten, also möglichst widerspruchsfreien Gesamtzusammenhanges).

Von besonderer Bedeutung sind hier entwicklungspsychologische Aspekte des moralischen Urteilens und Handelns. Diese hat eine Forschergruppe um Kohlberg seit den 1970er Jahren vertieft untersucht und beschrieben (vgl. Kohlberg 1995; Higgins 1987; 1989; Kuhmerker, Gielen & Hayes 1996). Auf Basis einer Unterscheidung von drei Stufen moralischen Urteilens nach Piaget entwickelte Kohlberg ein differenzierteres Entwicklungskonzept. Er untersuchte das moralische Urteilen von Kindern und Jugendlichen anhand von selbst konstruierten moralischen Dilemmasituationen. Bekannt geworden ist beispielsweise das „Heinz-Dilemma" – der Zwiespalt eines Mannes, der ein teures Medikament nicht zahlen kann, das seine todkranke Frau retten würde: sollte er es stehlen, um sie zu retten? Von Interesse waren weniger die moralische Beurteilung der Befragten als vielmehr ihre moralischen Argumentationslinien.

Kohlberg beschreibt in seinem Kernkonzept drei Niveaus moralischen Urteilens mit jeweils zwei Teilstufen (Kohlberg 1995; Tab. 01):

Tab. 01: Stufen des moralischen Urteilens nach Kohlberg

„Vorkonventionelles" oder „vormoralisches" Niveau
Stufe I: Orientierung an Konsequenzen, Strafe und Gehorsam
Stufe II: Orientierung an eigenen Bedürfnissen und einfachen Austauschprinzipien
„Konventionelles" oder „konformistisches" Niveau
Stufe III: Erhaltung wichtiger enger Sozialbeziehungen
Stufe IV: Gehorsam im „System" bzw. gegenüber dem „System"
„Postkonventionelles" Niveau
Stufe V: Verständnis von „Gesellschaftsverträgen"
Stufe VI: Suche nach allgemeingültigen ethischen Prinzipien

Dieses Konzept ist keinesfalls unumstritten; es besteht dazu eine kritische Diskussion (vgl. beispielsweise Speck 1991, 203ff.; Stein 2012, 213). So muss das von einem Menschen realisierte Urteilsniveau nicht unbedingt identisch sein mit seinem Argumentationspotenzial; auch sind keinesfalls moralisches Urteilen sowie das nachfolgende Handeln gleichzusetzen (vgl. Kohlberg 1995, 248ff.; 373ff.) – hier wirken verschiedenste, auch situative Bedingungen hinein. Schließlich ist die Perspektive Kohlbergs auf Moralität recht stark kognitiv und rational ausgerichtet; Speck (1991, 204) fragt zu Recht kritisch nach, ob dabei „die sozio-emotionale Komponente der Moralentwicklung (Ich-Entwicklung, Beziehung, Liebe, Solidarität)" ausreichend berücksichtigt wird. – All diesen kritischen Überlegungen steht allerdings die hilfreiche Vielgestaltigkeit des Ansatzes gegenüber, wie sie etwa Oser (vgl. 1981) herausgearbeitet.

Die Berücksichtigung der bedeutsamen Thematik moralischen Urteilens in Schule und Unterricht führt hin zur Frage einer moralischen Erziehung des Individuums. Aus dem Ansatz Kohlbergs können dafür einige Konsequenzen gezogen werden:

• Gezielte Förderung wird eher dann möglich sein, wenn das Niveau des moralischen Argumentierens eines Kindes oder Jugendlichen bekannt ist – und zwar sowohl die Reflexion selbst als auch das dahinter stehende Potenzial, an das natürlich schwerer heranzukommen ist.

• Anhand der Verfügbarkeit solcher Informationen könnte auch das nächste Zielniveau für einen Schüler bestimmt werden.

• Die argumentative Auseinandersetzung sollte leicht über dem Niveau erfolgen, auf dem sich das Kind oder der Jugendliche aktuell befindet – die Kohlberg-Gruppe schlägt eine halbe bis zu einer Stufe vor. Höherstufige Argumentationen können Schüler unter Umständen nicht nachvollziehen. Über das Einwirken von Lehrkräften hinaus wirken insbesondere stufenheterogene Diskussionsgruppen von Kindern und Jugendlichen moralisch stimulierend (vgl. Heidbrink 1996, 125f.).

Jenseits einer individuellen Arbeit mit Kindern und Jugendlichen wäre eine Übertragung des Ansatzes auf ganze Einrichtungen, etwa Schulen, konsequent. Eine solche „gerechte Gemeinschaft" wäre strukturell von moralbezogenen Diskussionen zu verschiedensten Gegenständen durchdrungen. Kohlberg und seine Mitarbeiter haben dazu an US-amerikanischen Schulen Modellprojekte initiiert und begleitet, in denen, vor allem anhand von Konflikten und Regelverletzungen, Diskussionen unter Einbezug der gesamten Schulgemeinde stattfinden (vgl. Higgins 1987; 1989; Kuhmerker u.a. 1996). Dabei steht unmittelbar der demokratische Umgang mit moralischen Fragen im Vordergrund; indirekt zielen solche Modelle darauf ab, optimal förderliche Entwicklungsbedingungen für Kinder und Jugendliche zu schaffen. Eine solche Gemeinschaft folgt den Prinzipien der Gerechtigkeit oder Fairness sowie auch der Fürsorge (Heidbrink 1996, 131f.). Zugleich hat die Gemeinschaft Überwachungsfunktionen hinsichtlich des Einhaltens der Regeln, Sanktionsfunktionen, bei Regelbrüchen Konsequenzen zu setzen – sowie die kritische Funktion, immer wieder die Sinnhaftigkeit von bestehenden Vereinbarungen und Ordnungen zu prüfen. Ein besonderes Problem stellt dabei allerdings die Frage dar, inwiefern der Einfluss einer solchen speziellen Umwelt den möglicherweise ganz anderen Einflüssen weiterer Lebensräume und Sozialgruppen des Kindes standhalten kann. Auch stellt sich die Frage, inwiefern es zu einem Transfer aus dem Setting der Gerechten Gemeinschaft heraus in andere Sozialräume des Kindes oder auch in seine Zukunft kommt.

Eine besondere Bedeutung kommt dem Vorbild der Lehrperson zu – und zwar sowohl im Hinblick auf die Praxis moralischen Reflektierens als auch bezogen auf die eigene Konsequenz der Verbindung zwischen Urteilen einerseits sowie Handeln und konkretem Verhalten andererseits. Moralisches Urteilen und entsprechendes Handeln werden so vorgelebt.

Diskurse zu Moral lassen sich zum einen gezielt und in besonderen Kontexten realisieren, etwa in spezifischen Kursen oder Diskussionsgruppen (vgl. Oser 1987). Sie können eine Einrichtung im Sinne einer „Just Community" prägen, was allerdings, im Hinblick auf die Umsetzungen der Kohlberg-Gruppe, einen hohen Anspruch darstellt, welcher Kohlberg selbst auch vor einige Schwierigkeiten gestellt hat. Andererseits haben moralisches Urteilen und moralische Diskussionen aber auch eine sehr wichtige Funktion im schulischen Alltag – im Zuge sozialer Konflikte zwischen Schülern sowie zwischen Schülern und Lehrkräften, in Spielsituationen, im Sportunterricht oder auch auf dem Pausenhof. Erziehung zu moralischem Urteilen und Handeln stellt einen bedeutsamen Aspekt schulischen Alltagslebens dar und repräsentiert zugleich eine ganz eigene, bedeutsame Dimension von Erziehung.

3.6.2 Prinzip des „therapeutischen Milieus"

Zentrales, oft erörtertes Unterrichtsprinzip für die Pädagogik bei Verhaltensstörungen, ja für sonderpädagogische Kontexte insgesamt ist das Prinzip des „therapeutischen Milieus". Es geht auf die Arbeiten von Redl & Wineman (vgl. 1970; 1976) aus den 1950er Jahren sowie von Bettelheim (vgl. 1990; Original von 1974) zurück. Bettelheims Ziel war es, ein schulisches Milieu zu schaffen, in dem sich Kinder und Jugendliche erstmals überhaupt wohlfühlen konnten. Redl & Wineman verfolgten einen psychoanalytisch, jedoch auch verhaltensmodifikatorisch und eklektisch geprägten Ansatz.

Im Zusammenhang mit der Thematisierung des „therapeutischen Milieus" spricht Husslein (vgl. 1983; 1989) davon, „Erziehung und Unterricht mit therapeutischen Maßnahmen zu durchsetzen, um die Wirksamkeit besonderer Hilfe zu erhöhen" (Husslein 1989, 489; vgl. auch 1983). Dabei schreibt er insbesondere einem sozial förderlichen, von Vertrauen und Offenheit geprägten Klima besondere Bedeutung zu.

> „Für Lehrer und Erzieher bedeutet dies, belastende Einflüsse vom psychosozial gestörten Kinde fernzuhalten, um die Grundbedürfnisse der Zuwendung und Annahme, der Ruhe und Entspannung und der Sicherheit und Geborgenheit zu ermöglichen" (ebd.).

Nur die historische Entwicklung dieses Begriffes des therapeutischen Milieus macht ihn verständlich: Er entstand im Rahmen der Anwendung psychotherapeutischer und medizinischer Konzepte auf pädagogische Kontexte. Des Weiteren entstand er in Abgrenzung von einem Schulsystem, das auf Entspannung, Geborgenheit, Zuwendung und Annahme wenig Wert legte.

Es scheint allerdings, dass im Zuge der pädagogischen Weiterentwicklung der letzten Jahrzehnte die von Husslein als „therapeutisch" beschriebenen Merkmale einen allgemeinen Rahmen bezeichnen, dessen Aspekte mit der Zeit zu eher üblichen Kennzeichen guter pädagogischer Arbeit werden sollten – gerade weil sie in Abgrenzung zu einer Pädagogik entstanden, deren Überwindung ein grundsätzliches Ziel ist. Was bleibt, ist allenfalls die Forderung, die hier als „therapeutisch" verstandenen Momente im Rahmen schwieriger pädagogischer Kontexte besonders und verstärkt zu berücksichtigen. Dies wäre dann jedoch keine qualitative Veränderung – in dem Sinne, dass etwa aus pädagogischen therapeutische Merkmale werden. Man würde sicher der herkömmlichen pädagogischen Arbeit Unrecht tun, wenn man den Anspruch auf derlei Merkmale für die Pädagogik bei Verhaltensstörungen reservierte.

Damit bleibt eine besondere Pflege von Annahme und Empathie gegenüber Schülern (vgl. auch 3.6.7) und auch eine besondere Schonraum-Orientierung: Unterstützung im Hinblick auf bestimmte Belastungen des Alltages, die von Lernenden zur Zeit nicht bewältigt werden können. Auch diese Schonraum-Orientierung ist allerdings so zu verstehen, dass sie gegenwärtig hilfreich sein mag, jedoch immer bereits das Ziel ihrer Aufhebung enthalten muss – denn die dauerhafte Aufrechterhaltung eines Schonraumes ist nicht förderlich für die gesellschaftliche Integration von Lernenden. Sie droht in Abhängigkeiten zu führen sowie, über die Abschirmung, zur Ausgrenzung von den Realitäten des Lebens. So findet sich auch im fünfphasigen pädagogisch-therapeutischen Unterrichtsmodell von Myschker (vgl. 2005, 207f.) zwar eine erste „Phase der Leistungsentlastung", der jedoch die Phasen Leistungsmotivation, Leistungsbereitschaft, Selbständigkeit und Bewährung folgen (vgl. auch ebd.). Effektiver wären allerdings anstelle einer generellen *Ent*lastung Hilfen zur Bewältigung *von* Belastungen, die sukzessive zurückgenommen werden können.

Die hier anklingende Frage der Rolle der Therapie in (sonder-)pädagogischen Kontexten kann nicht vertieft geführt werden; allerdings scheinen einige wesentliche Gedanken dazu, im Hinblick auf den Bereich der Pädagogik bei Verhaltensstörungen, notwendig, denn es handelt sich um eine für das Selbstverständnis von Pädagogen sowie die praktische Arbeit durchaus bedeutungsvolle Diskussion, die mittlerweile auch weit in allgemeine pädagogische Arbeitsfelder hineinreicht. Sie wird unter 3.7 skizziert (vgl. ausführlicher dazu Stein 1999; Problematik auch angesprochen bei Myschker 2005, 210ff. und Speck 1979, 106f.).

3.6.3 Prinzip der Kooperation

Aus den kritischen Überlegungen zum Prinzip des „therapeutischen Milieus" heraus ergibt sich die Notwendigkeit, sich jenseits eines solchen auf die Suche nach anderen, breiter praktikablen Unterrichtsprinzipien für die Pädagogik bei Verhaltensstörungen zu begeben. Behält man den Aspekt des „therapeutischen Milieus" zunächst dennoch im Auge, so stößt man auf einen in diesem Zusammenhang, der vorangehenden Kritik zum Trotz, wichtigen *organisatorischen* Aspekt: die Fähigkeit und Bereitschaft von Pädagogen zur Zusammenarbeit mit verschiedenen Personen und Personengruppen – insbesondere anderen Professionellen (Kollegen, auch im Verhältnis zwischen Regel-, Sonder- und Sozialpädagogen usw.), anderen Berufsgruppen (etwa Psychologen, Therapeuten oder Ärzten) sowie auch mit Eltern. Auch hiermit ist eine generelle Kompetenz von Pädagogen bezeichnet, die jedoch im Rahmen der Pädagogik bei Verhaltensstörungen eine besondere Rolle spielt. Gleich, ob in inklusiven, integrativen oder sonderschulischen Kontexten, arbeiten in aller Regel verschiedene Professionelle und Professionen zusammen. Dies gilt es im Sinne der Förderung der Lernenden zu nutzen – auch, wenn die pädagogische Arbeit an Grenzen stößt. Dabei können dann tatsächlich therapeutische Momente in die pädagogische Arbeit integriert werden: nicht im Sinne des Milieus, sondern im Sinne therapeutisch orientierter Programme oder ergänzender therapeutischer Arbeit außerhalb des Unterrichts. Im Vordergrund wird allerdings, segregierend, integrativ oder inklusiv, die Teamarbeit stehen, indem zumindest stundenweise unterstützend ein zweiter Pädagoge im Unterricht mitarbeitet. Diese Situation erfordert eine stetige gemeinsame Abstimmung in Bezug auf Unterrichtsdurchführung, Einzelförderung und ergänzende therapeutisch orientierte Maßnahmen – bei Klärung der wechselseitigen Rollen. Sie erfordert des Weiteren auch hier eine eng abgestimmte Zusammenarbeit und gegenseitige Unterstützung im Kollegium sowie eine Kooperation mit anderen Berufsgruppen wie etwa Psychologen, Psychotherapeuten oder Beratern – zur Optimierung der pädagogischen Arbeit sowie auch zur Unterstützung in schwierigen, belastenden Situationen.

Damit ist, im Hinblick auf die genannten Aspekte der Optimierung, Unterstützung und Entlastung, auch verschiedenen Formen der Supervision besondere Bedeutung beizumessen: einer im kooperativen Dialog mit anderen Professionellen erfolgenden Reflexion der pädagogischen Arbeit unter kritischem Einbezug der eigenen Person.

Auf schulorganisatorischer Ebene wird die Forderung nach Kooperation im Zuge der Inklusionsdebatte deutlich intensiviert – im Hinblick auf die Zusammenarbeit unterschiedlicher Schulen, Einrichtungen und auch Berufsgruppen.

3.6.4 Prinzip des Durchgangs

„Schulen für Verhaltensgestörte sollten sich als Durchgangsschulen verstehen. Als ein vorrangiges Ziel verfolgen sie die Rückführung ihrer Schüler in die allgemeine Schule" (Husslein 1989, 474). Diese traditionelle Sicht der Arbeit besonderer Schulen im Kontext Verhaltensstörungen erfordert in aller Regel die Orientierung an Curricula der Regelschule (oder der Schule für Lernhilfe) in Schulen für Erziehungshilfe (vgl. zum Durchgangsprinzip und zur Rückschulung jedoch kritisch 3.4). Auch die Kultusministerkonferenz (vgl. 2011, 16) nennt in ihrer Stellungnahme zu inklusiver Bildung das besondere Ziel der Rückschulung.

Über eine segregierte Beschulung hinaus, im Sinne einer generellen Betrachtung der Pädagogik bei Verhaltensstörungen als integrativ *oder* segregierend, wie sie hier vorgenommen wird, gerät dieses Prinzip des Durchgangs zu einem „Prinzip der regulären Pädagogik": Alle „besonderen" Maßnahmen sind immer wieder daraufhin zu überprüfen, ob sie zurückgenommen werden können. Ziel wäre dann eben eine normale, ohne Besonderheiten auskommende pädagogische Arbeit. Im Sinne dieses Prinzips kann auch der Gedanke Hussleins (vgl. 1989, 478) interpretiert werden, je nach Schwere der Störungen gestufte Formen der Förderung vorzusehen (vgl. auch 3.3).

3.6.5 Prinzip der Strukturgebung

Verschiedene einschlägige Begriffe und Wendungen verweisen auf die besondere Bedeutung bestimmter Strukturen im Rahmen der Pädagogik bei Verhaltensstörungen: Strukturierung, Ritualisierung, Halt(en), der Einsatz von Regeln und Ordnungen mit dem Ziel, Übersicht zu ermöglichen und Schülern ein Gefühl der Sicherheit zu geben usw. (vgl. etwa Speck 1989, 110f.; Husslein 1989, 485f.; Myschker 2005, 213ff.).

Strukturgebung wird hier nicht im Sinne der Konzepte strukturierten Unterrichts verstanden (vgl. 5.1), in denen „ein vom Lehrer direktiv gesteuerter, in seinem Verlauf streng systematisierter und auf klar definierte Lernziele hin entworfener Unterricht in einer besonders gestalteten Lernumwelt (z.B. Reiz- und Raumreduzierung zur Vermeidung von Ablenkung bei vorliegender Reizüberempfindlichkeit)" stattfindet (Benkmann 1989, 74).

Grundsätzlich sind immer auch bestimmte Strukturen vorgegeben. Über diese Vorgaben hinaus bezeichnet das Prinzip der Strukturgebung im idealen Falle die gemeinsame Erarbeitung und Vereinbarung bzw. Neu-Vereinbarung von Regeln der Lernfeldgestaltung, der Lernprozessgestaltung und des sozialen Umganges in der Lerngruppe, bezogen auf die Dimensionen der Zeit und des Raumes. Dazu zählen auch vereinbarte Tages-, Wochen-, Monats- und Jahresriten wie Zusammenkünfte, Feiern, Präsentationen usw. einschließlich ihres Ablaufes. Strukturgebung ist ein zentrales Prinzip des Lebens sowie ein zentrales Bedürfnis des Menschen und dient insbesondere der Orientierung und der Sicherheit. Strukturen beinhalten auch die Bereitschaft, innerhalb dieser Strukturen bestimmte Verantwortungen, Pflichten und Rollen zu übernehmen (vgl. hierzu auch Myschker 2005, 212f.).

Der Strukturgebung kann auch ein wichtiges Unterrichtsprinzip zugeordnet werden, das sich auf das Verhalten von Pädagogen bezieht: das *Prinzip der Verlässlichkeit und Konsequenz*. Von besonderer Bedeutung ist es, eigene Absichten und Einstellungen konsequent, vorhersagbar und verlässlich in Handlungen umzusetzen. Dies bedeutet andererseits, nur solche Versprechen und Verhaltensabsichten nach außen zu geben, hinsichtlich derer Pädagogen hinlängliche Gewissheit haben, sie auch umsetzen zu können. Auch Konsequenz sorgt für Orientierung und Sicherheit der Lernenden.

Letztlich kann Strukturgebung jedoch nicht absolut gesetzt werden – auf der anderen Seite stehen auch immer wichtige Prinzipien wie die Eröffnung von Freiräumen, individueller Selbstgestaltung, Offenheit usw. Diese Prinzipien können durch Strukturen leicht verletzt werden, weshalb eine sensible Abwägung unverzichtbar ist. Winkel (1989, 295) fasst dies für Aggressionen gleich dialektisch: „Nein, aggressive Verhaltensweisen brauchen Verständnis *und* Grenzziehungen, Gelassenheit *und* Eindeutigkeit, Zuwendung *und* Strenge." Der Gefahr, dass durch die Freiräume des einen bei mangelnder Struktur die Freiräume anderer verletzt werden, kann durch die gemeinsame Aushandlung in der Gruppe begegnet werden. Aus Perspektive der Pädagogik bei Verhaltensstörungen verdienen also auch hier beide Seiten, Strukturgebung wie Freiheit und Freiraum, eine besonders sensible, individuelle Berücksichtigung und Reflexion.

3.6.6 Prinzip der Prozessorientierung

Eine besondere Lernprozess-Orientierung fordert Husslein (1989, 487f.): „Dies bezieht sich nicht nur auf die permanente Auseinandersetzung des Lehrers mit den Schülern über Inhaltsfragen oder über die Nützlichkeit eingesetzter Verfahren. Schwerer wiegt der Auftrag, im Unterrichtsalltag auftretende aktuelle Konflikte aufzunehmen und zu klären." Dahinter steht letztlich das „Hier-und-Jetzt"-Prinzip der Gestalttherapie und -pädagogik (vgl. 4.6): eine sensible Orientierung des Pädagogen am aktuellen Geschehen und seiner Dynamik. Dies erfordert Kompetenzen zu erhöhter Wahrnehmung und Aufmerksamkeit gegenüber Prozessen in der Lerngruppe; es erfordert des Weiteren eine hohe Flexibilität des pädagogischen Handelns – ein flexibles allgemeines Verhaltensrepertoire von Pädagogen, eine flexible didaktische Gestaltung und einen flexiblen Methodeneinsatz. Husslein (vgl. 1989, 484ff.) nennt hier im Einzelnen eine sichere und bewegliche Handhabung von Methoden, die Klärung von Anfangssituationen, eine durchgängig (und damit auch flexibel) überschaubare Gestaltung des Unterrichts, die Schaffung von Freiräumen und die Berücksichtigung von „Meta-Unterricht" im Sinne eines Unterrichtes über Unterricht, einer Thematisierung des Unterrichts selbst in der Lerngruppe, im Rahmen derer auch Techniken der Gesprächsführung gefördert werden. Speck (1979, 112f.) spricht diesbezüglich von einem „Spielraum für bewußtes Interagieren", für Metakommunikation.

3.6.7 Aspekte emotionalen Unterrichtslebens

In der Diskussion erscheinen sehr verbreitet auch verschiedene emotionale Aspekte: Geborgenheit gewähren, Gefühle verdeutlichen, bestärken und ermutigen, halten und aushalten von Schülern, Akzeptanz und Vermittlung eines Gefühls der Sicherheit (vgl. etwa Husslein 1989, 484ff.). Auch hier dürfte sich die betonte Herausstellung emotionaler Aspekte aus der Reaktion auf eine traditionell stark kognitiv ausgerichtete allgemeine Unterrichtsgestaltung heraus ergeben. Ziel pädagogischer Entwicklungsarbeit wäre es, in Didaktik und Methodik für die Integration kognitiver, emotionaler und körperlicher Aspekte zu sorgen. In dem Maße, in dem dies gelingt, müssen auch nicht mehr emotionale Momente im Rahmen einer besonderen Pädagogik eingeklagt werden: Neben kognitive Aspekte des Lernens treten in einer Balance affektive und körperliche (vgl. dazu genauer 6.2.1). Im Sinne einer gelingenden Integration gilt dies nicht nur für Lernprozesse und Lernende, sondern auch für die Seite der Pädagogen: Insbesondere die Echtheit von Pädagogen wird damit zum Prinzip der Integration von Kognition, Emotion und Körperlichkeit (vgl. 4.6).

Dennoch seien hier zwei Momente herausgestellt, die als zentrale emotionale Aspekte besondere Berücksichtigung verdienen (vgl. auch 3.6.2):

Wärme und Geborgenheit: Dies ist die emotionale Basis im Rahmen der Schaffung eines „Schonraumes", wie unter 3.6.2 beschrieben. Im Titel „Love is not enough" will Bettelheim (vgl. 1950) diesen Basischarakter emotionaler Wärme deutlich machen, wobei der Anspruch der „Liebe" Pädagogen überfordern könnte; hier soll es vielleicht genügen, von Wärme und Geborgenheit zu sprechen (vgl. auch Speck 1979, 114f.; Benkmann 1981, 75ff.). Wärme und Geborgenheit sollten allerdings wiederum Ziel jeglicher pädagogischen Arbeit sein. Eine besondere Bedeutung kommt ihnen dort zu, wo sie kompensatorische Funktion für Schüler erfüllen, die in ihren bisherigen und sonstigen Lebenskontexten (Familie, Peers) wenig Wärme und Geborgenheit erfahren haben: „Verhaltensauffällige Kinder sind in der Regel verängstigte Kinder, die zahlreiche bedrohliche Erlebnisse hinter sich haben, gegen die sie Abwehrmechanismen aufgebaut haben" – so Speck (1979, 109), der damit zugleich problematisiert, dass diese Kinder sich der ersehnten Nähe und Geborgenheit oft erst allmählich annähern können.

Akzeptanz: Dies meint eine annehmende Haltung gegenüber den Schülern (vgl. Rogers 1974; 1983; 1996; auch Kulturministerium Rheinland-Pfalz 1979, 10f.; Benkmann 1981, 75ff.). Es bedeutet, Lernende, jedoch auch Kollegen und Eltern als Personen so zu akzeptieren, wie sie sind (vgl. auch 5.2). Es meint nicht, alle Verhaltensweisen dieser Personen für gut zu erachten. Zugleich ist es ein pädagogisches Ziel, auch Lernende zu dieser Kompetenz hinzuführen, die umso stärker wird, je eher ein Schüler sich selbst zu akzeptieren vermag. Basis der Fähigkeit zur Akzeptanz ist die Fähigkeit der Empathie.

3.6.8 Weitere allgemeine Aspekte des Unterrichts bei Verhaltensstörungen

Durchweg werden die besonders förderlichen und wichtigen Aspekte des Lernens und der Entwicklung in der *Gruppe* hervorgehoben (vgl. etwa Husslein 1989, 488; Speck 1979, 131ff.). Goetze & Neukäter (vgl. 1994, 122f.) empfehlen für die integrierte Beschulung bei Verhaltensstörungen den Einsatz kooperativer anstelle konkurrierender Unterrichtsbedingungen. Gruppenaktivitäten und (soziales) Lernen in der Gruppe bilden einen besonderen Aspekt, der nicht als Prinzip formuliert werden kann und im Rahmen unterrichtlicher Prozesse ohnehin eine Rolle spielt. In die Themenzentrierte Interaktion (vgl. 4.1) fließt er als *„Wir"* ein. Auch Myschker (vgl. 2005, 208f.) betont die Bedeutung der Förderung von „Solidarität". Hier ist, mit Speck (vgl. 1979, 111f.), die Verfügbarkeit von Modellen für soziales Verhalten in der Gruppe zu erwähnen – wobei den Pädagogen eine besondere Modellfunktion zukommt.

Eine *Individualisierung* (vgl. etwa Husslein 1989, 488f.; Benkmann 1981, 90f.) ergibt sich bei angemessener Orientierung an klassischen Didaktik-Konzepten für den „herkömmlichen" Unterricht. Insofern sollte sie als Prinzip im Rahmen einer engagierten allgemeinen Unterrichtsgestaltung ohnehin Berücksichtigung finden. Allerdings sind im Zusammenhang der individualisierten Unterrichtsarbeit aus Perspektive der Pädagogik bei Verhaltensstörungen die wichtigen Verfahren des ergänzenden Einzelunterrichts und der Einzelförderung von Bedeutung – bei Einsatz mehrerer Pädagogen oder interdisziplinärer Kooperation mit Psychologen, Psychotherapeuten, Erziehern, Sozialpädagogen usw. Zur Individualisierung der Förderung merkt Husslein (vgl. 1989, 488f.) an, dass beispielsweise im Zusammenhang mit der Einzelförderung die Schüler bei der Erstellung individueller Programme beteiligt werden sollten.

Schließlich findet sich im Rahmen verschiedener sonderpädagogischer Kontexte die Forderung, pädagogische Arbeit weniger auf Defizite denn auf Kompetenzen zu zentrieren, mithin die ganze Person mit ihren Fähigkeiten zu sehen und an diese Fähigkeiten anzuknüpfen (vgl. Kultusministerkonferenz 1994, 487).

In der Diskussion um Unterrichtsprinzipien dominiert die Orientierung an den Bedürfnissen der Schüler und an Aspekten des Unterrichts. Allerdings scheint im Rahmen einer integrativen Didaktik (vgl. 6.) auch die Berücksichtigung der Person des Pädagogen (und zwar nicht nur wieder im Hinblick auf die Schüler) besonders wichtig. Diese kommt in manchen Konzepten und Ansätzen stärker zum Tragen als in anderen, die eher technisch „anwendbar" sind – wie etwa Verfahren der Verhaltensmodifikation (vgl. Stein 1996, 88ff.). Gerade deshalb ist eine kritische Sicht der Lehrerrolle im Rahmen eines bestimmten pädagogischen Ansatzes stets von besonderer Bedeutung, um den Missbrauch von Konzepten als Technologien zu vermeiden. Auf diesen Aspekt der Person des Pädagogen wird unter 6.1.2 näher eingegangen; dort findet sich auch die Erörterung weiterer Prinzipien, die eben spezifisch auf die Person der Pädagogen fokussieren.

3.7 Pädagogik bei Verhaltensstörungen zwischen Erziehung und Therapie

In den Arbeitsfeldern der Pädagogik bei Verhaltensstörungen lässt sich eine (zunehmend deutliche) Tendenz feststellen, die Unterrichtsgestaltung in diesem schwierigen Handlungsfeld durch therapeutische Elemente zu ergänzen, teilweise auch zu ersetzen. Es wird oft davon ausgegangen, dass Pädagogen in besonderen Settings letztlich organisatorisch und thematisch genau wie an einer regulären Schule arbeiten können, allerdings ein Zusatzbedarf an therapeutischen Kompetenzen vonnöten ist (vgl. auch Bröcher 1997a, 93). Sehr intensiv werden solche Versuche im Rahmen der Lehrerfortbildung betrieben, auch über massiv beworbene Angebote verschiedenster Therapieinstitute (NLP, Psychoanalytische Pädagogik, Edukinesthetik usw.) – ein großer und einträglicher Markt. Derlei Versuche therapeutischer Ergänzung der Erziehungshilfe-Pädagogik finden sich jedoch auch explizit in spezifischen Konzepten wie dem „Therapeutisch Orientierten Sonderunterricht" (TOS) von Vernooij (vgl. 1994), implizit im Fundus zentraler Publikationen (etwa Goetze & Neukäter 1989; Myschker 2009). Hilfreiche Konzepte werden unter dem vielfach verwendeten Begriff der „pädagogisch-therapeutischen Förderung" subsumiert, in dem scheinbar problemlos beide Handlungsbereiche verschmolzen sind.

Die enge Anbindung der Pädagogik bei Verhaltensstörungen an psychotherapeutische Konzepte hat insbesondere zwei Ursachen: zum einen die Entwicklung der Sonderpädagogik insgesamt aus einer historischen Verbindung zu Medizin und Therapie heraus – und zum anderen wichtige Innovationsschübe für die allgemeine Pädagogik und ihre Entwicklung, die den verschiedenen Schulen der Psychologie entstammen, insbesondere der Psychoanalyse und der Lernpsychologie. Ergänzend ist hier aber vor allem auch die Humanistische Psychologie zu nennen, zu deren klassischen Vertretern Rogers zählt (vgl. 5.2).

Die Heranziehung therapeutischer Konzepte scheint nicht selten aus einer pädagogischen Hilflosigkeit heraus zu erfolgen: der Suche nach wirksamen Konzepten angesichts der Wahrnehmung, dass die bekannten und bisher eingesetzten keine ausreichenden Wirkungen zeigen. Sehr stark ist diese Tendenz in der Pädagogik bei Verhaltensstörungen ausgeprägt – die sich mit besonders schwierigen pädagogischen Handlungsfeldern auseinandersetzt. Hinzu kommt allerdings auch das von vielen als hoch wahrgenommene gesellschaftliche Renommée von therapeutischer im Vergleich zu pädagogischer Tätigkeit, welches nicht selten dazu verführen mag, das eigene Handeln mit dem Prädikat „therapeutisch" zu schmücken.

Vor der Therapie sollte unbedingt die Ausschöpfung aller pädagogischen – erzieherischen und auch didaktischen – Möglichkeiten stehen. Dies ist ein wichtiges Anliegen der hier vorgelegten Arbeit. Allerdings kann darüber hinaus eine differenzierte Ergänzung des pädagogischen Handelns in der Erziehungshilfe durch therapeutische Elemente potentiell hilfreich sein (vgl. Stein 1996), insbesondere, indem pädagogische Horizonte erweitert, therapeutische Sichtweisen und Erklärungskonzepte nutzbar gemacht werden. Jantzen (vgl. 1990, 270) spricht diesbezüglich von „Kompetenztransfer" zwischen Pädagogik und Therapie. Eine unbedingte Vorrangstellung wird damit der Pädagogik, gegebenenfalls einer *besonderen* Pädagogik, eingeräumt – unter Umständen ergänzt durch eine stets kritisch zu hinterfragende Erweiterung pädagogischer Sicht- und Handlungsweisen.

Dabei kommt dieser kritischen Hinterfragung der eigenen Arbeit im Hinblick auf ihre Verantwortbarkeit besondere Bedeutung zu, denn auch die Erweiterung von Horizonten und Sichtweisen durch therapeutische Konzepte kann Gefahren bergen: Bundschuh (vgl. 1995, 202ff.) nennt fünf Nutzenbereiche der „Kenntnisse über Therapien", die jedoch stets mit bestimmten Risiken verknüpft sind. Größer sind die Probleme allerdings beim *Einsatz* therapeutischer Handlungskonzepte in pädagogischen Kontexten. Verschiedene solcher Handlungskonzepte spielen in der Pädagogik bei Verhaltensstörungen eine bedeutende Rolle: Neben bereits erwähnten Ansätzen wie NLP, Edukinesthetik usw. sind hier auch Konzepte zu nennen, die im vorliegenden Kontext thematisiert werden (vgl. Kapitel 4 und 5): etwa Woods „Entwicklungstherapie", der Ansatz von Rogers, die Kooperative Verhaltensmodifikation (vgl. Redlich & Schley 1981), Formen allgemeiner Verhaltensmodifikation (vgl. etwa Belschner u.a. 1973; Petermann 1983; Petermann & Petermann 2010; Petermann & Petermann 1984/2012), unter bestimmten Umständen auch Gestaltpädagogik und Themenzentrierte Interaktion.

Dabei muss das geforderte Vorgehen des Lehrers im Rahmen des schülerzentrierten Unterrichtens nach Rogers, des Weiteren aber auch im Rahmen der Gestaltpädagogik oder der psychoanalytischen Pädagogik, solchen Verfahren zugeordnet werden, die klare Anforderungen an die Person des Pädagogen stellen (vgl. Stein 1996, 89f.; 2012, 169ff.), wenn die entsprechende Arbeit nicht lediglich als bloße, technische Anwendung des jeweiligen Konzeptes, etwa der von Rogers beschriebenen Therapeutenvariablen, missverstanden wird. Es stellt sich somit die Frage, ob Lehrer wirklich die erforderlichen Kompetenzen mitbringen, ob in der Ausbildung entsprechende Voraussetzungen erworben wurden. Insbesondere spielt hier Selbsterfahrung eine wesentliche Rolle. Diesbezügliche Möglichkeiten im Rahmen eines Lehramtsstudiums sind allerdings sehr begrenzt, so dass in der Regel Zusatzausbildungen notwendig sein dürften.

Dazu kommt das Problem, wie vertieft wirklich psychotherapeutische Kenntnisse erworben wurden, die es erlauben, das jeweilige Konzept zu durchdringen und es dadurch gezielt, kompetent und bei Vermeidung unnötiger Risiken einzusetzen. Auch hier muss wiederum gesagt werden, dass ausreichend vertiefte Kenntnisse im Rahmen einer pädagogischen Ausbildung kaum zu vermitteln sind – wiederum wären intensive Zusatzausbildungen erforderlich. Dabei können einige Fortbildungsstunden oder -wochenenden kaum genügen. Ein verantwortlicher Einsatz psychotherapeutischer Konzepte wird erst durch eine mehrjährige einschlägige Zusatzausbildung möglich.

Auch die grundsätzlichen Unterschiede zwischen einem therapeutischen und einem pädagogischen Setting sind kritisch zu beachten. Diese unterscheiden sich insbesondere hinsichtlich der prinzipiellen Freiwilligkeit der Teilnahme, die im schulischen Kontext auf beiden Seiten in der Regel nicht gegeben ist: Die jeweilige Zusammenstellung der im Unterricht miteinander interagierenden Personen, Lehrer wie Schüler, wird institutionell vorgegeben und ist nur in sehr eingeschränktem Maße durch Wahlen beeinflussbar. Auch Inhalte und Formen sind für die Interaktion weitestgehend vorgegeben. Während im Rahmen regulärer Psychotherapie die freie Wahlmöglichkeit besteht, sich in den Status des Klienten zu begeben, wird der Schülerstatus im Rahmen der gesetzlichen Schulpflicht von außen bestimmt. Bei Lehrern ist zwar von einer freien Berufswahl auszugehen, aber alle dieser Wahl folgenden weiteren Bestimmungen erfolgen oft weniger frei.

Auch ist für pädagogische Handlungsfelder stets zu vergegenwärtigen, ob angemessene therapeutische Mittel (Ausstattung, Räumlichkeiten) und Settings zur Verfügung stehen. Häufig erfordert die therapeutische Arbeit zum Beispiel eine dyadische Situation, die in der Pädagogik allzu oft nicht gegeben ist und auch nicht problemlos herbeigeführt werden kann. Gruppen sind in der Regel nicht zu untergliedern; selbst die Arbeit mit einer kleinen Klasse aus sechs oder acht Schülern birgt erhebliche Unterschiede im Vergleich zu einer Zweiersituation aus Klient und Therapeut.

Im Vordergrund der pädagogischen Arbeit stehen curricular reglementierte, inhaltliche Lernprozesse. Zwar tritt im förderpädagogischen Bereich der Erziehungshilfe neben die inhaltliche die Beziehungs-Arbeit. Allerdings ist diese Beziehungs-Arbeit immer parallel zur inhaltlichen zu leisten – ganz im Gegensatz zu klassischen therapeutischen Situationen, wo Beziehung, inter- sowie intrapsychische Konflikte im Vordergrund stehen und allenfalls über medial eingesetzte Inhalte zugänglich gemacht werden.

Ein weiteres besonderes Moment pädagogischer Situationen besteht in ihrer Alltagsstruktur – täglich begegnen sich Lernende und Pädagogen mehrere Stunden lang in alltäglichen Situationen mit ihren ganz spezifischen Kennzeichen: allseitige Vertrautheit, Riten, Interaktionen im Rahmen von notwendigen Standardhandlungen, alltäglicher Ärger usw. Therapeutischen Situationen kommt dagegen der Charakter der Ausnahme zu, des Besonderen: Begegnungen finden unter besonderen Umständen, zu besonderen, zumeist recht eng umschriebenen Zeiten und an besonderen Orten statt.

In Abgrenzung zur Arbeit der Psychotherapie, soweit sie systemisch verstanden wird, können im Rahmen pädagogischer Tätigkeit systemische Bezüge der Lernenden nur begrenzt berücksichtigt werden: etwa im Sinne einer direkten Einbeziehung des familiären oder des nachbarschaftlichen Umfeldes. Dies stellt gerade für die Pädagogik bei Verhaltensstörungen ein besonderes Problem dar, was sich schon in der gegenüber familiensystemischen Ansprüchen recht bescheidenen Elternarbeit zeigt – die allerdings ein wichtiges Arbeits- und Entwicklungsfeld darstellt.

Neben den bereits angesprochenen Risiken, zum einen mangelnder Professionalität in der Arbeit und zum anderen dem Einsatz von therapeutischen Konzepten in unpassenden Kontexten, ist auch vor einer inflationären Verwendung des Therapie-Begriffes zu warnen, der unter Umständen bestehende Probleme dramatisiert und Betroffene (als therapiebedürftig) stigmatisiert. Diese Kritik trifft insbesondere jene für die Pädagogik bei Verhaltensstörungen konzipierten Ansätze, die den Begriff der Therapie in den Vordergrund stellen – etwa Woods Konzept der „Entwicklungstherapie". Schüler mit Verhaltensauffälligkeiten sind zunächst Schüler, die aus bestimmten Gründen in regulären pädagogischen Feldern besonders aufgefallen sind – also in ganz spezifischen Systemen. Dies und der Wechsel in andere, besondere pädagogische Felder (Erziehungshilfe) bedeutet nicht notwendig und automatisch eine primäre Therapiebedürftigkeit. Sie *kann* gegeben sein; dann sind zur Feststellung wie zur Abdeckung psychotherapeutischen Bedarfs entsprechende Fachleute hinzuzuziehen. Dafür bieten sich auch Modelle guter interprofessioneller Kooperation zwischen Pädagogen und Therapeuten an, evtl. in Unterstützungssystemen wie Jugendhilfeverbünden.

Also sind stets drei Aspekte kritisch zu hinterfragen: die professionelle therapeutische Kompetenz der Lehrenden, die für therapeutische Aktivitäten erforderlichen Umstände sowie die Folgen der Kennzeichnung pädagogischer Arbeit als „therapeutisch". Diese Hinterfragung kann letztlich im Wesentlichen nur den Lehrenden selbst im Sinne eines verantwortlichen, kritisch-reflektierten Handelns überlassen werden.

Primär sollte sich die Pädagogik bei Verhaltensstörungen daher als eine eben besondere Pädagogik verstehen, deren Besonderheit zunächst nicht durch therapeutische Aspekte, sondern durch folgende Merkmale zu umreißen ist:

- besondere Formen der Organisation, etwa kleinere Lerngruppen, mehr Pädagogen, breitere und auf die jeweiligen Störungsbereiche zugeschnittene Ausstattung mit Räumen und Material, enge und gezielte Vernetzung mit relevanten Organisationen im Umfeld (Erziehungsberatung, Jugendamt, Psychiatrie, Fachärzte usw.)
- besondere, professionelle Ausbildung der Pädagogen für die Arbeit mit verschiedenen Störungsgruppen (Verhaltensstörungen, Lernbeeinträchtigungen usw.), bei Vermittlung vertiefter pädagogischer Kenntnisse (grundlegende pädagogische Konzeptionen, Didaktik, Beratung, Unterrichtsgestaltung) und einschließlich einer vertieften Grundlagenausbildung in psychologischen Disziplinen – sowie besondere Kompetenzen der interdisziplinären und interinstitutionellen Zusammenarbeit

- für spezielle Settings besondere Zusatzdienste in unmittelbarer Verfügbarkeit, etwa Erziehungsbereich, Sozialarbeiter, Psychologen und Psychotherapeuten

Die durchaus wichtige vertiefte Grundlagenausbildung in psychologischen Disziplinen umfasst auch das *Kennenlernen* von Konzepten der Psychotherapie. Aber die pädagogische „Flinte" sollte keinesfalls vorschnell zugunsten von Therapie „ins Korn geworfen werden".

4 Didaktische Theorien und Modelle

Zur Entwicklung eines integrativen didaktischen Modells werden im Folgenden verschiedene klassische und neuere didaktische Theorien vorgestellt und zum einen im Hinblick auf die Pädagogik bei Verhaltensstörungen, zum anderen im Hinblick auf humanistische und systemisch-konstruktivistische Gesichtspunkte analysiert. Dies soll dem Leser einen orientierenden Überblick ermöglichen und zugleich der Sammlung wertvoller Komponenten für ein Gesamtmodell dienen.

Dabei werden die im Folgenden erörterten Didaktiken nach einer allgemeinen Darstellung von Grundannahmen und Grundstruktur gleich systematisch und ordnend im Hinblick auf drei Aspekte betrachtet und ausgewertet:
- Rollen von Lernenden und Lehrenden
- Passung für die Pädagogik bei Verhaltensstörungen
- kritische Betrachtung

Die abschließende kritische Betrachtung bezieht sich auf *allgemeine* Aspekte, während zuvor die beiden *besonderen* Aspekte der Rollen und Verhaltensstörungen zum einen rein beschreibend, zum anderen auch bereits kritisch diskutiert werden.

Didaktik wird hier, im Sinne Glöckels (vgl. 1992, 317), als Wissenschaft vom Unterricht verstanden. Didaktik ist demzufolge
- zum einen ein Theoriegebäude aus den zunächst impliziten Annahmen (Theorien) der Beteiligten, deren Explizierung (Bewusstmachung, systematische Ordnung) zu einer Theorie als „Unterrichtslehre" im eigentlichen Sinne führt;
- zum anderen erst dann eine Wissenschaft im vollständigen Sinne, wenn sie die Herkunft ihres Wissens und den eigenen Gültigkeitsanspruch kritisch hinterfragt und untersucht.

Damit muss sich der didaktisch Denkende und praktisch Handelnde, kritisch und methodenbewusst, „immer wieder seines Tuns vergewissern" (ebd., 318), mithin eine Metaposition gegenüber den eigenen theoretischen Annahmen und Konzepten einnehmen. Allerdings kann diese didaktische Theorie oder Unterrichtslehre aus heutiger Perspektive nicht mehr als „umfangreiches und differenziertes ‚Regelwissen'" verstanden werden, wie es Glöckel (ebd., 317) tut – eine didaktische Theorie muss Strukturierungswissen für die dem Unterricht vorangehende Planung sowie für flexible Handlung und Weiterplanung im unterrichtlichen Geschehen bereitstellen.

Angesichts der verfügbaren Fülle allgemeiner didaktischer Modelle (vgl. etwa Kron 2008) wird eine Auswahl unvermeidbar. Zunächst sollen dabei Ansätze Berücksichtigung finden, die gemeinhin als grundlegend gelten: die bildungstheoretische Didaktik / kritisch-konstruktive Erziehungswissenschaft (Klafki), die lehrtheoretische Didaktik (nach Schulz) sowie die kommunikative / kritisch-kommunikative Didaktik (nach Winkel).

Husslein (vgl. 1989, 476) übte vor 25 Jahren eine Kritik an den bekanntesten und verbreitetsten didaktischen Theorien, die auch heute noch ernst zu nehmen ist: Sie werden seiner Meinung nach der besonderen Situation der Schüler bei vorliegenden Verhaltensstörungen nicht gerecht. In den Vordergrund stellten sie die Vermittlung von Inhalten, wobei die Unmittelbarkeit der Lebenswirklichkeit der Schüler vernachlässigt würde; Bedürfnisse und Gefühle der Schüler fänden unzureichende Berücksichtigung; ihre subjektive Befindlichkeit werde übersehen. Daher forderte er, „nach Konzepten Ausschau zu halten, die unterrichtliches Handeln zur aktuellen Situation verhaltensgestörter Kinder in Beziehung setzen, welche die Psychodynamik der Gruppe aufgreifen und welche die Komplexität psychosozialer Konflikte bedenken" (ebd.). Der Lehrer solle sich bemühen, die Lebenswelt und -geschichte seiner Schüler zu verstehen und aufzugreifen. In Anbetracht dieser weitgehend berechtigten Kritik sollen hier ergänzend auch maßgebliche neuere didaktische Konzeptionen betrachtet werden, die in dreierlei Hinsicht interessant sind: indem sie Passungen zur hier vertretenen Sicht von Verhaltensstörungen aufweisen, indem sie neuere Positionierungen wie systemisch-konstruktivistisches und humanistisch-pädagogisches Denken berücksichtigen und indem sie in besonderer Weise Störungen thematisieren. Aufgenommen werden daher die gestaltpädagogische Didaktik (vgl. Burow 1988; 1993) sowie die Subjektive Didaktik (hier insbesondere Kösel 1993). Mit den drei „klassischen" und den beiden neueren Ansätzen sind auch alle fünf Gruppen von Theorien, Modellen und Konzepten vertreten, die Kron (vgl. 2008) in seinem Überblick didaktischer Ansätze unterscheidet, indem er von den Leitbegriffen Bildung, Lernen, Interaktion, System und Konstruktion ausgeht. Aufgrund seines spezifisch didaktischen Charakters wird ergänzend ein Ansatz aus der Pädagogik bei Verhaltensstörungen berücksichtigt: Das Modell strukturierten Unterrichts von Grabski, Kissing, Neukäter & Benkmann (vgl. 1978). Da es von grundlegenderen didaktischen Überlegungen ausgeht, wird es nicht den Unterrichtskonzepten unter 5., sondern den hier zu betrachtenden Modellen zugeordnet. Alle ausgewählten didaktischen Modelle werden in einem knappen Überblick vorgestellt und anschließend systematisch analysiert.

Da in verschiedene dieser didaktischen Theorien die Themenzentrierte Interaktion als ein wesentliches Element aufgenommen wurde, soll zunächst eine Erörterung dieses Ansatzes vorangestellt werden – insbesondere hinsichtlich seiner didaktischen Relevanz. Dies dient der Vermeidung von Redundanzen in späteren Kapiteln.

4.1 Didaktische Aspekte der Themenzentrierten Interaktion

Die Themenzentrierte Interaktion (TZI) von Ruth Cohn gewinnt ihre besondere Bedeutung für die Pädagogik und im Rahmen von Konzepten der Humanistischen Pädagogik aus dem Versuch, Persönlichkeitsförderung und Stofflernen zu verknüpfen. Cohn entwickelte diese Konzeption aus psychoanalytischer Arbeit heraus: „Die Couch war zu klein" (Cohn 1975, 7). Als Psychoanalytikerin suchte sie nach Möglichkeiten, die beeindruckenden, durchschlagenden Prozesse und Wirkmechanismen emotionaler Beteiligung in der Psychotherapie mit Prozessen des Lernens in pädagogischen Kontexten zu verbinden. In diesem Sinne stellt die TZI ein pädagogisches Konzept mit psychotherapeutischem Hintergrund dar. Sie gilt als einer der zentralen Ansätze humanistischer Psychologie und Pädagogik und ist auch in verschiedene didaktische Ansätze eingeflossen. Bei der TZI selbst handelt es allerdings nicht um ein dezidiert didaktisches Modell; daher werden hier solche zentralen Aspekte betrachtet, denen didaktische Relevanz zukommt.

Ruth Cohn entwickelte ihre Konzeption in den 1960er und 1970er Jahren, ausgehend von ihrem psychoanalytischen Hintergrund und in Verknüpfung mit verschiedenen Ansätzen zur Interaktions- und Kommunikationsförderung. Da jeder Lernende nach Cohn jeweils nur einen kleinen Teil der unüberschaubaren Welt zu erfassen vermag, kann das *„Es"*, das Thema einer zunächst auf dieses Thema hin zentrierten Lerngruppe, den Fokus bilden, um den und auf den hin sich Interaktion und inhaltliches Lernen entwickeln.

Cohn forderte eine Humanisierung der schulischen Realität, welche ihrer Ansicht nach insbesondere durch ein starkes Rivalitätsprinzip und Egoismus geprägt sei (vgl. Cohn 1975, 152ff.). Überdimensioniertes (zum Teil leeres) Stofflernen, Konkurrenzdenken, Körper-Geist-Trennung und die Vernachlässigung menschlicher Interaktion beeinträchtigten die Entfaltung der Möglichkeiten des Denkens und des schöpferischen Handelns. Dies betreffe sowohl schulisches Lernen als auch die Lehrerausbildung; es spiegelt ihrer Einschätzung nach gesellschaftliche Tendenzen wider. Als Basis der von ihr angestrebten humanistischen, demokratischen und kooperativen Erziehung bestimmt sie die gleichwertige Schätzung von Person, Gemeinschaft, sozialer Gerechtigkeit und Wissen – alle Menschen sind gleich wichtig und miteinander interdependent verbunden, was die Notwendigkeit mit sich bringt, kooperatives Denken und Handeln zu entwickeln. Lernen versteht sie als einen Prozess der Bewusstwerdung (vgl. Matzdorf & Cohn 1994, 1274).

Oberste Ziele auch für das Schulsystem sind nach Cohn die Individuation der Lehrer und Schüler, deren Freude und Effektivität, humanes Denken und Fühlen, die Ehrfurcht vor allem Lebendigen und seinem Wachstum – und eine differenzierte, sensible Selbstwahrnehmung. Leistungsbereitschaft sieht Cohn (vgl. 1975, 156) als etwas im Menschen Angelegtes. Um Leistungsbereitschaft zu realisieren, bedürfen

Schüler jedoch des Schutzes und der menschlichen Betreuung von Lehrern und Kameraden; sie bedürfen eines persönlichen Unterrichts, der ihnen gleichzeitig möglichst viele Freiheitsbereiche und Wahlmöglichkeiten belässt. Die Wirklichkeit des Menschen ist nicht nur von Gedanken, sondern auch von Lebendigkeit und Gefühlen bestimmt – Impulse, die in den Lernprozess einfließen müssen, weil sie vorhanden sind und ansonsten unterschwellig wirken würden.

Im Verlauf der vergangenen vier Jahrzehnte entstanden vielfältige Umsetzungsversuche und Weiterentwicklungen des ursprünglichen Konzeptes von Cohn. Es bestehen mittlerweile auch verschiedene Fort- und Weiterbildungsmöglichkeiten in TZI.

Als Grundlage ihres „Systems themenzentrierter Interaktion" formulierte Ruth Cohn (vgl. 1975) drei zentrale „Axiome", die den Menschen als solchen, in seiner Verbindung zu anderem Leben und in seiner Freiheit und Verantwortung beschreiben:

„1. Der Mensch ist eine psycho-biologische Einheit. Er ist auch Teil des Universums. *Er ist darum autonom und interdependent. Autonomie (Eigenständigkeit) wächst mit dem Bewußtsein der Interdependenz (Allverbundenheit) ...*

2. Ehrfurcht gebührt allem Lebendigen und seinem Wachstum. Respekt vor dem Wachstum bedingt bewertende Entscheidungen. Das Humane ist wertvoll; Inhumanes ist wertbedrohend.

3. Freie Entscheidung geschieht innerhalb bedingender innerer und äußerer Grenzen. Erweiterung dieser Grenzen ist möglich. ... *Bewußtsein unserer universellen Interdependenz ist die Grundlage humaner Verantwortung"* (ebd., 120).

Aus dieser axiomatischen, beschreibenden Festlegung leitete sie zwei Forderungen ab, die sie als „Postulate" bezeichnete:

• „Sei dein eigener Chairman, der Chairman deiner selbst" (Cohn 1975, 120). – Der Begriff Chairman wurde später durch den Begriff Chairperson ausgetauscht. Cohn meinte hiermit zweierlei: erstens, sich der inneren Gegebenheiten und der Umwelt bewusst zu sein – und zweitens, jede Situation als Angebot für eigene Entscheidungen zu nehmen. „Nimm und gib wie du es verantwortlich für dich selbst und andere willst" (Cohn 1975, 121). In diesem Sinne die eigene Chairperson zu sein bedeutet auch, sich Bedürfnisse und Bestrebungen im Rahmen des Gruppenprozesses bewusst zu machen, sich so zu akzeptieren, wie man ist, mit all diesen Bedürfnissen und Strebungen, jedoch auch mit den eigenen Möglichkeiten und Grenzen (ebd., 121) – und für sich Verantwortung zu übernehmen.

• „Beachte Hindernisse auf deinem Weg, deine eigenen und die von anderen. Störungen haben Vorrang (ohne ihre Lösung wird Wachstum erschwert oder verhindert)" (Cohn 1975, 121). Unthematisierte und unaufgelöste Störungen belasten den Prozess, sei es Therapie oder Unterricht, durch ihre fortdauernde, unterschwellige Präsenz.

„Das Postulat, daß Störungen und leidenschaftliche Gefühle den Vorrang haben, bedeutet, daß wir die Wirklichkeit des Menschen anerkennen; und diese enthält die Tatsache, daß unsere lebendigen, gefühlsbetonten Körper und Seelen Träger unserer Gedanken und Handlungen sind" (ebd., 122).

Im Falle dauernder Störungen wird jedoch geraten, dem Betreffenden eine spezifische therapeutische Behandlung vorzuschlagen oder für ihn eine Gruppe mit jeweiliger besonderer, störungsadäquater Thematik ausfindig zu machen.

TZI, darauf weist auch Sielert (vgl. 1995, 260) hin, ist als therapeutisch-pädagogisches – oder pädagogisch-therapeutisches – Handeln immer eine Gratwanderung. Ist eine vorgebrachte Problematik noch im Rahmen einer störungsintensiven TZI-Einheit zu bearbeiten, oder sollte die betroffene Person an einen Therapeuten verwiesen werden? Denn im Vordergrund der TZI stehen pädagogisch-didaktische Prozesse, die Vermittlung von Inhalten und das „Schaffen von Gedeihräumen für Bildungsprozesse für Gesunde" (Sielert 1995, 260).

Die Berücksichtigung der beiden dargestellten, zentralen Postulate soll die Beachtung von Realitäten in therapeutischen und pädagogischen Situationen fördern. Postulate und Axiome bilden eine Basis der Themenzentrierten Interaktion.

Eine weitere Basis ist das sogenannte „Kugel-Dreieck" und seine Berücksichtigung (vgl. etwa Sielert 1995). Hier werden in einem Dreieck die Aspekte *Es*, *Ich* und *Wir* vereinigt, um die herum der *Globe* gelagert ist. „TZI geht es darum, Themen zu subjektivieren und interaktionsfähig zu machen" (Sielert 1995, 251). Dies spiegelt sich im Grundkonzept des „Kugel-Dreiecks" wider:

- Das *Es* bezeichnet das jeweilige Thema, mit dem sich eine lernende Gruppe beschäftigt – etwa eine Schulklasse oder ein Hochschulseminar. Dabei wird grundsätzlich zwischen Thema und Gegenstand (bzw. „Stoff"; vgl. Reiser 1995, 130) unterschieden: Hinsichtlich eines generellen Gegenstandes können immer nur bestimmte Aspekte und Facetten thematisiert werden. Erst die In-Beziehung-Setzung eines Gegenstandes zu den Aspekten *Ich*, *Wir* und *Globe* macht aus dem Gegenstand ein „Thema". Dieses „Thema" wird somit auch geprägt durch das je subjektive Deutungsmuster, das jeder einzelne in der Gruppe ihm implizit zuschreibt. „Sowohl die Formulierung als auch die Einführung des Themas soll den Teilnehmern und Teilnehmerinnen individuell erleichtern, eine Eingangstür zu finden. Die Formulierung spielt eine wichtige Rolle für die Art und Weise der Themenarbeit in der Gruppe" (Sielert 1995, 255). Sielert nennt differenzierte Kriterien für die Auswahl und Gestaltung eines Themas.

- Das *Ich* bezeichnet den jeweils individuell Lernenden, den lernenden Menschen in seiner Persönlichkeit (vgl. Cohn 1975, 113), seiner Geschichte, seiner aktuellen Lebens- und Lernsituation – und dies insbesondere auf das Thema bezogen:

„Aus der Tatsache, daß Lernprozesse immer im Inneren des Menschen stattfinden, wird gefolgert, dass es für lebendiges Lernen wichtig ist, jenen Teil der Innenvorgänge immer wieder offenzulegen, der mit dem Lernprozeß zu tun hat" (Sielert 1995, 251f.).

- Das *Wir* steht für die lernende Gruppe mit ihrer eigenen Gruppengeschichte, in ihrer jeweiligen Konstellation und mit den je spezifisch in dieser Gruppe (im Rahmen des Lernprozesses und der Auseinandersetzung mit dem Thema) ablaufenden gruppendynamischen Interaktions- und Gruppen-Entwicklungs-Prozessen (vgl. Reiser 1995, 128).

- Das Umfeld dieses Dreiecks aus *Ich*, *Es* und *Wir* bildet der *Globe*, die „Kugel", welche alle drei Eckpunkte berührt. Damit ist das Umfeld gemeint, in dem sich die Gruppe bewegt, die „Gegebenheiten der äußeren Situation" (Cohn 1975, 114). „Dazu gehören die räumliche und institutionelle Umgebung, die familiäre, berufliche Außenwelt der beteiligten Personen, aber auch die historische und aktuelle politische Situation – verlängert bis in den Kosmos" (Sielert 1995, 254). Die zuletzt erwähnte politische Situation ist durchaus in zweierlei Richtung zu denken, woraus sich auch ein explizit politischer Anspruch der „Methode TZI" ergibt: „Globe-Faktoren wirken in das Gruppengeschehen hinein, und die thematische Interaktion der Gruppe erfüllt ihren Anspruch der Verbindung von Sachlichkeit und Menschlichkeit, wenn sie in die Bedingungen des Globe hineinwirkt und Verantwortung für notwendige Veränderungen übernimmt" (Sielert 1995, 254). Die lernende Gruppe wird tangiert von *Globe*-Aspekten, erzeugt jedoch auch aktiv Wirkung in den *Globe* hinein.

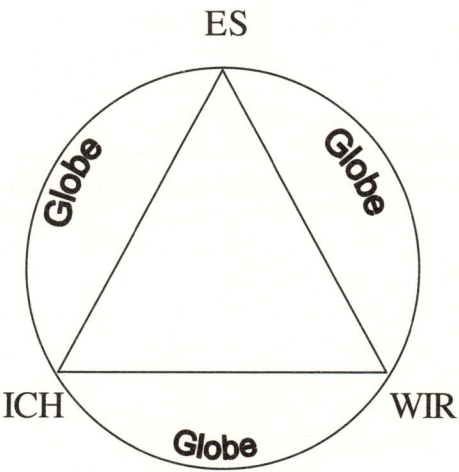

Abb. 03: Strukturmodell der Themenzentrierten Interaktion

Das zentrale Ziel der Arbeit im Sinne Themenzentrierter Interaktion besteht nun in der Berücksichtigung einer *dynamischen Balance* der drei Aspekte im Dreieck, einer Balance zwischen Ansprüchen und Aspekten des Themas, der Individuen und der Gruppe. Dies bedeutet keinesfalls eine permanent perfekte Ausbalancierung, jedoch ein stetiges reflexives Berücksichtigen aller Aspekte und die Vermeidung einer dauerhaften Überwertigkeit oder Unterrepräsentation eines der Aspekte. Ist die Balance verletzt, so wird sich das allerdings ohnehin in Störungen ausdrücken, deren Auftreten oder Nicht-Auftreten damit einen wichtigen Gradmesser für gelungene Balance darstellt. Reiser (1983, 257f.) weist darauf hin, dass nicht allein die Balancierung der inneren Struktur des Gruppenprozesses angestrebt wird, sondern immer auch zwei weitere Aspekte der Balance mitgemeint sind: die Balancierung zwischen Gruppenaspekten und der Umwelt (dem *Globe*) – sowie die innere Balance der einzelnen Teilnehmer: „Ich suche meine Balance, indem ich die Widersprüche und Bedingtheiten in mir spüre und akzeptiere und indem ich Verantwortung übernehme" (ebd., 258).

Die Prozesse, die sich im Rahmen Themenzentrierter Interaktionen entwickeln, sollen reguliert werden durch ein System von „Hilfsregeln". Cohn (1975, 123ff.) beschreibt neun solcher Regeln, denen sie universelle Anwendbarkeit zuschreibt. *„Regeln sind Hilfestellungen, die der Verwirklichung der Postulate dienen* und erfahrungsgemäß in interaktionellen Gruppen nützlich sind. Sie sind jedoch keine absoluten Größen. Ihre Verabsolutierung ist Mißbrauch und dient dem Geist, den sie bekämpfen möchten" (ebd., 128). So obliegt es der Verantwortung einer TZI-Gruppe, welche dieser Regeln und welche anderen Regeln sie in ihrer Interaktion realisiert.

Das Methodeninventar der TZI zur Arbeit an Themen ist breit und eklektisch angelegt: Es reicht von Methoden aus der Gestalttherapie und -pädagogik über Entspannungsverfahren, Bewegungsübungen bis zu diversen Vorgehensweisen der Stoffvermittlung. Für schulpädagogische Kontexte bietet das Modell der TZI Möglichkeiten der vorangehenden sowie nachfolgenden Reflexion des Unterrichts, wie sie Reiser (vgl. 1995) detailliert darstellt. Er verbindet das TZI-Konzept mit grundlegenden didaktischen Überlegungen, im Sinne einer alltäglichen pädagogischen Nutzung. Die folgenden Gedanken dienen damit der Konkretisierung, jedoch auch der Erweiterung:

Unterrichtsreflexion muss Reiser zufolge aus Sicht der TZI ein stetiger Prozess sein. Generell bewegen sich dabei Lerngruppen „von gebundeneren Strukturen, von festeren Vorgaben und höherer Leiterbestimmung zu offeneren Strukturen, variableren Vorgaben und Selbstbestimmung der Gruppenmitglieder. Dieser Prozeß ist in dem Maße möglich, in dem das Vertrauenspotential in der Gruppe wächst" (ebd., 142). Vertrauen bedeutet hier viererlei: Vertrauen in die Gruppe, Vertrauen in den Leiter, Vertrauen in die eigene Fähigkeit zur Aufgabenbewältigung sowie – genereller – Vertrauen in die eigene Entscheidungskompetenz und Selbständigkeit. Dies impliziert auch einen dynamischen Wechsel zwischen offeneren und „geschlossene-ren" Unterrichtsformen.

Im Rahmen dieses stetigen Reflexionsprozesses werden zumindest zwei Formen von Gleichgewichtsprozessen realisiert:

• das Gleichgewicht zwischen *Es-*, *Ich-*, *Wir-* und *Globe*-Aspekten;
• das Gleichgewicht zwischen Gleichheit (gemeinsame Gestaltungen; Interdependenz) und Differenz (Individualität; Autonomie) in der lernenden Gruppe (vgl. Reiser 1995, 143ff.).

Der Aspekt des *Globe* wird von Reiser ausdifferenziert im Hinblick auf eine vorweg erfolgende, begleitende und nachgehende didaktische Analyse. *Globe*-Aspekte sind unter anderem in folgender Hinsicht von Bedeutung:

• zur Vermeidung einer Isolierung von Wissensbeständen *(Es)*;
• zur Berücksichtigung gemeinsamer und individueller Sozialisationsbedingungen, gesellschaftlicher Normen und der Lehrer-Schüler-Beziehung mit Aspekten der Macht und der Wertschätzung *(Ich-Wir)*.

Das TZI-Verständnis von Lernprozessen verknüpft Reiser mit allgemeindidaktischen Überlegungen, insbesondere mit Gedanken aus grundlegenden didaktischen Modellen. Er stellt Elemente heraus, die Ergänzungen klassischer oder herkömmlicher Unterrichtsreflexion aus Sicht der TZI bereitstellen:

Die Beziehungsanalyse (vgl. ebd., 131ff.): Beziehungen werden Reiser zufolge in traditioneller didaktischer Arbeit vernachlässigt. Pädagogen reflektieren im Rahmen dieser Analyse grundlegend die Klasse und ihre wechselseitigen Beziehungen. Dabei wird auch die Reflexion mit der Hilfe anderer miteinbezogen – durchaus auch einmal ohne konkreten Anlass: Pädagogen erzählen Kommunikationspartnern von der Klasse und der eigenen Beziehung zu dieser. Die Zuhörer achten auf Themen, Mimik, Körpersprache, fragen nach und verzichten auf Interpretationen und das Erteilen von Ratschlägen. Sie bemühen sich, die Empfindungen und Überlegungen des Betroffenen deutlich zu erkennen und zurückzumelden.

Die didaktische Analyse: Diese möchte Reiser (vgl. ebd., 133f.) reduzieren auf ihre zentralen Momente. Für wichtig hält er zum einen die Analyse der inneren Struktur des Stoffes im Sinne herkömmlicher Fachdidaktik – zum anderen jedoch die Betrachtung der *Globe*-Bezüge des Stoffes.

> „Auf der einen Seite geht es um die Position des Stoffes in dem Curriculum und die Lehr-ziele, die vom Curriculum her vorgeschlagen werden. Wichtig ist für mich die Frage nach dem Exemplarischen und nach dem Fundamentalen … Auf der anderen Seite geht es um den Bezug des Stoffes zur Lebenswelt der Schüler in der Frage nach der Gegenwartsbedeutung und der Zukunftsbedeutung der mit dem Stoff dargestellten Sachverhalte und der in dem Stoff angelegten Bildungsinhalte" (ebd., 134).

Mein Kernanliegen? – Hier (vgl. ebd., 135ff.) wird der eigene motivationale Zugang zum Stoff und zum Thema hinterfragt: Welches ist mein Interesse daran? Worauf kommt es dem Pädagogen bei diesem Thema an, was will er mindestens erreichen, was ist seines Erachtens darüber hinaus wünschenswert und machbar? Bedingungen und Rahmenbedingungen sind daraufhin kritisch zu überprüfen. Neben Grob- und Feinzielen sowie Lernebenen (kognitiv, emotional, praktisch) ist auch eine Differenzierung individueller Schüler-Ziele sowie von Mindestlehrzielen und weitergehenden Zielen notwendig. Reiser bevorzugt hier den Begriff „Lehrziel" und nicht „Lernziel", da seines Erachtens Lehrziele zunächst nicht Ziele der Schüler sind, es allenfalls werden können.

Persönliche Voraussetzungen und psychodynamische Analyse: Neben der Berücksichtigung praktischer und kognitiver Voraussetzungen ist im Sinne der TZI auch die Berücksichtigung der motivationalen und emotionalen Voraussetzungen von besonderer Bedeutung. Darüber hinausgehend weist Reiser darauf hin, psychodynamische Bedeutungen des Themas zu bedenken: etwa unbewusste und vorbewusste Assoziationen, emotionale (auch kollektive) Bezüge, unbewusste Beziehungsaspekte usw. „Wie bei allen Segmenten ist die freie Assoziation des Betroffenen die beste Möglichkeit, um derartigen Bedeutungen auf die Spur zu kommen. ... Welche Assoziationen kann der Stoff auslösen, welche Emotionen kann er mobilisieren, besonders bei Schülern, die besondere Positionen in der Klasse haben" (ebd., 139)? Der Pädagoge als Teil der Lerngruppe sollte immer wieder auch sein eigenes Wohlbefinden reflektieren und sich fragen, wie er es sich gut gehen lassen kann. Um eine Balanciertheit der interaktionalen Prozesse und eine günstige Dynamik in der Gruppe zu gewährleisten, ist insbesondere die Wahrnehmungsfähigkeit des Pädagogen im Hinblick auf die eigene Person (etwa das Wohlbefinden), jedoch auch im Hinblick auf die Gruppenprozesse von besonderer Bedeutung: „Wahrnehmung ist aller Didaktik Anfang" (Reiser 1995, 140).

Reiser versucht das TZI-Modell auf didaktische Kontexte anzuwenden; daher ist sein Konzept hier interessant. Allerdings entfernt er sich in seiner Interpretation der Strukturelemente teilweise vom Ursprungskonzept, etwa, wenn er das *Ich* nur auf den Lehrer bezieht, oder, wenn gerade dieser im Hinblick auf die Dynamik des *Wir* keine Berücksichtigung erfährt.

Rollen von Lernenden und Lehrenden

Innerhalb der Gruppe fungiert in der Regel eine Person als Gruppenleiter. „Wenn niemand diese Arbeitsaufgabe hat, übernehmen alle Gruppenmitglieder die Leitungsfunktion, was die Aufgabe jedes einzelnen dem Thema und andern gegenüber erschwert und die Konzentration verringert; oder, wenn die Gruppe nicht leitend einspringt, geht die dynamische Balance verloren" (Cohn 1975, 123). Insofern wird ein Leiter gegenüber einer kooperativen Gruppenleitung bevorzugt: „Das Ideal einer langjährigen TZI-Arbeit ist für mich nicht die Gruppe ohne Leitung, sondern die rotierende Leitung" (Reiser 1983, 259).

Die Leitungsfunktion kann also jedem in der Gruppe zukommen. Soweit ein Lehrer als Leiter auftritt, könnte diese Funktion in gemeinsamer Vereinbarung der

Gruppe auch wechseln. Diese Vorstellung ist nicht einfach kompatibel mit dem System Schule, in dem die Leitungsfunktion einer Klasse klar festgeschrieben wird. Allerdings wäre es „unterhalb" dieser Ebene, für konkrete Lerneinheiten, denkbar, mit der Leitungsfunktion flexibel umzugehen.

Die leitende Person ist dabei sowohl Leiter der Diskussion als auch Partizipierender; sie ist, wie alle anderen auch, ihre eigene Chairperson, jedoch auch Chairperson der Gruppe, indem sie „Verantwortung für die Funktion der dynamischen Balance übernimmt" (Cohn 1975, 123). Durch Übernahme dieser Funktion, der Verantwortung für die dynamische Balance, erleichtert die leitende Person der Gruppe die konzentrierte Interaktion. Cohn weist auch auf die Gefahr hin, diese Leitungsrolle zu missbrauchen: *„Gruppenleiten ist eine wichtige Arbeitsfunktion, die gelernt werden kann, und nicht ein hierarchisches Statussymbol"* (ebd., 124). Im Vergleich beider Rollen (Leiter und Teilnehmer) steht letztlich die Teilnehmerrolle im Vordergrund, denn auch Gruppenleiter werden als Menschen von ihren Interessen, Gedanken und Gefühlen geprägt – Sielert (1995, 253) spricht hier von einem dialektischen Verhältnis zwischen Gestalten und Loslassen.

Langmaack (vgl. 2004, 203ff.) bezeichnet den Leiter einer TZI-Gruppe als aktiven Lern- und Arbeitshelfer, der eine sechsfache Aufmerksamkeit zu wahren hat: für die Erfüllung des Auftrages, die inhaltlichen Ziele und den Weg dahin, die Realität des Umfeldes, die Teilnehmer, sich selbst sowie den Prozess. Dabei soll er selektiv authentisch sein – also sich selbst treu, ohne zu verletzen – und an einer möglichst angstfreien Atmosphäre der Gruppe arbeiten (vgl. Pütter 1989, 602).

Für pädagogische Kontexte problematisch ist die Vorstellung von Pütter (vgl. 1989, 603), der Leiter solle Übertragungs-, Projektions- und Widerstandsphänomene erkennen und damit umgehen können. Grundsätzlich sind dies gerade für den Kontext Verhaltensstörungen bedeutsame Aspekte, die jedoch in Abhängigkeit von der Qualifizierung der Professionellen sowie im Rahmen pädagogischer Alltagsarbeit teilweise nur schwer angegangen werden können. Es dürfte aber in der Tat hilfreich sein, solche Vorgänge wahrzunehmen, bei Fokus auf die gemeinsame Aufgabe. Dieses Abgrenzungsproblem ist auch ein Thema des nachfolgend skizzierten kritischen Diskurses um die TZI.

Allen Teilnehmern kommt Verantwortung zu, wird ihnen gegeben und zugleich von ihnen erwartet: für sich selbst, gemeinsam für die Gruppe sowie für das Voranbringen des gemeinsamen Themas. Indem sich alle gleichberechtigt einbringen können, besteht zugleich auch die Gelegenheit, einen persönlichen Bezug zu den Lerngegenständen zu entwickeln.

Passung für die Pädagogik bei Verhaltensstörungen

TZI fordert von den Gruppenteilnehmern einiges an Sensibilität für sich selbst, für andere und für soziale Prozesse. Dies ist im Hinblick auf Verhaltensstörungen problematisch, da es vorausgesetzt wird – andererseits können solche Kompetenzen auf dem Wege der Realisierung auch angebahnt und gefördert werden, und es handelt sich um gerade für den Kontext Verhaltensstörungen bedeutsame Aspekte.

Eine grundsätzliche Passung ergibt sich durch die zentrale Verankerung eines spezifischen Störungsbegriffs und -konzepts im Ansatz von Cohn – zudem im Sinne einer recht interaktionistischen Auffassung von Störungen, die im Sinne der Balance des Kugeldreiecks nicht direkt und notwendig an einer Person festgemacht werden. Aus der Dynamik des Kugeldreiecks ergeben sich verschiedene mögliche Störungsfelder – wobei auch eine gesellschaftliche und gesellschaftspolitische Perspektive auf Störungen mitgedacht ist und das Störungsverständnis nochmals erweitert. Aus der Interaktion der verschiedenen Aspekte im Kugeldreieck resultiert eine Sicht von Störungen als „Gleichgewichtsstörungen", was einem komplexeren, dynamischen Störungsverständnis entspricht.

TZI fokussiert als ein dezidiert pädagogisches Verfahren stärker auf leichtere Verhaltensauffälligkeiten. Insofern kommt sie einer präventiv verstandenen Pädagogik bei Verhaltensstörungen, insbesondere auch in inklusiven schulischen Kontexten, entgegen – andererseits sind erheblichere Problematiken eher wenig mitgedacht.

Eine Gegenüberstellung mit Erziehung im Unterricht sowie den grundlegenden Prinzipien der Pädagogik bei Verhaltensstörungen (vgl. 3.6) fördert einige Parallelen zutage. So bestehen enge Verbindungen zu wichtigen Aspekten des „therapeutischen Milieus": „Ein vertrauensvolles Klima vermindert die Angst vor den Auswirkungen konflikthaft bestimmten eigenen und fremden Verhaltens; angstvermindernde Situationen ermöglichen ‚emotionale Korrekturen' und sind daher therapeutisch wirksam" (Matzdorf & Cohn 1994, 1300). Im Prinzip der Kooperation finden sich verschiedene *Globe*-Aspekte: etwa die Einbeziehung der Eltern in den Unterricht oder die Zusammenarbeit mit verschiedenen Professionellen innerhalb und außerhalb der Schule, auch mit anderen Einrichtungen im Umfeld – spezifisch im Hinblick auf zu bearbeitende Themen. Da es der TZI um „Themenbezogene Persönlichkeitsbildung" (Lotz 1995, 91) geht, stehen auch Erziehungsprozesse im Vordergrund, die zudem, auf Basis der Annahmen Humanistischer Psychologie, vom Grundverständnis her stark auf Autonomie aller am Lernprozess Beteiligten fokussiert sind. TZI ist stark prozessorientiert, setzt in eigener Weise Strukturen und berücksichtigt in besonderem Maße Aspekte emotionalen Unterrichtslebens.

Kritische Betrachtung

Themenzentrierte Interaktion stellt einen Ansatz dar, der von seinen Grundannahmen bis zum System gemeinsamer Arbeit in einer Lerngruppe unter Beachtung der Hilfsregeln und der Balance des „Kugeldreiecks" sowohl humanes als auch grundlegend demokratisches Lernen ermöglichen möchte. Insbesondere die Einbeziehung auftretender Störungen sorgt dabei für die Berücksichtigung der Bedürfnisse jedes einzelnen sowie auch für eine Berücksichtigung der Gruppe und ihrer Dynamik. Ziel ist eine Gleichwertigkeit von Sach- und Beziehungsebene.

Die Orientierung am Gegenwärtigen und an innerer und äußerer Achtsamkeit stellt einen wichtigen Beitrag für unterrichtliches Arbeiten dar, ist aber auch nicht leicht zu realisieren: Sie kommt zur üblichen inhaltlichen Arbeit hinzu – und bedarf für die Pädagogen einer entsprechenden Qualifizierung im Rahmen der Lehrerbildung. Auch sind adäquate Rahmenbedingungen zur Umsetzung einer entsprechenden unterrichtlichen Arbeit unverzichtbar.

Hervorzuheben ist auch, dass die TZI mit dem Konzept des *Globe* besondere Rücksicht auf Faktoren der Umgebung, der Um-Welt einer Lerngruppe nimmt.

Grundsätzlich besteht für die TZI Entwicklungsbedarf: Aus ihrer Geschichte heraus bewegt sie sich in einem Grenzbereich zwischen Psychotherapie und Pädagogik. Das Verhältnis ist nicht wirklich geklärt. So weist Sielert (vgl. 1995, 261f.) darauf hin, dass die Wurzeln der TZI in Psychoanalyse, Psychotherapie und Humanistischer Psychologie, nicht jedoch in der Pädagogik liegen. Sie habe deshalb ein psychotherapeutisches Primat. „Zwar gibt es inzwischen einige Graduierte (zur Ausbildung berechtigte) aus dem Bildungsbereich, doch fehlt bisher die theoretische und praktisch-methodische Weiterentwicklung der dynamischen Balance ‚vom Thema aus'" (ebd., 261). Mit anderen Worten: Das *Es* droht denn doch oft im Hintergrund zu stehen (und dann oft auch der *Globe*); es besteht die Tendenz zu Dominanz von *Ich* und *Wir*.

Reiser (vgl. 1983) vertritt hierzu eine Gegenposition und stellt TZI als Pädagogik heraus – auch in ihren politischen Akzenten:

> „TZI ist nicht die Ableitung für die Pädagogik aus einer Therapie oder therapeutischen Theorie, sondern TZI ist von seinem ursprünglichen Entwurf her pädagogisch und damit auch mit einem politischen Anspruch angetreten. ... ‚Pädagogisch' und ‚politisch' heißt hier nicht die vorausgeplante Führung zu einem bestimmten Ziel, sondern die gemeinsame Beschäftigung mit einer Aufgabe, die eine Bedeutung hat über die aktuellen Prozesse der Gruppe hinaus für die Gestaltung der Lebensumwelt" (ebd., 257).

Die Verortung zwischen Pädagogik und Therapie ist damit aber letztlich nicht wirklich geklärt.

4.2 Bildungstheoretische Didaktik

Dieser didaktische Ansatz wurde von Wolfgang Klafki im Rahmen einer kritisch-konstruktiven Erziehungswissenschaft konzipiert (vgl. Klafki 1980; 1985; 1995). Als unverzichtbares didaktisches Ziel (vgl. Klafki 1985, 194ff.; 1995, 12) wird hier für alle Lernprozesse Bildung als Selbstbestimmungs- und Solidaritätsfähigkeit (und damit auch Mitbestimmungsfähigkeit) über eine bildende Begegnung der Lernenden mit geeigneten Inhalten zugrunde gelegt. Es besteht eine zweifache Abhängigkeit der Bildungsinhalte: von der geschichtlichen Situation sowie von der

Bedeutung des Inhalts für die Lernenden. Dabei wird Bildung als kritische, auch als gesellschaftskritische Kategorie verstanden.

Klafki verknüpft materiale (inhaltsbezogene) und formale (subjektbezogene) Bildung als „kategoriale Bildung" (vgl. Memmert 1991, 101): das Erschließen von (exemplarischen) Sachverhalten sowie die Herausbildung der Bereitschaft und der Fähigkeit, sich auch andere Inhalte angemessen zu erschließen und diese selbst kritisch zu prüfen. Damit wird Lernen stets auch als entdeckend, sinnhaft und verstehend gefasst, nicht etwa als reine Reproduktion.

Die Basis des didaktischen Vorgehens ist eine sorgfältige analytische Planung in mehrerlei Hinsicht: Der Unterricht sollte durch solche Bildungsinhalte geprägt sein, an welchen sich, aus der exemplarischen Besonderheit heraus, das Allgemeingültige verdeutlichen lässt – wobei die Bildungsinhalte jedoch auch dem jeweiligen Wissens- und Könnensstand der Lernenden entsprechen sollten.

Zu Beginn steht daher eine Bedingungsanalyse, die insbesondere folgende Aspekte berücksichtigt:

• die konkreten soziokulturell vermittelten Ausgangsbedingungen einer Lerngruppe
• die entsprechenden Ausgangsbedingungen des oder der Lehrenden
• die unterrichtsrelevanten Bedingungen einschließlich möglicher Schwierigkeiten und Störungen

Für die Unterrichtsplanung formuliert Klafki sieben hier knapp skizzierte Fragen zu vier Bereichen: dem Begründungszusammenhang, der thematischen Strukturierung und Überprüfbarkeit, den Zugangs- und Darstellungsmöglichkeiten sowie der methodischen Strukturierung (siehe Abb. 04):

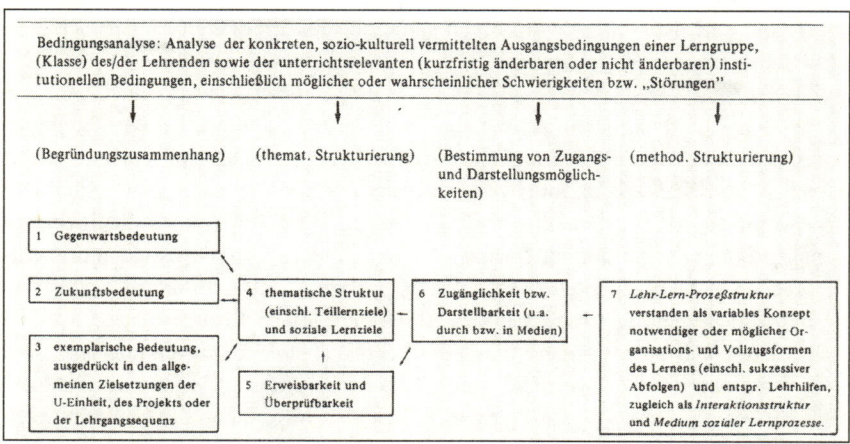

Abb. 04: (vorläufiges) Perspektivenschema (Klafki 1996, 272)

- *Gegenwartsbedeutung*: Hier stellt sich die „Frage nach den von den Kindern und Jugendlichen erfahrenen und praktizierten Sinnbeziehungen und Bedeutungssetzungen in ihrer Alltagswelt" (Klafki 1985, 216). Dadurch soll eine Berücksichtigung genereller und spezifischer Bedingungen der Lernenden gewährleistet werden.
- *(Vermutete) Zukunftsbedeutung:* Sowohl im Hinblick auf Gegenwarts- als auch auf Zukunftsbedeutung ist die Beziehung zwischen Thematik und Lehrer mit einzubeziehen.
- *Exemplarische Bedeutung*: „Am potentiellen Thema müssen sich allgemeinere Zusammenhänge, Beziehungen, Gesetzmäßigkeiten, Strukturen, Widersprüche, Handlungsmöglichkeiten erarbeiten lassen" (Klafki 1995, 17). Dabei ist zu bedenken, dass viele Inhalte bereits von vornherein bei den Beteiligten wertungsmäßig bestimmt sind (vgl. Klafki 1985, 204).
- *Thematische Struktur (einschließlich Teillernzielen) und soziale Lernziele*: Hier sind auch mögliche Methoden zu reflektieren. „Jedem Thema, das Gegenstand unterrichtlicher Auseinandersetzungen wird, ist Methodisches immanent" (ebd., 205). Hinterfragt werden unter anderem die potentiellen Perspektiven des Themas, seine (wie oben im Zitat verstandene) immanent-methodische Struktur, seine Teilmomente und deren Zusammenhang, die mögliche Tiefenschichtung der Thematik, ihre größeren Zusammenhänge und Kontexte sowie die notwendigen begrifflichen Voraussetzungen zur Auseinandersetzung.
- *Erweisbarkeit und Überprüfbarkeit*: Diese Frage ist auch an die Schüler gerichtet. Insbesondere bei anspruchsvolleren Zielsetzungen „müssen sich der planende Lehrer bzw. die Lehrergruppe oder Lehrer und Schüler so etwas wie eine ‚Symptomatologie' erarbeiten" (Klafki 1995, 22). Damit sind Kataloge von Hinweisen und einleuchtenden Symptomen gemeint, die für Fortschritte von Schülern sprechen.
- *Zugänglichkeit bzw. Darstellbarkeit der Thematik, ihrer Momente und Teilzusammenhänge*: Unter anderem ist hier auch die Klärung der Frage des Medieneinsatzes mit einbegriffen. Auf mögliche sozialisationsspezifisch unterschiedliche Zugangs- und Darstellungsmöglichkeiten oder -notwendigkeiten sollte Rücksicht genommen werden, ebenfalls auf mögliche „Störfaktoren" und auf die institutionellen Bedingungen des Unterrichts, deren Veränderungsnotwendigkeit und entsprechende Möglichkeiten. Methoden bezeichnen Klafki zufolge Beziehungen, „nämlich Beziehungen zwischen den Akten der Unterrichtsorganisation und der Lehre (die keineswegs nur auf seiten des Lehrers angesiedelt werden müssen) und den erstrebten oder zu ermöglichenden Lernprozessen auf seiten der Schüler" (Klafki 1985, 205). Es ist also immer kritisch zu fragen, „ob die Organisations- und Vollzugsformen des Lehrens adäquates Lernen ermöglichen" (ebd., 206).
- *Lehr-Lern-Prozessstruktur*: Hier wird eine methodische Struktur generiert, „verstanden als variables Konzept notwendiger oder möglicher Organisations- und

Vollzugsformen des Lernens (einschl. sukzessiver Abfolgen) und entspr. Lehrhilfen" (Klafki 1995, 14) – unter Einbeziehung sozialer Strukturen und Lernprozesse. Dabei stellt Klafki das entdeckende Lernen sowie das nachvollziehend-verstehende Lernen in den Vordergrund (vgl. ebd., 24).

Das gesamte Konzept versteht sich als ein „Problematisierungsraster" (vgl. ebd., 24), das nicht für alle Fälle normativ klare Richtlinien zu geben vermag. Auch soll ein Teil der Unterrichtsplanung im Unterricht selbst erfolgen, wobei auch diese Teile vom Lehrer vorgeplant werden müssen (vgl. Klafki 1985, 211). Die möglichen Ziele des Unterrichts werden, allerdings eher heuristisch, in einer vierfachen Stufung differenziert. Sie müssen der Kritik ausgesetzt und gegen sie gerechtfertigt werden (vgl. ebd., 202). Die Methoden und Medien erfasst Klafki auf einer sehr allgemeinen Ebene. An der Evaluation sollen die Lernenden sukzessive beteiligt werden (vgl. Klafki 1995, 21). Lernzielorientierte Tests sollten bei anspruchsvolleren Zielsetzungen durch die Betrachtung einleuchtender Fortschritte ersetzt werden.

Rollen von Lernenden und Lehrenden

Lehren und Lernen werden als Interaktionsprozesse mit zunehmender Selbständigkeit der Lernenden verstanden – in Form kritischer und mitplanender Beteiligung:

> „Im Lehr-Lernprozeß muß das Selbst- und Mitbestimmungsprinzip in einer Folge wachsender Schwierigkeitsgrade, wachsenden Anspruchs verwirklicht werden – in der Form der *Mitplanung des Unterrichts bzw. einzelner Unterrichtsphasen seitens der Schüler*, durch *Unterrichtskritik* zusammen mit den Schülern, durch ‚*Unterricht über Unterricht*‘; das sind Elemente dessen, was heute unter den Stichworten ‚*offener*‘, bzw. ‚*schülerorientierter Unterricht*‘ erfreulich lebhaft diskutiert wird" (ebd., 12f.).

Dabei lernen, wie Klafki am Rande erwähnt, im Rahmen der Interaktion und Auseinandersetzung mit den Lernenden durchaus auch die Lehrenden (vgl. ebd., 12). Unterrichtsplanung stelle hohe Anforderungen an die pädagogische Kompetenz und sollte daher in zunehmendem Maße durch Lehrergruppen erfolgen (vgl. ebd., 25), wobei nach Möglichkeit auch Schüler beteiligt werden können. Diese Praxis gemeinsamer Unterrichtsplanung sieht Klafki daher als ein wichtiges Thema für beide Phasen der Lehrerausbildung.

Passung für die Pädagogik bei Verhaltensstörungen

Als allgemeines, sehr systematisches „Problematisierungsraster" hat dieses Konzept durchaus auch grundsätzliche Relevanz für die Pädagogik bei Verhaltensstörungen. Allerdings finden mögliche Störungen nur über wenige randständige Hinweise Berücksichtigung, die nicht weiter differenziert werden (vgl. Winkel 1993, 41): So wird kurz erwähnt (vgl. Klafki 1995, 14), dass mögliche oder wahrscheinliche Schwierigkeiten und Störungen grundsätzlich in die Beantwortung der sieben Fragedimensionen Eingang finden sollten. Damit bleibt allerdings unklar, welche Formen von Störungen möglich und relevant sind – und an welchen Punkten Berücksichtigungsmöglichkeiten gegeben wären. – Im Hinblick auf das bei Störungen und Konflikten (Beziehungsschwierigkeiten) relevante soziale Lernen weist Klafki (vgl. 1985, 201/208) selbst auf weiteren Entwicklungsbedarf hin. Husslein (1989, 476) kritisiert an der bildungstheoretischen Didaktik, dass sie durch ihre Zentrierung auf die Ausfaltung von relevanten Inhalten den Anforderungen einer Pädagogik bei Verhaltensstörungen weniger gerecht werde: „Die Unmittelbarkeit der Lebenswirklichkeit psychosozial gestörter Kinder wird vernachlässigt."

Allerdings berücksichtigt Klafki schicht- und klassenspezifische, aber auch regionale Sozialisationsbedingungen in ihrem Einfluss auf die Gegenwarts- und Zukunftsbedeutung von Inhalten, auf Sinnbeziehungen und Bedeutungssetzungen auf Seiten der Lernenden – wodurch auch grundsätzlich subjektive Sichtweisen und individuelle Vorerfahrungen von Schülern in die Planung mit einfließen sollen. Dem wohnt besondere Relevanz für die Pädagogik bei Verhaltensstörungen inne, da gerade hier, ähnlich wie es für die Pädagogik bei Lernbeeinträchtigungen gilt, Lernende häufig aus niedrigem sozioökonomischem Milieu sowie auch aus problematischen sozioökonomischen Bezügen kommen (vgl. auch 2.3.1, 2.3.2).

Ein Versuch der Übertragung der kritisch-konstruktiven Didaktik Klafkis auf die Pädagogik bei Verhaltensstörungen findet sich in Form einer „lebensweltorientierten Didaktik", wie sie Bröcher (vgl. 1997a; 1997b; 1998; 1999a; 1999b) entwickelt. Insofern Klafki auch auf ungleiche Entwicklungschancen von Menschen verweist, sei dessen Konzept „für den Bereich des Unterrichts mit sog. verhaltensauffälligen Schülern von außerordentlicher Relevanz" (Bröcher 1997b, 278). Es wird hier, auf Basis des Modells von Klafki, insbesondere ein handlungs- und erfahrungsbezogenes Lernen angestrebt. Bröcher (vgl. ebd., 306) unterscheidet zwischen schülerorientierten und wissenschaftsorientierten Lernaktivitäten. Ausgehend von schülerorientierten Lernaktivitäten wie Spielen, Konstruieren oder (ästhetischem) Gestalten wird, zeitlich versetzt, eine Überleitung zu wissenschaftsorientierten Lernaktivitäten wie Informationsbeschaffung oder kognitiver Durchdringung von Sachverhalten angestrebt. Flankierend findet eine biographisch orientierte Einzelförderung statt. Es stellt sich die Frage, ob wissenschaftsorientierte Lernaktivitäten nicht immer auch schülerorientiert sein sollten und ob sie immer stark kognitiv ausgerichtet sein müssen. Bröcher erörtert nur andeutungsweise Didaktik als (gemeinsames) Planungsinstrument – vielmehr werden auf der Basis des Klafkischen Denkmodells und Bildungsbegriffs insbesondere ästhetische Inhalte und Produktionen von Schülern eingesetzt und im Hinblick auf die Rekonstruktion biographischer Bedeutungen analysiert. Eine insbesondere therapeutische Arbeit wird in den Vordergrund des Unterrichts bei Verhaltensstörungen gestellt (vgl. ebd., 314). Auch bleiben die aktive Rolle der Schüler bei der Planung von Unterrichtseinheiten sowie die Überführung des Unterrichts in zunehmend selbständige Aktivitäten der Lernenden eher unklar; an vielen Stellen tritt ein stark vom Lehrer dominiertes Vorgehen in Verbindung mit als „therapeutisch" bezeichneten Maßnahmen zutage: „Der Kontext der Arbeitsweise, die in diesem Kapitel zur Diskussion steht, ist demnach zunächst als pädagogisch im Sinne des ‚Ich will Dich führen durch alle Dinge' (Comenius) zu bezeichnen, wenngleich die Vorstellung von Therapie im Sinne einer *Nach*-Erziehung ebenso eine Rolle spielt" (ebd., 302).

Das Verdienst dieses Ansatzes liegt sicher eher in der sehr spezifischen Betrachtung der Möglichkeiten des ästhetischen Ausdrucks zur Auflösung erheblicher Verhaltensauffälligkeiten. Auf diesem Wege versucht Bröcher einen Zugang zu Schülern zu erlangen, die ansonsten (insbesondere in schulischem Rahmen) kaum erreichbar sind. Der Übergang von dieser eigenen Art der unterrichtlichen Arbeit zu einem nicht-therapeutischen, reguläreren Lerngeschehen wird zu wenig geklärt – und auch nicht, inwiefern Pädagogen ohne eine kunsttherapeutische Ausbildung diese Art von Arbeit überhaupt kompetent möglich ist.

Kritische Betrachtung

> „*Unterrichtsplanung* im hier vertretenen Sinn kann nie mehr als ein *offener Entwurf* sein, der den Lehrer zu reflektierter Organisation, Anregung, Unterstützung und Bewertung von Lernprozessen und Interaktionsprozessen, also zu *flexiblem Unterrichtshandeln* befähigen soll" (Klafki 1995, 25).

Ziel ist nicht die möglichst genaue Umsetzung des Planes; vielmehr soll die Planung dem Lehrer ein didaktisch begründbares, jedoch flexibles Agieren möglich machen (vgl. Klafki 1985, 212). Stärke des Modells von Klafki ist eben die systematische, auf wesentliche Momente fokussierte Planung selbst. Es ist dennoch festzustellen, dass trotz eines Verweises auf Zusammenhänge der gesamte curriculare Prozess hier eher linear gesehen und beschrieben wird. Zwar wird das Raster wie oben erwähnt als Grundlage „offener Entwürfe" gesehen – aber wenn das Raster als solches bereits linearer Natur ist, wird es Pädagogen schwer fallen, adäquate Umsetzungsmöglichkeiten für nichtlineare Realitäten zu entwickeln.

Von besonderer Bedeutung für die Förderung von sozialen Kompetenzen und konstruktivem Verhalten scheint die Hervorhebung der gruppenorientierten Lehr-Lern-Planung. Zwar wird eine kritische Mitbeteiligung der Lernenden an verschiedenen Punkten angedacht, doch immer wieder steht zunächst der Lehrer als Durchdenkender, Planender, Gestaltender, Bewertender im Vordergrund. Darüber hinaus hinterfragt Memmert (1991) kritisch, ob der von Klafki vorausgesetzte gesellschaftliche Konsens hinsichtlich von Lehrplanentscheidungen nicht utopisch sei, „da in Wirklichkeit doch herrschende Schichten oder mächtige Interessengruppen (Wirtschaft, Kirche) ihre Belange durchsetzen" (ebd., 101).

4.3 Lehrtheoretische Didaktik

Die im Folgenden betrachtete Didaktik von Wolfgang Schulz erfuhr auf dem Weg von der „Berliner" zur „Hamburger Schule" erhebliche Veränderungen. Hier wird Bezug auf die spätere Hamburger Form genommen (vgl. Schulz 1980a; 1980b; 1995a).

Als Zielsetzungen für Lernprozesse werden dort sowohl allgemeine Qualifikationen als auch eine Sozialisation für das Leben in einer sich wandelnden Umwelt bestimmt. Diese Ziele werden verbunden mit der Förderung von Autonomie, Selbstbestimmung und Solidaritätsfähigkeit. Als Leitidee fungiert der Gedanke der Emanzipation, insofern sie zur Relativierung der unkritischen Verinnerlichung bestehender Zustände sowie zum Durchspielen alternativer Möglichkeiten führt. Handlungen werden als grundsätzlich sozial und dialogisch betrachtet; „didaktisch Handelnde sind darauf angewiesen, daß ihre Interaktionspartner, hier die Schüler, ihre Intentionen und die Interpretation der Bedingungen, die sie damit vollziehen, als didaktisch Gemeinte überhaupt verstehen und akzeptieren können, damit sie Unterricht und Schule in der gemeinten Weise aus ihrer Sicht mittragen können" (Schulz 1995a, 30). Dies hat Konsequenzen für die Rollen von Lehrenden und Lernenden (siehe unten).

Schulz vertritt eine pragmatische Handlungsrichtlinie im Sinne eines „skeptischen Reformismus": Dem Lehrer stehen durchaus Handlungsmöglichkeiten zur Verfügung; weder ist er durch den äußeren Rahmen festgelegt, noch werden ihm, idealistisch überhöht, grenzenlose Möglichkeiten zugeschrieben.

Handlungsmomente der lehrtheoretischen Didaktik sind die folgenden (siehe Abb. 05):

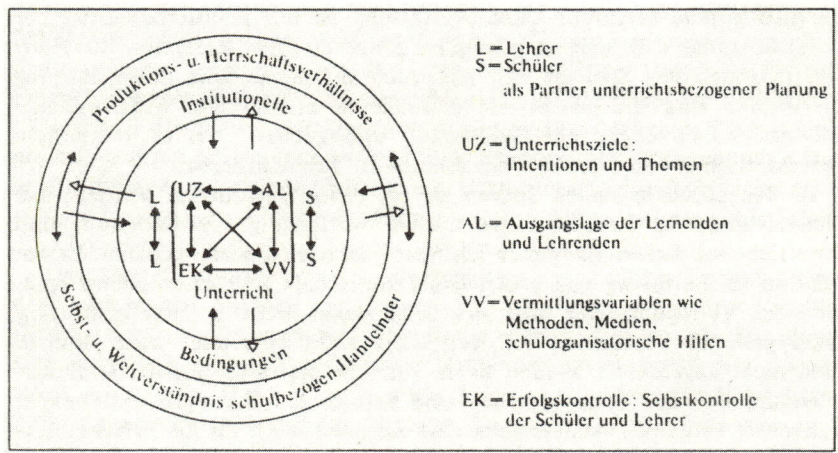

Abb. 05: Handlungsmomente didaktischen Planens in ihrem Implikationszusammenhang (Schulz 1981, 82)

- *Kognitive, affektive und pragmatische Unterrichtsziele* – als Unterrichtsthematiken werden Sach-, Sozial- und Gefühlserfahrung genannt (vgl. Schulz 1980a, 37ff.). Weitere Momente werden angedeutet: „Je nach dem Anspruch der Förderung könnte man Entfaltungsstufen (Anbahnung, Differenzierung, Habitualisierung) unterscheiden" (Schulz 1995a, 39; vgl. aspektreicher Schulz 1980a, 102).
- *Ausgangslagen* von lernenden Schülern und mitlernenden Lehrern (soziokulturelles sowie anthropologisch-psychologisches Bedingungsfeld) – hierbei sind neben den allgemeinen auch die aufgabenspezifischen Lern- und Lehrvoraussetzungen von besonderer Bedeutung (vgl. Schulz 1980a, 80ff./106ff.; 1995a, 40).
- *Vermittlungsvariablen*: Diese sieht Schulz (vgl. 1980a, 109) grundsätzlich als Lernhilfen. Er unterscheidet Methoden und Medien, wobei Methoden noch einmal in Umgangsformen und Organisationsformen differenziert werden. „Die *Organisationsformen* ermöglichen die Gliederung und Untergliederung des Unterrichts und des Schullebens nach der Zeit (Phasierung), nach Lernorten (Fachraum, Gruppenraum, Pausenhof usw.) und nach der sozialen Organisation (Plenum, Gruppenunterricht, Einzelarbeit" (Schulz 1995a, 41).
  Medien werden als selbständiger Aspekt der Vermittlungsvariablen gesehen.
- *Erfolgskontrollen*: Eine fremdbestimmte Evaluation betrachtet Schulz als fragwürdig und fordert, sie durch Selbstkontrolle der Schüler zu ersetzen; „für die *Selbstkontrolle der Lehrer* gilt sinngemäß das gleiche" (ebd., 41). Erfolgskontrollen dienen der Selbstkontrolle von Schülern und Lehrern, der Korrektur des Lehr- und Lernprozesses. Die Selbstkontrolle der Lehrer soll auch die Frage der Förderung des Gruppenprozesses beinhalten (vgl. Schulz 1980a, 134). „Alle diese Selbstkontrollen werden sich besser auf *Kriterien* beziehen als auf *Normen* ...: Denn eine kriteriumbezogene Selbstkontrolle orientiert sich an dem, was man sich vorgenommen hat ...; normbezogene Selbstkontrolle zielt darauf, wer im Vergleich mit den anderen der bessere ist" (ebd.).

Zwischen diesen vier Handlungsmomenten bestehen enge Implikationszusammenhänge – sie wirken aufeinander ein und müssen stets gemeinsam und interdependent bedacht werden. Die Verständigung hierüber wird bestimmt durch die jeweiligen institutionellen Bedingungen. Weitere Determinanten sind zum einen in dem Selbst- und Weltverständnis schulbezogen Handelnder zu finden, zum anderen in den Produktions- und Herrschaftsverhältnissen.

Das didaktische Handeln beinhaltet eine Reihe von aufeinander bezogenen Tätigkeiten: Analysieren, Planen, Realisieren, Beraten, Beurteilen, Verwalten und kooperatives Handeln. Als Basis aller didaktischen Tätigkeit bestimmt Schulz vier Momente (vgl. Schulz 1995a, 33; 1980a, 100ff.):

1. Kompetenzvermittlung ist nur dort gerechtfertigt, wo gleichzeitig Autonomie und Solidarität der Schüler gefördert werden.

2. Sacherfahrung ist nicht denkbar ohne damit verschränkte Sozial- und Gefühlserfahrung.
3. Heimann folgend wird festgestellt, dass intentionaler und thematischer Aspekt nur gemeinsam eine vollständige Zielvorstellung ermöglichen: „Absichten werden anhand von Gegenstandsbereichen verfolgt, Gegenstände werden erst unter intentionalen Gesichtspunkten zu Themen" (Schulz 1995a, 34).
4. Das Gesamtmodell der Bestimmung, Begründung und Revidierung der Fragen von Unterrichtsanalyse, -planung und -realisation sowie der damit verbundenen sozialen Tätigkeiten entscheidet darüber, ob Schüler funktionalisiert werden oder der Pädagoge Emanzipation ermöglicht.

In Anlehnung an das Dreieck der Themenzentrierten Interaktion (vgl. 4.1) sollte eine Vermittlung zwischen den Ansprüchen von Sache/Thematik, Einzelnem und Gruppe hergestellt werden. Hinsichtlich der Planungskomponente werden folgende Ebenen unterschieden (vgl. Schulz 1980a):

- *Perspektivplanung*: Hier erarbeitet sich die Lehr-Lern-Gruppe in länger- und mittelfristiger Hinsicht die Perspektiven, welche sie verfolgen möchte. Dazu werden Unterrichtseinheiten ausgewählt, wobei die Auswahl jeweils als vorläufig verstanden wird. Die Planung wird weitest möglich offen angelegt.

- *Umrissplanung*: Diese ist auf konkrete Unterrichtseinheiten bezogen; hier „haben die Lehrer sowohl bei ihren Vorüberlegungen als auch in der Interaktion mit den mitplanenden Schülern (und Eltern) die wechselseitige Korrektur der einzelnen Planungsmomente didaktischen Handelns als eines Implikationszusammenhanges gefördert" (ebd., 161). Dabei sind Korrekturen angesichts des jeweiligen Zusammenspiels aller Handlungskomponenten vorgesehen; die Umrissplanung soll lediglich Ablauftendenzen vorgeben. „Bei der Umrißplanung versucht man, sich der Eindeutigkeit, Widerspruchsfreiheit und dimensionalen Vollständigkeit der Handlungsmomente in ihrem Implikationszusammenhang zu vergewissern" (ebd., 162), wobei unter Handlungsmomenten die oben genannten Unterrichtsziele, Ausgangslagen, Erfolgskontrollen und Vermittlungsvariablen zu verstehen sind.

- *Prozessplanung*: Hier erfolgt, innerhalb des Planungsumrisses, dessen Umsetzung in die pädagogische Realität. In diesem Rahmen werden Schrittabfolgen sowie Kommunikations- und Arbeitsformen bestimmt. Voraussetzung ist eine gründliche, vorab in Perspektiv- und Umrissplanung erfolgte Klärung der Gesamtaufgabe.

- Schließlich erfolgt eine *laufende Planungskorrektur* unter Beteiligung aller in der Lerngruppe.

Für die Perspektivplanung sieht Schulz eine Reflexion von Sach-, Gefühls- und Sozialerfahrungen vor, die zugleich die Aspekte Kompetenz, Autonomie und Solidarität berücksichtigt und zu durchdenken nahelegt (siehe Abb. 06). Dieses „Reflexionsraster" kann grundsätzlich auch auf die anderen Ebenen übertragen werden.

Themen (Erfahrungsaspekte) / Intentionen (Absichten)	I Kompetenz	II Autonomie	III Solidarität
Sacherfahrung 1	I/1	II/1	III/1
Gefühlserfahrung 2	I/2	II/2	III/2
Sozialerfahrung 3	I/3	II/3	III/3

Abb. 06: Heuristische Matrix zur Perspektivplanung (Schulz 1981, 39)

Jede Planung und Realisierung sollte interdependent, variabel und kontrollierbar erfolgen. Interdependenz zwischen Planung und Realisierung meint hier, dass sich keine Widersprüche im Verhältnis zwischen Geplantem und dessen Umsetzung ergeben dürfen. Mit Kontrolle ist nicht unbedingt eine völlige Schematisierung der Planung gemeint, denn diese führe eher zu Rigidität, rücke das Schema anstelle der (wichtigen) Dimensionen didaktischen Handelns in den Vordergrund und behindere (etwa durch Fach- und Formelsprache) den Austausch mit Schülern und Eltern, was damit auch eine Behinderung der konkreten Planungs-Umsetzung bedeute (vgl. Schulz 1980a, 171).

Der Begriff für die auf mittlerem Konkretheitsniveau situierte „Umrissplanung" wurde von Schulz mit Bedacht gewählt, „weil sich im Bild des Umrisses *die Unverfügbarkeit der am Unterricht beteiligten Personen* erhalten läßt, die sich die Möglichkeit vorbehalten müssen, die Details anders als vorgesehen auszufüllen ... und im Unterrichtsprozeß immer wieder zu modifizieren ..., bis hin zu Rückwirkungen auf die Umrißplanung und die ihr zugrunde liegenden Perspektiven" (Schulz 1980a, 75). Und weiter: „Entscheidenden Anteil an der Planung muß die Planung als Interaktion der Beteiligten haben" (ebd., 76). Dabei bezieht sich Schulz auch auf die von ihm beobachtete reale, alltägliche Unterrichtspraxis:

> „Natürlich ist dem Verfasser bekannt, daß die Planungen oft den Unterrichtsprozeß schon detailliert antizipieren. Aber aus der Sicht dieses Planungsmodells sind sie prinzipiell als umrißhafte Planungsvorschläge zu bezeichnen. Denn *erst, wenn sie aus der Lage und den Perspektiven der Lehr-Lern-Gruppe heraus kritisch gesichtet und modifiziert worden sind, sind sie akzeptabel"* (ebd., 139).

Die Fähigkeit zu einer so beschriebenen Organisation von Lehr-Lern-Prozessen muss nach Schulz in den verschiedenen Ausbildungsphasen der Lehrerbildung vermittelt werden. Dabei wird durchaus auch das fachübergreifende Team-Teaching von Lehrern mit vorgesehen: *mehrere* Lehrer arbeiten gemeinsam mit den Schülern. Auch die übergreifende Kooperation von Lehrern und Sozialpädagogen hält Schulz für sinnvoll und notwendig (vgl. ebd., 59/64/81).

Rollen von Lernenden und Lehrenden

Verständigung und „Selbstproduktion" (Schulz 1995a, 31) der Schüler sind zentrale Anliegen dieses didaktischen Konzepts. Die Schüler als potentiell handlungsfähige Wesen können nur dann selbstproduzierend, orientiert und handlungsfähig werden, wenn sie in eine Verständigung über Aufgaben und didaktisches Handeln mit einbezogen sind (interaktives Planen) – auch durch ein möglichst frühes Mit-Wissen (vgl. Schulz 1980a, 11ff.). Lehrer sollten dabei kritisch, kreativ und einfühlsam agieren, sowohl Vorschläge machen als auch Ablehnungen akzeptieren können. Die Prozessplanung erfolgt möglichst weitgehend gemeinsam, auf der Basis von Planungsvorschlägen des Lehrers. Pädagogen als professionelle Planer haben einen Orientierungs- und Handlungsvorsprung vor den Schülern; dieser soll zur Verkürzung der Einarbeitung sowie für die Ermutigung zur Einarbeitung in die Planungsprozesse seitens der Lernenden genutzt werden (vgl. Schulz 1995a, 36); auch sollen Lehrer „ihre Kenntnisse über Lernprozesse einfließen lassen" (ebd., 43). Allerdings ist hier auch die Rede davon, dass der Lehrer die Vorschläge der Schüler „durch eigene Beiträge beeinflussen" soll; dass „aus der Spannung zwischen der Umrißplanung, die sich in der angeleiteten Gruppe ergibt, und den Eingriffen, die der Professional aus seiner Fachkompetenz darüber hinaus für erforderlich hält, ... eine Detailplanung ... als Interaktion" resultiere (Schulz 1980a, 95). Letztlich wird den Schülern insbesondere in der frühen Planungsphase ein klares Mitentscheidungsrecht zugesprochen, aber auch dort nur bedingt – im weiteren Verlauf des Unterrichts treten zunehmend die Lehrer in den Vordergrund (vgl. dazu auch Reiser 1983, 262f. sowie die Kritik weiter unten). Allerdings finden sich hier Widersprüche innerhalb des Konzeptes von Schulz, denn über weite Passagen wird wiederum eine durchgängig gemeinsame Planung verfochten (vgl. etwa Schulz 1980a, 161ff.).

Passung für die Pädagogik bei Verhaltensstörungen

Beeinträchtigungen und Störungen werden in diesem Konzept kaum explizit thematisiert (vgl. zur Kritik Winkel 1993, 42f.), auch nicht im Rahmen des Bezuges zur Themenzentrierten Interaktion: „Daß Schulz nur eines von mehreren Strukturierungselementen der TZI aufgreift und das System nicht in seiner Ganzheit erfaßt, wird auch daran deutlich, daß er die Störungsanfälligkeit des Lernprozesses nicht konstruktiv einarbeitet" (Reiser 1983, 262).

Dazu ist allerdings anzumerken, dass Schulz zwar mit dem „Kugeldreieck" in der Tat explizit nur ein Strukturierungselement eingearbeitet hat, dem dahinterstehenden Konzept jedoch breitere Bedeutung zumisst: „Studium und Referendariat der Lehrer ... sollten die *Befähigung der Lehrer zur themenzentrierten Interaktion* mit Kollegen, mit Schülern und Eltern unter den Bedingungen von Schule zu einem Ziel und konsequenterweise auch zu einer bevorzugten Methode ihrer Ausbildungsarbeit machen" (Schulz 1980a, 184). Allerdings, und da ist Reiser zuzustimmen, erfolgte das Aufgreifen der TZI, vermutlich aufgrund ihrer nachträglichen Integration in ein gewachsenes Konzept, keineswegs konsequent.

Es ergeben sich dennoch zumindest mögliche, potentielle Bezüge zu Verhaltensstörungen: So weist Schulz auf die Notwendigkeit der Planungskorrektur hin, wenn dies durch unerwartete Aspekte erforderlich werde. Bereits vorab werden im Rahmen der Prozessplanung spezifische „Planungsvarianten" vorgesehen (vgl. etwa Schulz 1980a, 167ff.). Auch kann, wenn Autonomie und Solidarität Voraussetzungen gelingender Kompetenzvermittlung sind, unterstellt werden, dass Störungen in diesen Bereichen, die bei Lernenden mit Verhaltensauffälligkeiten durchaus oft vorliegen, Beeinträchtigungen ganz zentraler Natur darstellen. Auch dies wird jedoch nicht explizit thematisiert.

Grundsätzlich sieht das Konzept den Vorrang der Binnendifferenzierung vor jeglicher äußeren Differenzierung vor (vgl. Schulz 1980a, 118ff.). Dies soll über eine Individualisierung der Lernwege und des Unterrichts gewährleistet werden.

Kritische Betrachtung

Der von Schulz berücksichtigte Zielkanon ist umfassend: Neben kognitiven und affektiven Lernzielen werden in diesem Konzept auch pragmatische Lernziele (Fähigkeiten, Fertigkeiten, Gewohnheiten) genannt. Sach-, Gefühls- und Sozialerfahrung werden auf eine Stufe gestellt, wie es das Konzept der Perspektivplanung deutlich macht. Zudem wird eine systemische Sicht über das Aufeinander-Bezogensein didaktischer Tätigkeiten mitgedacht: „Jedes Handlungsmoment wird von jedem anderen her, das es impliziert, in Frage gestellt" (Schulz 1995a, 39). Damit wird ein differenziertes Instrument zur Analyse von Unterricht angestrebt. Ein bedeutendes systemisches Moment stellt auch der Einbezug der Herrschaftsverhältnisse dar: Das Interesse an der Verständigung der didaktisch Handelnden werde dann ideologisch, wenn es ohne eine immer wieder betriebene Aufdeckung der einschränkenden Bedingungen bleibe (vgl. ebd., 44). Damit sollen stets über den konkreten Horizont der direkten Lernsituation hinaus die gesellschaftlichen Verhältnisse Berücksichtigung finden, in denen die einzelnen Lernenden stehen, in denen sich die Lerngruppe befindet und in denen auch die Lerninhalte situiert sind: Inwiefern wirken diese makrosystemischen gesellschaftlichen Verhältnisse einschränkend in die Interaktions- und Lernprozesse der Gruppe hinein? Dies hat implizit auch Bedeutung für Kommunikation und Lernprozesse der Pädagogik bei Verhaltensstörungen, wenn Lernende aus benachteiligten gesellschaftlichen Gruppen auf Pädagogen aus bevorzugten Gruppen treffen.

Die Subjekthaftigkeit der Lernenden wird immer wieder in den Vordergrund gestellt; hier müsse professionelles Eingreifen unter Umständen zurückstehen, auch wenn es „präzisere Ergebnisse" zeitige (vgl. Schulz 1980a, 98). Damit werden allerdings die Ergebnisse (quantifiziert hinsichtlich ihres Präzisionsgrades) doch letztlich ausschließlich aus der Lehrersicht bestimmt. Und diesbezüglich wird der Seite der

Subjekthaftigkeit der Lehrenden recht wenig Aufmerksamkeit geschenkt, was gerade angesichts der Integration von Elementen der TZI ins Auge fällt.

Didaktik betrachtet Schulz grundsätzlich als Verständigungs-Didaktik zwischen den Beteiligten; allerdings wird nicht recht klar, über welche Prozesse diese Verständigung und die Einbeziehung der Lernenden in allen Phasen bewerkstelligt werden kann bzw. soll. Ansatzweise Konkretisierungen geben dem Leser bisweilen eher Rätsel auf:

> „Ebenso werden die Praktiker nur im Dialog mit allen Mitgliedern der Lehr-Lern-Gruppe *bzw. deren gesetzlichen Stellvertretern* die lernenden Mitglieder zu Subjekten ihrer Selbstproduktion werden lassen können" (ebd., 36; Kursivsetzung Stein & Stein).

Auch Reiser (1983, 262) weist auf die inkonsequente Mitbeteiligung der Schüler an der Unterrichtsgestaltung hin:

> „Bezeichnenderweise realisiert sich bei Schulz die Mitbeteiligung der Schüler in erster Linie bei der Unterrichtsplanung. Im Verlauf des Unterrichts selbst werden sie jedoch weitgehend in vorgeplante Abläufe eingegliedert, auch wenn diese bewußt an vielen Stellen variabel und offen gehalten werden. Das Festhalten an der Lehrzielorientierung des Unterrichtsprozesses erzwingt eine Festlegung der Unterrichtsintentionen in zeitlichen Abläufen."

Es bleibt zunächst allerdings zugunsten des Konzeptes festzuhalten, dass bei Schulz doch über weite Passagen eine weitest möglich gemeinsame Lehr-Lern-Planung gefordert wird – nur eben leider nicht mit letzter, durchgängiger Konsequenz, was alle Phasen des Unterrichts anbelangt – darauf richtet sich Reisers Kritik.

Abschließend sei darauf hingewiesen, dass die Konzeption von Schulz deutlich (und stärker als diejenige Klafkis) von der Zeit ihrer Entwicklung in den 1960er und insbesondere 1970er Jahren geprägt ist – dies erweist sich inhaltlich wie in der Begrifflichkeit. Die Rezeption fällt einige Jahrzehnte später nicht leicht: gerade aufgrund der starken Zentrierung auf Begriffe wie Autonomie, Selbstbestimmung, Solidaritätsfähigkeit und Emanzipation mit teilweise inflationärem Begriffseinsatz.

4.4 Das Modell des „Strukturierten Unterrichts"

In Anlehnung an die lehrtheoretische Didaktik der Berliner Schule entwickelten Grabski u.a. (vgl. 1978) ein Unterrichtsmodell, das speziell im Hinblick auf Schüler mit Verhaltensauffälligkeiten konzipiert ist – insbesondere in Form von Ergänzung durch ausgewählte verhaltensmodifikatorische Techniken –, sich aber dennoch als allgemeines Konzept versteht.

Grabski u.a. (1978, 30) streben für den Unterricht ein „effektives Stimulusarrangement" an, in dem Aspekte sozialer Anpassung mit unterrichtsbezogenen Fördermaßnahmen verknüpft werden.

Den Ausgangspunkt bildet dabei ein von Hough und Duncan 1970 dargelegtes Verständnis von Unterricht, wonach dieser durch vier Phasen gekennzeichnet ist: Curriculumplanung, Bestimmung und Realisierung entsprechender Unterrichtsmethoden, Auswahl und Anwendung möglicher Messverfahren sowie Bewertung (vgl. Grabski u.a. 1978, 30f.). Dabei verstehen Grabski u.a. (ebd., 33) Unterricht als „Interaktionsraum zwischen Lehrer und Schüler(gruppe)". Auf diesen sind die folgenden fünf, an das oben genannte Phasenkonzept angelehnten Komponenten bezogen, die das Modell des strukturierten Unterrichts näher bestimmen:

- *Erziehungsziel*: Von zentraler Bedeutung ist das globale, langfristige Erziehungsziel „Emanzipation zu Kooperation und Solidarität" (ebd., 34), durch das die mittelfristigen sowie die auf die konkrete Gruppe bezogenen kurzfristigen Erziehungsziele bestimmt sind. Letztere sollen durch aufeinander aufbauende Nahziele konkretisiert werden. Die Erziehungsziele sollten dabei nicht starr festgelegt, sondern aufgrund der im Unterricht stattfindenden Kommunikationsprozesse veränderbar sein. Die Erziehungsziele haben Einfluss auf die Komponenten Curriculum, Methoden und Messverfahren, indem sie als Kriterien für deren Bestimmung und kritische Reflexion dienen (vgl. ebd., 33f.).
- *Curriculum*: Es werden Entscheidungen über Lehrinhalte und -ziele getroffen. Hierzu zählt die Formulierung von Rahmenthemen, das Entwerfen von Unterrichtseinheiten sowie die auf die einzelne Zeiteinheit bezogene Strukturierung der Lehrziele und -inhalte. Die Operationalisierung der sequenzierten Lehrziele ist im Hinblick auf die Lernerfolgskontrolle von Bedeutung (vgl. ebd., 34-36).
- *Methoden*: Diese Komponente umfasst die Planung der Unterrichtsabläufe, die Auswahl von Sozialformen und Medien sowie die Reflexion über die Interaktionsform. Hier kann auch ein *Bekräftigungsplan* integriert sein, wobei sich die Auswahl der Variablen am Erziehungsziel orientieren sollte. Da den Schülern aktive Mitbestimmung ermöglicht werden soll, lehnen Grabski u.a. (1978, 39) „verhaltensmodifikatorische Spielarten und Techniken, deren manipulative Wirkung die Schüler zu funktionierenden Objekten degradieren", ab; es sollen nur solche Strategien und Techniken eingesetzt werden, „die Anpassung nicht nur als ‚Akkomodation', sondern vor allem auch durch aktive Mitbestimmung als ‚Assimilation' ... ermöglichen" (ebd.).
- *Messverfahren*: Der Einsatz von Messverfahren sollte neben der Feststellung der Leistungen von Schülern auch die Kontrolle von Lernprozessen im Sozialverhalten ermöglichen sowie der Beurteilung von Unterrichtsplanung und -gestaltung dienen. Im Hinblick auf die interessierende Unterrichtsvariable sind adäquate Messinstrumente auszuwählen. Grabski u.a. weisen auf die Bedeutung der Sequenzierung und Operationalisierung von Lernzielen hin: Damit „ist ... die Möglichkeit gegeben, die sich in beobachtbarem Verhalten manifestierenden Lernschritte und -erfolge kurzfristig zu überprüfen" (1978, 37).

- *Bewertung*: Diese Komponente ist von besonderer Bedeutung im Hinblick auf die zukünftige Unterrichtsplanung, indem sie eine Kontrollinstanz für die Komponenten Curriculum, Methoden und Messverfahren darstellt: Nach einer Kontrolle der Messverfahren werden Curriculum und Methodenkonzeption hinsichtlich ihrer Angemessenheit und Effektivität beurteilt. In die durch den Pädagogen erfolgende Bewertung können neben den mit Hilfe der Messinstrumente erhobenen Daten Schüleräußerungen und eigene Beobachtungen eingehen.

„Die Ergebnisse dieser Untersuchung sollten allen am Interaktionsgeschehen beteiligten Personen zugänglich sein, damit sich durch Diskussionen Einsichten entwickeln können, deren Auswirkungen bei weiteren Unterrichtsplanungen zu Buche schlagen" (ebd., 38).

Rollen von Lernenden und Lehrenden

Die Planung von Unterricht erfolgt ausschließlich durch den Lehrer. Die Schüler haben auf diese kaum Einfluss – lediglich indirekt: So sollte die Veränderung von Erziehungszielen durch Kommunikationsprozesse zwischen Lehrern und Schülern möglich sein. Schüleräußerungen können auch eingehen in die Bewertung des Unterrichts, welche Einfluss auf weitere Planungen hat. Die im Konzept vorgesehenen Möglichkeiten zur Mitbestimmung sind sehr begrenzt, obwohl die Autoren zugleich die Mitbestimmung der Schüler an der Unterrichtsplanung „als eine Stufe auf dem Wege zum Erziehungsziel Emanzipation" (Grabski u.a. 1978, 34) sehen. Für den Einsatz der verhaltensmodifikatorischen Techniken ist ein Konzept aus Fremd- und Selbstkontrolle vorgesehen; prinzipiell wird dabei auch den Lernenden eine aktive Rolle zugewiesen. Unter welchen Bedingungen und wann diese die Selbstkontrolle übernehmen können, bleibt allerdings unklar.

Passung für die Pädagogik bei Verhaltensstörungen

Grabski u.a. (vgl. 1978, 31) verstehen ihr Modell nicht als Spezialmaßnahme für Schüler mit Verhaltensauffälligkeiten, halten es jedoch gerade im Hinblick auf den Unterricht mit diesen Schülern für erforderlich, sich an dem Konzept des strukturierten Unterrichts (vgl. 5.1) zu orientieren. Dabei gehen die Autoren von der Annahme aus, dass strukturierter Unterricht zur Erhöhung der Lernmotivation sowie der Bereitschaft, sich am Unterrichtsgeschehen aktiv zu beteiligen, beiträgt und damit „nur in Ausnahmefällen Auslöser für das Entstehen und Auftreten von Lern- und Verhaltensstörungen ist" (ebd.).

Die Strukturierung von Unterricht soll unterrichtsbezogenes Verhalten erleichtern, indem intensive Steuerreize gesetzt werden. Zusätzlich können verhaltensmodifikatorische Techniken zum Einsatz kommen, soweit diese mit dem übergeordneten Erziehungsziel vereinbar sind: Grabski u.a. (vgl. 1978, 39) gehen davon aus, dass das im Unterricht erforderliche Sozialverhalten bei Schülern mit Verhaltensauffälligkeiten nicht vorausgesetzt werden kann, sondern erst aufgebaut werden muss. Daher halten die Autoren die Strukturierung des Unterrichts allein nicht für ausreichend und sehen die Notwendigkeit, zusätzlich ein Bekräftigungsprogramm anzuwenden, das nicht auf einzelne Schüler, sondern auf die gesamte Lerngruppe bezogen ist.

Bei der Erprobung des Konzeptes im Rahmen eines Unterrichtsversuchs in einer 5./6. Klasse einer Heimschule für Erziehungshilfe (11 Schüler) kamen die Autoren unter anderem zu dem Ergebnis, dass die Sequenzierung von Lehrzielen und -inhalten und eine entsprechende Planung der Unterrichtsabläufe in Verbindung mit positiver Bekräftigung dazu beitragen, dass unterrichtsbezogenes Verhalten vermehrt auftritt und Verhaltensstörungen reduziert werden. Außerdem konnten weitere Veränderungen in dieser Richtung erreicht werden, indem zusätzlich Selbstkontrolltechniken in Verbindung mit dem Abschluss von Verträgen eingesetzt wurden, womit sich diese Methoden nach Meinung der Autoren ebenfalls als effektiv erwiesen (vgl. Grabski u.a. 1978, 122f.). Dabei ist natürlich die sehr kleine Stichprobe kritisch zu berücksichtigen.

Der Anspruch des Konzeptes geht dahin, kognitive, „pragmatische" und sozialemotionale Aspekte möglichst gleichgewichtig zu berücksichtigen (vgl. ebd., 38f.), also eine kognitive Dominanz zu vermeiden. Insbesondere die Betonung sozialemotionaler Elemente wird dabei im Hinblick auf die Pädagogik bei Verhaltensstörungen hervorgehoben – auch die Förderung eines Gruppenbewusstseins der Lernenden. Insofern wird versucht, durch integrierte Berücksichtigung und Abwägung dieser Aspekte den spezifischen Bedürfnissen bei Verhaltensstörungen gerecht zu werden.

Kritische Betrachtung

Im Versuch der starken Strukturierung legt das Konzept von Grabski u.a. (vgl. 1978) besonderen Wert auf die Sequenzierung der Lehrziele und -inhalte sowie auf eine klare Planbarkeit von Unterricht. Dabei ist allerdings die Gefahr hoch, Möglichkeiten flexibler Planungsänderung schwierig bis unmöglich zu machen und so auch akuten Störungen im Unterrichtsgeschehen kaum gerecht werden zu können. Auch die starke Lehrerzentrierung ist problematisch; nur aus der jeweiligen Perspektive des Lehrers wird Rücksicht auf die Bedürfnisse der Schüler genommen, wenig jedoch von den Schülern selbst aus. Allerdings ist vorgesehen, dass über Wege der gemeinsamen Kommunikation diese Bedürfnisse vom Pädagogen aufgenommen werden können. Durch die grundsätzliche Befürwortung strukturierten Unterrichts gelten die weiter unten unter 5.1 genannten Kritikpunkte prinzipiell auch für das hier betrachtete Konzept.

Die Orientierung an der „Berliner Schule" bezieht sich insbesondere auf die Aspekte der sorgfältigen Curriculum-Analyse und -Konzeption: Curriculum und Methoden sollen den Prinzipien der Interdependenz, der Variabilität und der Kontrollierbarkeit genügen (vgl. ebd., 37). Dadurch erfolgt eine Zentrierung auf

Fragen der Curriculumkonstruktion und -umsetzung, welche die erwähnte Gefahr der mangelnden Flexibilität von Lernprozessen birgt. Trotz der vorgebrachten Forderung nach Variabilität wird Planung doch eher linear verstanden. Das Modell weist zwar eine Orientierung an der „Berliner Schule" auf, ist jedoch von dessen späterer Weiterentwicklung zur „Hamburger Schule" (vgl. 4.3) recht weit entfernt. Die letztgenannte Weiterentwicklung im Rahmen der lehrtheoretischen Didaktik mit ihrer stärkeren Schülerorientierung, insbesondere im Sinne der Planung in der Lerngruppe (vgl. Schulz 1980a; 1995a), wäre sicherlich angesichts der Propagierung strukturierten Unterrichts schwerer in das Konzept zu integrieren gewesen.

Der Einsatz verhaltensmodifikatorischer Methoden im Sinne einer kooperativen, nicht-manipulativen Arbeit stellt zwar ein für die Pädagogik bei Verhaltensstörungen zu reflektierendes Konzept dar (vgl. dazu näher 5.7.2) – es wird jedoch im dargestellten Modell nicht klar gemacht, auf welche Weise konkret verhaltensmodifikatorisch gearbeitet werden könnte und wie Manipulation durch einen selbststeuernden Einbezug der Lernenden zu verhindern ist: Zwar wird Bezug genommen auf einen Fünf-Stufen-Plan (ebd., 27) – aber da Selbstkontrolle als „letztes Ziel" verhaltensmodifikatorischer Arbeit dargestellt wird, bleibt die kritische Frage nach dem genauen Weg der Überführung von Fremd- in Selbstkontrolle ungeklärt. Auch diesbezüglich sei auf die Kritik im folgenden Hauptkapitel unter 5.3 sowie 5.7.2 verwiesen.

4.5 Kritisch-kommunikative Didaktik

Im Zentrum dieser didaktischen Schulen, deren Hintergrund die Kritische Erziehungswissenschaft ist, steht der Aspekt der Kommunikation. Kommunikative Didaktik wird im Folgenden am Beispiel der kritisch-kommunikativen Konzeption von Rainer Winkel (vgl. 1995) erörtert. Dieser versteht seine Theorie explizit als Ergänzung, Fortführung und Korrektur der beiden (hier unter 4.2 und 4.3 erörterten) klassischen didaktischen Richtungen (vgl. ebd., 81).

Emanzipation ist hier gleichsam Ziel sowie Bedingung des Unterrichts. Als kritisch wird diese Didaktik im Sinne einer Zielsetzung der „Verbesserung der menschlichen Dinge" (ebd., 79) hin zu Demokratisierung und Humanisierung aller Lebensbereiche durch kritische Hinterfragung und Reflexion vorhandener Wirklichkeiten verstanden. Kommunikation sieht Winkel dabei einerseits als Tatsache des Unterrichtsprozesses als eines grundsätzlich kommunikativen Geschehens, andererseits jedoch auch als Zielsetzung im Sinne kommunikativer Kompetenz zum kritischen Diskurs. Unterricht sollte kommunikativer, kommunikativ anspruchsvoller werden (vgl. ebd., 80). Auch Metakommunikation stellt ein wesentliches kritisches Element dar: die gemeinsame reflektierende Verständigung über Kommunikation. Dem Aspekt der Störungen kommt in diesem Modell der Didaktik und des Unterrichts besondere Beachtung zu: *„Eine Unterrichtsstörung liegt dann und nur dann vor, wenn der Lehr- und Lernprozess bedroht ist, abbricht oder in der Perversion endet"* (Winkel 2009, 31). Da Störungen oft vom Unterricht her interpretiert werden, legt Winkel Wert darauf, umgekehrt Unterricht von den Störungen her zu konzipieren (vgl. 1993, 37ff.).

Grundlegend erfolgt eine kritische, deskriptiv-empirische Analyse des Unterrichts unter Beachtung von vier zentralen, als interdependent verstandenen Aspekten (vgl. Winkel 1995, 85ff.):

- *den Vermittlungen*: „Lerngriffe" und Lernakte, Medien, Methoden, Gliederung, Organisation
- *den Inhalten*: Lehrplanebenen (ideale / offizielle / geheime Curriculumstrategien) sowie Stufen der Sacherfahrung (Bezugnahme, Erschließung, Integration)
- *den Beziehungsstrukturen*: Elemente, Richtungen und Formen sozialer Interaktion
- *der Störfaktizität*: Störungsarten, -festlegungen, -richtungen, -folgen und -ursachen

Grundlage ist hier das Strukturgitter der lehrtheoretischen Didaktik – in eine „andere Dynamik gestellt" (ebd., 83). Unterrichts-Planung und -Analyse bilden einen „zirkulären Fortführungsprozeß" (ebd., 89). Im Rahmen dieses Zirkels wird die Planung dreifach rhythmisiert: zum ersten in das Arrangement, zum zweiten in Vermittlungshilfen und zum dritten in Lösungssituationen. Evaluation sollte über die dreifache Reproduktionsfunktion von Schule (Qualifikation, Selektion und Legitimation) grundsätzlich hinausreichen (vgl. ebd., 87f.); vonnöten ist Winkel zufolge stets die kritische Hinterfragung dieser zur Selbstverständlichkeit der Schule gewordenen Funktionen, die letztlich Gestaltungsmöglichkeiten für eine humane Zukunft entschieden beeinträchtigten.

Aus solch massiver Kritik an diesen Funktionen und ihrer unhinterfragten schulischen Verankerung heraus verweigert sich die kritisch-kommunikative Didaktik dem Evaluationsaspekt (vgl. ebd.). Damit werden Leistungen jedoch nicht als bedeutungslos gesehen: aber Lehrer und Beziehungen müssten mit in den Blick kommen.

> *„Dazu* aber sind keine Zensuren und Testverfahren notwendig, sondern rationale Diskurse – übrigens auch über Zensuren und Testverfahren, die aber, so gesehen, den Sinn bekommen könnten, die Beiträge der Diskutierenden über ‚Leisten *wozu?*' und ‚Beurteilen *warum?*' ein wenig ‚objektiver', ‚reliabler' und ‚valider' zu gestalten" (ebd., 88).

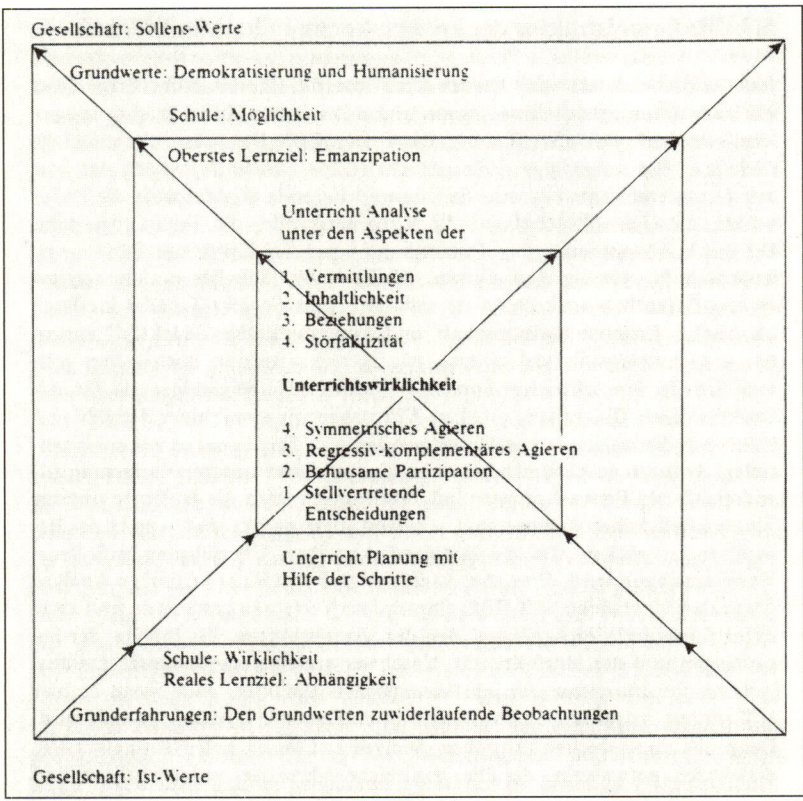

Abb 07: Analyse- und Planungskonzept der kritisch-kommunikativen Didaktik (Winkel 1995, 84)

Rollen von Lernenden und Lehrenden

Um Schüler, Lehrer und Eltern nicht zu überfordern, kann die anzustrebende möglichst weitgehende Partizipation der Lernenden in Form einer Art vierfacher Stufung erfolgen, die Winkel (vgl. 1995, 83) folgendermaßen skizziert:

- stellvertretende Entscheidungen
- behutsame Partizipation
- regressiv-komplementäres Agieren (womit die Zurücknahme autoritärer Verhaltensweisen zugunsten eines gegenseitigen Ergänzens gemeint ist)
- symmetrisches Agieren (möglichst viel und oft)

Damit ist als grundsätzliches Ziel im Sinne der letzten Stufe ein symmetrisches Agieren bestimmt. Allerdings ist zu fragen, wer die jeweils aktuelle Stufe der Entscheidung und Partizipation feststellt – hier scheinen am ehesten die Pädagogen in Frage zu kommen.

Passung für die Pädagogik bei Verhaltensstörungen

Husslein (vgl. 1989, 476) hält die kritisch-kommunikative Didaktik und insbesondere den auf Störungen zentrierten Ansatz von Winkel für bedeutsam im Hinblick auf den Kontext der Verhaltensstörungen. Ähnlich sieht es Hillenbrand (vgl. 1999, 35f.; 2011, 36f.). Von besonderer Relevanz scheinen in der Tat bei näherer Betrachtung einerseits die vierfache Stufung der Partizipation, andererseits die differenzierte Berücksichtigung von Störungen. Unterricht wird als „vornehmlich *gestörter* Unterricht" (Winkel 1995, 82) betrachtet, als eine stetige Abfolge von Störungen, die neben den Aspekten der Vermittlungen, der Inhalte und der Beziehungen der didaktischen Berücksichtigung bedürfen (vgl. auch Winkel 2009).

Winkel (vgl. 1995, 86f.) schlägt eine fünffache Strukturierung vor, die einer Analyse aktuell auftretender Störungen dienen kann, an welche sich dann eine entsprechende Veränderung der Planung (Lernformen, Ziele, Zwischen-Ziele, Medien usw.) anschließt. Dabei nennt er die folgenden Aspekte:

- *Störungsarten*: etwa bestimmte Arten von Verhaltensstörungen aggressiver oder regressiver Art, primär kognitive Störungen, Störungen aus dem Umfeld usw.
- *Störungsfestlegungen*: Ursprünge von Störungen; etwa vom Lehrenden, vom Lernenden oder vom Lernprozess her
- *Störungsrichtungen*: Ausrichtung der Störung etwa auf eine bestimmte Person, eine Gruppe, auf bestimmte Objekte oder gegen bestehende Normen
- *Störungsfolgen*: etwa Unterbrechung des primären Lerngeschehens, Verstimmung von Beteiligten, physische oder psychische Verletzungen
- *Störungsursachen*: gesellschaftlicher, schulischer, unterrichtlicher oder psychisch-sozialer Bereich

Die hier von Winkel vorgenommene fünffache Differenzierung beschränkt sich eben allerdings auf die reine Störungs-*Analyse*; ein ergänzender direkter Handlungsbezug zwischen Störungen und Planungsänderungen wäre wünschenswert: Zu fragen wäre hier, wie auf Basis der vollzogenen Analyse die aufgetretenen Störungen konkrete Berücksichtigung finden könnten.

Kritische Betrachtung

Eine Konkretisierung curricularer Planung erfolgt nur sehr knapp; angesichts der grundsätzlichen Orientierung am Verfahren der lehrtheoretischen Didaktik gilt die dort geäußerte Kritik, positiv wie negativ, auch hier, soweit sie nicht durch die Ergänzungen des Winkelschen Modells aufgehoben wird: Insbesondere makrosystemische Aspekte sollen im Rahmen der kritisch-kommunikativen Didaktik deutlicher berücksichtigt werden. Die explizit kritische Ausrichtung des Konzepts ist ein unverzichtbarer Beitrag zur Didaktik-Diskussion – birgt allerdings für die Arbeit in autoritären Strukturen einiges an Konfliktpotential. Dies ist einerseits konsequent, andererseits im Hinblick auf Umsetzungsversuche nicht unbedingt erleichternd.

4.6 Gestaltpädagogische Didaktik

Aus der Gestaltpädagogik heraus wurde seit Ende der 1980er Jahre ein bislang allerdings recht knapp gefasster didaktischer Ansatz entwickelt (vgl. Burow, Quitmann & Rubeau 1987; Burow 1988; Burow 1993). Diese Konzeption gestaltpädagogischer Didaktik wird als grobes Raster und zunächst auch nur als ein „Reflexionsinstrument" zur bewussten Strukturierung unterrichtlichen Geschehens verstanden (vgl. ausführlicher bei Stein 2005, 91ff.).

Allgemeine Zielsetzungen sind das Wachstum der Persönlichkeit, die Förderung von intersubjektiven Beziehungen sowie von persönlich bedeutsamen Lernerfahrungen über Eigentätigkeit und den direkten Kontakt mit der Realität. Eine stärkere Strukturierung didaktischer Gedanken wird bewusst vermieden; weitergehende Spezifizierungen hinsichtlich der Inhalte und der Evaluation werden nicht vorgenommen.

Drei grundlegende Aspekte des Unterrichts versucht die gestaltpädagogische Didaktik integrativ zu berücksichtigen (vgl. Burow 1988, 191; Burow u.a. 1987, 26ff.):

- *Fachlicher Aspekt*: Inhalte spezifischer Fächer sowie fachübergreifende Aspekte – bei Einbezug der Fachdidaktiken
- *Psychologischer Aspekt*: lebensgeschichtliche Inhalte der Lernenden und Lehrenden, Gruppendynamik sowie aktuelle Befindlichkeiten – hier ist eine „psychologische Didaktik" unter Einbezug von Methoden der Gestaltpädagogik zu verorten
- *Gesellschaftspolitischer Aspekt*: gesellschaftliches sowie ökologisches Umfeld – bei Einbezug von Methoden der politischen Didaktik

Im Zentrum didaktischen Handelns und didaktischer Realität wird der psychologische Aspekt verortet. Dahinter steht die Annahme, dass sich über ein „persönliches Involviertsein" (Burow 1988, 193) quasi automatisch eine Integration der drei Aspekte ergibt. Ein weiteres integratives Merkmal dieses didaktischen Ansatzes besteht darin, dass affektives und kognitives (sowie auch körperliches) Lernen als grundsätzlich miteinander verbunden gesehen werden.

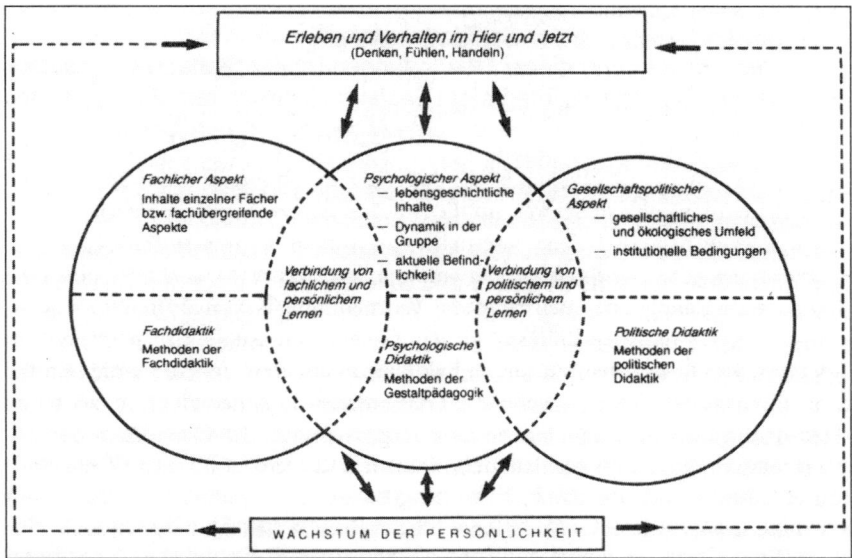

Abb. 08: Gestaltpädagogische Didaktik nach Burow (Burow 1988, 191)

Zentrale Prinzipien dieser Didaktik sind die aus der Gestalttherapie stammende Hier-und-Jetzt-Zentrierung (im Sinne der Zentrierung auf das Gegenwärtige), die Konzentration auf Bewusstheit und Kontakt sowie das Prinzip des Vorranges von Störungen aus der Themenzentrierten Interaktion. Nicht nur dieser Vorrang von Störungen, sondern auch das „Kugeldreieck" der Themenzentrierten Interaktion wurden eng in das didaktische Konzept der Gestaltpädagogik eingebunden. Das Strukturmodell der Themenzentrierten Interaktion bildet eine zentrale Grundlage didaktischen Handelns: im Sinne des dynamischen Auspendelns von *Es-*, *Ich-* und *Wir-* sowie *Globe-*Aspekten (vgl. hierzu 4.1).

Die Planung des Unterrichts soll sich an den folgenden zwölf handlungsleitenden Prinzipien orientieren (vgl. Burow 1988, 97ff.):

- *Prinzip der Konzentration auf den Kontakt* (im Sinne der Wahrnehmung von Kontaktvorgängen)
- *Hier-und-Jetzt-Prinzip* (im Sinne der Gegenwartszentrierung)
- *Prinzip der Personenzentrierung*: Unter Bezug auf Rogers (vgl. Burow 1988, 100f.) wird die Begegnung zwischen Personen in den Vordergrund gestellt – Unterricht dient primär der Begegnung, sekundär der Vermittlung von Fachwissen.
- *Prinzip der Bewusstheit (awareness)*: als Selbst-Bewusstheit und Selbst-Erkenntnis, als genaue Wahrnehmung gegenwärtiger Geschehnisse, auch als Voraussetzung freier Wahlen (von Lern-Wegen und Lern-Inhalten) – und im Sinne der Bewusstseinserweiterung.

- *Prinzip des Lernens durch Erfahrung*: Ziel ist die freie Kontaktaufnahme mit Menschen, Inhalten, Erlebnissen ohne (Lern-) Blockaden.
- *Prinzip des Self-Support*: Ähnlich wie bei Rogers (vgl. 1983) wird davon ausgegangen, dass jeder Mensch ein zu wenig genutztes Potential selbstunterstützender Fähigkeiten besitzt. Dieses gilt es zu aktivieren. Ziel ist dabei über die Stärkung des Selbstbewusstseins eigener Möglichkeiten eine erhöhte Autonomie. „Für den Unterricht bedeutet dieses Prinzip die Aufgabe des pädagogischen Ziels, für alle zur gleichen Zeit das gleiche unterrichten zu wollen" (Burow 1988, 105).
- *Prinzip der geschlossenen Gestalt*: Situationen, Erlebnisse, „Geschäfte" (ebd., 106) werden im Rahmen der menschlichen Wahrnehmung zu Ganzheiten (Gestalten) strukturiert. Menschen drängen danach, Gestalten vollständig zu schließen. Im Unterricht gilt es daher, auf die individuellen Gestalten zu achten, die sich bei Schülern entwickeln. Des Weiteren ist das Entstehen unerledigter „Geschäfte" zu vermeiden oder für deren Abarbeitung Sorge zu tragen.
- *Prinzip der Integration* von Handeln, Fühlen und Denken bzw. von Leib, Seele und Geist
- *Prinzip der Verantwortlichkeit*: Gemeint ist Verantwortlichkeit Lehrender wie Lernender gegenüber sich selbst sowie gegenüber der Mit- und Umwelt. „Von daher verbieten sich Normierung und Verplanung von Lernprozessen, es sei denn, sie ergeben sich aus einer gemeinsam getragenen Vereinbarung der Lerngruppe" (ebd., 111).
- *Prinzip des dialogischen Lernens und Lehrens*: „Lehren und Lernen sollen demnach so angelegt sein, daß sie zu einer Überwindung von Objektbeziehungen beitragen und intersubjektive Begegnungen ermöglichen" (ebd., 112). Über intersubjektiven Kontakt soll dabei auf die „Eigenwelt" des anderen Rücksicht genommen werden, wobei Lehrende auch immer Lernende sind. Grundbedingung dieses Lernens sind konsequent demokratische Arbeitsformen.
- *Prinzip der Synergie*: Basis dieses pädagogischen Prinzips ist die Erkenntnis, dass die Welt eine hochkomplexe Verflechtung einer unüberschaubaren Fülle von Teilsystemen darstellt. Ziel der Arbeit ist der dialogische intersubjektive Kontakt zur Welt mit besonderem Fokus auf den Weiterentwicklungsmöglichkeiten menschlicher Existenz. Dabei wird versucht, das eigene Eingebundensein in solche komplexen Zusammenhänge für Schüler erlebbar und bewusst zu machen.
- *Prinzip der Freiwilligkeit*: Freiwilligkeit stellt die Basis aller Lernprozesse dar. „Das Prinzip der Freiwilligkeit gründet so in einer unbedingten Achtung vor der Würde und der Integrität des anderen. Es basiert darüber hinaus auf dem Vertrauen in die Fähigkeit des anderen, seinen eigenen Weg finden zu können" – so Burow (ebd., 117). Dabei problematisiert er unter Bezug auf Goodman auch das Problem bzw. Paradox der Anwendung „von ‚freiheitsfördernden' Methoden im Rahmen verpflichtender Bedingungen" (Burow 1988, 117): in der Schule als Pflichtraum (im Unterschied zu therapeutischen Situationen). Damit besteht

eine wichtige Aufgabe im Rahmen freiwilliger Lernprozesse auch darin, die Grenzen der Freiheit herauszuarbeiten und zu erkennen.

Diese zwölf Prinzipien werden ergänzt durch ein Inventar aus gestaltpädagogischen Methoden und Übungsformen, wozu insbesondere die folgenden, hier nur knapp skizzierten, zählen (vgl. ebd., 175ff.; Burow u.a. 1987, 32ff.):

- *Identifikation / Projektion*: mit realen Personen, fiktiven Personen oder Objekten
- *Phantasiereisen*: im Sinne einer „affektiven Aufladung" von Inhalten, des Einbezugs multipler Sinneskanäle, der Verdeutlichung von Inhalten sowie der Förderung von Kreativität, Phantasie und Entspannung
- *Rollenübernahmen*: im Sinne konkreter Rollenspiele sowie auch verstanden als offen gemachter interner „Dialog zweier Seiten" einer Person einschließlich dessen Auswertung zur Klärung
- *feed-back-Phasen*: als Verbindung zu Unterrichtsinhalten, wie etwa gegenseitiges feed-back zwischen Schülern unter Verwendung von englischsprachigen Adjektiven; als Einbezug des „Hier-und-Jetzt" der Unterrichtssituation sowie wiederum als „affektive Aufladung" von Inhalten
- Übungen zum Selbst- und Fremdbild: im Sinne der Aktivierung selbstunterstützender Tendenzen und Kräfte („self-support"), des akzeptierenden Umganges mit sich und auch mit anderen; bei Vernetzung mit Inhalten
- Übungen zu Körperkontakt und Bewegung: im Sinne eines „ganzheitlichen" Lernens; unter Einbezug kathartischer Effekte; zugunsten des Kontaktes mit sich selbst und mit anderen

Neben diesen Methoden nennt Burow (vgl. 1988, 175ff.) des Weiteren noch kreative Medien, deren Einsatz der Förderung von Eigentätigkeit, Kreativität, Selbstausdruck sowie Selbst- und Fremd-Kontakt dienen soll.

Rollen von Lernenden und Lehrenden

Im Vordergrund steht die Selbststeuerung der Lernenden im Lernprozess. Wenn reichhaltiges Material und die Möglichkeit selbstgesteuerter, nicht didaktisch gegängelter Sacherfahrungen zur Verfügung stehen, stellen sich Interesse, Fragen und Lernen von selbst ein. Aufgabe der Lehrer ist es, als „Facilitator", als „Lern-Erleichterer", die Spontaneität und die Selbststeuerung der Schüler zu unterstützen und dabei insbesondere auf Brüche und Störungen im Lernprozess einzugehen (siehe auch 5.2). Zur Erweiterung ihrer sozialen Kompetenz und ihrer Sensibilität für die Wahrnehmung von Kontaktvorgängen müssen sich die Lehrenden auf einen kontinuierlichen Prozess der Selbsterfahrung einlassen.

Passung für die Pädagogik bei Verhaltensstörungen

Obwohl davon ausgegangen wird, dass über persönliches Involviertsein auch fachlich-inhaltliches Lernen möglich ist, sich Momente (persönlich bedeutsamen) inhaltlichen Lernens quasi automatisch einstellen, tritt im Gesamtbild der Sachaspekt doch hinter die Aspekte der sozialen Kompetenz, des sozialen Kontaktes, der Selbsterfahrung und des Persönlichkeitswachstums zurück. Dies scheint zwar zunächst insbesondere für eine Pädagogik bei Verhaltensstörungen günstig, ist jedoch im Hinblick auf eine ausgewogene Mitberücksichtigung curricularer Erfordernisse und Ziele auch kritisch zu beurteilen. Diese Berücksichtigung curricularer Inhalte scheint nicht nur aus Sicht der klassischen Schulpädagogik, sondern auch im Hinblick auf die gesellschaftliche Integration der Lernenden nach der Schule bedeutsam. Bei konsequenter Realisierung einer Balance der drei didaktischen Aspekte sowie einer Balance kognitiver, emotionaler und körperlicher Momente könnte das Konzept allerdings der grundsätzlichen Prävention von Störungen dienlich sein.

Die Arbeit mit und an Störungen ist, auch über Elemente der TZI, ein wesentliches Moment gestaltpädagogischer Didaktik. Dabei wird eine Störung wie in der TZI als bedeutsame Komponente einer Situation und als kreative Anpassung betrachtet und somit auch nicht in besonderem Maße zwischen Menschen mit und ohne Verhaltensauffälligkeiten unterschieden (vgl. Prengel 1989). Es kann allerdings zu einer Verfestigung von Blockierungen kommen, welche durch die gestaltpädagogische Arbeit grundsätzlich wieder zurückgeführt zu werden vermag: im Sinne einer Wiederherstellung des lebendigen Organismus-Umwelt-Austausches und des Kontaktes sowie Persönlichkeitswachstums und damit ohne sonderpädagogische Erweiterungen oder Veränderungen der Arbeit. Ganz grundsätzlich wird auch davon ausgegangen, dass Blockierungen durch unmittelbare, persönlich bedeutsame (Lern-) Erfahrungen aufgehoben werden können oder erst gar nicht entstehen. Insofern betrachtet die Gestaltpädagogik das Konzept der Verhaltensauffälligkeit sehr kritisch. Allerdings wird letztlich im Verständnis von überdauernden Blockierungen ein personorientierter Standpunkt beibehalten. Dieser findet aber wiederum eine Auflösung durch die Fokussierung auf dialogische Interaktionssituationen: Blockierungen erscheinen nur im Kontakt Mensch-Mensch oder Mensch-Thema. Schließlich wird im Rahmen gestaltpädagogischer Arbeit höchster Wert auf Individualisierung des Lernens gelegt. Diese kann der Prävention von Verhaltensstörungen dienen, jedoch auch der Intervention bei bereits vorliegenden Störungen.

Kritische Betrachtung

Im Bereich der Lernebenen ist, bei Zentrierung auf affektives und kognitives Lernen, eine mangelnde explizite Berücksichtigung des psychomotorischen/körperbezogenen Moments in der Didaktik festzustellen. Dabei finden körperliche Aspekte allerdings im gestaltpädagogischen Ansatz ansonsten durchaus Berücksichtigung, wie etwa eine Betrachtung des skizzierten Methodenkanons deutlich macht.

Aufgrund der großen Offenheit bestehen keine Beschränkungen des didaktischen Feldes – allerdings bleibt der Ansatz auch sehr allgemein, wenig strukturiert und verzichtet auf nähere Aussagen zu wichtigen Bereichen. Eine systemische Sichtweise ist damit integrativer, jedoch kaum explizit gemachter oder weiter ausdifferenzierter Bestandteil des Konzepts: etwa im Sinne des Zusammenspieles oder der didaktischen Berücksichtigung verschiedener Systemkomponenten pädagogischer Handlungsfelder. Allerdings wird die makrosystemische Ebene über die besondere Beachtung gesellschaftspolitischer Inhalte mit aufgenommen.

Verständigung und Kommunikation stellt der didaktische Ansatz über die psychologische Seite, noch stärker als in kommunikativen Didaktiken (vgl. 4.5), in den Vordergrund. Dabei gerät allerdings, wie bereits erwähnt, der für schulischen Unterricht wichtige Aspekt der Vermittlung von Inhalten im Gesamtbild allzu stark ins Hintertreffen. Es droht über eine solche „Psychologisierung" auch ein erhebliches Verschwimmen der Grenzen zwischen pädagogischer und therapeutischer Arbeit mit allen Risiken, die dies nach sich ziehen kann (vgl. auch 3.7 sowie Willmann 2012).

Die gestaltpädagogische Didaktik stellt neben der im Folgenden skizzierten Subjektiven Didaktik das jüngste der hier berücksichtigten Modelle dar und befindet sich in der Entwicklung – ein wirklich *entwickeltes* Konzept steht nach Burow (1988, 189) noch aus.

4.7 Subjektive Didaktik

Bei der Subjektiven Didaktik handelt es sich um das jüngste der hier erörterten Didaktik-Modelle. Sie wurde von Edmund Kösel in einer umfassenden Arbeit 1993 vorgelegt (vgl. jedoch bereits Kösel 1991 sowie auch Kösel & Feller 1998), die später in Form einer mehrbändigen Schrift nochmals eine deutliche Erweiterung erfuhr (vgl. Kösel 2002; 2007a; 2007b).

Grundprinzipien dieses didaktischen Modells sind Subjektivität und Konstruktivismus sowie ein systemisches, vernetztes Denken in einer komplexen (postmodernen) Gesellschaft. Im Rahmen der „Modellierung" des Unterrichts wird eine Ausbalancierung von Ich-, Wir- und „Sach"-Komponente angestrebt. Damit wird der Themenzentrierten Interaktion eine tragende, die gesamte Arbeit durchziehende Rolle zugewiesen. Ich, Wir und „Sache" bilden über ihren Zusammenhang (die sogenannte horizontale Zirkularität) sowie die Aspekte des Prozess-Charakters und der Rekursivität (der sogenannten vertikalen Zirkularität) eine „didaktische Spirale" – die Entwicklung didaktischen Handelns und Geschehens wird also in einer solchen Spiral-Form gesehen.

Alle Beteiligten, so Kösel (vgl. 1993, 171f.), gehen mit „Vortheorien" und „subjektiven Distanzen" zum Lernthema in den Lernprozess hinein. Die Aneignung von Erfahrung verläuft strukturdeterminiert und selbst-referentiell: Lebewesen sind grundsätzlich bestrebt, in einem stetigen Prozess die Elemente, aus denen sie bestehen, selbst zu erzeugen, zu erhalten und auch zu regenerieren. In diesem Sinne erzeugen sich Lebewesen also auch dauernd selbst, sind selbst-referentiell, selbst-rückbezüglich. Maturana & Varela (vgl. 1987, 50) bezeichnen diese Funktion des „Sich-Selbst-Machens" als Autopoiese. Auf dieser Basis der Selbsterzeugung und ausgehend von den je individuellen Strukturen werden neue Erfahrungen gemacht und verarbeitet: Die Überprüfung dieser neuen Erfahrungen erfolgt immer auf Basis der erworbenen und vorhandenen Erfahrungen, auf Basis dessen, was sich in der Vergangenheit bewährte (vgl. Kösel 1993, 200).

Verschiedene weitere Konzepte werden zur Entwicklung dieses didaktischen Modells herangezogen: neben der integrierten Persönlichkeitstheorie von Epstein (in einer von Kösel selbst weiterentwickelten Fassung) sind dies Transaktionsanalyse, Psychodrama, Neurolinguistisches Programmieren, Gestaltpädagogik (in der späteren Überarbeitung nicht mehr genannt), Interaktionspädagogik und Kommunikationsmodelle sowie Aspekte der nichtdirektiven Gesprächsführung.

Kösel (vgl. 1993, 35) versteht das Modell nicht als eine Einheits-, sondern als eine „Finde-Theorie" im Sinne eines heuristischen Charakters.

Aufgrund des konstruktivistischen Ausgangspunktes, welcher die Subjektivität des Lernens in den Vordergrund stellt, beurteilt es Kösel als unmöglich, Lernprozesse genau zu planen. Daher müssen vielfältige Entwürfe von Lernwelten und Modellierungsangebote vorgesehen werden. Kösel (vgl. ebd., 236ff.) beschreibt Unterricht als eine „Didaktische Landschaft" und ein „Didaktisches Feld" (siehe Abb. 11 und 12), innerhalb derer verschiedene didaktische Formen entstehen und sich entwickeln: Der Lehrende bringt „Morpheme" in den Unterricht ein: Energieeinheiten bzw. Planungsgebilde aus Zielen, Methoden und Medien, die als „ganzheitliche Gestalt" (ebd., 243) verstanden werden. Im didaktischen Handeln bilden diese die Grundlage für die Bildung von „didaktischen Korridoren": „Es ist der Versuch, die didaktisch reduzierte Komplexität in einen Handlungsrahmen in der *Zeit*, im *Raum* und im *Bewusstsein* zu gießen. Diese Formen ermöglichen es dem Lehrenden, überhaupt einen handhabbaren didaktischen Sinn zu entwerfen, der dann ... zur unterrichtlichen Kommunikation freigegeben wird" (Kösel 2002, 261). Die Morpheme sind in der Regel an einer für den Moment optimalen Unterrichtsgestaltung orientiert, dabei jedoch stets vorläufig, unvollständig und nicht als einzige Möglichkeiten zu denken. Didaktik ist daher – nicht-statisch – als didaktische Spirale zu verstehen (siehe Abb. 09).

Diese Morpheme sollen die je subjektiv geprägte Lern-Entwicklung der Individuen und der Gruppe beeinflussen, welche Kösel als „Ich-," bzw. „Wir-Chreoden" bezeichnet – wenngleich sie diese nicht bestimmen können: „Didaktische Morpheme und die bestehende Lernkultur bilden den ‚Untergrund' für das Driften von Lern-Chreoden" (ebd., 237). Chreoden bezeichnen also Entwicklungslinien, die rekursiv in der Interaktion zwischen Lernenden, Morphemen und Lehrenden entstehen (siehe Abb. 10).

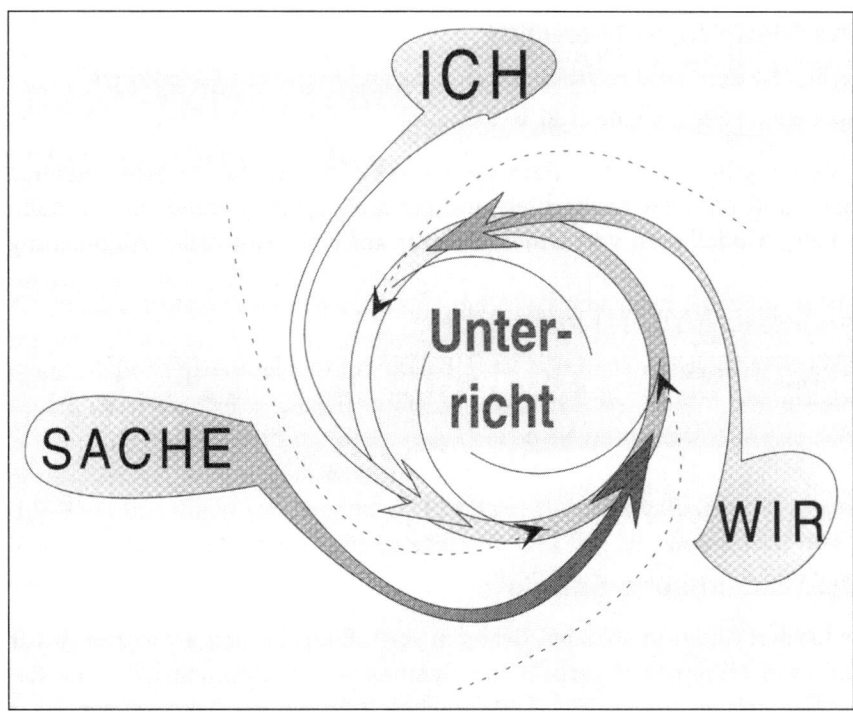

Abb. 09: Didaktische Spirale nach Kösel (Kösel 1993, 166)

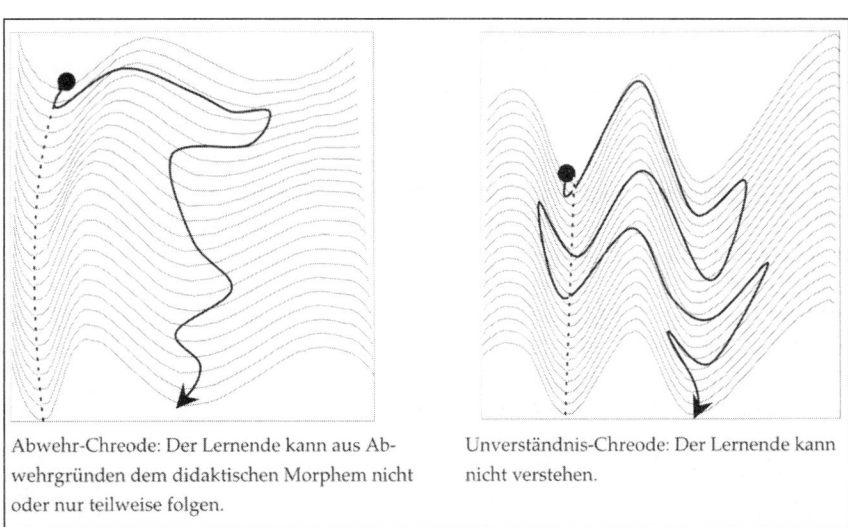

Abwehr-Chreode: Der Lernende kann aus Ab-
wehrgründen dem didaktischen Morphem nicht
oder nur teilweise folgen.

Unverständnis-Chreode: Der Lernende kann
nicht verstehen.

Abb. 10: Chreoden nach Kösel (Kösel 1993, 251f.)

Die Folge und Interaktion von didaktischen Morphemen und Chreoden nennt Kösel „Didaktische Formenbildung" (vgl. ebd., 243). Morpheme und Chreoden befinden sich innerhalb einer durch die Bedingungen umschriebenen „Driftzone". Bei dieser Driftzone handelt es sich um den „Interaktions-Raum, in dem sich Lehrende und Lernende begegnen" (ebd., 239); innerhalb dieser Zone driften die Chreoden der Lernenden. Allerdings driften auch Lehrende jeweils in eine bestimmte Richtung. Mit „Driften" ist hier die jeweilige Entwicklung der Lernenden und Lehrenden gemeint. Diese ergibt sich nicht durch Anpassung an die situativen Gegebenheiten, sondern über Entwicklung multipler Variationen aus der individuellen Strukturgeschichte durch die jeweilige Person.

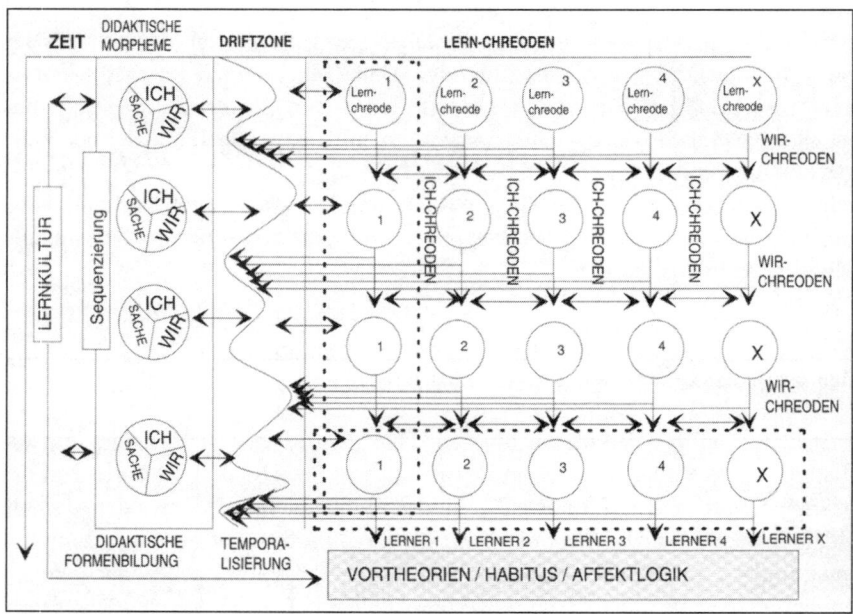

Abb. 11: Didaktisches Feld nach Kösel (Kösel 1993, 238)

Morpheme und Chreoden interagieren wechselseitig: Das heißt, dass die Planung sich am Lernprozess orientiert, wiederum jedoch auch den weiterlaufenden Lernprozess beeinflusst. Dabei können Lehrende nur versuchen zu erfassen, welche Chreoden vom Lernenden entworfen und verfolgt werden – auch unter Einsatz verschiedener spezifischer Methoden. „Wir werden niemals die volle Entfaltung einer solchen Chreode beim anderen sehen, erleben und vor allem nachvollziehen können" (ebd., 252).

Nicht nur die Modellierungsangebote, sondern auch Kontrolle und Bewertung sollten mehrdimensional gestaltet sein. Gefragt sind Kösel zufolge neue Formen der „gegenseitigen Leistungsinterpretation" (ebd., 306). Evaluationskriterien werden gemeinsam gebildet, am einzelnen Individuum orientiert und von den Lernenden angewendet. Hierfür schlägt Kösel (vgl. ebd., 307f.) den Einsatz von zeitlich begrenzten Leistungs- und Bewertungsverträgen vor, welche gemeinsam vereinbarte, explizit gemachte Bedingungen und Kriterien benennen.

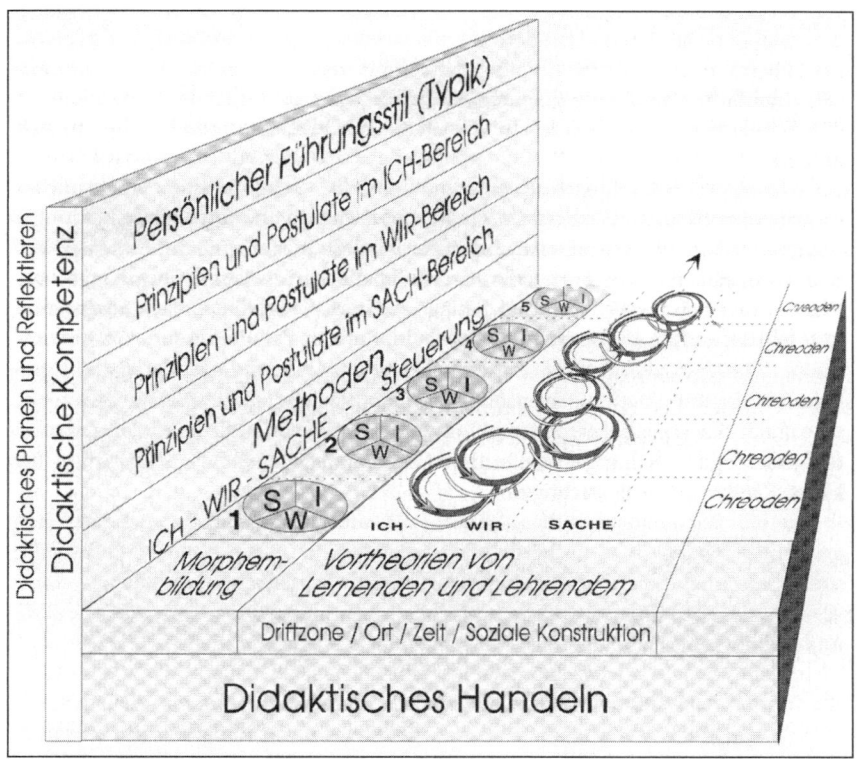

Abb. 12: Didaktische Landschaft nach Kösel (Kösel 1993, 190)

Rollen von Lernenden und Lehrenden

Didaktik kann nur eine Vereinbarungsdidaktik aller Beteiligten sein, in der Lehrende als sachkompetente, beratende Begleiter agieren (vgl. ebd., 244). Grundlegend wird eine organismische Selbstregulation mit Tendenz zu Selbstverwirklichung und Selbsterfüllung bei den Lernenden vorausgesetzt. Durch eine „Biographische Selbstreflexion" der Lehrenden müssen die stets vorhandenen subjektiven Leitbilder und Realitätstheorien (etwa hinsichtlich des Lehrens und Lernens) bewusst gemacht werden; dieser Selbstreflexion werden insbesondere drei Funktionen zugeschrieben (vgl. ebd, 273ff.): der Abbau wechselseitiger Übertragungen, Widerstände und Ängste zwischen Lehrern und Schülern; das Bewusstmachen eigener Realitätstheorien bezüglich der eigenen Person sowie bezüglich anderen und Dingen; schließlich das bewusste Kennenlernen der eigenen Lernstrukturen.

Allerdings weist Kösel (ebd., 241) auch darauf hin, dass zwischen Lehrenden und Lernenden ein entscheidender Unterschied besteht: „Der Lehrende hat in der Driftzone eine weit größere Definitions-Macht[1] über die Situation als der Lernende."

Passung für die Pädagogik bei Verhaltensstörungen

Der Unterricht ist am einzelnen Lernenden und der gesamten Lerngruppe orientiert. Bereits in den Morphemen finden Biographie und Vortheorien der Lernenden und Lehrenden Berücksichtigung, und der Unterrichtsverlauf folgt dem Lernprozess. Über- und Unterforderung als Quelle von Störungen können so vermieden werden. Orientierung am Lernprozess bedeutet außerdem, auftretende Störungen aufzugreifen und zu bearbeiten – auch hier wiederum im Sinne des Störungs-Verständnisses der Themenzentrierten Interaktion. Auch durch die individuell-konstruktivistische Sicht der Subjektiven Didaktik sind Störungen mitbedacht (vgl. dazu auch den Ansatz von Schlee 1992).

Regeln und Sanktionen werden grundsätzlich in der Lerngruppe vereinbart und sollen von den Lernenden als sinnvoll und notwendig betrachtet werden. Dies schließt das Setzen von Normen durch den Lehrer nicht aus, wenn zugleich auf seiner Seite das Erfassen und Akzeptieren der Wertsysteme anderer Beteiligter zugrunde liegt. Ein solches Vorgehen trägt dazu bei, dass die Regeln für die Schüler klarer werden und akzeptiert werden können.

Eng damit verbunden ist die geforderte kritische Auseinandersetzung des Pädagogen mit den eigenen sowie gesellschaftlichen Normen, was insbesondere im Hinblick auf das Vermeiden von Zuschreibungen („gestört") von Bedeutung ist. Auch in diesem Zusammenhang spielt die (biographische) Selbstreflexion der Lehrenden eine wesentliche Rolle.

Störungen werden aus der zugrunde liegenden systemtheoretischen Sicht als notwendige Anpassung des Individuums an das Milieu und die Situation betrachtet und müssen als solche bei der Unterrichtsgestaltung berücksichtigt werden (vgl. Kösel 1993, 253). Sie drücken sich insbesondere in den eingeschlagenen Lernwegen aus, den Chreoden, für die Kösel eine Chreodenanalyse eigens vorsieht. Hier werden Störungen explizit mit bedacht: etwa als ablenkende oder auf andere Inhalte gerichtete Energien des Lernenden, die Einfluss auf den Chreodenverlauf nehmen (vgl. ebd., 242) – sowie als Unverständnis, Abwehr oder Entwicklung von Aggressionen, die dazu führen, dass Lernende nur teilweise oder gar nicht dem Morphem folgen (vgl. ebd., 251f., sowie Abb. 10).

---

1 Begriff im Original fett gesetzt

Lernwege = Chreoden

Kritische Betrachtung

Das Konzept bezieht sich in seiner allgemeinen Orientierung explizit auf sehr verschiedene Lernkontexte (vgl. auch Kösel 1989; 1991). Die Übertragung des sehr offen gestalteten und sich von herkömmlichen Lehr-Lern-Methoden weit absetzenden Modells dürfte allerdings durchaus konfliktträchtig sein. Traditionelle Hierarchien und Rollenzuschreibungen in Lernsituationen werden in ebenso erheblichem Maße in Frage gestellt wie tradierte Methoden und Riten des Lehrens, des Lernens und der Evaluierung. Ähnlich wie bei Winkel sieht das Modell nicht explizit Möglichkeiten des Überganges von traditionellen pädagogischen Konzepten aus vor.

Das Modell ist ausdrücklich systemisch orientiert und berücksichtigt auch verschiedene Systemebenen.

Kritisch zu betrachten ist der recht abstrakte Charakter der Darstellungen, der auch zu zahlreichen Wiederholungen und Überschneidungen führt. Kösel bietet zwar verschiedene Beispiele, aber dennoch bleibt das Konzept deutlich entfernt von Möglichkeiten einer unmittelbaren Übertragung in die Praxis. Im Übrigen ist zu fragen, ob es wirklich nötig war, eine teilweise völlig eigene, neue Terminologie in die didaktische Diskussion einzuführen. Zwar drückt diese den programmatischen Charakter eines stark von didaktischen Standards abweichenden Modells aus – allerdings sollte ein solches Abweichen eher durch inhaltliche denn durch begriffliche Innovationen getragen werden.

4.8 Didaktische Theorien und Modelle: Fazit

Nach einer Zeit der Abgrenzung und Konkurrenz bewegten sich die klassischen didaktischen Modelle, insbesondere die hier unter 4.2, 4.3 und 4.5 stellvertretend beschriebenen Schulen, seit den 1980er Jahren aufeinander zu (vgl. Terhart 2005; Kron 2008, 67). Glöckel (1992, 319) beurteilt dies so: „Man hat immer deutlicher erkannt, daß sie nur Teilansätze sind, die jeweils einen bestimmten Aspekt der didaktischen Gesamtaufgabe abdecken und der Ergänzung durch andere bedürfen." Winkel (vgl. 1995, 81) begründet dies mit der hohen Komplexität, Vielschichtigkeit und Widersprüchlichkeit von Unterricht, den *eine* Theorie gar nicht vollständig erhellen könne. In diesem Sinne können Aspekte verschiedener Modelle einer effektiven pädagogischen Arbeit dienlich sein, abhängig von den persönlichen Vorlieben von Pädagogen sowie der Passung für jeweilige Lernsituationen.

Der hier gebotene kritische Überblick soll jedoch auch als Basis für die unter 6.2 erfolgende Entwicklung der Struktur eines integrativen didaktischen Modells aus Perspektive der Pädagogik bei Verhaltensstörungen dienen. Dort sollen, unter Rückbezug auf das entwickelte Verständnis von Verhaltensstörungen, auf verschiedene Formen der inklusiven, (auch gestuften) integrierten oder besonderen Unterrichtung sowie auf die herausgearbeiteten Sichtweisen von Lernen, Erziehung und der grundlegenden Unterrichtsprinzipien, tragende und hilfreiche didaktische Gedanken aufgegriffen und verarbeitet werden.

5 Unterrichtskonzepte

Im vorangegangenen Kapitel wurden unter dem Begriff der Didaktik allgemeine Modelle der Planung, Gestaltung und Auswertung des Unterrichts bei besonderer Berücksichtigung von Verhaltensstörungen betrachtet. Für eine konkrete Umsetzung kommen unterschiedliche Unterrichtskonzepte in Frage. Dabei gilt es zu berücksichtigen, dass bestimmte Formen des Unterrichts auch jeweils bestimmte Formen der Planung und Auswertung erforderlich machen und dass umgekehrt nicht jedes Unterrichtskonzept für die Umsetzung bestimmter didaktischer Vorstellungen geeignet ist.

Im Folgenden werden daher wesentliche Unterrichtskonzepte betrachtet – auch solche, denen speziell für den Bereich der Pädagogik bei Verhaltensstörungen eine besondere Relevanz zukommt. Die in Frage kommenden Konzepte können im Hinblick auf drei Dimensionen unterschieden werden:
- von speziell für die Unterrichtung von Schülern mit (bestimmten) Verhaltensauffälligkeiten entwickelten Ansätzen bis hin zu allgemeinen Unterrichtsentwürfen für alle Schüler;
- von stark psychotherapeutisch geprägten Konzepten bis hin zu solchen mit genuin pädagogischer Orientierung;
- von stark strukturierten bis hin zu sehr offenen Ansätzen.
Im Vordergrund der vorliegenden Betrachtung steht die Frage eines Unterrichts bei Verhaltensstörungen an allgemeinen, auch an inklusiven sowie an Förderschulen – daher interessieren im Hinblick auf die zweite der oben genannten Dimensionen vor allen Dingen pädagogische Ansätze; stärker therapeutisch geprägte Konzepte werden allenfalls am Rande bedacht. Berücksichtigt werden in diesem Kapitel insbesondere die folgenden Konzeptionen:
- *Formen strukturierten Unterrichts* – sowohl strukturierte (vgl. 5.1) als auch strukturiert-schülerzentrierte Ansätze (vgl. 5.3) – sowie
- *offene Unterrichtsformen* wie handlungsorientierter Unterricht/Projektunterricht (vgl. 5.4) und offener Unterricht (vgl. 5.5) – außerdem
- der *schülerzentrierte Unterricht nach Rogers* (vgl. 5.2), da sich in den meisten der genannten Unterrichtskonzepte Aspekte finden, die den von Rogers formulierten Prinzipien entsprechen.
Die Darstellung und Erörterung dieser unterschiedlichen Ansätze wird ergänzt durch spezifische Vorgehensweisen: den *strukturiert-schülerzentrierten Unterricht* sowie die *MultiGradeMultiLevel-Methodolody* als Konzepte, die sich zwischen

Strukturierung und Schülerzentrierung bewegen – sowie besondere, nicht direkt als Konzeptionen von Unterricht zu verstehen Ansätze: *Streitschlichter-Programme*, die *Kooperative Verhaltensmodifikation* sowie das *Klassenmanagement*.

Die Betrachtung all dieser Unterrichtskonzepte und Ansätze dient dabei vor allen Dingen den folgenden Zielen:

- Sie soll einen Überblick sowie Anstöße für eine kritische Auseinandersetzung mit den genannten Konzepten bieten – als Grundlage für einen reflektierten Einsatz von Komplettentwürfen oder auch einigen ihrer Teilkomponenten im Unterricht.
- Gleichzeitig soll eine Grundlage geschaffen werden, um später gezielt solche Unterrichtskonzepte bevorzugt berücksichtigen zu können, die mit dem zu entwickelnden integrativen didaktischen Modell kompatibel sind.
- Schließlich werden einzelne Elemente der betrachteten Unterrichtskonzepte im Rahmen der Entwicklung eines eigenen Modells von Unterricht aufgegriffen und integriert.

Diesen Zielen entsprechend werden die einzelnen Unterrichtskonzepte und Ansätze knapp dargestellt und anschließend im Hinblick auf die Rollen von Lernenden und Lehrenden sowie auf die Passung für die Pädagogik bei Verhaltensstörungen näher betrachtet. Es folgt eine abschließende Beurteilung.

In der Diskussion werden häufig strukturierte Unterrichtskonzepte offenen Unterrichtsformen gegenübergestellt. Die Bezeichnung „strukturierter Unterricht" ist dabei insofern problematisch, als sie nahe legt, dass allein dieser Unterricht das Prinzip der Strukturierung berücksichtigt. Dieses sollte jedoch als ein allgemeines Prinzip für die verantwortungsvolle Realisierung jeder Unterrichtsform relevant sein, somit auch für eher offene Konzepte (vgl. 3.6.5). Unterschiede bestehen also nicht dahingehend, ob eine Struktur vorhanden ist oder nicht, sondern vielmehr in der Art und Weise, wie diese Strukturierung erfolgt. Während sie beim strukturierten Unterricht allein vom Lehrenden vorgenommen wird, basiert sie bei konsequent umgesetzten schülerorientierten Konzepten stärker auf gemeinsamen Entscheidungen – beispielsweise durch vereinbarte Regeln, gemeinsame Planung und Gestaltung des Unterrichts.

Die unter 5.1 dargestellten Ansätze strukturierten Unterrichts sind wegen der zugrunde liegenden medizinischen Sichtweise und ihrer Defizitorientierung zunehmend in Kritik geraten. Diese einseitige Sicht von Verhaltensstörungen entspricht nicht dem hier zugrunde liegenden und in Kapitel 2 differenziert beschriebenen Verständnis. Aber auch hinsichtlich des Menschenbildes und des Verständnisses von Lernen und Erziehung sind solche Ansätze kaum mit den von uns vertretenen Auffassungen (vgl. Kapitel 1 sowie 3.6.1) vereinbar. Da diese strukturierten Konzepte, die ihnen zugrunde liegenden Annahmen sowie Teilaspekte der Ansätze jedoch in der Praxis durchaus noch zum Tragen kommen, ist eine kritische Auseinandersetzung unverzichtbar. Deshalb werden auch sie bei der folgenden Darstellung Berücksichtigung finden.

Offene Unterrichtsformen lassen sich nur schwer voneinander abgrenzen. Dies ist unter anderem durch ein Fehlen präziser Definitionen und auch durch Überschneidungen der einzelnen Ansätze bedingt. Eine Gemeinsamkeit dieser Reformkonzepte sieht Bastian (1995, 7) vor allem in dem Anliegen, „den Subjekten des Lehr-Lern-Prozesses mehr Raum zu geben", weshalb die Diskussion um methodische, inhaltliche und auch institutionelle Veränderungen zugleich auf eine veränderte Beziehungsqualität der Lehr-Lern-Prozesse zielt. Die Wege, über welche dies verwirklicht werden soll, sind dabei zum Teil recht unterschiedlich, so dass die einzelnen auf eine Öffnung des Unterrichts zielenden Konzepte jeweils für sich kritisch zu betrachten sind. In diesem Rahmen ist es hilfreich, eine Trennung vorzunehmen zwischen handlungsorientiertem Unterricht/Projektunterricht als Unterrichtskonzepten, welche die Kooperation und den demokratischen Umgang miteinander ins Zentrum rücken, einerseits und den eher individualisierenden Formen eines offenen Unterrichts andererseits.

5.1 Strukturierter Unterricht

Bei Konzepten strukturierten Unterrichts handelt es sich um Ansätze, die zunächst für bestimmte Zielgruppen – nämlich für Kinder mit extremen Verhaltensauffälligkeiten – entwickelt wurden. Diese Konzepte gehen davon aus, dass die Ursachen einer Verhaltensstörung vorwiegend oder ganz in der Person des Schülers liegen, und sehen angesichts der Schwierigkeiten der Schüler die Notwendigkeit einer besonderen Organisation des Unterrichts.

> Mit dem Begriff „strukturierter Unterricht" bezeichnet Benkmann (1981, 91) „die Bedingungen einer organisierten Lernumwelt bzw. das Gesamt organisierter lernrelevanter Reize der schulischen Situation ..., die vom Lehrer, vom Schüler, der Schülergruppe, der Klassenraumgestaltung, den Aufgaben sowie den Medien ausgehen und eine Annäherung des Lernenden an ein (operationalisiertes) Lernziel bewirken".

Im Rahmen von Konzepten des strukturierten Unterrichts orientiert sich die Planung des Unterrichts – durch den Lehrer – an diagnostischen Daten. Unterrichtsverfahren werden in hierarchisch gestufter Folge eingesetzt, wobei Lernfortschrittskontrollen und die Rückmeldung von Leistungserfolgen eine wichtige Rolle spielen (vgl. ebd., 90f.).

Zu den Konzepten strukturierten Unterrichts zählen unter anderen die Strukturierungsansätze von Cruickshank und Hewett (bzw. dessen Übertragung auf deutsche Gegebenheiten durch Schumacher) sowie die Entwicklungstherapie nach Wood. Diese werden im Folgenden jeweils dargestellt, um zunächst einen Einblick in einzelne Konzepte zu bieten, und anschließend im Gesamtüberblick kritisch beleuchtet. Dabei wird dem Ansatz nach Wood deutlich mehr Raum gegeben, da er in jüngerer Zeit wieder eine verstärkte Diskussion und Verbreitung erfährt und insofern eine kritische Analyse von besonderer Bedeutung ist. Eine nachfolgende gemeinsame Kritik aller drei Ansätze erscheint sinnvoll, da die Mehrzahl der dort angesprochenen Aspekte alle skizzierten Konzepte mehr oder weniger stark betrifft. Im Anschluss werden, aus der Kritik strukturierter Ansätze heraus, zwei spezifische Unterrichtskonzepte diskutiert, die sich durch einen jeweils unterschiedlichen Umgang mit Konflikten auszeichnen.

Das Strukturierungskonzept Cruickshanks

Von einem medizinischen Erklärungsansatz von Verhaltensstörungen ausgehend entwickelte Cruickshank ein Strukturierungsmodell für die Arbeit mit „hirngeschädigten" und „hyperaktiven" Kindern. Er knüpfte dabei an die Vorstellungen von Strauss und Lethinen an, die als Ursache für die bei hirngeschädigten Kindern mit geistiger Behinderung beobachtete Ablenkbarkeit abnorme Hirnvorgänge – einen Mangel an kortikaler Kontrolle – annahmen. Die Reduktion von Umweltreizen betrachteten sie als bedeutsame Möglichkeit, Lernen zu erleichtern (vgl. Goetze & Neukäter 1989, 521).

Cruickshanks Ansatz richtet sich dabei an trotz angenommener Hirnschädigung normalintelligente Schüler mit Verhaltensauffälligkeiten und zielt auf deren Anpassung an regelhaftes schulisches Lernen. Das Unterrichtsprogramm soll den Persönlichkeitsmerkmalen und Lernvoraussetzungen der Schüler, ihren Schwächen, angepasst sein. Den im Untertitel der ersten Auflage seines Buches („Förderung verhaltensgestörter, hirngeschädigter Kinder"; vgl. 1973) verwendeten Terminus der „Hirnschädigung" ersetzt Cruickshank (vgl. 1981, 2f.) durch den der „Lernstörung", wobei für ihn „beide Termini, praktisch und funktional, synonym" (ebd.) sind.

Cruickshank (vgl. 1981, 31-54) nennt als wesentliche Merkmale, die mit Hilfe verschiedener diagnostischer Verfahren erfasst werden, „fünf signifikante Mängel lern- oder wahrnehmungsgestörter Kinder" (ebd., 53):

- *Hyperaktivität*: Es lassen sich zwei Formen der Hyperaktivität – *sensorische* und *motorische* – unterscheiden. Sensorische Hyperaktivität (Ablenkbarkeit) meint die Unfähigkeit, unwesentliche Reize nicht zu beachten. Von motorischer Hyperaktivität wird gesprochen, wenn Reize, die motorische Reaktionen auslösen oder anregen, nicht ignoriert werden können.
- *Dissoziation*: Hiermit ist die Unfähigkeit gemeint, Dinge in ihrem Zusammenhang, als Ganzheit zu erfassen; es werden zwar einzelne Teile gesehen, aber das Gesamtbild nicht erkannt.

- *Figur-Grund-Störung*: Die mangelnde Fähigkeit, die Figur vom Grund, Wesentliches von Unwesentlichem zu unterscheiden, führt Cruickshank als ein weiteres zentrales Merkmal an.

- *Perseveration*: Mit Perseveration wird das Unvermögen bezeichnet, sich von einer (geistigen) Tätigkeit einer anderen zuzuwenden, wobei Cruickshank für die von ihm betrachtete Gruppe „lerngestörter Kinder" eine „verlängerte Nachwirkung eines Stimulus auf die folgende Tätigkeit des Kindes" (ebd., 47) annimmt.

- *Motorische Fertigkeiten und motorische Entwicklung*: Als kennzeichnend werden außerdem Mängel in zwei Bereichen der motorischen Entwicklung betrachtet: die motorische Unkoordination sowie eine gestörte Beziehung zum eigenen Körper.

Neben diesen zentralen werden weitere, damit zusammenhängende Merkmale genannt (vgl. ebd., 54 ff.): schlechtere Gedächtnisleistungen, kürzere Aufmerksamkeitsspannen, ein negatives Selbstbild infolge von Misserfolgserfahrungen, mangelnde Vorstellungen vom eigenen Körper, mangelnde innere Steuerung sowie ungenügende soziale Anpassung. An späterer Stelle spricht Cruickshank außerdem zeitliche und räumliche Fehlorientierung an, Probleme, die er in einem engen Zusammenhang mit den zuvor genannten Merkmalen sieht (vgl. ebd., 123-130).

Erzieher und Pädagogen müssen sich nach Auffassung Cruickshanks auf die mangelnden Fähigkeiten der Kinder einstellen, indem sie die Umwelt den Bedürfnissen entsprechend gestalten, „bis das lerngestörte Kind gelernt hat, den Anforderungen der Gesellschaft gerecht werden zu können" (Cruickshank 1981, 105). Cruickshank betrachtet den Besuch einer regulären Schule als problematisch und hält ein spezielles Erziehungsprogramm für erforderlich (vgl. ebd., 107). Dabei kommt der Strukturierung der Umweltreize eine zentrale Rolle zu. Der Zuschnitt des Unterrichtskonzeptes auf die zuvor diagnostizierten Merkmale und Lernvoraussetzungen der Schüler zeigt sich insbesondere in drei Gestaltungsbereichen:

- *Gestaltung der Umgebung*: Insbesondere mit der sensorischen Hyperaktivität als Ablenkbarkeit der Kinder wird die im Zentrum stehende Forderung nach *Reduzierung der Umweltreize auf ein Minimum* begründet. Eine solche Reizreduzierung soll beispielsweise erreicht werden durch eine entsprechende, monotone Farbgebung der Räume, durch Schränke zur Aufbewahrung von Materialien, um eine Ablenkung der Schüler durch diese Gegenstände zu vermeiden, sowie durch Milchglasfenster. Zusätzlich sollen neben visuellen Reizen auch akustische Reize minimal gehalten werden, etwa durch Teppichböden und schalldämpfende Decken (vgl. Cruickshank 1981, 107-111). Des Weiteren sollten sich alle Beschäftigungen auf den Bereich des Klassenraumes beschränken (vgl. ebd., 115f.). Einen zusätzlichen wichtigen Faktor stellt die *Reduzierung des Raumes* dar: Kleinere Räume werden in zweierlei Hinsicht als vorteilhaft angesehen – als ein Beitrag zur weiteren Reduzierung des Reizwertes des Klassenraumes und als Hilfe für das Kind, „die Begrenzungen seiner Umgebung wahrzunehmen und sich wahrnehmungsmäßig innerhalb dieser Begrenzungen zu organisieren" (ebd., 123). Ebenfalls der Raumreduzierung dient die Einrichtung von Lernkabinen. Gleichzeitig sollen die Trennwände Ablenkung durch das Geschehen in Nachbarkabinen vermeiden. Das „Mittagessen ..., der Unterricht und alle anderen Dinge, die als kennzeichnend für das Programm des Lernenden gehalten werden, werden innerhalb der Kabine ausgeführt" (ebd., 125). Bei günstiger Entwicklung wäre eine Zusammenarbeit von zwei Kindern in einer Kabine denkbar, welche als ein erster Schritt zum Lernen im Klassenunterricht betrachtet wird.

- *Gestaltung der Angebote*: Diese sind stark strukturiert und anfangs ausschließlich fremdgesteuert. Auch hinsichtlich des unterrichtlichen Angebotes ist das Konzept der Reizreduzierung relevant: Sport, Spiel, Musik sowie freies Malen und Zeichnen werden – zumindest zu Beginn des Programms – als ungünstig beurteilt (vgl. Cruickshank 1981, 115f.). Einzelne aufeinander folgende Tätigkeiten sollten sich möglichst stark unterscheiden. Mit einer solchen Hervorhebung von Unterschieden soll der Perseveration begegnet werden (vgl. ebd., 147 f.).
- *Gestaltung der Aufgaben und der Materialien*: Hierbei kommt es vor allem darauf an, dass die Aufmerksamkeit der Kinder auf das gelenkt wird, womit sie sich beschäftigen sollen. Um dies zu erreichen, wird der Reizwert des entsprechenden Objektes oder der Aufgabe erhöht. Bei der Wahl der Aufgaben und Materialien müssen die Voraussetzungen der Kinder Berücksichtigung finden. So sollte beispielsweise im Hinblick auf die Hyperaktivität und Figur-Grund-Störung anstelle mehrerer nur eine Aufgabe auf einem Blatt stehen. Außerdem ist bei der Aufgabenstellung die geringe Aufmerksamkeitsspanne der Kinder zu beachten; es sollten also nur solche Aufgaben gestellt werden, die in diesem Zeitraum vollständig bearbeitet werden können. Auch die Koordinations- und motorischen Fähigkeiten müssen bei der Suche nach geeignetem Spiel- und Lernmaterial bedacht werden (vgl. Cruickshank 1981, 156ff.).

Ein wichtiges Element der Strukturierung stellen vom Lehrer vorgegebene Regeln dar. Sie sollen den Kindern verdeutlichen, was von ihnen erwartet wird, und somit Orientierung bieten. In diesem Zusammenhang kommt auch der Konsequenz große Bedeutung zu (vgl. ebd., 151ff.).

Die Defizite des Kindes sollen so durch bestimmte pädagogische Maßnahmen kompensiert werden, um dem Schüler Erfolgserfahrungen zu ermöglichen; damit könne man die „endlose Kette von Versagen" durchbrechen (Cruickshank 1981, 132). Wie im Vorangehenden erkennbar ist, orientiert sich das Konzept dabei insbesondere an zwei grundlegenden Prinzipien: einerseits einer weitest gehenden Reduzierung von Umweltreizen und andererseits gleichzeitig einer spezifischen Intensivierung solcher Reize, die in Bezug auf die Aufgabenstellung relevant sind (vgl. Myschker 2005, 178). Im Zentrum steht der Gedanke, mit Hilfe einer den Schwierigkeiten der Kinder angepassten Gestaltung der Umgebung sowie der Angebote Lernen ermöglichen zu können.

Das Strukturierungskonzept Hewetts und der „durchstrukturierte Klassenraum" Schumachers

Auch das Strukturierungskonzept von Hewett wurde speziell für den Unterricht mit Schülern mit Verhaltensauffälligkeiten entwickelt. Es beruht auf einem Entwicklungsmodell, das aus einer Folge von sieben hierarchisch angeordneten Verhaltenskategorien besteht. Auf dieser Entwicklungssequenz basieren Diagnostik und pädagogische Maßnahmen.

In Deutschland wurde Hewetts Strukturierungskonzept vor allem durch Schumacher bekannt, dessen „durchstrukturierter Klassenraum" eine Weiterentwicklung für deutsche Gegebenheiten darstellt (vgl. Schumacher 1979, 100).

Den „durchstrukturierten Klassenraum" charakterisiert Schumacher (1979, 16) wie folgt:

> „Er bietet eine organisierte Lernumwelt (Aufgaben, Verstärker, Strukturen), die durch ihre systematisch gesteuerten Reize zu Änderungen des Verhaltens und Erlebens mittels Bekräftigungs- und Modellernen führt. Lernhemmende Reize werden in der strukturierten Umwelt, die bewußt dem Zufall wenig Raum läßt, minimalisiert."

Im Zentrum dieses lerntheoretischen Ansatzes steht das Stufenmodell Hewetts mit seinen sieben Verhaltensstufen, deren einzelne Übergänge fließend gedacht sind. Eine erfolgreiche Aufnahme einer Verhaltenssequenz in die Unterrichtsstrategie setzt voraus, dass die niedrigeren Verhaltenskategorien bereits vorhanden sind. Ausgehend von der Frage nach kritischen Verhaltensweisen, welche für den Lern- und Schulerfolg relevant sind, kommt Hewett zu den folgenden *Verhaltenssequenzen*, denen bestimmte Unterrichtsziele sowie Verstärker zugeordnet werden:

1) *Aufmerksamkeit (Motivation)*: Fähigkeit, bestimmte Umweltreize wahrzunehmen und sich diesen zuzuwenden

2) *Antwort (Reaktion)*: Fähigkeit, mit seinem Verhalten auf bestimmte Reize zu antworten

3) *Ordnung*: Befolgen von Regeln und Anweisungen sowie ein angemessenes Arbeitsverhalten und dessen Kontrolle

4) *Erforschen*: Erfahrung der Umwelt mit allen Sinnen und Interesse an ihrer Erforschung

5) *Soziales*: Wunsch nach sozialer Billigung und nach Vermeidung von Missbilligung

6) *Fertigkeiten*: Verfügen über grundlegende Fähigkeiten und Fertigkeiten, die sinnvolles Handeln ermöglichen

7) *Leistung*: intrinsische Motivation zu ständigem und vertiefendem Lernen

(vgl. Schumacher 1979, 102-106).

Neben dieser Entwicklungssequenz bildet ein „didaktisches Dreieck" die Grundlage von Diagnostik und pädagogischer Arbeit. Dieses besteht aus den folgenden Komponenten: dem Angebot individuell abgestimmter *Aufgaben* (Curriculum), *Verstärkern* (Konsequenzen) und *Strukturen* (Bedingungen der Lernumwelt). Durch ein solches Angebot soll Schülern mit Verhaltensauffälligkeiten und Lernbehinderungen, an die sich das Programm hauptsächlich richtet, das Erlernen der Inhalte der Verhaltenssequenzen und damit das Erreichen der gesetzten Lernziele ermöglicht werden (vgl. ebd., 108f.). Aufgabenstellung, Verstärker und Strukturen sind den einzelnen Verhaltenssequenzen zugeordnet (vgl. ebd., 110-124), so dass diese der jeweiligen Niveaustufe entsprechend angeboten werden können, welcher der Schüler zugeteilt ist.

Diese Zuteilung zu einer bestimmten Stufe beruht auf Beobachtungen und Einschätzungen des Pädagogen. Sie erfolgt mittels Verhaltenschecklisten, welche jedoch lediglich eine grobe Vorauslese ermöglichen. Für eine endgültige Gruppierung des Schülers sind weitere Informationen (Verhaltensbeobachtungen in der Klasse, Einzeltests sowie medizinische Untersuchungen) erforderlich. Die Diagnostik ist jedoch nicht nur am Anfang – zur Zuteilung des Schülers zu einer Niveaustufe – von Bedeutung, sondern begleitet die pädagogische Arbeit im Sinne einer ständigen Kontrolle von Lernvoraussetzungen und -ergebnissen (vgl. ebd., 156f.).

Durchstrukturierte Klassenräume können zu in die Regelschule integrierten Lernzentren zusammengefasst werden. In diesen sind grundsätzlich keine Jahrgangsklassen eingerichtet, sondern vier verschiedene Gruppierungen, bei denen jeweils bestimmte Verhaltenssequenzen im Vordergrund stehen. Dabei bildet die reguläre Klasse die vierte dieser Gruppierungen. Ziel ist die Rückschulung des Schülers in diese Klasse, in die er in jedem Halbjahr für vierzehn Tage auf Probe und zur Beobachtung zurückkehrt (vgl. ebd., 155-158).

Die durchstrukturierten Klassenräume sind in verschiedene Zentren (Zentrum für kulturelle Fertigkeiten, Ordnungszentrum und Erforschungszentrum) eingeteilt. Außerdem besteht die Möglichkeit, Schüler in sogenannte Büros zu schicken, in denen sie ungestört alleine arbeiten können (vgl. Schumacher 1979, 125). Mit den 12 bis 16 Schülern arbeiten ein Pädagoge und ein Assistenzlehrer. Von besonderer Bedeutung für das Programm sind Münzverstärkersysteme, die jedoch nur am Anfang der Verhaltenshierarchie eingesetzt werden und durch andere Verstärker (soziale und intrinsische) ersetzt werden sollten – entsprechend der jeweiligen Stufe (vgl. ebd., 126-137). Der vorgeschlagene Tagesplan (vgl. ebd., 138f.) lässt eine strenge zeitliche Strukturierung erkennen. Für die einzelnen Arbeitsperioden sind jeweils fünfzehn Minuten vorgesehen.

Durch die besondere Organisation und Vorgehensweise wird angestrebt, das Auftreten problematischer Situationen zu vermeiden und damit Strafen zu umgehen. Falls pädagogisches Eingreifen trotzdem erforderlich ist, sollte dies gemäß der jeweiligen Stufe geschehen. Daher sind den einzelnen Verhaltenssequenzen unterschiedliche Interventionsstrategien zugeordnet (vgl. ebd., 151-155).

Die Entwicklungstherapie nach Wood sowie die deutsche Version von ETEP nach Bergsson

Auch beim Konzept der Entwicklungstherapie nach Wood bildet eine Sequenz von Entwicklungsstufen die Grundlage für Diagnostik und Intervention. Seit den 1990er Jahren wurde dieses Konzept in Deutschland an einer Essener Schule für Erziehungshilfe umgesetzt und weiterentwickelt (vgl. Bergsson 1995; 1999; Bergsson u.a. 1997). Das Konzept wird hier mittlerweile aufgrund der Kritik am „Therapie"-Begriff, anders als in den USA, „Entwicklungspädagogischer Unterricht" genannt. Als Oberbezeichnung fungiert „ETEP" („Entwicklungstherapie – Entwicklungspädagogik"). Die nachfolgende Darstellung orientiert sich vorrangig an dieser aktualisierten Fassung des Ansatzes nach Wood.

Das Konzept basiert auf fünf Grundannahmen (vgl. Myschker 2005, 195):

- Es wird von einer engen Verknüpfung von Verhaltensstörungen mit unauffälligen Verhaltensweisen ausgegangen und auf die Gefahr hingewiesen, dass die „gesunden normalen Aspekte" häufig übersehen oder als untypisch betrachtet werden.
- Die körperlichen und psychischen Entwicklungsprozesse laufen nach dieser Auffassung in Stufen ab, wobei innerhalb relativ kurzer Zeiträume Erweiterungen des Verhaltensrepertoires möglich sind und spontan neue Verhaltensweisen auftreten können.
- Des Weiteren wird angenommen, dass aus den gegebenen Umweltbedingungen, biologischen Faktoren und zurückliegenden Lernerfahrungen ein normaler Entwicklungsprozess vorhergesagt werden kann, wobei damit nicht gleichzeitig die individuelle Ausformung solcher Prozesse verneint werden soll.
- Nach Wood vermitteln bedeutsame, befriedigende Erfahrungen dem Kind Wissen von sich selbst, Selbstvertrauen sowie die Bereitschaft, sich mit unbekannten Situationen auseinander zu setzen.
- Eigene Erfahrungen und handelnder Umgang werden als wesentlich für Lernen und Entwicklung betrachtet.

Das Curriculum, welches die Basis für Diagnose und Therapie bildet, umfasst fünf Niveaustufen, denen allgemeine Richtziele zugeordnet sind. Jede der fünf Stufen ist in vier Lernbereiche – Verhalten, Kommunikation, Sozialisation und schulische Fertigkeiten – gegliedert. Für die einzelnen Entwicklungsstufen und Lernbereiche werden dann bestimmte Stufenziele und für diese wiederum Einzelziele beschrieben, so dass der Lernzielkatalog aus insgesamt 144 Einzelzielen besteht (vgl. Goetze & Neukäter 1989, 532).

Anhand dieser Einzelziele wurde ein Beurteilungsinstrument entwickelt, das sowohl zur Diagnose zu Beginn der „Therapie" als auch zur „Therapiekontrolle" eingesetzt wird. Außerdem sind den einzelnen Stufen Aktivitäten, Materialien und Interventionstechniken zugeordnet, die unterschiedlichen psychologischen und pädagogischen Schulen entstammen (vgl. Goetze & Neukäter 1989, 532f.). Die Zahl und die Häufigkeit des Wechsels der angebotenen Aktivitäten richten sich ebenfalls nach der jeweiligen Stufe (vgl. Myschker 2005, 195).

Die vorliegenden US-amerikanischen Beurteilungsinstrumente wurden von der Gruppe um Bergsson (vgl. 1995, 123ff.) ins Deutsche übertragen und teilweise angepasst sowie auch erweitert. In expliziter Abgrenzung zu einer „herkömmlichen" Diagnostik wird der „Entwicklungstherapeutische Lernziel-Diagnose-Bogen" (EL-DiB) als ein Einschätzinstrument gesehen, und es wird wiederholt auf dessen kompetenzorientierten Charakter hingewiesen. Die Einschätzung erfolgt je Item auf drei Stufen und wird von mehreren voneinander unabhängigen Personen aus der sozialen Umwelt des Kindes sowie von dem Kind selbst erhoben. Zu diesem Zweck wurden vier spezielle Varianten entwickelt: die ELDiBs für Lehrer, für Eltern und Erzieher, für Kinder und Jugendliche sowie für Gruppen. Die Erhebungen sollen im Sinne einer Prozessdiagnostik regelmäßig, etwa alle zehn Wochen, wiederholt werden.

Die Förderplanung berücksichtigt solche Kompetenzen, die in den ELDiBs als „manchmal" vorhanden beurteilt werden. Dieses Vorgehen basiert auf dem Gedanken, dass hier bereits eine Grundlage für die Förderung vorliegt – und zugleich der Hoffnung, dass als „fast nie" vorhanden eingeschätzte Kompetenzen nach und nach auch „manchmal" auftreten werden. Für den „Entwicklungstherapeutischen Unterricht" (ETU) gilt, dass aus jedem Lernbereich (Verhalten, Kommunikation, Sozialisation und [Vor-]Schulleistung) generell jeweils zwei Einzellernziele pro Zyklus zu Förderzielen eines Schülers werden können. Insgesamt ergeben sich also acht Förderziele pro Schüler und Zyklus (zwei Einzellernziele mal vier Lernbereiche). Als Zyklus ist hier die Zeit zwischen zwei Einschätzungen eines Schülers mittels der ELDiBs zu verstehen. Zur Festlegung der jeweiligen Förderziele bedarf es eines Konsenses der Angaben in den von unterschiedlichen Personen bearbeiteten Bögen (vgl. ebd., 147f.). Die Förderziele werden in Form eines individuellen Erziehungsplanes auf kindgerecht formulierten Erziehungsplankarten vermerkt. Diese werden je Zyklus neu erstellt.

Basis der Unterrichtsplanung und -gestaltung ist das bereits erwähnte Curriculum der Kompetenzen über fünf Stufen und in vier Bereichen, welches auch den ELDiBs zugrunde liegt (vgl. Bergsson 1995). Im Entwicklungstherapeutischen Unterricht sollen die Kinder und Jugendlichen nach ihrem Entwicklungsstand, also nach den Niveaustufen I-V, und nicht nach Klassenzugehörigkeit bzw. Alter im herkömmlichen Sinn gruppiert werden. Das Ziel des ETU liegt darin, Kompetenzen des Kindes aufzubauen. In der Regel umfasst der ETU an einem Schultag einen Zeitraum von 120 Minuten, danach findet Fachunterricht bzw. heilpädagogische Förderung statt. Der ETU ist durch verschiedene Momente der Strukturierung geprägt, wobei je nach Fortschreiten von einer Außen- zu einer Innen- oder Selbststrukturierung übergegangen werden soll. Die Kernaktivitäten der Kinder und Jugendlichen sind in einem eng strukturierten Konzept in Phasen und Teilaspekte differenziert.

Es wurde ein System von Interventionsstrategien zusammengestellt, die ebenfalls nach Stufen geordnet sind (vgl. Goetze & Neukäter 1989, 532ff.; Bergsson & Luckfiel 1998). Das besondere Merkmal dieser Interventionen ist, dass sie vom Pädagogen vorwiegend agierend und nicht reagierend eingesetzt werden sollen: indem die Maßnahmen nicht erst auf ein Problem hin erfolgen. Zu den Interventionsstrategien werden auch die Strukturierung des Unterrichtsgeschehens, die Motivation und Kontrolle durch die Materialien usw. gezählt. Als weitere, spezielle Interventionsstrategien sind die Folgenden zu nennen: Positives Feedback und Lob, Umlenken und Umgestalten, Spiegeln, Interpretation, verbale Interaktion zwischen Erwachsenen, Regeln und Rituale sowie die Life Space Crisis Intervention. Lediglich die Life Space Crisis Intervention, ein sechsschrittiges Gesprächsverfahren zur Bearbeitung von Konfliktsituationen aus der Tradition der psychoanalytischen Pädagogik, weist einen reaktiven Charakter auf (vgl. Bergsson 2002), insofern diese Maßnahme erst auf Störungen hin erfolgt.

Bei Wood ist die Durchführung der Entwicklungstherapie in Kleinklassen (5-8 Schüler) vorgesehen, die von einem Lehrer-Team (drei Pädagogen) betreut werden: Der *Klassenlehrer* ist gemeinsam mit einem *Assistenzlehrer* für den Unterricht verantwortlich, während Aufnahme und Entlassung der Schüler sowie Supervision Aufgaben des *Koordinationslehrers* sind (vgl. Goetze & Neukäter 1989, 534). Im deutschen Modell werden in jeder Klasse zwei Pädagogen eingesetzt: Klassen- sowie Assistenzlehrer. Allerdings wurden deren Rollen nach Erprobungen teilweise neu definiert (vgl. Bergsson 1995, 196ff.), insbesondere, indem die Teampartner von Zeit zu Zeit die Rollen tauschen und diese stärker ineinander übergehen. Das Team wird ergänzt durch Sozialpädagogen, welche insbesondere für die Eltern- und Umfeldarbeit zuständig sind.

Im Unterschied zu den beiden zuvor genannten Konzepten strukturierten Unterrichts wird der Schüler bei Wood täglich für einige Stunden gesondert gefördert, verbleibt aber ansonsten in seiner Stammklasse der regulären Schule (vgl. Goetze & Neukäter 1989, 534). Über die integrativ ausgerichtete und in Kooperation mit Regelschullehrern durchgeführte Variante hinaus wird der Unterrichtsansatz im deutschen Modell auch im Unterricht an der Schule für Erziehungshilfe realisiert. Das Konzept sieht eine intensive Elternarbeit vor, welche neben Möglichkeiten, Informationen und Erfahrungen auszutauschen, auch Elterntrainings beinhaltet – mit dem Ziel, die Erziehungskompetenz zu verbessern. Außerdem ist die Zusammenarbeit mit der Stammschule der Schüler von Bedeutung (vgl. Myschker 2005, 196). Auch bei Bergsson (vgl. 1995, 217ff.) nimmt eine solche Umfeldarbeit breiten Raum ein. Hier wird großer Wert auf eine enge Vernetzung mit verschiedenen Institutionen der Stadt und des Landes gelegt (vgl. ebd., 237ff.). Neben regelmäßigen gemeinsamen Konferenzen von Eltern, Lehrern und Sozialpädagogen ist auch die beobachtende sowie aktive Teilnahme der Eltern am Entwicklungstherapeutischen Unterricht vorgesehen.

Wood greift unter anderem Aspekte der Theorien Piagets, Lowenfelds, Eriksons, Kohlbergs und Banduras auf und bezieht diese in ihr Konzept mit ein. Hinsichtlich der Integration dieser Theorien ist mit Goetze & Neukäter (vgl. 1989, 536f.) das teilweise außerordentlich problematische Vorgehen Woods zu kritisieren – im Hinblick auf die Kombination von Elementen, die aus verschiedenen theoretischen Kontexten stammen, aber auch im Hinblick auf nicht zulässige Veränderungen dieser Theorien selbst, um Elemente in das Gesamtmodell einzupassen. Auch das von Wood auf dieser Basis konzipierte fünfstufige Entwicklungsmodell ist grob vereinfachend und inhaltlich teilweise sehr problematisch. Es stellt sich die Frage, ob es den Entwicklungsstand von Kindern auch nur annähernd beschreiben kann. Im Übrigen sind auch die vier von Wood bestimmten Bereiche der Entwicklung alles andere als klar umschrieben oder trennscharf. Es ist zu bedenken, dass all diese Kritik auch für das diagnostische System der ELDiBs gilt, da sie aus der angesprochenen theoretischen Basis heraus entwickelt wurden.

Die recht hohen Ansprüche, insbesondere an den diagnostischen Aufwand und die Konsequenz der straffen Umsetzung von Maßnahmen, werden in der Realität immer mit den Vorgaben von Schulsystem und Schulbehörde vermittelt werden müssen. Auch ist die Zuweisung eines Schülers zu einer Lerngruppe nur aufgrund der ELDiB-Befunde schwierig, da diese ja kaum eine eindeutige Stufenzuweisung ermöglichen werden. Zusätzlich sollen in der Praxis physischer Entwicklungsstand, Lebensalter und Art der Auffälligkeiten berücksichtigt werden (vgl. Bergsson 1995, 148f.). Hier muss jeweils ein tragfähiger Kompromiss gefunden werden.

Neben den drei dargestellten Ansätzen können zu den strukturierten Unterrichtskonzepten auch diejenigen von Dyck und von Zentall gezählt werden. Goetze (vgl. 2008, 764f.) subsumiert sie den neueren Strukturierungsmodellen. Im Zentrum des sich hauptsächlich auf die Arbeit mit hyperaktiven Kindern beziehenden Strukturierungsansatzes von Dyck steht die Strukturierung der Umgebung, der Zeit, der Bewegungsabläufe, der Belohnungsmaßnahmen sowie der Aufgaben. Auch der Ansatz von Zentall bezieht sich auf die gleiche Zielgruppe. Im Gegensatz zu Cruickshank geht Zentall bei diesen Kindern von einer zu *geringen* Stimulation durch die Umgebung aus und sieht daher eine *stimulierende* Klassenraumatmosphäre vor (vgl. Goetze & Neukäter 1989, 537f.).

Rollen von Lernenden und Lehrenden

Im strukturierten Unterricht ist ein starkes Ungleichgewicht in der Beziehung zwischen Lehrern und Schülern zu erkennen.

So erfolgt die Planung und Gestaltung des Unterrichts allein durch den Lehrer. Seine Aufgabe besteht darin, die Voraussetzungen des Schülers festzustellen und diesem entsprechende Lernmöglichkeiten anzubieten. Der Diagnostik kommt hierbei große Bedeutung zu. Insofern wird zwar eine Passung an die aktuelle Situation der Schüler angestrebt, jedoch nur soweit, wie der Lehrer diese von außen beurteilen kann – das Erleben der Schüler findet dabei kaum Berücksichtigung.

Somit sind die Möglichkeiten der Schüler, auf die Gestaltung des Unterrichts Einfluss zu nehmen, sehr begrenzt. An Planungsprozessen sind die Schüler nicht beteiligt und die Erfolgskontrolle wird von außen vorgenommen. Eine starke Fremdbestimmung und -kontrolle der Schüler wird in allen Konzepten deutlich. Cruickshank hält es im Hinblick auf „lerngestörte" Kinder sogar für falsch, Entscheidungsmöglichkeiten vorzusehen, Planen und Lernen durch selbstgeleitete Erfahrungen zu ermöglichen (vgl. 1981, 133).

Die hier betrachteten Ansätze zielen aus einer rein personorientierten Sicht auf eine Veränderung der Schüler, was durch unterschiedliche Maßnahmen von außen erreicht werden soll. Dabei sind die Schüler selbst an der Bestimmung der Ziele nicht beteiligt. Lernziele werden, möglichst klar operationalisiert, ebenfalls von außen vorgegeben.

Passung für die Pädagogik bei Verhaltensstörungen

Die hier vorgestellten Unterrichtskonzepte wurden speziell für Unterricht bei Verhaltensstörungen entwickelt. Angestrebt wird eine Passung des Lernangebotes an die Voraussetzungen der Schüler. Es stellt sich nun die Frage, wie der Einsatz dieser Konzepte zu beurteilen ist.

Die empirische Überprüfung der Effektivität des Konzeptes von Cruickshank führte zu unbefriedigenden Ergebnissen: Falls überhaupt Erfolge festzustellen waren, konnten diese nicht eindeutig auf das Programm zurückgeführt werden (vgl. Goetze & Neukäter 1989, 524). Hewett konnte bei der Überprüfung seines Strukturierungsmodells einen Anstieg der Aufmerksamkeitsleistungen feststellen, während sich in Bezug auf die Schulleistungen (mit Ausnahme der Leistungen in Mathematik) keine Verbesserungen zeigten (vgl. Goetze & Neukäter 1989, 529f.). Zur Evaluation des „durchstrukturierten Klassenraumes" führt Schumacher (vgl. 1979, 169-176) mehrere Versuche an, die jedoch zum Teil der Überprüfung anderer Konzepte dienten und damit nur Elemente des durchstrukturierten Klassenraumes, aber nicht das Gesamtkonzept betreffen. Auch im eigenen Modellversuch wurde das Konzept nicht vollständig realisiert. Umfangreiche Evaluationsstudien zur Entwicklungstherapie Woods zeigten, „daß in durchschnittlich einem halben Jahr die angestrebten entwicklungstherapeutischen Ziele erreicht werden konnten" (Myschker 2005, 196; vgl. auch Bergsson 1995, 2). Auch für die deutsche Umsetzung wird der Anspruch der Evaluation dem Konzept explizit als Bestandteil zugrunde gelegt (vgl. ebd., 251ff.). Dazu stellt Bergsson (vgl. ebd.) eine Reihe von Zielgrößen auf und diskutiert diesbezüglich jeweils erste Erkenntnisse über Fortschritte der Schulentwicklung. Des Weiteren sind im Konzept regelmäßige Evaluationen vorgesehen, bei denen insbesondere die Rate der in regelschulische Kontexte reintegrierten Schüler überprüft wird, aber auch die Entwicklung von Kompetenzen der Schüler anhand der ELDiBs. Die Evaluation erfolgt allerdings durch die durchführende Schule selbst, also nicht von außen.

Im Zusammenhang mit dem Strukturierungsmodell Cruickshanks kritisieren Goetze und Neukäter (vgl. 1989, 524f.) das zugrundeliegende medizinisch orientierte Denken: Die Ursachen für die Verhaltens- und Leistungsstörungen werden allein am Schüler festgemacht, das pädagogische Handeln den Defiziten der Schüler angepasst. Die Autoren weisen auf mögliche negative Konsequenzen dieses Ansatzes und des zugrundeliegenden medizinischen Denkens hin: auf die Segregation von Schülern mit Verhaltensauffälligkeiten und darauf, dass insgesamt die soziale und personale Rehabilitation des Schülers möglicherweise so eher verhindert als gefördert wird. Auch die besondere Perspektive, Verhaltensauffälligkeiten im Sinne von Wood (oder auch Bergsson) als Entwicklungsrückstand zu sehen, setzt den Schwerpunkt auf das Fehlen oder die zu geringe Ausprägung von Kompetenzen. Damit bleibt es hier ebenfalls bei einer Defizitorientierung, auch wenn eine Kompetenzorientierung angestrebt wird. Zudem ist die Möglichkeit, dass eine Kompetenz durchaus verfügbar ist, aber aus irgendwelchen Gründen (seien es Blockaden, Ängste, die aktuelle Lebenslage oder anderes) nicht gezeigt wird, schlicht nicht vorgesehen.

Myschker (vgl. 2005, 179) merkt an, dass in Cruickshanks Modell soziales Lernen keine Berücksichtigung finde und durch die vorgesehenen Maßnahmen geradezu erschwert würde. Das Modell Cruickshanks erfordert eine besondere Beschulung der Kinder in einer entsprechend gestalteten Umwelt. Dies ist nicht nur im Hinblick auf die aktuelle schulische Integration der Schüler problematisch: Der Rahmen, in dem Unterricht stattfindet, unterscheidet sich extrem von jenen Situationen, denen die Schüler im Alltag begegnen und in denen Schwierigkeiten auftraten; daher ist kritisch zu fragen, ob die zeitweise Isolierung von Alltagssituationen langfristig als Lösung anzusehen ist oder ob nicht vielmehr neue Probleme erst geschaffen werden.

Beim Ansatz Hewetts heben Goetze und Neukäter (vgl. 1989, 531) hervor, dass Verhaltensauffälligkeiten hier als eine vorübergehende Erscheinung betrachtet werden, überwindbar durch den Einsatz bestimmter Methoden, was in dem Stufenmodell zum Ausdruck kommt. Dies wird auch im Ziel der Rückschulung deutlich (vgl. Schumacher 1979, 156). Aber auch bei diesem Konzept ist auf die zugrunde gelegte, einseitig personorientierte Sicht hinzuweisen.

Die letztgenannte Kritik gilt grundsätzlich auch für den Ansatz von Wood bzw. Bergsson: Zwar erfassen die ELDiBs in ihrem beeindruckenden Umfang wesentliche Aspekte der Fragestellung (auch soziale und emotionale Kompetenzen); jedoch bleiben auch sie letztlich rein personorientiert – grundlegende Aspekte von Verhaltensstörungen aus interaktionistischer Sicht (Situation, Interaktion, Etikettierung; siehe Kap. 2) bleiben von vornherein außen vor.

Der Ansatz von Wood unterscheidet sich unter anderem insofern von den Modellen Cruickshanks und Hewetts, als die Schüler weiterhin ihre Stammklassen besuchen. Goetze und Neukäter (vgl. 1989, 537) sehen hierin eine Möglichkeit,

Aussonderung zu vermeiden. Es stellt sich jedoch die Frage, ob es angesichts der gesonderten Förderung von täglich zwei Stunden (vgl. ebd., 534) durch die Sonderstellung der betreffenden Schüler nicht wiederum zu einer Ausgrenzung kommt. Neben diesen organisatorischen Aspekten ist im Hinblick auf eine inklusive Beschulung oder auch Integration der Schüler ein weiterer Punkt problematisch: Die Interventionen werden als „Therapie" betrachtet und auch so bezeichnet. Auf die damit verbundene Gefahr der Stigmatisierung und auf die Kritik am Therapiebegriff in der Pädagogik wurde bereits im Rahmen von Kap. 3.7 eingegangen.

Es wird deutlich, dass all diese Ansätze Ursachen von Verhaltensstörungen durchweg in der Person des Kindes sehen. Dabei gehen strukturierte Unterrichtskonzepte von den diagnostizierten Defiziten der Lernenden aus und zielen auf deren Kompensation beziehungsweise, längerfristig, auf Veränderung der Person des Kindes. Besonders zeigt sich dies bei Cruickshank: Im Zusammenhang mit dem Erziehungsprogramm fordert er ein „Einstellen auf die mangelnden Fähigkeiten" (Cruickshank 1981, 105). Die Erwachsenen sollten „immer unter Berücksichtigung seiner [des Kindes] Unfähigkeit unterrichten und lehren" (ebd., 132). Hier ist die „Defizitorientierung" sehr weit getrieben, und das Anzielen einer Reduzierung von Defiziten droht aufgegeben zu werden. Durch die Betonung der Defizite geraten vorhandene Kompetenzen als wichtige Ansatzpunkte für die Förderung aus dem Blick. Auch wenn Defizite im Sinne einer gezielten Förderplanung sicher nicht geleugnet oder ignoriert werden sollten, wäre eine ergänzende Berücksichtigung von Kompetenzen hilfreich. Dass auch die Diagnostik des ETEP-Konzepts letztlich nur scheinbar kompetenzorientiert ist und zugleich andere Probleme birgt, wurde bereits erörtert.

Durch strukturierten Unterricht im Sinne der dargestellten Konzepte soll versucht werden, die Defizite über entsprechende Maßnahmen zu kompensieren, wobei in den meisten Konzepten eine einseitige Betonung des Bereichs kognitiver Leistungen festzustellen ist. Der emotionale und der soziale Bereich werden demgegenüber vernachlässigt – Bereiche, deren Berücksichtigung generell, aber insbesondere aus Sicht der Pädagogik bei Verhaltensstörungen wesentlich ist. Vor allen Dingen für den Bereich der sozialen Kompetenzen muss das ETEP-Konzept als Ausnahme genannt werden, indem die unterrichtliche Förderung hier ganz explizit auch auf solche Kompetenzen abzielen soll.

Kritische Betrachtung

Den strukturierten Ansätzen liegt eine Sicht von Lernen und von Erziehung zugrunde, die der unter 1. sowie 3.6.1 erörterten grundsätzlich entgegen steht: Es wird angenommen, dass eine Annäherung an ein verbindlich festgelegtes Lernziel von außen bewirkt werden kann; dies kommt der Negierung einer aktiven Rolle des Schülers gleich – als eines Individuums, das seine Lernwelt selbst konstruiert.

Die dargestellten Ansätze scheinen von der Möglichkeit auszugehen, Schüler auf jedes beliebige Ziel hin erziehen zu können und dies auch anzustreben. Solche Ziele werden dabei durchweg von anderen festgelegt – Mitbestimmung und Einflussnahme scheinen unmöglich. So weist Schumacher (vgl. 1979, 11) zwar darauf hin, dass die Zu-Erziehenden keine passive Rolle einnehmen, Erziehung vielmehr als Interaktionsprozess zu sehen ist, in dem es zu einer wechselseitigen Beeinflussung zwischen den Erziehern und den Zu-Erziehenden kommt, wobei letztere die „Freiheit der Entscheidung" behalten sollen. Dieses „idealtheoretische Ziel" hält er jedoch nicht in jedem Fall für erreichbar. „Besonders dann nicht, wenn es sich um behinderte, führungsbedürftige und psychisch beeinträchtigte Kinder handelt" (ebd.). Damit wird die am Rande erwähnte Freiheit letztlich gerade für die Gruppe, um die es hier geht, gleich wieder zurückgenommen.

Wie problematisch eine solche Auffassung ist, wird in der folgenden Aussage Schumachers (1979, 122; Kursivsetzung Stein & Stein) besonders deutlich:

> „... nachdem die als Voraussetzung notwendigen Verhaltenssequenzen erlernt sind, *kann das Endziel des kritisch bewußten Staatsbürgers oder bei gesellschaftlichen Veränderungen auch jedes andere Menschenbild erzogen werden.* Die hier vorgestellte Methodik darf das angestrebte Menschenbild nicht selbst bestimmen, sondern muß es in Interaktion mit Anthropologen, Politikern, gesellschaftlichem Zeitgeist und Gesamtgesellschaft ausdiskutieren."

Pädagogen geben als sachliche Erziehungstechnologen jede politische, normative, wertorientierte Verantwortung ab. Des Weiteren wird ihnen die Fähigkeit unterstellt, jedes beliebige Ziel „anerziehen" zu können.

Über exakte Diagnostik wird eine weitest mögliche Passung des Unterrichts an die Voraussetzungen der Schüler angestrebt. Allerdings sind zum einen die diagnostischen Maßnahmen rein personorientiert ausgerichtet; zum anderen wird die subjektive Sicht des betroffenen Schülers nicht (beziehungsweise im Falle von Bergsson unzureichend) berücksichtigt. Damit stellt sich die Frage, ob strukturierte Unterrichtsmodelle dem Prinzip der Individualisierung wirklich gerecht werden und so zur Entlastung der Schüler beitragen können – wovon Benkmann (vgl. 1981, 90) ausgeht. Voraussetzungen und Bedürfnisse der einzelnen lassen sich von außen nur unvollständig ermitteln – vor allem dann, wenn die Sicht der Schüler dabei keine ernsthafte Berücksichtigung findet. Eine Individualisierung kann am ehesten durch eine Beteiligung der Schüler an Planungsprozessen erreicht werden – gerade dies sehen aber strukturierte Unterrichtskonzepte nicht vor.

Es wurde bereits im Hinblick auf Verhaltensstörungen erwähnt, dass bei den strukturierten Unterrichtskonzepten nach Cruickshank sowie Hewett und Schumacher der Bereich kognitiver Leistung im Vordergrund steht, während andere Bereiche – etwa der soziale oder emotionale – vernachlässigt werden. Dies ist jedoch auch grundsätzlich problematisch. So betonen Goetze und Neukäter (1989, 531) beispielsweise in Bezug auf das Strukturierungsmodell Hewetts „die einseitige Hervorhebung des Leistungsaspektes unter Verwendung von Technologien" bei mangelnder Berücksichtigung von Emotionen und Selbststeuerungskomponenten. Auch die Trennung von Funktionsbereichen in der Entwicklungstherapie Woods betrachten die Autoren (vgl. ebd., 537) als Hinweis, dass diesem Ansatz kein „ganzheitliches" Menschenbild zugrunde liegt. Besonders deutlich wird die Vernachlässigung des sozialen Bereichs bei Betrachtung des Einsatzes der im Modell Cruickshanks vorgesehenen Lernkabinen: Selbst das Mittagessen sollte dort stattfinden, wodurch soziale Erfahrungen, die ein gemeinsames Essen ermöglicht, verhindert werden.

Schließlich ist für alle betrachteten Konzepte die starke Fremdsteuerung und das hohe Maß an Kontrolle problematisch, da sie wenig zur Förderung von Selbständigkeit und Selbststeuerung beitragen dürften und sich im Hinblick auf diese Ziele unter Umständen sogar negativ auswirken könnten, indem Unselbständigkeit verfestigt und Fremdsteuerung zur Gewohnheit wird.

Wenn hier strukturierte Unterrichtskonzepte kritisiert werden, soll damit nicht gesagt werden, dass klare Strukturen im Unterricht keine Bedeutung hätten. Wie bereits erwähnt sind diese jedoch nicht an die vorgestellten Unterrichtskonzepte gebunden. Wesentliche Unterschiede bestehen allerdings hinsichtlich der Art und Weise, in welcher die Strukturierung erfolgt: Für die hier skizzierten Ansätze strukturierten Unterrichts wurde kritisch hervorgehoben, dass eine ausschließlich durch den Lehrer vorgenommene und an den „Defiziten" der Schüler orientierte Strukturierung im Vordergrund steht. So können beispielsweise Regeln durchaus zu größerer Klarheit über Erwartungen und damit zu mehr Sicherheit beitragen. Diese müssen jedoch nicht notwendig, wie Cruickshank (1981, 153) fordert, im Voraus „von einem Erwachsenen aufgestellt werden, der die Kinder davon überzeugen kann, daß sie als eine Maßnahme zur Erreichung eines besseren Gruppenlebens in der besten Absicht gegeben wurden". Wirkungsvoller sind sicher solche Regeln, die gemeinsam aufgestellt und diskutiert werden – und zwar in Situationen, in denen ihre Notwendigkeit erkannt wird.

Konfliktzentrierung oder Konfliktvermeidung?

Besonders im Rahmen des Ansatzes von Cruickshank, aber auch bei Schumacher zielt die Strukturierung im Grunde fast ausschließlich darauf ab, auffälliges Verhalten von Schülern zu vermeiden zugunsten einer erfolgreichen Durchführung regulären Unterrichts im Hinblick auf kognitive Lernfortschritte. Auffälliges Verhalten und Erleben wird also als eine Art Störvariable betrachtet; Lernsituationen sollen so gestaltet werden, dass sie möglichst wenig Angriffspunkte für das Aufkommen von Konflikten bieten. Eine explizite Bearbeitung solcher (insbesondere sozialer) Konflikte ist nicht vorgesehen.

Einen ganz anderen Weg geht ein Unterrichtskonzept, das Baulig (vgl. 1982) entwickelt hat und das sich spezifisch auf Schüler mit ausagierendem, aggressivem Verhalten richtet. Baulig hat für die eigene unterrichtliche Arbeit eine Fülle von vorliegenden Konzepten gesichtet und in sein eigenes Vorgehen integriert. Sein

Ansatz orientiert sich insbesondere an psychodynamischen Gedanken und Vorgehensweisen im Sinne von Aichhorn und Bettelheim (vgl. etwa Myschker 2009, 215ff.; Stein 2012, 172ff.), bezieht aber unter anderem auch wichtige Strukturierungselemente (Regeln, Strukturen von Raum und Zeit) mit ein. Zentrale Aspekte der Arbeit von Baulig sind der Aufbau einer Beziehung zwischen Schülern und Lehrern, die Bearbeitung der Stigmatisierung der Kinder und Jugendlichen als verhaltensauffällig, die Verarbeitung von Konflikten, Strukturierung und Ich-Stützung, Stärkung des Selbstbewusstseins und der Frustrationstoleranz sowie eine zunehmende Realitätsorientierung. Dabei nimmt die Konfliktverarbeitung zwar nicht den einzigen, aber doch einen zentralen Platz in der Konzeption ein: im Sinne eines „konfliktverarbeitenden Unterrichts" (ebd., 146ff.; unter Bezug auf Reiser 1972, zit. n. Baulig 1982). Unter Konflikt versteht Baulig, auf Basis seiner Bezüge zur psychoanalytischen Pädagogik, nicht nur einen externen Konflikt im Sinne einer sozialen Problematik, sondern das Gesamt der „Konflikthaftigkeiten", also auch innere Konflikte im Sinne psychischer Belastungen der Schüler. Sein konfliktverarbeitender Unterricht soll diese Konflikte möglichst direkt angehen, indem sie aufgedeckt und dann bearbeitet werden. Dies soll wiederum der „Stützung einer längerfristigen psychodynamisch motivierten Lernbereitschaft bei den Kindern" (ebd., 146) dienen. Zu diesem Zweck hat Baulig eine Reihe von Methoden zusammengetragen: beispielsweise themenbezogene Kreisgespräche, problemorientierte Einzel- und Gruppengespräche zwischen Lehrer und Schülern (auch im Sinne des Life-Space-Interviews, wie es bei Bergsson angesprochen wurde), Interaktionsspiele bis hin zum Psychodrama sowie den Einsatz von Filmen und Fabeln. Problematische Themen wie Geborgenheit, Sexualität, aggressive Auseinandersetzungen usw. sollen recht unmittelbar bearbeitet werden.

Obwohl sich Baulig (vgl. 1982, 167f.), eher am Rande, auch auf das Prinzip der Neutralisierung von Sigrell (vgl. 1971) bezieht und diesem zentrale Bedeutung für seinen eigenen Ansatz zuweist, geht dieses Konzept im Grund einen gänzlich anderen Weg: Zentrale Komponenten dieses skandinavischen Ansatzes für den Umgang mit Verhaltensauffälligkeiten an Gesamtschulen sind Strukturierung, Individualisierung und das Lernen in der Gruppe. In den Vordergrund des Umganges mit den Problematiken der Schüler stellt Sigrell das Prinzip der Neutralisierung sowie die Strategie der Entdramatisierung: Da die Schüler durch starke Ängste vor unbekannten, verunsichernden und erschreckenden Erfahrungen geprägt seien, soll all das aus der jeweiligen Lernsituation herausgehalten werden, was diese Ängste aktivieren könnte. Inhalte, welche für die Schüler erregend oder überstimulierend sind, sollten entdramatisiert werden (vgl. ebd., 123). Es wird empfohlen, Themen und Aspekte vorab daraufhin zu überprüfen, inwiefern sie psychosoziale Konflikte der Kinder berühren und lernhemmende Affekte hervorrufen könnten. Da, wo kritische Themen nicht vermieden werden können, sollen sie im Sinne der Neutralisierung und Entdramatisierung verfremdet oder entstellt werden – bis hin zu

Falschauskünften, wie Hillenbrand (vgl. 2011) kritisch zu bedenken gibt: „Welche Wirkung hat ein solches Vorgehen, wenn der Schüler bald darauf erkennt, dass der Lehrer die Wahrheit verfälscht hat?" (ebd., 156). Durch solche emotionalen Entlastungen soll erreicht werden, dass die Schüler erfolgreich am (kognitiv orientierten) Unterricht teilnehmen können.

Für Baulig (1982, 168) stellt dieses Vorgehen allerdings nur eine Übergangs- oder Zwischenphase dar: „Erst nach einer Phase der inneren Stabilisierung war es auch sinnvoll, die Kinder mit ... deprimierenden bzw. grausamen Aspekten unserer Umwelt zu konfrontieren". Aus diesem spezifischen Verständnis heraus, allerdings nur aus diesem und bei Vermeidung von Unwahrheiten, dürfte der Ansatz nach Sigrell durchaus sinnvoll sein: Indem Pädagogen sensibel darauf achten, Lernenden konflikthafte Themen zu einem Zeitpunkt, in einer Form und mit Stützungsmaßnahmen zuzumuten, so dass sie wirklich verarbeitet werden können. Dabei gilt es, gerade zentrale Konflikte in mittlerer Frist nicht zu vermeiden, sondern anzugehen, da hier wichtige Lernschritte im Sinne der Persönlichkeitsentwicklung möglich und notwendig sind. Nur so werden die Schüler als Personen (mit Auffälligkeiten) und nicht die Auffälligkeiten als Störvariablen in den Fokus der pädagogischen Arbeit gerückt.

5.2 Schülerzentrierter Unterricht nach Rogers

Die Bezeichnung „schülerzentrierter Unterricht" versteht Wagner (vgl. 1987, 66) als Sammelbegriff für unterschiedliche Unterrichtsansätze, deren gemeinsames Merkmal sie darin sieht, dass den Schülern zunehmend Mit- und Selbstbestimmung in der Gestaltung von Unterricht ermöglicht wird. Sie nennt unter anderem den offenen Unterricht und den Projektunterricht, aber auch Klassendiskussionen und Gruppenunterricht.

Hier soll der Begriff „schülerzentrierter Unterricht" in engerem Sinne verstanden werden: als ein Unterricht, in dem die von Rogers (vgl. 1974; 1983) genannten Prinzipien verwirklicht werden. Im Folgenden werden also lediglich die zentralen Gedanken Rogers' dargestellt.

Die Nähe dieses Verständnisses von Unterricht zu den im Weiteren darzustellenden Unterrichtskonzepten Projektunterricht (vgl. 5.5) und offener Unterricht (vgl. 5.6) ist durchaus zu erkennen. Rogers (1983, 337) selbst sagt von den Erfahrungen, auf welchen sein Konzept basiert, dass diese in „gewisser Weise ... eine Wiederentdeckung der wirkungsvollen Prinzipien, die von Dewey, Kilpatrick und anderen aufgestellt wurden", darstellen, womit er sich explizit auf die Begründer des Projektunterrichts bezieht. Offener Unterricht lässt sich nach Goetze (vgl. 1989, 571f.) durch den personenzentrierten Ansatz von Rogers theoretisch fundieren. Außerdem gehen Elemente des schülerzentrierten Ansatzes in Formen des strukturiert-schülerzentrierten Unterrichts (vgl. 5.3) mit ein. Angesichts der bestehenden Zusammenhänge scheint die Darstellung des Ansatzes von Rogers vor einer Betrachtung der genannten Konzepte sinnvoll. Dagegen dürfte eine Zusammenfassung dieser Konzepte unter dem Begriff „schülerzentrierter Unterricht" – trotz erkennbarer Nähe zueinander – nicht zutreffend sein, da in die einzelnen Ansätze weitere Elemente eingebunden sind, hinsichtlich derer sie sich voneinander unterscheiden.

Beim schülerzentrierten Unterricht handelt es sich im Wesentlichen um Konzepte, Gedanken und Erfahrungen aus der Therapie, die von Rogers auf Erziehung und Unterricht übertragen wurden.

Sein Ansatz hat die Förderung von *Lernen* zum Ziel, welche das *Lehren* – als Vermitteln von Wissen – ersetzen soll. Dies begründet Rogers über die Anforderungen, die eine sich ständig verändernde Umwelt stellt: In dieser ist weniger statisches Wissen als vielmehr die Fähigkeit zu lernen von Bedeutung (vgl. Rogers 1974, 104ff.). „Das sozial brauchbarste Lernverhalten in der modernen Welt ist jenes, bei dem das Lernen als Prozeß gelernt wird; darin drückt sich aus, daß man ständig für Erfahrung offen ist und Wandlungsprozesse verarbeitet" (Rogers 1974, 162f.).

Im Mittelpunkt steht dabei das Ermöglichen von „signifikantem Lernen", das er von einem Lernen als reinem Faktensammeln abgrenzt. Letzteres hat für den Lernenden keine Bedeutung – es hat keinen Bezug zu dessen Lebenshintergrund. Ein solches Lernen bezieht lediglich den Intellekt des Lernenden ein, jedoch nicht Gefühle und persönliche Bedeutungszusammenhänge. Demgegenüber ist mit signifikantem Lernen „ein durchdringendes Lernen, nicht nur eine Zunahme an Wissen, sondern etwas, das jeden Teil seiner Existenz betrifft und durchdringt" (Rogers 1996, 274), gemeint. Es ist ein selbst-initiiertes, auf persönlichen Erfahrungen basierendes, bedeutungsvolles Lernen (vgl. Rogers 1974, 11ff.).

Ein solches Lernen wird durch eine angemessene Atmosphäre gefördert, die entsteht, wenn die Beziehung des Lehrers zu den Lernenden durch Qualitäten gekennzeichnet ist, wie sie Rogers für die therapeutische Arbeit beschreibt. Aus dieser Perspektive besteht die Aufgabe des Lehrers weniger im Lehren, sondern im Fördern von Lernprozessen – Rogers spricht daher vom „Facilitator", vom „Lern-Erleichterer". Er geht davon aus (vgl. 1996, 273ff.; 1974, 107), dass die Förderung signifikanten Lernens auch im Unterricht davon abhängt, ob diejenigen Bedingungen gegeben sind, die das in der Therapie stattfindende Lernen ermöglichen. Als wesentliche Bedingungen nennt Rogers (vgl. 1996, 280ff.; 1974, 107ff.) die folgenden:

• *Real-Sein*: Hiermit ist gemeint, dass dem Lehrer seine Einstellungen, Haltungen und inneren Gefühle zugänglich sind, dass er diese akzeptiert und mitteilen kann. Der Lehrer versteckt sich nicht hinter einer Fassade, sondern ist echt – der Mensch, der er ist. Diese Haltung betrachtet Rogers (vgl. 1974, 114ff.) als die wichtigste, die gleichzeitig aber auch schwer zu verwirklichen ist: im beschriebenen Sinne mit sich selbst überein zu stimmen.

- *Wertschätzen, Anerkennen, Vertrauen*: Mit diesen Begriffen umschreibt Rogers eine weitere wichtige Grundhaltung – jene, dass der Lehrer den Lernenden Wertschätzung entgegenbringt, deren Gefühle und Meinungen akzeptiert, wobei er die Lernenden als selbständige Personen anerkennt. Diese Einstellung umfasst ein grundlegendes Vertrauen dem anderen gegenüber.
- *Einfühlendes Verständnis*: Signifikantes Lernen wird außerdem dadurch ermöglicht, dass der Lehrer die Fähigkeit besitzt, sich in das Erleben der Schüler einzufühlen und einzudenken, es zu verstehen und dieses Verständnis auch zu signalisieren. Es ist wichtig, dass es sich dabei um ein nichtwertendes Verstehen handelt.

Ein tiefes Vertrauen in die inneren Kräfte des menschlichen Organismus betrachtet Rogers als grundlegend für die beschriebenen Haltungen. Der Facilitator verlässt sich auf die Tendenz des Individuums zur Selbstverwirklichung:

> „Wenn ich ... auf die Fähigkeit des Individuums vertraue, sein eigenes Potential zu entwickeln, dann kann ich ihm viele Möglichkeiten anbieten und ihm erlauben, seinen eigenen Lernweg und seine eigene Richtung zu bestimmen" (Rogers 1974, 116).

Neben diesen Bedingungen, welche die Lehrer-Schüler-Beziehung betreffen und von Rogers (vgl. 1974, 128) als die wichtigsten Voraussetzungen betrachtet werden, sind die folgenden für die Förderung des Lernens wesentlich:

Signifikantes Lernen kann nach Rogers dann stattfinden, wenn der Schüler Probleme und Fragen wahrnimmt, die ihn betreffen, deren Lösung für ihn relevant ist. Daher sollte Unterricht dem Schüler ermöglichen, sich mit solchen Problemen, mit für ihn bedeutsamen Lerninhalten auseinander zu setzen. Dabei geht Rogers davon aus, dass die Motivation zu lernen im Lernenden selbst liegt. Der Facilitator hat lediglich die Aufgabe, entsprechende Gelegenheiten zu schaffen (vgl. Rogers 1974, 131ff.; 1996, 279f.).

Außerdem kann der Lehrer dadurch Lernen erleichtern, dass er den Schülern Hilfsmittel zur Verfügung stellt, Ressourcen anbietet – etwa in Form von Büchern, Materialien, Arbeitsräumen, aber auch „menschliche Hilfsquellen" einschließlich sich selbst, seines Wissens und seiner Erfahrung. Der Facilitator bringt sich als ganze Person ein und zeigt offen seine Gefühle. Die Ressourcen, die er so zur Verfügung stellt, sind dabei lediglich als Angebote zu betrachten, welche die Schüler nutzen können, aber nicht nutzen müssen (vgl. Rogers 1974, 133ff.; 1996, 282f.).

Des Weiteren kommt der Atmosphäre, in der Unterricht stattfindet, besondere Bedeutung zu: Lernen kann mit einer Veränderung in der Struktur des Selbst verbunden sein und daher eine Bedrohung darstellen. Eine Atmosphäre, in der äußere Bedrohungen möglichst gering sind, erleichtert den Vollzug solcher die Selbststruktur verändernder Lernprozesse. Neue Erfahrungen können dann assimiliert werden. Bei nur geringer Bedrohung des Selbst wird eine differenzierte Wahrnehmung eigener Erfahrung und damit Lernen möglich (vgl. Rogers 1974, 158ff.). Das Schaffen einer bedrohungsfreien Atmosphäre im Unterricht ist daher von besonderer Bedeutung, wenn signifikantes Lernen gefördert werden soll.

Rogers (vgl. 1974, 153/161) geht schließlich davon aus, dass signifikantes Lernen häufig durch Tun, Selbst-Entdecken und Selbst-Aneignen erreicht wird. Die direkte und erfahrbare Konfrontation des Lernenden mit praktischen Fragen betrachtet er als eine der effektivsten Arten, Lernen zu fördern. Zudem soll dem Lernenden die Möglichkeit zur verantwortlichen Mitbestimmung des eigenen Lernprozesses gegeben werden. Des Weiteren ist die Berücksichtigung von Emotionen von Bedeutung: „Selbstinitiiertes Lernen, das die ganze Person des Lernenden – seine Gefühle wie seinen Intellekt – ... [mit einbezieht], ist am eindringlichsten und in seinen Ergebnissen am dauerhaftesten" (Rogers 1974, 162).

Besondere Bedeutung im Hinblick auf verantwortliches Lernen, Unabhängigkeit, Kreativität und Selbstvertrauen misst Rogers (vgl. 1974, 145f., 162) der Selbstbewertung bei:

> „Nur wenn der einzelne die Verantwortung für die Entscheidungen übernehmen muß, welche Kriterien ihm wichtig sind, welche Ziele er zu erreichen versucht und bis zu welchem Grad er sie erreicht hat, lernt er wirklich, Verantwortung für sich und für die Richtungen zu übernehmen, in die er sich bewegt" (Rogers 1974, 145f.).

Eine Bewertung von Lernerfahrungen anhand von Kriterien, die allein der Lehrer festlegt, wird abgelehnt (vgl. Rogers 1996, 284f.). Rogers geht davon aus, dass Bewertungen von außen – positive wie negative – das Wachstum der Persönlichkeit, die Entwicklung eines reiferen Selbst eher behindern denn fördern; die Erfahrung des Individuums, dass der „Ort der Wertung" in ihm selbst liegt, wirke sich dagegen günstig auf dessen Persönlichkeitsentwicklung aus (vgl. Rogers 1983, 364f.). Rogers (vgl. 1974) fordert insofern, ein „Lernen in Freiheit" zu ermöglichen. Diese Freiheit sollte jedoch niemandem aufgedrängt werden. Daher wäre es sinnvoll, denjenigen, die eine stärkere Lenkung bevorzugen, Alternativen anzubieten. „Wenn ... [Lernende] frei sein sollen, dann in beiden Richtungen: passiv zu lernen oder aber selbst aktiv ihr Lernen in Gang zu setzen" (Rogers 1974, 136).

Rollen von Lernenden und Lehrenden

Ausgehend von der Überzeugung, dass der Lernende ein natürliches Potential zum Lernen besitzt, wird dem Schüler selbst die Verantwortung für sein Lernen übertragen. Das Konzept sieht daher eine weitreichende Mitbestimmung der Schüler vor. Außerdem wird das Ersetzen von Fremdbewertung durch Selbstbewertung als eine wichtige Bedingung dafür gesehen, dass Schüler diese Verantwortung auch übernehmen können.

Die Lehrer, welche die von Rogers beschriebenen Einstellungen verwirklichen, nehmen deutlich andere als die üblichen Funktionen wahr: „Sie sind Katalysatoren und Facilitatoren, die den Lernenden Freiheit, Leben und Gelegenheit zum Lernen geben" (Rogers 1974, 128). Sie schaffen die Bedingungen, unter denen das „natürliche Potential zum Lernen", das Menschen grundsätzlich besitzen, freigesetzt werden kann (vgl. ebd., 156f.). Die Rolle des Lehrenden – als Facilitator – in einem schülerzentrierten Unterricht lässt sich nach Rogers (vgl. 1983, 349f.; 1974, 163ff.) wie folgt beschreiben: Zu den Aufgaben des Facilitators zählt das Bemühen um ein „Klima der Gruppenerfahrung", das von einem grundlegenden Vertrauen in die Gruppe getragen ist. Er gibt Hilfen, die Absichten und Ziele der Lernenden zu ermitteln und zu klären, wobei die grundlegende Akzeptanz dieser Absichten von Bedeutung ist. Ausgehend von der Überzeugung, dass die Motivation zum Lernen im Einzelnen selbst liegt, bemüht er sich, die nötigen Ressourcen hierfür zur Verfügung zu stellen, wobei er sich selbst als „flexibles Hilfsmittel" versteht. Der Facilitator akzeptiert die Äußerungen der Gruppe – im Hinblick auf deren Inhalt sowie die ausgedrückten Gefühle – und zeigt diese Haltung auch. In dem Maße, in dem ein akzeptierendes Klassenklima erreicht ist, wird der Facilitator zunehmend zu einem Mitglied der Gruppe, wobei er sich bemüht, auf die zum Ausdruck kommenden Emotionen zu achten und diese zu verstehen. Dabei erkennt er an, „daß das Ausmaß, bis zu dem er sich auf diese verschiedenen Weisen verhalten kann, begrenzt wird von der Echtheit seiner eigenen Einstellungen" (Rogers 1983, 350).

Passung für die Pädagogik bei Verhaltensstörungen

Bei der Betrachtung des schülerzentrierten Unterrichts im Hinblick auf dessen Beitrag für die Pädagogik bei Verhaltensstörungen ist die Persönlichkeitstheorie von Rogers zu berücksichtigen, durch die der Ansatz begründet ist.

Rogers betrachtet den Kern der Persönlichkeit als „von Natur aus positiv – von Grund auf sozial, vorwärtsgerichtet, rational und realistisch" (1996, 99f.). Negativ bewertetes Verhalten entsteht als Folge ungünstiger Umwelteinflüsse. Das therapeutische wie pädagogische Handeln konstituierend ist die Überzeugung, jedes Individuum habe grundsätzlich die Fähigkeit, die Tendenz, sich psychisch weiter zu entwickeln und zu reifen (Aktualisierungstendenz). Außerdem geht Rogers davon aus, dass der Mensch die Möglichkeit zur Selbststeuerung besitzt und dass es ihm prinzipiell möglich ist, seine Fehlanpassung und deren Bedingungen zu erkennen (vgl. Bender 1979, 89f.).

Das Verhalten einer Person wird durch deren Selbstkonzept bestimmt. Eine *gesunde Persönlichkeit* ist nach Rogers dadurch gekennzeichnet, dass sie gegenüber ihren Erfahrungen und Gefühlen offen ist. Sie „entwickelt als Grundlage für das Abwägen verschiedener Handlungsmöglichkeiten und für zielgerichtetes Verhalten ein volles, unverzerrtes Bewußtsein von ihren eigenen Bedürfnissen, Erfahrungen und Handlungsmöglichkeiten und von Reaktionen der Umwelt" (Seitz 1991, 27). Das Selbstkonzept ist *grundsätzlich* nicht starr, sondern offen für Erfahrungen. Bei der Bewertung der Erfahrungen steht der „organismische Bewertungsprozess" im Vordergrund, das heißt die Bewertung der Erfahrungen im Hinblick auf deren Bedeutung für die Selbsterhaltung und Förderung des Organismus.

Als *Grundlage einer Verhaltensauffälligkeit* wird Inkongruenz (fehlende Übereinstimmung) zwischen aufgebauten Werthaltungen und der Bewertung von Erfahrungen entsprechend den Bedürfnissen des eigenen Organismus betrachtet. Eine solche Inkongruenz kann als Folge von ungünstigen sozialen Einflüssen, von Erziehungsfehlern, entstehen (vgl. Seitz 1991, 28). Aufgrund des Bedürfnisses nach Selbstwertschätzung werden dann Erfahrungen, die dem Selbstkonzept, den Werthaltungen der Person widersprechen, in Form von Verleugnung oder Verzerrung abgewehrt. Das Selbstkonzept ist *hier* durch eine gewisse Starrheit geprägt; neue Erfahrungen, die nicht damit übereinstimmen, werden nicht integriert.

Die Therapie leistet einen Beitrag zur Freisetzung und Förderung von Wachstum und psychischer Entwicklung – zur Überwindung von Blockaden. Die Motivation für die Entwicklung liegt jedoch grundsätzlich im Individuum selbst (vgl. Rogers 1996, 73f.). Ein angemessenes Klima – vor allem durch die Variablen Echtheit, Wertschätzung und nichtwertendes Verstehen gekennzeichnet – ermöglicht die Befreiung dieser Tendenz zum Wachstum. Einer entsprechenden Beziehung misst Rogers jedoch nicht nur für die Therapie, sondern eben auch für Erziehung und Unterricht große Bedeutung bei: „In dem Maße, wie ein Lehrer eine solche Beziehung zu seiner Klasse schafft, wird der Schüler ein Lernender aus eigener Initiative: origineller, selbstdisziplinierter, weniger ängstlich und weniger dirigiert" (Rogers 1996, 51).

Gleichzeitig muss die Übertragung des Therapiekonzeptes auf schulische Kontexte – und zwar speziell im Hinblick auf die Pädagogik bei Verhaltensstörungen – kritisch betrachtet werden. Es stellt sich beispielsweise die Frage, ob Akzeptanz und nicht-direktives Vorgehen in der Schule ohne besondere Probleme durchgängig verwirklicht werden können: Die Aufgabe Erziehung, die hier im Vordergrund steht, ist mit bestimmten Zielen verbunden; Grenzsetzungen und klare Regeln gelten dabei als wichtige Prinzipien. Soll gleichzeitig die von Rogers beschriebene Haltung realisiert werden, kann der Lehrer bedingt durch die unterschiedlichen Erwartungen und Anforderungen, die an ihn gerichtet sind, leicht in einen Rollenkonflikt geraten.

Kritische Betrachtung

Auch wenn Kriz (vgl. 1994, 199f.) die Wirkung der „Therapeutenvariablen" als umstritten beurteilt, insbesondere aufgrund ihrer unscharfen Bestimmung, stellen diese ein wichtiges, therapeutisch wie pädagogisch hoch bedeutsames „Instrument" dar, dessen Effektivität auch vielfach empirisch überprüft wurde (vgl. Wagner 1987, 30; Behr 1987, 146f.) – soweit sie nicht als Technik eingesetzt werden, sondern in einer gewachsenen Persönlichkeit verankert sind.

Rogers betont im Rahmen seines Konzeptes die Bedeutung einer für das Lernen förderlichen Atmosphäre sowie wesentliche Qualitäten der Lehrer-Schüler-Beziehung und das Fehlen äußerer Bedrohung als Voraussetzungen für ein solches Klima. Damit stellt er bedeutsame Aspekte des Unterrichts heraus, die in anderen, stärker kognitiv orientierten Konzepten häufig vernachlässigt werden – wie auch in den oben skizzierten Modellen strukturierten Unterrichts. Die Herausstellung solcher Aspekte macht die besondere Bedeutung des Modells aus.

Gleichzeitig ist jedoch auch gerade mit der Betonung dieser Aspekte wiederum eine neue, gegenteilige Gefahr verbunden – die Überbetonung der Beziehungsaspekte. Beim schülerzentrierten Unterricht handelt es sich weniger um ein konkretes methodisches Konzept als vielmehr um recht allgemein gehaltene Leitlinien für den Unterricht. Dabei kommt der Person des Lehrers, seiner Haltung den Schülern gegenüber und der Atmosphäre, die er im Unterricht schafft, wesentliche Bedeutung zu. Aufgrund der engen Verbindung des hier betrachteten pädagogischen Konzeptes zum psychotherapeutischen Vorgehen bewegt sich das Handeln des Lehrers stets in einem Grenzbereich zwischen Pädagogik und Therapie.

Somit tritt hier das Problem der Konfundierung von Pädagogik und Therapie besonders deutlich zutage. Die damit verbundenen Gefahren wurden bereits erörtert (vgl. 3.7). Insbesondere zwei der dort angesprochenen Aspekte betreffen den schülerzentrierten Ansatz von Rogers: die Frage nach der therapeutischen Kompetenz des Pädagogen sowie diejenige nach den für derlei Arbeit erforderlichen Umständen. Auf den im Zusammenhang mit Unterschieden zwischen einem therapeutischen und einem pädagogischen Setting angesprochenen Aspekt der Freiwilligkeit, welche in schulischen Kontexten in der Regel nicht gegeben ist, weist auch Wagner (vgl. 1987, 55f.) hin: Sie bringt die nicht gegebene Freiwilligkeit der Teilnahme von Schülern mit der dadurch gegebenen institutionellen Macht des Lehrers in Verbindung – damit wird ein Aspekt betont, der ihres Erachtens infolge der Diskussion um schülerzentrierten Unterricht vernachlässigt wurde, Lehrern jedoch bewusst sein sollte.

5.3 Strukturiert-schülerzentrierter Unterricht

Mit dem Begriff „strukturiert-schülerzentriert" kennzeichnen Goetze & Neukäter (vgl. 1989, 537ff.) solche Ansätze, die sich von den oben dargestellten strukturierten Unterrichtskonzepten insofern unterscheiden, als sie eine Verknüpfung strukturierter und schülerzentrierter Ansätze anstreben. Den strukturiert-schülerzentrierten Ansätzen werden unterschiedliche Konzepte zugeordnet: neben einem eigenen Unterrichtsansatz (vgl. Neukäter & Goetze 1978) die „Kooperative Verhaltensmodifikation" von Redlich & Schley (vgl. 1981) sowie das bereits unter 4.4 skizzierte Modell von Grabski u.a. (1978).

Beim letztgenannten Ansatz ist das Erziehungsziel „Emanzipation zu Kooperation und Solidarität" zentral: An diesem orientiert sich die Planung, und es stellt ein Kriterium für die Bewertung von Unterricht dar. Dem Erziehungsziel entsprechend soll Mitbestimmung im Unterricht möglich sein. Das Modell von Grabski u.a. wird an dieser Stelle aufgrund der schon erfolgten Erörterung nicht mehr näher betrachtet.

Das Konzept der „Kooperativen Verhaltensmodifikation" geht, als strukturiert-schülerzentriertes Konzept, sowohl auf die klassische Verhaltensmodifikation als auch auf Gordons Ansatz der „Konfliktbewältigung ohne Niederlage" zurück (vgl. Redlich & Schley 1981, 9f.). Es ist als ein Ansatz zur Bewältigung von Problemen, die innerhalb einer Lerngruppe auftreten, zu verstehen (vgl. Schley 1989, 546) und kein Unterrichtskonzept im eigentlichen oder engeren Sinne. Da das Konzept bei seinem Einsatz im Unterricht diesen stark prägen und somit ein wesentliches Element darstellen kann, soll die Kooperative Verhaltensmodifikation dennoch im Rahmen der Betrachtung von ergänzenden Unterrichtsansätzen am Ende dieses Hauptkapitels Berücksichtigung finden (vgl. 3.7.2).

Direkt an die oben skizzierten Ansätze des strukturierten Unterrichts (vgl. 5.1) knüpft das „strukturiert-schülerzentrierte Unterrichtsmodell" von Neukäter und Goetze an. Dieses soll nun dargestellt werden.

Ausgehend von einer kritischen Betrachtung der Konzepte von Cruickshank und Hewett (vgl. 5.1) arbeiten Neukäter & Goetze (vgl. 1978) verschiedene Elemente heraus, die sie in die Entwicklung ihres eigenen Vorschlags mit aufnehmen. Hierbei wird neben empirischen Befunden zur Effektivität der Programme eine kritische Auseinandersetzung mit den zugrundeliegenden Annahmen und Prinzipien sowie mit den angestrebten Zielen berücksichtigt.

Hinsichtlich der verfolgten Ziele kritisieren die Autoren an den betrachteten Ansätzen, dass unklar bleibt, wie eine Vorbereitung auf ein Leben in einer demokratischen Gesellschaft erfolgen soll, ob und wie die notwendigen Fähigkeiten – etwa Selbstbestimmung und -verwirklichung, Solidarität, Konfliktfähigkeit usw. – gefördert werden sollen. Im Hinblick auf demokratische Ziele halten Neukäter & Goetze lehrerzentrierte und fremdgesteuerte Methoden für ungeeignet; diese Ziele „verlangen nach anderen Methoden, die zumindest langfristig die Beteiligung der Schüler einschließen" (ebd., 44). Mit ihrem eigenen Konzept verfolgen die Autoren das Ziel, die Schüler zu Selbstfindung und Selbststeuerung hinzuführen.

Im Rahmen des „strukturiert-schülerzentrierten Unterrichtmodells" soll auf eine Reiz- und Raumreduktion im Sinne Cruickshanks verzichtet werden. Stattdessen ist eine eher stimulierende Lernumgebung und Strukturierung der Lernorte nach Funktionen, also hinsichtlich der Reiz- und Raumstrukturierung eine Orientierung an Hewett vorgesehen. Außerdem soll ein Bekräftigungssystem in das Konzept aufgenommen werden, das jedoch in seiner Anwendung mit den angestrebten Zielen zu vereinbaren sein muss. Gegenüber den Ansätzen von Cruickshank und Hewett, bei denen die kognitive Leistungsebene deutlich im Vordergrund steht, soll im strukturiert-schülerzentrierten Unterrichtsmodell das sozial-emotionale Lernen stärker berücksichtigt werden. Schließlich sehen Neukäter & Goetze die Notwendigkeit, die „Wiederherstellung des kindlichen Selbst" im Unterricht anzustreben (vgl. ebd., 50ff.).

Das Handlungsmodell lässt sich nach Neukäter & Goetze auf dem Hintergrund zweier theoretischer Ansätze – der Lerntheorie sowie der Selbsttheorie – begründen (vgl. ebd., 52).

Das Konzept sieht drei aufeinanderfolgende Phasen vor (vgl. Neukäter & Goetze 1978, 78f; Goetze & Neukäter 1989, 541ff.):

- In einer ersten Phase, in der Fremdsteuerung dominiert, soll zunächst eine Basis für kognitives und soziales Lernen hergestellt werden. Hierbei kommt Kontingenzverträgen eine wesentliche Rolle zu. Spielaktivitäten sollen als Verstärker eingesetzt werden.
- In der zweiten, teilweise selbstgesteuerten Phase wird die Kontingenz aufgelöst: Die Durchführung der zuvor aufeinander bezogenen Arbeits- und Spielphasen erfolgt nun unabhängig voneinander. Es „wird davon ausgegangen, daß der Schüler zu einem eigengesteuerten Arbeitsverhalten gekommen ist, daß er wiederum den emotionalen Aktivitätsraum zur Selbstfindung vermehrt nutzen kann" (Neukäter & Goetze 1978, 78). Auch in die Arbeitsphasen sollen nun vermehrt sozial-emotionale Aktivitäten eingebunden werden – etwa durch Partner- und Gruppenarbeit.
- Die letzte Phase ist durch selbstdirektives Lernen im Sinne von Rogers (vgl. 5.2) gekennzeichnet.

Rollen von Lernenden und Lehrenden

In den oben dargestellten Phasen kommt zum Ausdruck, dass das „strukturiert-schülerzentrierte Unterrichtsmodell" auf die zunehmende Selbststeuerung der Schüler zielt. Entsprechend ändern sich mit dem Fortschreiten innerhalb dieser Stufenabfolge auch die Rollen des Lehrers: Zunächst kommt ihm die Rolle des „Kontingenz- und Interaktionsmanagers" zu, während er in der letzten Phase als Facilitator im Sinne von Rogers die Lerngruppe begleitet (vgl. Goetze & Neukäter 1989, 543).

Passung für die Pädagogik bei Verhaltensstörungen

Das strukturiert-schülerzentrierte Unterrichtskonzept von Neukäter und Goetze wurde speziell für den Unterricht mit Schülern mit Verhaltensauffälligkeiten entwickelt. Durch diesen Ansatz sollen den Schülern Hilfen zu Selbststeuerung und Selbstverwirklichung gegeben werden. Ziel ist das selbstdirektive Lernen – und damit die Möglichkeit einer Rückschulung in die Regelschule.

Bei der Erprobung des Konzeptes im Unterricht mit hyperaktiven Schülern konnten in der ersten Phase die erwünschten Verhaltensänderungen erreicht werden, „während es bei der Anbahnung der mittleren Phase nach nur wenigen Wochen (überwindbare) Probleme gab" (Goetze & Neukäter 1989, 543). In dieser zweiten Phase konnten die erzielten Lerngewinne nur noch teilweise aufrechterhalten werden, was im Nachhinein mit einem zu frühen und abrupten Einführen dieser Phase begründet wird. Neukäter & Goetze halten daher Zwischenschritte für notwendig. Sie gehen davon aus, dass die Einführung der dritten Phase und damit der angestrebte schülerzentrierte Unterricht erst nach längerer Zeit erfolgreich möglich ist (vgl. Neukäter & Goetze 1978, 77f.). Im Hinblick auf die Eignung des Konzeptes für den Unterricht an Schulen für Erziehungshilfe stellt sich daher die Frage, ob ein so langfristig angelegtes Programm mit aufeinander aufbauenden Schritten dort realisiert werden kann. Insbesondere angesichts der teilweise recht hohen Fluktuation der Schüler scheint dies schwierig zu sein.

Kritische Betrachtung

Durch dieses Unterrichtskonzept wird ein möglicher Weg aufgezeigt, Schülern zu selbstdirektivem Lernen zu verhelfen, sukzessive selbstgesteuertes Lernen zu ermöglichen. Problematisch ist dabei die starke Fremdsteuerung in der ersten Phase. Es stellt sich die Frage, ob diese nicht eher Abhängigkeit als selbstmotiviertes und selbstgesteuertes Lernen fördert und wie man dann über eine solche Phase hinaus kommt: Wie bereits erwähnt konnte im Rahmen der Erprobung des Modells auch *lediglich* die erste Phase erfolgreich durchgeführt werden.

In dem von Neukäter und Goetze vorgeschlagenen Stufenmodell kommt deutlich die Annahme zum Ausdruck, die Lerngruppe von außen schrittweise zu selbständigem und selbstgesteuertem Lernen führen zu können – eine Annahme, die schon deshalb in Frage gestellt werden muss, weil zumindest anfangs den Schülern nicht der hierfür notwendige Raum gewährt wird: Solange der Pädagoge versucht, den Schülern die Verantwortung für ihr Lernen abzunehmen, ist auch die Entwicklung von Selbständigkeit und Selbststeuerung kaum notwendig, sie wird unter Umständen sogar beeinträchtigt. Somit gilt zumindest teilweise die Kritik an strukturierten Unterrichtskonzepten (vgl. 5.1) durchaus auch für diesen Ansatz.

5.4 Die MultiGradeMultiLevel-Methodology und ihre Lernleitern

Die MGML-Methodology und ihre Lernleitern stammen aus Südindien. Ausgangspunkt war die Frage, wie man der Altersmischung und Leistungsheterogenität aller Kinder eines Dorfes in einer Einraumschule gerecht werden kann. In den 1980er Jahren entstand unter dem Namen „School in the Box" ein von Dorf zu Dorf tragbares, flexibel einsetzbares Lernset für individualisiertes Arbeiten, das auf Schulbücher verzichtete, weil diese keinen Zusammenhang mit der Lebenswelt der Kinder aufwiesen. Mit diesem Lernmaterial wurden der Aufbau von Landschulen und die Entwicklung der MGML-Methodology eingeleitet. Diese Methode erreicht in Indien und darüber hinaus aktuell etwa zehn Millionen Kinder. Sie wird auch an verschiedenen Regel- und Förderschulen Deutschlands in zahlreichen Variationen eingesetzt. Durch die MGML-Methodology soll jede Lerngruppe in ihrer Heterogenität gewürdigt und keinen Homogenisierungsversuchen unterworfen werden. Offene Lernprozesse finden über so genannte strukturierende Lernleitern Absicherung und ermöglichen Schülern, ihre Lernprozesse selbsttätig zu entfalten. Sie erlauben Lehrkräften ein flexibles Begleiten und Fördern in individuellen wie gemeinsamen Bildungsprozessen. Das Grundanliegen der Methode ist es, eine angstfreie Lernatmosphäre zu schaffen, in der jedes Kind, unterstützt durch klare Strukturen und auf Grundlage der gültigen Lehrpläne, im eigenen Lerntempo arbeiten kann. Die Methode bietet ein inklusives, leistungs- und altersübergreifendes Lernen, wobei alle Leistungsstufen innerhalb eines Klassenverbandes bewusst einbezogen werden (vgl. Girg, Lichtinger & Müller 2012, 49f.).

Zentral ist die Realisierung eines aktivitätsorientierten Unterrichts mit freien und zugleich strukturierten Arbeitsprozessen. Die Kinder leiten mit Hilfe der in der Methode enthaltenen Lernleitern ihre Lernprozesse selbst. Individuelles und gemeinsames Lernen mit Partnern, Gruppen oder in der Gemeinschaft aller Schüler wirkt dabei in situations- und inhaltsspezifischen Variationen zusammen. Lernprozesse werden durch einzelne Lernmaterialien angeregt. Jedes Material ist zu Ordnungszwecken durch ein Symbol und eine Nummer gekennzeichnet und gibt somit strukturierte Hinweise zur Bearbeitung, bietet inhaltliche Aufgaben an und ist ein Teil von Lernsequenzen, die in einer Lernleiter in eine zeitliche und zugleich didaktische Reihenfolge gebracht sind. Alle Aktivitäten bilden einen systematisierten Materialpool. Die Lernleitern dienen als grafische Strukturierungsinstrumente für Lernprozesse in fachspezifischen offenen Arbeitsprozessen und ermöglichen eine langfristige Lernprozesssteuerung. Durch sogenannte „Milestones" in Lernsequenzen gegliedert, führen die Lernleitern durch den systematisierten Materialpool. Dabei lassen sich linear angelegte Lernleitern, z.B. für Sprache und Mathematik, von systemisch angelegten Lernleitern, z.B. für Sachfächer, unterscheiden. Die Milestones gliedern als kleinschrittige Sequenzen die Lernleitern und weisen eine didaktische Systematik auf – von der Einführung über Übung und Evaluation bis hin zur Förderung und/oder Ausweitung. Grundsätzlich wird ein Milestone erst nach vollständigem Verstehen abgeschlossen. Ein Zurückfallen einzelner Schüler hinter ein bestimmtes, als homogen betrachtetes Lerntempo bzw. den Wissensstand einer Klasse wird somit ausgeschlossen.

Der Lernerfolg soll für die Schüler im Voranschreiten auf der Lernleiter transparent werden. Die Sicherung von Kenntnissen wird in den Milestones durch Evaluationsaufgaben überprüft. Innerhalb weiterer Abstände sind größere Evaluationsvorgänge vorgesehen, die Auskunft über die Nachhaltigkeit des Gelernten und die Anwendbarkeit geben. Wechselnde Gruppenbildungen reichern die Lernvarianten der MGML-Methodology an:

• vom Lehrer geleitete Gruppe, vor allem bei Einführungen in Themen;
• teilweise lehrergeleitet, auch Übungsbegleitung;

- durch altersübergreifendes Helfersystem in der Gruppe geleitet, auf einen gemeinsame Aktivitätscharakter hin orientiert;
- völlig selbstständig arbeitend, nur das Material und das Kind leiten den Prozess.

Alle Gruppen sind altersübergreifend konzipiert. Die Zusammensetzung wechselt mit den Aktivitätscharakteren, welche über die Symbole der Materialien deutlich werden. Somit ergeben sich Helfersysteme, wodurch die beschriebene Form der fachspezifischen Arbeitsphasen zusätzliche Stärkung erfahren soll. Die Lernleitern bilden einen Jahresrahmen ab, der je nach Kind und Lerngeschwindigkeit unterschiedlich durchlaufen wird. Die Tagesstrukturen gehen von rhythmisierten Lernzeiten aus, in denen die Kinder in altersübergreifenden Konstellationen an unterschiedlichen Lernorten mit zugleich variabler Betreuungsdichte des Lehrers arbeiten.

Rolle von Lernenden und Lehrenden

Die MGML-Methodology setzt den Schüler bewusst in den Fokus des Unterrichtsgeschehens, wodurch bestimmte Lehrerrollen entstehen. Der Leitsatz „The Child is in the Driver's Seat" verlangt von Lehrkräften, die Schüler „es selbst tun zu lassen", womit die Lehrkräfte von ihrer oft stark prozesssteuernden Aufgabe im herkömmlichen Unterricht weitestgehend befreit werden. Lehrerkräfte werden zu Beobachtern und Unterstützern. Dies ist grundlegend für den Beziehungsaufbau zwischen Lehrern und Schülern und besonders für Kinder mit Verhaltensauffälligkeiten relevant. Neben der regelmäßigen Reflexion der wertschätzenden Haltung kann daraus resultieren, dass Lehrkräfte jegliche Ereignisse als Lernsituationen für ihre Schüler, aber auch für sich selbst erkennen und sich auf diese einlassen. Bedeutsam ist die Kooperationsbereitschaft mit jedem Einzelnen der Lerngemeinschaft. Durch die MGML-Methodology ist eine Vielzahl von Lernaktivitäten in Form von Aktivitätskarten vorgefertigt. Dennoch müssen vom Lehrer Überlegungen zur Vorbereitung dieser Lernanlässe angestellt werden. Diese orientieren sich an der Lebenswelt der Schüler, sowohl um möglichst nachhaltige Lernprozesse zu stiften als auch für eine vertraute Umgebung, mit der sich Schüler identifizieren können. Daneben ist der Lehrer immer auch aufgefordert, selbst sinnvolle, freudvolle und bewältigbare Aktivitäten zu erarbeiten. Indem der Lehrer die Rolle des (Vor-)Bereiters von Lerngelegenheiten einnimmt, könnte das Gefühl der Selbstwirksamkeit für Schüler mit Verhaltensauffälligkeiten gesteigert werden. Vor dem Hintergrund, dass Lehrkräfte „nur" die Vorbereitung für Lernanlässe treffen, sollen sich Schüler eigenständig an alle Aufgaben wagen – mit der Lehrkraft als Sicherheitsnetz. Die Schüler müssten sich also nicht vom Lehrer bestimmt fühlen, da er ihnen die Lerngelegenheiten lediglich anbietet. „Dies käme jenen Schülern zu Gute, die starke, unangenehme Kontrolle durch Bezugspersonen in ihrer Familie erlebt haben. Sie könnten ihren Lernprozess selbstbestimmt erleben, wodurch dieser zu ihrem werden kann" (Schnur & Müller 2013, 94). Die Rolle des (Vor-)Bereiters führt dazu, den unterschiedlichen kognitiven und sozialen Fähigkeiten von Schülern mit Verhaltensauffälligkeiten gerecht zu werden. Lehrer sind daher aufgefordert, Lerngelegenheiten zu schaffen, die sich sowohl für schwächere als auch leistungsstärkere Schüler eignen. Trotz der oft stark variierenden Bedürfnis- und Stimmungslage von Kindern mit Verhaltensauffälligkeiten bestünde demnach die Möglichkeit, individuelle Lernangebote zu schaffen. Darüber hinaus ergibt sich die Rolle des Unterstützers und Begleiters: Folglich kann angenommen werden, dass ein schülerorientierter Unterricht, der die Eigenständigkeit hervorhebt, zu einer eher helfenden Lehrerrolle führt. Der Lehrer wechselt so bewusst in den Tiefstatus, bei dennoch gleichbleibendem Hochstatus, den er aber nicht aktiv nach außen an seine Schüler heranträgt. Unterstützer im Rahmen der MGML-Methodology zu sein bedeutet aber auch, den Schülern bei Schwierigkeiten zu helfen und in Konfliktsituationen zu intervenieren. Demnach scheint der Lehrer als Unterstützer im Rahmen dieser Konzeption eine angstfreie Atmosphäre anbieten zu können.

Passung für die Pädagogik bei Verhaltensstörungen

Die lineare Struktur der Lernleitern, durch die eine Lernrichtung für Kinder erkennbar wird, soll Sicherheit und Orientierung schaffen, was für viele verhaltensauffällige Kinder bedeutsam ist. Im Unterschied zu Formen des Offenen Unterrichts (vgl. 5.6) werden bei der Lernleiterarbeit jedoch nicht nur Aufgaben in einem Plan abgebildet, sondern die Lerninhalte werden in ihrer immanenten Sachstruktur in einer didaktisch sinnvollen Schrittfolge als zielgerichteter Lernprozess für die Kinder erkennbar (vgl. Müller 2012). Zudem sollen die Schüler alle Aufgaben als in einen größeren (Jahres)zusammenhang eingebunden erleben, der eigenverantwortlich und in der je eigenen Lerngeschwindigkeit vollzogen wird. Durch ihre zumeist lineare Darstellung weisen Lernleitern eine Richtung und ein Ziel auf und könnten somit ein Gefühl für die eigene Entwicklung erzeugen. „Mit mir geht was weiter" (vgl. ebd.) ist dabei die zentrale Grunderfahrung, die besonders verhaltensauffällige Kinder machen könnten, was den oft mannigfachen Erfahrungen des Abbruchs und Scheiterns positiv entgegensteht und ihnen aufzeigt, dass sie sich entwickeln. Über das selbstbestimmte Fortschreiten könnten besonders Kinder, die sich aufgrund von sozialer Vernachlässigung und ambivalenten Bindungserfahrungen verhaltensauffällig zeigen, die positive Zumutung von Verantwortung sowie die Würdigung ihrer eigenen Entwicklung erleben – eine Erfahrung, die viele dieser Kinder in ihrer Lernbiografie bis dahin nicht machen konnten (vgl. ebd.).

Für die Schüler ist an jeder Stelle einer Lernleiter nicht nur der Inhalt und die zugehörige Lernaktivität entnehmbar, sondern auch die Verknüpfung mit einer Sozialform. Dies zielt darauf ab, dass die Kinder lernen, in unterschiedlichen Unterstützungssituationen mit anderen zusammenzuarbeiten und zudem die Hilfe erhalten, die sie individuell benötigen bzw. die der Lerninhalt erfordert. Es entsteht somit zumindest das Potenzial für ein vergleichendes Setting – anstelle eines konkurrierenden. Für viele Kinder mit Verhaltensauffälligkeiten stellt dies nach Auffassung der Konzeptentwickler (vgl. ebd.) eine Befreiung aus einer biografischen Grunderfahrung von Konkurrenz dar, mit der sie sich in schwierigen Lebenslagen in Familie und Schule oftmals behaupten mussten. Gleichwohl wird sich eine solche Befreiungserfahrung wohl nicht von heute auf morgen einstellen. Durch Berücksichtigung des individuellen Lerntempos wird verhindert, dass Kinder den Anschluss an die Klasse verpassen. Für Kinder mit Verhaltensauffälligkeiten soll dies den Effekt erbringen, dass sie nach Konflikten und Krisen problemlos wieder „einsteigen" können. In der Arbeit mit der MGML-Methodology geht die Instruktion, eine Aufgabe zu bearbeiten, von den Lernleitern aus. Die Schüler können über die Symbolstruktur erkennen, welche Aufgabe mit welchem Material in welcher Sozialform zu bearbeiten ist und instruieren sich letztlich selbst. Die mehrjährige Erfahrung zeigt Schnur & Müller (vgl. 2013) zufolge, dass selbst schul- und leistungsverweigernde Kinder sehr motiviert sind, mit Lernleitern zu arbeiten. Dies sei zum einen darauf zurückzuführen, dass sich Kinder in ihrer eigenen Lernbewegung wahrnehmen, zum anderen aber, dass sie selbst es sind, die verantwortlich ihre Lernprozesse steuern. Kinder mit Verhaltensauffälligkeiten haben oft ambivalente oder traumatisierende Erfahrungen mit Erwachsenen gemacht. Es kann vermutet werden, dass es ihnen daher Schwierigkeiten bereitet, schulische Instruktionen von Erwachsenen entgegenzunehmen. Auf einer emotionalen Ebene könnten sie sich dabei schnell als ausgeliefert erleben, was zu Verweigerungshaltungen oder anderweitigen Konflikten führte. Instruktionen, die sie sich selbst geben können, erscheinen den Konzeptentwickern der MGML-Methode daher sehr wirksam (vgl. ebd.).

Kritische Betrachtung

Die Vorherseh- und Überschaubarkeit der Lerninhalte, welche die Lernleitern mit sich bringen, könnten auch zu Schwierigkeiten führen. Die Tatsache, dass auf einer Lernleiter die Gesamtheit der zu bearbeitenden Inhalte einer Jahrgangsstufe abgebildet wird, könnte Schüler überfordern, auch wenn die konkreten Aktivitäten vorerst nur durch Symbole sichtbar sind. Möglich wäre beispielsweise die Verweigerung der Arbeit, wenn Schüler der Meinung sind, den Anforderungen nicht gerecht zu werden oder aber befürchten, an diesen zu scheitern. Dies erscheint recht wahrscheinlich, da Kinder mit Verhaltensauffälligkeiten von ihrer Selbstwirksamkeit oft wenig überzeugt sind. Um dieser Problematik vorzubeugen, wurden für die Schulpraxis bereits Lösungsversuche vorgelegt, indem viele „kleine" Lernleitern angeboten werden. Ähnliche Schwierigkeiten könnten sich insbesondere bei systemischen Lernleitern ergeben, wenn es um die Wahlfreiheit bei der Bearbeitung der Lernaktivitäten eines Milestones geht. Da viele Schüler mit Verhaltensauffälligkeiten Schwierigkeiten mit ihrer Selbstorganisation haben, kann es für sie ein Problem darstellen, eine adäquate Entscheidung in einer angemessenen Zeitspanne zu treffen. In der Folge säßen Schüler untätig vor der Lernleiter, weil sie sich nicht zur nächsten Aufgabe entscheiden können oder wollen. In solchen Fällen ist eine gute Beobachtungsgabe der Lehrkraft gefragt, die, wenn die Notwendigkeit besteht, in den Lernprozess der Schüler individuell unterstützend eingreift (vgl. Schnur & Müller 2013, 29). Das Zusammenarbeiten in Gruppen oder mit einem Partner stellt ein zusätzliches erhöhtes Risiko für Konflikte dar. Auf der anderen Seite wird auch im Rahmen dieses Ansatzes eine Annäherung an solche Arbeitsformen wichtig sein, da nur durch das Setzen sozialer Anforderungen auch entsprechende Kompetenzen und Bereitschaften aufgebaut werden können.

Im Zuge der bildungspolitischen Forderung nach inklusivem Unterricht kann es vermutlich längerfristig keine perfekte Lösung für einen gemeinsamen Unterricht von Kindern mit und ohne Verhaltensauffälligkeiten geben. Die schier ungreifbare Vielfalt an Bedürfnissen der Schüler, die sich aus deren Heterogenität ergibt, ist ein Faktor, der einer rezeptologischen Lösung im Weg steht. Die MGML-Methodology wird von ihren Entwicklern als vielversprechender Ansatz auf dem Weg zu einer zufriedenstellenden Erfüllung grundlegender Lernbedingungen gesehen.

> „Es sind Bedingungen wie Sicherheit, Angstfreiheit und Vertrauen, die insbesondere im Unterricht mit verhaltensauffälligen Kindern erfüllt werden müssen, letztlich aber die Lernausgangslage aller Kinder prägen sollten" (Schnur & Müller 2013, 108).

Im Diskurs mit der Methode lässt sich festhalten, dass die Lernbedingungen, um ihre volle Wirkung erzielen zu können, stets voneinander abhängig sind und ineinander greifen müssen. Andere identifizierte Wirkungen der Methode, wie die für Kinder mit Verhaltensauffälligkeiten unverzichtbare Stützung des sozialen Lernens, die Stärkung des Selbstwirksamkeitsgefühls, die Förderung der Selbstständigkeit, können demnach nur auf der Basis eines sicheren Halts erzielt werden.

Im Gesamtbild wurde die MGML-Methodology primär zur Steuerung von Lernprozessen entwickelt, dürfte sekundär jedoch auch sehr hilfreich im Hinblick auf den Problemkontext Verhaltensstörungen sein. Allerdings fehlt es noch an Ausarbeitungen und Weiterentwicklungen, die Verhaltensstörungen direkter thematisieren – der Beitrag von Schnur & Müller (vgl. 2013) erfüllt hier eine wichtige Pilotfunktion auf diesem Weg.

5.5 Handlungsorientierter Unterricht und Projektunterricht

Bereits zu Beginn des Kapitels wurde auf die Schwierigkeit hingewiesen, einzelne offene Unterrichtsformen voneinander abzugrenzen. Dies gilt in besonderer Weise auch für die Abgrenzung zwischen handlungsorientiertem Unterricht und Projektunterricht. Letzteren betrachtet Gudjons (1997, 10) als „Hochform handlungsorientierten Unterrichtes", was schon auf einen engen Zusammenhang beider Unterrichtsformen hinweist. Ähnlichkeiten und Überschneidungen sind deutlich zu erkennen. Aus diesem Grund werden beide Unterrichtskonzepte im Folgenden zwar zunächst einzeln dargestellt, im Anschluss daran jedoch gemeinsam betrachtet.

Handlungsorientierter Unterricht

Der handlungsorientierte Unterricht geht in seiner Entstehung weniger auf theoretische Überlegungen zurück als vielmehr auf Erfahrungen in der Praxis. Die Methoden, die unter dem Begriff „handlungsorientierter Unterricht" – als Sammelname – zusammengefasst werden, sind zum Teil recht unterschiedlich und lassen sich nicht klar von anderen, verwandten Formen des Unterrichts abgrenzen. Als gemeinsamen Kern dieser Methoden betrachtet Gudjons (1997, 7) „die eigentätige, viele Sinne umfassende Auseinandersetzung und aktive Aneignung eines Lerngegenstandes". Mit Blick auf die noch fehlende umfassende Begründungstheorie sieht er in dem Begriff eher ein Verständigungskürzel denn eine Bezeichnung für ein klar umrissenes Konzept (vgl. ebd.).

Meyer (1994, 214) schlägt die folgende Definition vor:

> „Handlungsorientierter Unterricht ist ein ganzheitlicher und schüleraktiver Unterricht, in dem die zwischen dem Lehrer und den Schülern vereinbarten Handlungsprodukte die Organisation des Unterrichtsprozesses leiten, so daß Kopf- und Handarbeit der Schüler in ein ausgewogenes Verhältnis zueinander gebracht werden können."

Für die Gestaltung handlungsorientierten Unterrichts führt er vier didaktische Kriterien an (vgl. ebd., 412-424):

Orientierung der Unterrichtsarbeit an Schülerinteressen: Hierbei sind „subjektive Schülerinteressen", d.h. situationsspezifische individuelle Bedürfnisse und Vorstellungen zum Unterricht, und „objektive Schülerinteressen", die situationsunspezifisch und überindividuell gültig sind, zu unterscheiden. Insbesondere die subjektiven Schülerinteressen, die handlungsleitend wirken – auch dann, wenn sie unbewusst bleiben –, sollen den Bezugspunkt der Unterrichtsarbeit bilden. Meyer hält die Ermittlung subjektiver Interessen – trotz der damit verbundenen Schwierigkeiten – für unumgänglich, wenn Schüler zu Mündigkeit und Selbständigkeit geführt werden sollen. Ein handlungsorientierter Unterricht soll Schülern die Möglichkeit bieten, sich ihrer Interessen bewusst zu werden. Diese Interessen können sich im Laufe des Unterrichts ändern – etwa dadurch bedingt, dass anfangs noch der Überblick über die Thematik fehlt. Eine solche Änderung der Interessen sollte im Unterricht möglich sein und vom Lehrer akzeptiert werden.

Förderung selbständigen Handelns: Der handlungsorientierte Unterricht hat die Förderung von Selbständigkeit zum Ziel. Recht verbreitet sind jedoch Meyer zufolge die Einschränkung von Freiräumen und die Missachtung von Schülerinteressen. Aber auch dadurch, dass die Schüler einfach sich selbst überlassen werden, sei Selbständigkeit nicht zu erreichen. Es geht vielmehr um die Entwicklung von Methodenkompetenz zu selbständigem Lernen. Selbständigkeit setzt Selbsttätigkeit voraus, wobei dem Lehrer die Aufgabe zukommt, „die zur Selbsttätigkeit provozierenden Handlungssituationen zu schaffen und die dazu geeigneten Sach-, Sinn-

und Problemzusammenhänge vorzubereiten" (Meyer 1994, 418). Handlungsorientierter Unterricht soll ermöglichen, dass die Schüler zum handelnden Subjekt werden; er soll die Lernenden zur Reflexion des eigenen Tuns anleiten.

Öffnung der Schule gegenüber ihrem Umfeld: Die stärkere Handlungsorientierung von Unterricht soll zur Öffnung von Schule beitragen – zu einer Öffnung auf drei Ebenen: Neben der Öffnung der Unterrichtsprozesse für Selbsttätigkeit und Selbständigkeit der Schüler ist hiermit die Öffnung des (Fach-)Unterrichts im Sinne einer fächerübergreifenden, projektförmigen Gestaltung sowie des Weiteren die Öffnung von Schule gegenüber ihrem Umfeld gemeint. Eine solche Öffnung kann durch Erkundungsgänge, Klassenfahrten und Praktika erfolgen, aber auch, indem beispielsweise Eltern oder Fachleute den Unterricht mitgestalten oder sich an Projekten beteiligen. Durch eine Öffnung von Schule wird eine demokratische Kontrolle und Kritik der Unterrichtsergebnisse sowie eine Einmischung in gesellschaftliche Auseinandersetzungen, das heißt eine aktive Teilnahme am gesellschaftlichen und politischen Leben möglich.

Integration von Kopf- und Handarbeit, Denken und Handeln: Schließlich sollte ein handlungsorientierter Unterricht eine Integration von Denken und Handeln anstreben. Damit ist nicht einseitig die schrittweise Verinnerlichung von materiellen Handlungen hin zu Denkhandlungen – im Sinne einer hierarchischen Ordnung – gemeint, sondern eine dynamische Wechselwirkung zwischen Hand- und Kopfarbeit. Denken und Handeln werden als gleichwertig betrachtet.

Auch Gudjons (1997, 8) weist auf „das Ineinander von Denken und Tun" hin: Er sieht in materiellen Tätigkeiten den Ausgangspunkt für Lernprozesse, stellt aber auch heraus, „daß sich Lernen nicht im praktischen Tun erschöpft ... Handlungsorientierter Unterricht zielt damit nicht auf ‚Tun' und materielle Produkte, sondern auf Kognition, auf Denken, Verstehen, Lernen". Die Relevanz kognitiver Leistungen zeigt sich bei der Planung und ihrer Umsetzung – vor allem dann, wenn dabei Schwierigkeiten auftreten – sowie bei der Überprüfung der Ergebnisse und der Reflexion des Prozesses. In diesem Zusammenhang weist Gudjons (ebd.) darauf hin, „daß der handelnde Umgang mit Lerngegenständen nicht als bloße ‚Motivationsstufe' mißbraucht werden darf, um dann den ‚eigentlichen' Unterricht folgen zu lassen".

Gudjons (vgl. ebd., 7f.) spricht zwar von einem „Theoriedefizit", das gegenwärtig noch besteht, sieht aber Möglichkeiten, den handlungsorientierten Unterricht theoretisch zu begründen:

So bezieht er sich auf die Lern- und Kognitionspsychologie im Anschluss an Piaget, wenn er die Bedeutung von Handlungen für den Aufbau von Denkstrukturen herausstellt und deutlich macht, dass sich Denken und Handeln wechselseitig bedingen. Ausgehend von Erkenntnissen der Gehirnforschung und Wissenspsychologie betont Gudjons die Bedeutung handelnden Lernens für den Aufbau von neuronalen und kognitiven Netzwerken, zu denen Informationen geordnet werden. Des Weiteren werden motivationspsychologische Aspekte für die Begründung des handlungsorientierten Unterrichts herangezogen: Sinnhaftigkeit und subjektiver Bedeutsamkeit wird eine stark motivierende Wirkung zugeschrieben; Sinn und Bedeutung erlangt eine Tätigkeit durch die Identifikation der Lernenden mit einem selbstgewählten Vorhaben. Daneben sind vor allem gelungene Handlungserfahrungen von motivationaler Bedeutung.

Gudjons weist außerdem auf die jüngere Didaktikdiskussion hin, welche eine andere Sicht von Lernen und Lehren nahe legt, nach der die Lernenden ihre Lernwelt selbst konstruieren, individuell lernen, Lernprozesse nicht von außen bestimmt, sondern lediglich angeregt werden können (zu dieser Sicht von Lernen vgl. auch Kapitel 1). Als weitere Argumente für einen handlungsorientierten Unterricht führt er die – im Zusammenhang mit der Begründung offener Unterrichtsformen häufig genannten – Anforderungen im Berufsleben und die veränderten Sozialisationsbedingungen an.

Lernvorgänge können auch als Handlungen betrachtet werden. Unter dieser Perspektive wird es möglich, dem handlungsorientierten Unterricht ein allgemeines Handlungsmodell zugrunde zu legen (vgl. Gudjons 1997, 8): Den Ausgangspunkt bildet ein Problem, ein Anlass zu einer zielgerichteten Auseinandersetzung mit einer bestimmten Sache (1). An die Planung des Vorgehens (2) schließt sich deren Durchführung an – auch auf Umwegen und mit Rückkoppelungen zum Ziel (3). Am Ende stehen dann die Überprüfung des Ergebnisses und die Reflexion über den Handlungsverlauf (4).

Eine solche Struktur ist auch in dem von Meyer (vgl. 1994, 404ff.) vorgeschlagenen Planungsraster für einen handlungsorientierten Unterricht zu erkennen: Nachdem der Lehrer eine vorläufige Entscheidung über das Arbeitsthema getroffen hat, formuliert er in einer Vorbereitungsphase einerseits – von eigenen Interessen und Lehrverpflichtungen ausgehend – Lehrziele, in die unter anderem fachwissenschaftliche Vorgaben und organisatorische Voraussetzungen eingehen, sowie andererseits Hypothesen über Handlungsziele der Schüler, wobei deren Lernvoraussetzungen und Interessen den Ausgangspunkt bilden. Lehr- und Handlungsziele werden in der Einstiegsphase verknüpft, indem Lehrer und Schüler gemeinsam Handlungsergebnisse vereinbaren. Hieran kann sich eine weitere Vorbereitungsphase des Lehrers anschließen. Während der Erarbeitungsphase kooperieren Lehrer und Schüler – bei der Planung, der Vorbereitung und der Durchführung von Arbeitsschritten. Dabei kann es immer wieder zu Planungskorrekturen kommen, und es können zur Vermittlung von Teilkompetenzen Phasen lehrgangsmäßig geordneten Unterrichts eingeschoben werden. Außerdem können Formen individueller und kollektiver Leistungsbewertung Berücksichtigung finden. Die Erarbeitungsphase mündet dann in die Auswertungsphase, in der die Arbeitsergebnisse vorgestellt und diskutiert werden. Es kann sich – falls dies notwendig ist – eine Überarbeitung der Resultate anschließen. Abschließend wäre eine Veröffentlichung der Arbeitsergebnisse denkbar. Meyer weist darauf hin, dass am Ende nicht unbedingt ein konkretes Handlungsergebnis stehen muss – auch ein begründeter Abbruch der Arbeit sei möglich. Die Auswertungsphase hält Meyer für unverzichtbar. Hier stehen jedoch offensichtlich die Arbeitsergebnisse im Vordergrund, während eine Reflexion des Handlungsverlaufs nicht explizit gefordert wird.

Gudjons (vgl. 1997, 10) betont, dass der Einsatz einzelner Methoden, die dem Schüler Gelegenheit bieten, im Unterricht aktiv zu sein, dem eigentlichen Konzept des handlungsorientierten Unterrichts noch nicht gerecht wird – auch wenn dies anfangs im Sinne einer Annäherung hilfreich sein kann. Angestrebt wird letztlich – über den handlungsorientierten Unterricht hinaus – ein komplexes Lernen in Projekten.

Projektunterricht

Ähnlich wie beim handlungsorientierten Unterricht fehlen klare Definitionen des Begriffs „Projektunterricht". Nach Frey (1995, 17) ist eine Beschreibung projektartigen Lernens durch eine präzise Definition gar nicht möglich, insofern es sich bei der Projektmethode um eine „offene Lernform" handelt, welche „auf die lokale Situation und auf Teilnehmerinteressen Rücksicht [nimmt]". Projektartiges Lernen könne nur durch Miterleben und Mitgestalten in seiner Vielfalt erfasst werden. Im Anschluss an Frey verzichtet auch Gudjons (vgl. 1994b) auf eine exakte Definition, versucht jedoch eine nähere Bestimmung dessen, was Projektunterricht ist, indem er zehn Merkmale nennt, die diesen kennzeichnen: Situationsbezug, Orientierung an den Interessen der Beteiligten, Selbstorganisation und Selbstverantwortung, gesellschaftliche Praxisrelevanz, zielgerichtete Projektplanung, Produktorientierung, Einbeziehen vieler Sinne, soziales Lernen im Projekt, Interdisziplinarität und Bezug zum Lehrgang (vgl. ebd., 15). Er selbst betrachtet die angeführten Kriterien jedoch nur als „einkreisende Umschreibung". Aber auch als solche bleibt sie unklar und unverbindlich, wenn Gudjons (ebd., 15) hierzu anmerkt: „Allerdings gilt: Projektunterricht ist nicht an die exakte Einhaltung aller 10 Merkmale gebunden, aber umgekehrt kann ein Unterricht, in welchem sich diese Merkmale gar nicht finden, nicht Projektunterricht genannt werden".

Neukäter (vgl. 1989, 615f.) übt zu Recht Kritik an der These Freys, eine Definition sei nicht möglich, und betont die Notwendigkeit einer klaren Gegenstandsbestimmung. Er arbeitet wesentliche Kennzeichen in einer Gegenüberstellung von Projektunterricht und lehrgangsbezogenem Unterricht heraus, indem er beide Unterrichtsformen hinsichtlich der Themen und Inhalte, der Rollen von Lehrern und Schülern, der dominierenden Sozial- und Interaktionsformen sowie der Unterrichtsergebnisse und der Art der Ergebnissicherung analysiert. Eine solche Gegenüberstellung ist allerdings recht vereinfachend und eher problematisch: Wenn er von der Gruppe für den weiteren Verlauf als sinnvoll und notwendig betrachtet und daher gewünscht wird, kann ein Lehrgang eine wichtige Ergänzung eines Projektes darstellen; in einem solchen Zusammenhang wären allerdings die meisten von Neukäter genannten Merkmale des Lehrgangs nicht mehr zutreffend. Gudjons (vgl. 1994b) sieht gerade in der Offenheit zum Lehrgang hin ein wesentliches Kriterium des Projektunterrichts.

Eine klare Begriffsbestimmung wird scheinbar – wie bei anderen offenen Unterrichtskonzepten auch – vermieden, darin gar ein Widerspruch zur Offenheit gesehen. Dem inflationären Gebrauch des Begriffes, der zunehmenden Verwässerung der ursprünglichen Idee und des eigentlichen Konzeptes (vgl. Gudjons 1994b, 14) sowie auch dem möglichen Missbrauch wird dadurch allerdings – entgegen den Intentionen seiner definitionsabstinenten Verfechter – Vorschub geleistet.

Unter Projektunterricht soll hier ein Unterricht verstanden werden, in dem sich eine Lerngruppe gemeinsam eine Aufgabe, ein Problem stellt und sich damit auseinandersetzt. Inhalte und Themen sind dabei weniger an einzelnen Fachwissenschaften orientiert, sondern zumeist fächerübergreifend. Es handelt sich um Probleme aus dem Erfahrungsbereich der Lernenden, die in ihrem Gesamtzusammenhang betrachtet und bearbeitet werden. Wichtig ist die bewusste Planung und Auseinandersetzung mit der Tätigkeit. Indem der gesamte Planungsprozess – vor und während der Durchführung – innerhalb der Gruppe erfolgt, gehen in diesen die Bedürfnisse und Interessen der Beteiligten direkt ein.

Knoll (2006, 270) bezeichnet das Projekt als eine Methode des praktischen Problemlösens. Gudjons hebt – was noch zu ergänzen ist – zum einen die politische Dimension im Sinne einer Erziehung zu Demokratie hervor; zum anderen betont er das konzeptionelle Kernelement der freien, selbstbestimmten und nicht hierarchischen Problembearbeitung, ohne die „Projektunterricht zu einer bloßen ‚Methode' (unter anderen) zusammen[schrumpft], die sich sogar reibungslos in einen sehr traditionellen Unterricht einverleiben läßt" (Gudjons 1994b, 15).

Dabei müssen sich Projekte nicht über Tage oder gar Wochen erstrecken, sondern sind auch in kürzeren Zeiträumen denkbar. So nimmt Frey (vgl. 1995, 21ff.) eine dreifache Einteilung in Kleinprojekte (2 bis 6 Stunden), Mittelprojekte (insgesamt 1 bis 2 Tage) und Großprojekte (mindestens eine Woche) vor. Als untere Grenze nennt er 2 bis 3 Stunden, wenn Projekte im Sinne der Projektmethode durchgeführt werden sollen.

Nach der Projektmethode Freys (vgl. ebd., 61ff.) ist der (idealisierte) Ablauf eines Projektes – die zeitliche Abfolge der Hauptaktivitäten – durch sieben Komponenten bestimmt, die im Folgenden näher beschrieben werden (vgl. dazu auch Abb. 13). Dabei sind alle Komponenten als *Aktivitäten der gesamten Lerngruppe* zu verstehen: Der Prozess der Planung und Durchführung findet innerhalb der Gruppe statt.

Den Ausgangspunkt eines Projektes bildet die *Projektinitiative*. Vorschläge und Anregungen können sowohl von den Mitgliedern der Lerngruppe ausgehen als auch von außen an die Gruppe herangetragen werden – beispielsweise durch den Lehrplan. Ein entsprechendes Klima, das Spontaneität zulässt und keine Angst davor erzeugt, emotional verletzt zu werden, trägt dazu bei, dass Vorschläge nicht nur vom Leiter, sondern auch von anderen Gruppenmitgliedern eingebracht werden können (vgl. ebd., 74). Für die künftigen Projektteilnehmer stellt die Projektinitiative lediglich ein Angebot dar: Ob die Gruppe dieses aufgreift oder ablehnt, wird im folgenden Schritt entschieden. Auch der Bildungswert wird erst später durch die Projektteilnehmer herausgearbeitet. Insofern ist die Projektinitiative durch die offene Ausgangssituation gekennzeichnet sowie dadurch, dass sie noch ohne Bildungswert ist.

Die nächste Komponente – die *Auseinandersetzung mit der Projektinitiative in einem vorher vereinbarten Rahmen* – umfasst zwei Phasen: Zunächst trifft die Gruppe gemeinsam Vereinbarungen für die Auseinandersetzung mit der Projektinitiative, beispielsweise solche über Verfahrensregeln und den zeitlichen Rahmen für diese Auseinandersetzung, über Regeln bezüglich des Argumentierens und des Umgangs miteinander sowie auch über den Umgang mit dem Gebiet. So schafft die Gruppe eine Verständigungsbasis für die eigentliche Auseinandersetzung mit der Projektinitiative, die auch in späteren Phasen von Bedeutung ist und im Verlauf des Projektes revidiert werden kann, falls dies sinnvoll erscheint. In die nun folgende Auseinandersetzung gehen die Stellungnahmen der einzelnen Teilnehmer zur Projektinitiative mit ein, wobei auch eigene Bedürfnisse, insbesondere Betätigungswünsche, eingebracht werden. Auch mittelbar am Projekt Beteiligte können in diese Phase mit einbezogen werden. Im Verlauf kann die Gruppe zu der Entscheidung kommen, die Projektinitiative nicht aufzugreifen und somit das Projekt abzubrechen, oder sie erarbeitet eine *Projektskizze*. Diese umreißt lediglich das Betätigungsgebiet und stellt noch keinen ausgefeilten Projektplan dar, dessen Erarbeitung erst Gegenstand der nächsten Phase ist.

Falls die Projektinitiative angenommen und eine Projektskizze erstellt wurde, folgt die gemeinsame *Entwicklung des Betätigungsfeldes*. In dieser Phase werden konkrete Pläne entworfen. Es geht dabei darum, aus den ersten Ideen klare, realisierbare Vorstellungen sowie zugleich die bildungsbedeutsamen Punkte herauszuarbeiten. Weiterhin ist der zeitliche Rahmen festzulegen und festzustellen, wer welche Aufgaben übernehmen möchte, wobei dies unter Berücksichtigung der Bildungswirkung des Projektes geschehen sollte. Die Voraussetzungen müssen ermittelt und fehlende gegebenenfalls angeeignet werden. Das Ergebnis dieser Phase ist in der Regel ein Arbeits-/*Projektplan*, der die Qualität der Tätigkeit herausheben sollte. Entscheidend ist dabei vor allem, auf welche Art und Weise ein solcher Plan zustande kommt. Hierbei soll auch der Äußerung von Gefühlen und motorischen Betätigungswünschen Raum gegeben werden. Insbesondere bei geringer Projekterfahrung sowie bei Großprojekten kann die Bildung von Teilgruppen sinnvoll sein, welche Vorbereitungen für den weiteren Projektverlauf übernehmen. Auch in dieser Phase ist ein bewusster Abbruch des Projektes möglich.

Wird das Projekt weiterverfolgt, schließt sich an die Entwicklung des Betätigungsfeldes in der Regel die Durchführung des erstellten Planes an. Während dieser

Phase – *(verstärkte) Aktivitäten im Betätigungsgebiet / Projektdurchführung* – „kann [grundsätzlich] jede Form von Tätigkeitsorganisation vorkommen: Einzeltätigkeit, Tätigkeit in kleineren und größeren Gruppen; steuernde, kontrollierende, zuliefernde, ausführende Tätigkeiten" (Frey 1995, 68). Zeitweise können körperliche oder auch geistige Tätigkeiten im Vordergrund stehen. Arbeitsteiliges Vorgehen ist möglich, wenn dies von den Gruppenmitgliedern für sinnvoll gehalten wird. Diese Entscheidung basiert auf der Diskussion und deren Ergebnissen im Rahmen der vorhergehenden Komponenten, wo möglicherweise sinnvolle Arbeitsteilungen deutlich wurden. In der Regel sind diese bereits im Projektplan berücksichtigt, können aber auch im Verlauf der Projektdurchführung neu ausgehandelt werden. Die Projektdurchführung bildet zeitlich meist den Hauptteil eines Projektes.

Bei Mittel- und Großprojekten sind Unterbrechungen durch Fixpunkte und Metainteraktion sinnvoll – zwei weitere wesentliche Komponenten (siehe unten).

Für den *Abschluss des Projektes* nennt Frey drei Varianten: den bewussten Abschluss, die Rückkoppelung zur Projektinitiative sowie das Auslaufen-lassen des Projektes. Die Veröffentlichung der Ergebnisse oder eine Vorführung sind Beispiele für die erste Variante. Diese bietet sich insbesondere bei produktorientierten Projekten an: Das Projekt endet dann mit der Fertigstellung des Produktes. Auch bei Projekten, bei denen Aktivitäten im Mittelpunkt stehen, ist ein bewusster Abschluss denkbar, wobei das Ende durch eine bestimmte Ausprägung der Aktivität angezeigt wird. Ein Projekt kann aber auch mit einem Rückblick – der Rückkoppelung zur Projektinitiative – beendet werden. In diesem Fall nimmt die Gruppe einen Vergleich des erreichten Endstandes mit der Projektinitiative vor, wobei auch die übrigen Komponenten in die Betrachtung mit eingehen können. Dieser Rückblick kann, muss aber nicht mit Kritik verbunden sein. Die dritte Variante, ein Projekt zu beenden, ist dessen nahtloser Übergang in den Alltag. Durch ein solches offenes Projektende bleibt das Projekt nicht vom Alltag isoliert. Außerdem kann es zur Förderung der Fähigkeit der Beteiligten beitragen, selbst Initiativen zu ergreifen und zu kooperieren, und somit die Projektmethode in ihrem Ziel verstärken. Insofern kann gerade diese Schlussvariante eine Steigerung der Effizienz des Projektes bedeuten, ihr Einsatz also durchaus wertvoll sein.

Die beiden letzten Komponenten – Fixpunkte und Metainteraktion – können im Verlauf des Projektes bei Bedarf jederzeit eingeschoben werden:

Fixpunkte sind insbesondere bei längeren Projekten von Bedeutung: Die Projektaktivitäten werden von der gesamten Gruppe unterbrochen. Als „organisatorische Schaltstellen des Projektes" dienen Fixpunkte vor allem dem Austausch von Informationen, der Organisation des weiteren Vorgehens, der Feststellung des Standes der Arbeiten oder als Ruhepause. Fehlende Abstimmung und Orientierungslosigkeit sollen hierdurch vermieden werden. Fixpunkte können in einem bestimmten Rhythmus eingeschoben werden, jedoch auch und besonders dann, wenn die aktuelle Situation dies erfordert.

Metainteraktion meint die Reflexion des „Normalgeschehens", die Beschäftigung und Auseinandersetzung mit dem eigenen Tun aus einer gewissen Distanz. Sie bietet die Möglichkeit, den in der Auseinandersetzung mit der Projektinitiative vereinbarten Verständigungsrahmen zu überdenken, einzelne Schritte zu vertiefen oder auch zu verändern und aufgetretene Beziehungsprobleme anzugehen. Außerdem bietet sie grundsätzlich Hilfe, eine Distanz zu den eigentlichen Aktivitäten zu schaffen. Die Metainteraktion „dient vorwiegend der pädagogischen Qualifizierung der Normaltätigkeiten im Projekt und der Aufarbeitung von Problemen in der Beziehung zwischen den Beteiligten" (Frey 1995, 148) – sie hat somit im Unterschied zu den Fixpunkten weniger eine organisatorische als vielmehr eine inhaltliche Funktion.

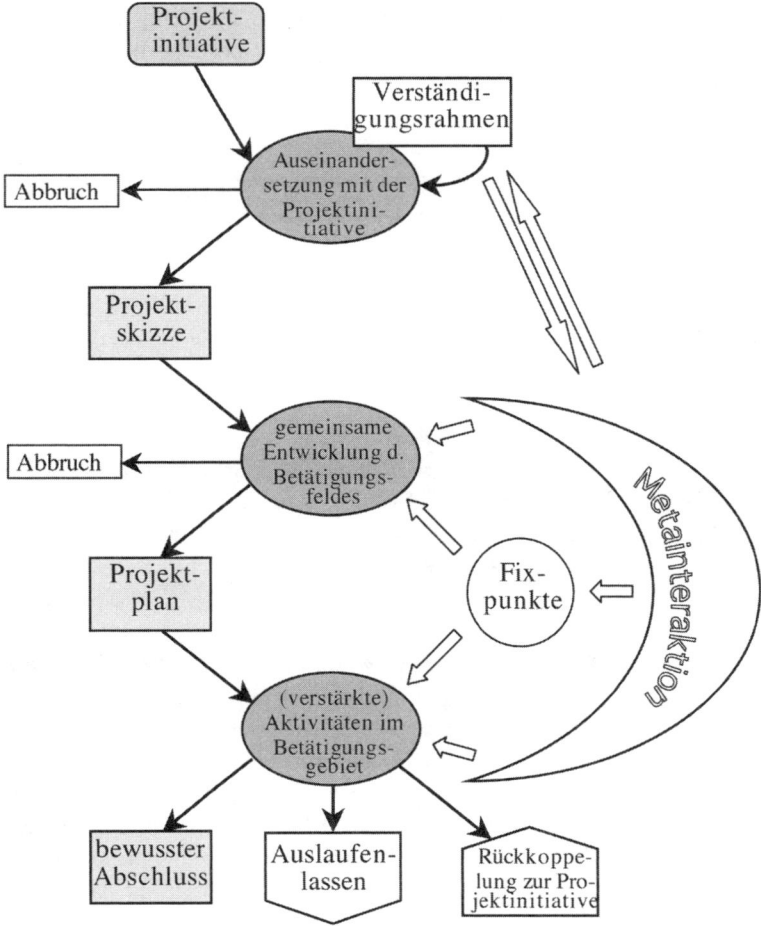

Abb. 13: Der Projektablauf im Sinne der Projektmethode Freys (vgl. Frey 1995, 64)

Die Komponenten „Auseinandersetzung mit der Projektinitiative" und „Entwicklung des Betätigungsfeldes" sind von besonderer Bedeutung für das Projekt: Sie leisten einen entscheidenden Beitrag, die Tätigkeit hinsichtlich ihres Bildungswertes zu qualifizieren. Diese Funktion wird durch die Komponente Metainteraktion verstärkt (vgl. Frey 1995, 154). Gerade diese Komponenten machen deutlich, dass nicht allein das Ergebnis oder die Tätigkeit als solche im Vordergrund steht, sondern vielmehr die bewusste Planung und Auseinandersetzung mit der Tätigkeit im Sinne eines Bildungsprozesses ein wesentliches Moment darstellt.

Der hier skizzierte Ablauf soll als ein Grundmuster verstanden werden, keineswegs als ein starres Schema im Sinne einer engen Bindung an die einzelnen Komponenten (vgl. Frey 1995, 62). Nach Frey (vgl. ebd., 71) kann jedoch dann von der „Hochform des Projektes" gesprochen werden, wenn alle Komponenten Berücksichtigung finden. Gerade bei der Einführung mag aber eine Beschränkung auf einige Komponenten („projektartiges Lernen") und die schrittweise Einführung der übrigen sinnvoll sein.

In dem von Frey beschriebenen Ablauf zeigen sich Ähnlichkeiten zum oben skizzierten Vorgehen bei der Planung eines handlungsorientierten Unterrichts. Es ist jedoch gleichzeitig zu erkennen, dass beim handlungsorientierten Unterricht die Schüler zwar Einfluss nehmen können, Planung und Vorbereitung aber vorwiegend Aufgaben des Lehrers sind. Im Unterschied hierzu ist Projektunterricht gerade durch die gemeinsame Planung in der Lerngruppe gekennzeichnet. Somit unterscheiden sich beide Unterrichtsformen im Grad der Beteiligung der Schüler sowie hinsichtlich der Rolle des Lehrers.

Rollen von Lernenden und Lehrenden

Gudjons (vgl. 1997, 9) nennt die Mitbestimmung der Schüler als zentrales Prinzip des handlungsorientierten Unterrichts – auch wenn diese anfangs noch begrenzt sein kann. Angestrebt wird die Selbststeuerung der Lernenden. Die Strukturierung erfolgt nicht allein durch den Lehrer, sondern der Unterricht ist von den gemeinsam vereinbarten Handlungsprodukten her organisiert. Letztlich ist aber auch im handlungsorientierten Unterricht, wie er bei Meyer beschrieben wird (siehe oben), der Lehrer derjenige, der Unterricht plant; somit ist eine echte Beteiligung der Schüler an Planungsprozessen nicht durchgängig verwirklicht.

Insofern erfolgt im Projektunterricht eine konsequentere Umsetzung des Prinzips der Mitbestimmung: Stärker als im handlungsorientierten Unterricht sind die Schüler beim Projektunterricht, der gleichfalls die Förderung von Selbsttätigkeit und Selbständigkeit zum Ziel hat, an unterrichtlichen Entscheidungen beteiligt – etwa bezüglich der Ziele, Inhalte und Organisationsformen. Projekte werden in der Gruppe geplant und gemeinsam durchgeführt. Der Lehrer ist dabei Mitglied der Lerngruppe, die sich gemeinsam mit einer selbst gestellten Aufgabe befasst. Er nimmt lediglich eine beratende und begleitende Funktion ein; sein Verhalten sollte partnerschaftlich und nicht-direktiv sein. Die Rolle des Lehrers im Projektunterricht entspricht damit weitgehend derjenigen, die Rogers für den Facilitator beschreibt (vgl. 5.2). Projektunterricht sollte nicht auf Anordnungen, sondern auf Vereinbarungen zwischen den Beteiligten basieren. Dies kann beispielsweise über das Abschließen eines Projektvertrages unterstützt werden.

Bastian (vgl. 1994) macht auf die Notwendigkeit einer kritischen Reflexion der Lehrerrolle im Projektunterricht aufmerksam: Projekte, die von dem Wunsch nach Symmetrie in der Beziehung zwischen Lehrern und Schülern getragen sind, können für beide Seiten eine Überforderung bedeuten und damit scheitern, solange veränderte Rollen nicht reflektiert werden. Eine „Überwindung der Subjekt-Objekt-Beziehung im Lehrer-Schüler-Verhältnis" (ebd., 30), die im Projektunterricht angestrebt werden soll, hält er nur für möglich, wenn die grundsätzliche Ungleichheit in der Lehrer-Schüler-Beziehung erkannt und akzeptiert wird: Auch im Projektunterricht unterscheiden sich die Rollen von Lehrern und Schülern, die Beziehung ist komplementär. Diese Komplementarität basiert auf der durch die Institution Schule festgelegten Rollenstruktur und der damit verbundenen Macht des Lehrers sowie auf Unterschieden in der Qualifikation. Bastian schlägt daher eine offene Auseinandersetzung mit Rollen und Rollenerwartungen, eine „Phase der Rollenfindung" zu Beginn eines Projektes vor und hält eine am „Lernbestand" der Schüler – insbesondere an deren arbeitsmethodischer und sozialer Kompetenz – orientierte Lehrerplanung für notwendig. Er geht davon aus, „daß eine kooperative Projektplanung, die den Schülern ein hohes Maß an Selbstverwirklichung im Planungsprozeß ermöglicht, gleichzeitig ein hohes Maß an Planung und Strukturierung des Planungsprozesses durch den Lehrer erfordert" (Bastian 1994, 41). In dieser planerischen Dominanz des Lehrers ist allerdings auch die Gefahr enthalten, dass der Raum für Selbständigkeit und Selbstverantwortung der Schüler eingeschränkt wird. Planung kann daher nur eine umfassende Vorbereitung bedeuten, die dem Lehrer ermöglicht, den Lernprozess zu begleiten und gegebenenfalls flexibel Hilfen anbieten zu können – denn im Sinne der Projektmethode wäre nicht nur ein Einbeziehen der Schüler in den Planungsprozess, sondern eine gemeinsame Planung in der Gruppe anzustreben. Mit der Entscheidung für ein Projekt sollte Lehrerplanung zugunsten einer gemeinsamen Planung, in die der Lehrer durchaus seine Kompetenzen einbringt, zurückgenommen werden. Allerdings ist auch dann die von Bastian geforderte offene Auseinandersetzung mit Rollen sowie die Thematisierung und kritische Diskussion bestehender Machtverhältnisse sinnvoll und notwendig.

Passung für die Pädagogik bei Verhaltensstörungen

Neukäter (vgl. 1980; 1989, 619) berichtet von einer Untersuchung des Projektunterrichts in einer 2. Klasse einer Schule für Erziehungshilfe, bei der das Ausmaß unterrichtsbezogenen Verhaltens und störenden Sozialverhaltens in Projektphasen mit dem in Phasen traditionellen Unterrichts verglichen wurde. Aus den erhobenen Daten zieht der Autor folgende Schlüsse:

> „1) Durch projektorientiertes Lernen läßt sich das Ausmaß an unterrichtsbezogenem Verhalten im Vergleich zu konventionellem Unterricht steigern. 2) Das vermehrte UV im projektorientierten Unterricht ist weitgehend durch vermehrte positive Bekräftigung und Hilfestellung des Lehrers und in Verbindung damit durch eine Veränderung der sozialen Organisationsform des Unterrichts zu erklären" (Neukäter 1980, 156f.).

Störendes Unterrichtsverhalten wurde dagegen in der Projektphase seltener beobachtet (vgl. Neukäter 1989, 619). Projektorientiertes Lernen bewertet Neukäter (1980, 158) insgesamt als „eine vielversprechende Möglichkeit in der Rehabilitation Verhaltensgestörter".

Die Ergebnisse weisen deutlich darauf hin, dass die Durchführung von Projekten mit Schülern mit Verhaltensauffälligkeiten – in inklusiven schulischen Settings oder in einer Schule für Erziehungshilfe – möglich ist, wenn auch darüber hinausgehende Schlussfolgerungen Neukäters relativiert werden müssen. So lässt eine siebentägige Erprobung des Projektunterrichts kaum Aussagen über dessen Wirksamkeit zu, und die Schlussfolgerung, projektorientiertes Lernen sei konventionellen Lehrverfahren überlegen, kann nicht aus den vorgelegten Ergebnissen abgeleitet werden. Vermehrte positive Bekräftigung und Hilfestellung durch den Lehrer, welche unter anderem als Gründe für verstärktes unterrichtsbezogenes Verhalten angeführt werden, sind keine projekttypischen Variablen – auch wenn ein in diesem Sinne unterstützendes Lehrerverhalten durch Projektunterricht begünstigt wird, weil der Lehrer von einigen anderen Aufgaben befreit ist. Ein weiterer Grund für die größere Unterrichtsbeteiligung wird im vermehrten Einsatz praktischer und handwerklicher Tätigkeiten gesehen (vgl. Neukäter 1980, 157), welche jedoch nicht notwendig ein Bestandteil von Projekten sein müssen. Es wird auch nicht vollständig klar, welches Verständnis von projektorientiertem Lernen hier zugrunde lag: Erwähnt werden lediglich die Inhalte (Texte verfassen und drucken), aber nicht, wie bei deren Bearbeitung konkret vorgegangen wurde. – Wendungen wie „Die Kinder sollten ..." (ebd., 154) sprechen eher nicht für eine gemeinsame Planung.

Das Verdienst der Untersuchung Neukäters liegt allerdings darin, dass hier empirische Ergebnisse vorgestellt werden, mit denen Vorurteile gegenüber der Durchführung projektorientierten Unterrichts in der Schule für Erziehungshilfe entkräftet werden können, indem die Studie demonstriert, dass dessen Durchführung doch möglich ist.

Handlungsorientierter Unterricht und Projektunterricht können so organisiert werden, dass sich jeder seinen Fähigkeiten entsprechend einbringen und so einen wichtigen Beitrag zur gemeinsamen Arbeit leisten kann (vgl. Werning 1996, 466; 1995, 31f.). Es bestehen somit Möglichkeiten zur Differenzierung im Unterricht, wodurch Über- oder Unterforderung – als mögliche Auslöser auffälligen Verhaltens – vermieden werden können. Zudem werden im Unterricht kooperative, weniger auf Konkurrenz ausgerichtete Arbeitsformen bevorzugt, was zu einer Verbesserung des Klassenklimas und zur Entlastung der Schüler beitragen kann.

Des Weiteren wird so, neben der Verbesserung der Lernatmosphäre, auch kooperatives Verhalten und die Kommunikation in der Lerngruppe gefördert, obwohl das Arbeiten in der Gruppe gleichzeitig auch Konfliktstoff birgt. Beim projektorientierten Unterricht – vor allem in einer Gruppe, die Schüler mit Verhaltensauffälligkeiten einschließt – ist in verschiedenen Arbeitsphasen mit einigen Schwierigkeiten zu rechnen: So könnte etwa die Themenfindung besonders langwierig ausfallen, wenn kommunikative Kompetenzen fehlen; die Durchführung könnte beeinträchtigt werden, indem einzelne Schüler unvermittelt aus dem Projekt aussteigen.

Gerade die Projektmethode sieht jedoch Möglichkeiten vor, Konflikte und Störungen zu bearbeiten und damit auf einer niedrigen Schwelle zu halten: mit der Vereinbarung von Regeln zu Beginn des Projektes und der Komponente Metainteraktion, die bei Bedarf jederzeit eingeschoben werden kann. Unter Umständen kann es dabei notwendig sein, dass der Lehrer solche Metainteraktionen anregt. Neben der Bearbeitung aktueller Konflikte und Störungen, die sonst den weiteren Unterricht behindern würden, wird dadurch längerfristig die grundsätzliche Fähigkeit gefördert, mit Konflikten umzugehen und diese zu lösen. Aber auch positive Aspekte der Zusammenarbeit können im Rahmen der Metainteraktion hervorgehoben und bewusst gemacht werden. Außerdem haben die am Projekt Beteiligten die Möglichkeit, ihre Wünsche, Bedürfnisse und Gefühle einzubringen, wodurch gegenseitiges Verstehen erleichtert wird. Insofern vermögen Projekte grundsätzlich zur Förderung sozialer Kompetenz beizutragen; fachliches und soziales Lernen werden im Unterricht verknüpft.

Es kann außerdem angenommen werden, dass die Reflexion des Handlungsverlaufs, die Beurteilung des Handlungsergebnisses und eventuell eine Selbstbeurteilung der eigenen Leistung es den Schülern ermöglichen, ein angemessenes Verhältnis zu ihren Leistungen zu entwickeln und zunehmend Verantwortung für das eigene Handeln und Lernen zu übernehmen. Die größere Mitbestimmung der Schüler, das gemeinsame Vereinbaren von Handlungszielen sowie eine stärkere Beteiligung an Planungsprozessen tragen dazu bei, dass demokratisches Verhalten im Unterricht erlebbar wird.

Es ist auch darauf hinzuweisen, dass ein flexibler Einsatz vielfältiger Sozialformen und Methoden der Entwicklung von Motivation und Aufmerksamkeit dienen kann, was oft gerade für Lernprozesse von Schülern mit Verhaltensauffälligkeiten wichtig ist. Dies scheint im Rahmen des Projektunterrichts gut möglich. Schließlich könnte auch eine Öffnung von Schule, die durch einen handlungsorientierten Unterricht angestrebt werden soll, einer Isolierung und Stigmatisierung der Schüler, die eine Sonder- bzw. Förderschule besuchen, effektiv entgegenwirken (vgl. 3.1; 3.4).

Handlungsorientierter Unterricht hat den Aufbau von Handlungskompetenz zum Ziel. Gudjons (vgl. 1997, 9) betont, dass Handeln mehr als Eigentätigkeit ist. Handlungen sind zielgerichtet, bewusst und gewollt und haben eine Struktur (siehe oben). Insbesondere der Reflexion der eigenen Handlungen misst Gudjons im Hinblick auf den Erwerb von Handlungskompetenz Bedeutung bei. Ebenso steht bei der Projektmethode die bewusste Planung und Reflexion der Tätigkeit im Vordergrund – etwa im Rahmen der Komponenten „Auseinandersetzung mit der Projektinitiative" und „Entwicklung des Betätigungsfeldes". Vor allem jedoch dient die Metainteraktion der bewussten Auseinandersetzung mit dem eigenen Tun sowie der Bearbeitung von auftretenden Schwierigkeiten und Konflikten. Eine solche bewusste Auseinandersetzung mit eigenen Handlungen ist gerade für die Pädagogik bei Verhaltensstörungen von Bedeutung, weil – wie unter 2.3.3 erörtert wurde – Verhaltensstörungen auf eine unangemessene Handlungsregulation, eine fehlende Handlungskontrolle zurückgeführt werden können. Da im Projektunterricht sehr bewusst geplant wird und eine Reflexion der im Unterricht stattfindenden Prozesse erfolgt, können sich positive Einflüsse auf die Handlungsregulation der Lernenden ergeben – vor allem dann, wenn dadurch bei den Einzelnen gleichzeitig eine Auseinandersetzung mit den eigenen Handlungen stattfindet.

Kritische Betrachtung

Im handlungsorientierten Unterricht werden bereits bei der Planung die Bedürfnisse und Interessen sowie die Lernvoraussetzungen der Schüler berücksichtigt und gehen in die Formulierung von Handlungszielen mit ein. Die Entscheidung des Lehrers über das Arbeitsthema ist nur vorläufig; konkrete Handlungsziele werden erst mit den Schülern gemeinsam vereinbart, was ein hohes Maß an Mitbestimmung des Einzelnen bedeutet. Außerdem sind Lernwege nicht im Voraus festgelegt – Umwege und sogar ein begründeter Abbruch der Arbeit sind denkbar. Der Verlauf des Unterrichts ist durch das vereinbarte Handlungsziel organisiert und damit eben nicht unstrukturiert. Er orientiert sich gleichzeitig am Lernprozess unter Berücksichtigung der Interessen und Bedürfnisse der Lernenden, ist auch für Änderungen der Schülerinteressen offen.

Dies gilt ebenso für den Projektunterricht, wobei hier die Schüler noch unmittelbarer an der Planung und der Reflexion von Unterrichtsprozessen beteiligt sind. Im Vordergrund steht nicht die Anhäufung statischen Wissens, sondern vielmehr das Lernen problemlösenden Handelns.

Die Themen entstammen dabei dem Erfahrungsbereich, der Lebenswelt der Lernenden. Damit wird an die Vorerfahrungen der Schüler angeknüpft, und die Inhalte gewinnen eine größere Bedeutung für sie.

Aus der Berücksichtigung von (sich ändernden) Interessen und der Orientierung am Lernprozess ergeben sich Konsequenzen für die Planung: Sie ist nur vorläufig und muss für Änderungen offen sein. Damit wird die grundsätzliche Offenheit und teilweise Unbestimmtheit von Lehr-Lern-Prozessen (vgl. Kapitel 1) berücksichtigt und in das methodische Konzept mit einbezogen.

Ein wesentliches Moment, das in beiden Unterrichtsmodellen zum Ausdruck kommt, besonders deutlich jedoch beim Projektunterricht, ist der humane, demokratische Umgang miteinander: Entscheidungen werden zwischen weitgehend gleichberechtigten Partnern ausgehandelt und gemeinsam Vereinbarungen getroffen, wobei die Bedürfnisse der Einzelnen sowie der gesamten Lerngruppe Berücksichtigung finden. Im Projektunterricht entsteht grundsätzlich Raum für gruppenbezogene Erziehungsprozesse und auch für autonomes Handeln.

Hier werden also im Gesamtblick zentrale Aspekte vorgesehen, die mit dem in Kapitel 1 erörterten Verständnis von Lernen und Unterricht sowie auch mit der unter 2.6.1 entwickelten Vorstellung von Erziehung weitgehend kompatibel sind. Handlungsorientierter Unterricht sowie Projekte bedürfen jedoch der Ergänzung durch andere Unterrichtsformen, da nicht jeder Inhalt handlungsorientiert und in Projekten erarbeitet werden kann. Auch sind in den Konzepten selbst recht hohe Ansprüche und Anforderungen an strukturelle Veränderungen enthalten, die eine konsequente Umsetzung durchaus erschweren mögen. So ist beispielsweise die Praxis der auf einzelne Schüler bezogenen, ergebnisorientierten Bewertung und Notengebung in der Schule kaum kompatibel mit der gruppenbezogenen, prozessorientierten Auswertung im Rahmen von Projekten. Hohe Ansprüche und Anforderungen stellt jedoch insbesondere die Projektmethode auch an die Beteiligten. So könnte der geforderte Abbruch eines Projektes bei mangelnder Motivation eines Teiles der Gruppe für die anderen Mitglieder sehr frustrierend sein; eine solche Situation birgt die Gefahr einer Eigendynamik, indem der starke Wunsch entsteht, das Unternehmen gegen alle Widerstände zum Ende zu führen – was der Projektidee widerspräche.

5.6 Offener Unterricht

5.6.1 Zum Begriff „offener Unterricht"

Bereits bei der Darstellung des handlungsorientierten Unterrichts und des Projektunterrichts wurde das Problem der Bestimmung und gegenseitigen Abgrenzung unterschiedlicher als „offen" bezeichneter Unterrichtsmodelle deutlich. Verstärkt tritt diese Schwierigkeit jedoch im Zusammenhang mit dem offenen Unterricht selbst auf.

So betrachtet van Dick (1991, 32) den offenen Unterricht als „eine Art Dachbegriff, unter dem verschiedene Elemente, die einen solchen Veränderungsprozeß [der Öffnung von Unterricht und Schule] fördern, subsumiert werden können: Freie Arbeit, Projektunterricht, Wochenplan, rhythmisierter Stundenplan usw."

Auch Wallrabenstein (1994, 54) kennzeichnet den offenen Unterricht

> „als Sammelbegriff für unterschiedliche Reformansätze in vielfältigen Formen inhaltlicher, methodischer und organisatorischer Öffnung mit dem Ziel eines veränderten Umgangs mit dem Kind auf der Grundlage eines veränderten Lernbegriffs."

Häufig wird der offene Unterricht durch eine Abgrenzung von einem lehrerorientierten, geschlossenen Unterricht bestimmt. So stellen etwa Klewitz & Mitzkat (vgl. 1977, 7) dem geschlossenen Unterricht, als dessen zentrales Merkmal sie eine auf klar festgelegte, operationalisierte Lernziele ausgerichtete Planung hervorheben, einen offenen Unterricht gegenüber: Eine flexible, am Lernprozess orientierte Planung kennzeichne einen offenen Unterricht, der „den spontanen Aktivitäten der Kinder möglichst freien Raum geben möchte, ohne allerdings das Lernen dem Zufall zu überlassen" (ebd., 7). Das Begriffsfeld „offener Unterricht" umfasst nach Bönsch (1995, 138f.) „alle Bestrebungen ..., Unterricht gegenüber einer starken Programmierung (Ziele, Inhalte, Methoden, Medien, Leistungskontrollen werden ... vollständig vorgegeben) immer wieder zu öffnen". Kritik am lehrerorientierten oder Frontalunterricht ist bei unterschiedlichen Aspekten des Begründungsrahmens, den Bönsch (vgl. ebd., 139ff.) aufstellt, ein zentrales Moment. Kasper (vgl. 1996, 187) weist darauf hin, dass zu Beginn der Diskussion um offenen Unterricht die Bemühungen um Abgrenzung und um ein Gegenkonzept zum wissenschafts-, fach- und lehrerorientierten Unterricht im Vordergrund standen.

> „Es blieb nicht aus, daß der von der Öffnungsbewegung attackierte Gegner oft pauschal mit dem Zerrbild eines autoritären Frontalunterrichts gleichgesetzt wurde und sich die Bewegung bisweilen auch unhistorisch und pauschal gegen Bestehendes richtete" (ebd.).

Auch Ramseger übt Kritik an einem durch Fremdbestimmung der Schüler gekennzeichneten geschlossenen Unterricht. Für den offenen Unterricht stellt er die Leitidee Emanzipation und Mündigkeit der Lernenden heraus. Er unternimmt darüber hinaus den Versuch, „Offenheit" näher zu bestimmen. Zur Abgrenzung und genaueren Definition dessen, was unter einem offenen Unterricht verstanden werden soll, unterscheidet Ramseger (vgl. 1977, 22ff.) drei Dimensionen der Offenheit, die er durch einen Indikatorenkatalog präzisiert: inhaltliche Offenheit, methodische Offenheit und institutionelle Offenheit. Diese Dimensionen sind wechselseitig aufeinander bezogen, so dass sich Einschränkungen in einer Dimension auch auf die übrigen auswirken. Die Indikatoren für einen offenen Unterricht gewinnt er aus der Diskussion des Ansatzes der „offenen Curricula" sowie des in der Praxis entstandenen Ansatzes der „Open Education". Es werden damit Aspekte angesprochen, welche eine qualitative Beurteilung im Sinne von Aussagen über die relative Offenheit eines Unterrichts erlauben (vgl. ebd., 27f.). Im offenen Unterricht sieht Ramseger (ebd., 26) „ein idealtypisches Konzept, das immer nur annäherungsweise realisiert werden kann" und „in Perfektion nur in einer entschulten Situation vorstellbar" ist. Es wird somit der Versuch unternommen, Offenheit unabhängig von bestimmten Methoden und Unterrichtsmodellen zu bestimmen. Gleichzeitig kann Unterricht als auf einem Kontinuum zwischen offen und geschlossen liegend beurteilt werden – anstatt ihn pauschal einer der Kategorien „offen" oder „geschlossen" zuzuordnen.

Zur Begründung eines offenen Unterrichts wird häufig auf eine veränderte Kindheit hingewiesen (vgl. Wallrabenstein 1994, 45ff.; Bönsch 1995, 137f.; Kasper 1996, 191), wobei vor allem die folgenden Aspekte angesprochen werden: Einzelkindheit, unvollständige Familien, Berufstätigkeit beider Eltern, Verplanung der Kindheit und Aufwachsen in einer Medien- und Konsumgesellschaft. Als Folgen werden eine geringere Fähigkeit zu spontanem Spielen und weniger soziale Erfahrungen, vermehrtes rezeptives Verhalten und sekundäre Erfahrung der Wirklichkeit genannt. Es muss an dieser Stelle ergänzend darauf hingewiesen werden, dass die Erörterung dieser Thematik oft stark pauschalisierend erfolgt und negative Momente überbetont werden. Bisweilen scheint sie auch willkommenes Mittel zu sein, um damit, fast schon beliebig kombiniert, dieses oder jenes zu begründen.

Aus den erwähnten Aspekten veränderter Kindheit werden von Seiten der oben genannten Autoren Forderungen an Schule und Unterricht abgeleitet. So sollten die veränderten Erfahrungen der Schüler im Unterricht Berücksichtigung finden und über entdeckendes und praktisches Lernen primäre Erfahrungen ermöglicht werden. Zunehmend sind von der Schule auch sozialerzieherische Aufgaben wahrzunehmen. Im Hinblick auf eine größere Heterogenität der Lerngruppen, als eine Folge der veränderten Lebensbedingungen, sind Differenzierung und Individualisierung im Unterricht notwendig, um den unterschiedlichen Lernvoraussetzungen der Schüler gerecht werden zu können.

Offener Unterricht zielt auf eine solche Differenzierung und Individualisierung. Er hat dabei den Anspruch, die unmittelbare Lebenswelt der Schüler stärker zu berücksichtigen und in den Unterricht mit einzubeziehen sowie den Schülern Mitbestimmung bei der Gestaltung des Unterrichts und auch selbstbestimmtes, selbstverantwortliches Lernen zu ermöglichen. Jürgens (vgl. 2006) stellt die Bewegung des offenen Unterrichts grundsätzlich unter die Leitidee der Selbstbestimmung. Im Vordergrund soll das Lernen des Lernens, das Lernen durch Selbstentdecken stehen (vgl. Wallrabenstein 1994, 67ff.). Wesentlich ist dabei die Haltung, die der Lehrer gegenüber den Schülern einnimmt. Wallrabenstein (vgl. 1994, 62ff.) hebt beispielsweise die genaue Wahrnehmung, das Ernstnehmen und Akzeptieren von Schülern hervor. Die Rolle des Lehrers beschreibt er als Berater, Anreger und Begleiter. In der Bereitschaft zur Hinwendung zum Schüler sieht Wallrabenstein (vgl. ebd., 67) bereits Ansätze zur Öffnung des Unterrichts.

Hierin zeigen sich Parallelen zum schülerzentrierten Unterricht (siehe 5.2). Den personenzentrierten Ansatz von Rogers hält Goetze (vgl. 1989, 571f.) – gerade auch im Hinblick auf eine Humanisierung von Schule – für eine geeignete Rahmentheorie, um einen offenen Unterricht theoretisch zu fundieren. Aus den von Rogers genannten Bedingungen signifikanten Lernens leitet er die folgenden fünf Prinzipien offener Erziehung ab: Selbstdirektivität, Lernen zu Lernen, Selbstbewertung des Lernens, Gefühlsbetonung und Bedrohungsfreiheit. Dieser Ausgangspunkt spiegelt sich deutlich in einer Reihe von Funktionen des Lehrers wider, die Goetze nennt (vgl. ebd., 574).

Auch Kasper (vgl. 1996, 189ff.) hebt die Person des Lehrers in Bezug auf eine Öffnung von Unterricht hervor: Der Haltung des Lehrers gegenüber den Schülern, dessen anthropologischen und gesellschaftlichen Grundauffassungen misst sie mehr Bedeutung bei als einem formalen Unterrichtskonzept. Entsprechend sieht sie offene Lernsituationen dadurch gekennzeichnet, dass die kindliche Welt- und Selbstsicht in ihrer Andersartigkeit akzeptiert wird, die Autorität Erwachsener nicht als selbstverständlich gilt, der Lernprozess und weniger das Ergebnis im Vordergrund steht und dass es sich bei den Lernwegen „eher um kommunikative als um richtungsbestimmte, sachstrukturell festgelegte Lehrgänge" (ebd., 190) handelt. Ein solches Lehrerhandeln, welches gerade die Offenheit des Unterrichts ausmacht, muss somit nicht notwendig mit bestimmten methodischen Konzepten verbunden sein.

Wie bereits erwähnt wird offener Unterricht jedoch gerade in Abgrenzung zu einem vermittelnden Unterricht definiert, und nicht selten wird zur Begründung dieser Unterrichtsform eine – zwar bisweilen durchaus nachvollziehbare, aber zum Teil auch wenig differenzierte – Kritik an lehrgangsorientiertem oder Frontalunterricht herangezogen. Gleichzeitig scheint ein theoretisch fundiertes, einheitliches Konzept offenen Unterrichts zu fehlen (vgl. auch Bastian 1995, 7; Kasper 1996, 187f.), was sich unter anderem in den oben angeführten Definitionsversuchen zeigt: Es handelt sich eher um eine lose Sammlung von zum Teil recht unterschiedlichen Methoden. Bastian (vgl. 1995, 7) macht auf die damit verbundenen Vor- und Nachteile aufmerksam: Vorteile liegen in einem breiten Methodenrepertoire, das sich in der Praxis als hilfreich erweist; durch das Fehlen eines begründeten Rahmens für Veränderungen sieht er jedoch die „Gefahr der Beliebigkeit" gegeben – eine durchaus nachvollziehbare Kritik. So drängt sich bei der Auseinandersetzung mit offenem Unterricht teilweise der Eindruck auf, dass alles, was sich von einem reinen lehrerzentrierten Unterricht unterscheidet, verstanden als direkte Instruktion und gekennzeichnet durch eine starre Planung, das Etikett „offen" erhält – und damit schon als wertvoller beurteilt wird. Bastian (1995, 7) bemerkt kritisch:

> „Was für das Umweltbewußtsein der ‚blaue Engel', das ist für gute Schule das Etikett ‚Offen': ein Signé, über dessen Qualität man sich kaum zu verständigen braucht, weil es für sich zu sprechen scheint, auch wenn über die Vergabekriterien nur wenig bekannt ist."

Dies macht eine differenzierte Betrachtung von und kritische Auseinandersetzung mit einzelnen Teilkonzepten notwendig: Eine allgemeine Betrachtung und Kritik wäre oberflächlich und aufgrund des Fehlens einer einheitlichen Konzeption auch kaum möglich. Es sind vielmehr die einzelnen Methoden, die dem Begriff „offener Unterricht" subsumiert werden, kritisch zu hinterfragen – insbesondere auch im Hinblick darauf, ob sie den Ansprüchen und Zielen ihrer Vertreter gerecht werden können.

Als wesentliche Elemente eines offenen Unterrichts führt Wallrabenstein (vgl. 1994, 92ff.) die besondere Gestaltung der Klassenräume mit unterschiedlichen Lernzonen und Werkstattcharakter, vielfältige, frei zugängliche Arbeitsmittel, die zum Lernen anregen, und das Schulleben an. Daneben nennt er die Methoden freie Arbeit, Wochenplan und Projekte sowie den Stuhlkreis. Bönsch (vgl. 1995) subsumiert der „Freiarbeit" (hier eher im Sinne von offenem Unterricht und nicht gleichbedeutend mit freier Arbeit verstanden) vier Teilkonzepte: wahldifferenzierter Unterricht, Tages- und Wochenplanarbeit, freie Arbeit sowie Projektarbeit. Dabei setzt Freiarbeit bestimmte „neue Infrastrukturen" voraus – wie zum Beispiel das Bereitstellen jederzeit zugänglicher geeigneter Lernmaterialien, eine entsprechende Gestaltung der Klassenräume, Arbeitstechniken und soziale Regeln sowie „kommunikative Klammern". Mit letzteren sind Wochenanfangsgesprächskreise, Wochenschlusskreise sowie Vermittlungs- und Diskussionsphasen gemeint.

In diesem Rahmen hat durchaus auch der häufig kritisierte lehrerorientierte Unterricht im offenen Unterricht denn doch wieder seinen Platz – angesichts der grundsätzlichen Abgrenzungshaltung nicht unbedingt konsequent. Wallrabenstein (vgl. 1994, 92) nennt diesen als eine Grundform offenen Unterrichts und Bönsch (1995, 141) betont,

> „daß lehrerorientierter, guter vermittelnder Unterricht für planmäßiges Lehren und Lernen immer wichtig sein wird. Mit zunehmender Realisierung von Freiarbeit [hier: von offenem Unterricht] wird er sogar an Wert wiedergewinnen. Es geht also nicht um seine Ablösung."

Die „Vermittlungsdidaktik" betrachtet er als eine der Grundfolien für die Unterrichtsgestaltung, aus der sich eine weitere, die „Arrangementsdidaktik" ergibt, welche auf handlungs- und problemorientiertes, entdeckendes sowie situatives und simulatives Lernen gerichtet ist (vgl. ebd., 141f.).

Im Folgenden werden solche Teilkonzepte dargestellt, die in der Literatur zu offenem Unterricht häufig beschrieben sind und daher als typische Methoden eines offenen Unterrichts betrachtet werden können: freie Arbeit, Arbeit mit Tages- und Wochenplänen, Gesprächskreise und Lernzirkel bzw. Stationenarbeit. Letztere basiert unter anderem auf dem Konzept des wahldifferenzierten Unterrichts, auf das ebenfalls eingegangen wird.

Häufig werden von Vertretern eines offenen Unterrichts *Projekte* als Teilkonzept genannt. Da die Arbeit in Projekten jedoch unter 5.5 bereits ausführliche Betrachtung erfuhr, wird im Folgenden lediglich auf die Bedeutung eingegangen, die Projekten in Rahmen eines offenen Unterrichts beigemessen wird:

Nach Wallrabenstein (vgl. 1994) können Projekte einen Beitrag zur Öffnung des Unterrichts nach außen leisten und stellen gleichzeitig ein „notwendiges Gegenstück eines gemeinschaftsbezogenen, sinnstiftenden Lernens zum engeren, individualisierenden Lernen in der Freien Arbeit" (ebd., 102) dar. Bönsch (1995, 148) sieht in der Projektarbeit „die am ausgeprägtesten kommunikativ-kooperative Variante" unter den Teilkonzepten der „Freiarbeit". Gegenüber den übrigen Teilkonzepten, bei denen Aufgabenorientierung oder individuelle Interessen im Vordergrund stehen, sind hier Vereinbarungen sowie gemeinsame Planung und Durchführung der Arbeit zentral. Ähnliche Aspekte spricht auch Kasper (1996, 196f.) an und stellt fest, dass „Projekte oder Vorhaben ... den Prinzipien der Öffnung in mehrfacher Weise [entsprechen]".

5.6.2 Freie Arbeit

Im Rahmen der freien Arbeit soll den Schülern ein Angebot von Lernmöglichkeiten zur Verfügung stehen, aus dem sie Aktivitäten auswählen können; damit wird ihnen ermöglicht, eigene Entscheidungen zu treffen. Der für solche freien Entscheidungen gewährte Raum kann jedoch unterschiedlich weit gefasst sein: von Konzeptionen, die in der freien Arbeit ausschließlich freie Angebote vorsehen, bis zu solchen, bei denen sich die Möglichkeiten zur eigenen Entscheidung hauptsächlich auf die Einteilung der für die Bearbeitung von Pflichtaufgaben zur Verfügung stehenden Zeit beziehen (vgl. Wallrabenstein 1994, 95) – letztere entsprechen dabei wohl eher der Wochenplanarbeit, die später dargestellt wird. So fasst Bönsch (vgl. 1995, 146) den Begriff „freie Arbeit" auch enger als „Unterrichtszeit ..., während der in sehr konsequenter Weise Schülern/Schülerinnen freigestellt wird, was sie machen wollen". Er unterscheidet zwischen *selbstverantwortetem* Lernen, das inhaltlich und hinsichtlich des Anspruchs mehr oder weniger stark vorbestimmt sein kann, während die Verantwortung bezüglich Ausführung und Ergebnis beim Lernenden selbst liegt, und *selbstbestimmtem* Lernen. Letzteres kennzeichnet freie Arbeit im engeren Sinne und meint weitgehendes Freisein von irgendwelchen Vorgaben: auch Inhalte und Aufgaben können von den Lernenden selbst gewählt werden (vgl. ebd., 138). Besonders die freie Arbeit stößt nach Bönsch oft auf Skepsis, wofür er ein zugrundeliegendes „pädagogisches Misstrauen" verantwortlich macht – in dem Sinne, dass man den Schülern nicht zutraut, auch ohne Vorschriften zu lernen (vgl. ebd., 147). Implizit kommt hier zum Ausdruck, dass der freien Arbeit eine dem entgegengesetzte Haltung zugrunde zu liegen scheint, die weitgehend der von Rogers als zentral für einen schülerzentrierten Unterricht beschriebenen entspricht: Dem Schüler sollten Gelegenheiten zum Lernen gegeben werden; die Motivation, diese zu nutzen, liegt in ihm selbst. – Allerdings ist die Entsprechung zu den Vorstellungen von Rogers eben nur weitgehend und letztlich nicht konsequent, denn liest man bei Bönsch weiter, stellt man fest, dass dort, wo Schüler nichts zu tun scheinen, freie Arbeit als Verpflichtung zu *irgendeiner* Arbeit verstanden werden soll.

Auch Claussen (vgl. 1995) spricht dann von freier Arbeit, wenn alle Kinder die Möglichkeit haben, ihre Tätigkeiten frei zu wählen. Freie Arbeit sollte – so seine Forderung – von Wochenplanarbeit klar getrennt werden, in dem Sinne, dass „Zeit und Gelegenheit zur freien Arbeit ... für alle Kinder garantiert" (ebd., 20) und nicht an die Erfüllung eines Pflichtpensums gebunden ist.

Kasper (vgl. 1996, 194f.) stellt innerhalb der freien Arbeit, als deren wesentliches Merkmal sie die Wahlfreiheit nennt, drei verschiedene Varianten vor, die einen unterschiedlichen Grad an Öffnung aufweisen: Im Rahmen der *offenen Lernumgebung* können die Schüler unter Berücksichtigung gemeinsam vereinbarter Regeln ihre Tätigkeit frei wählen und hierbei die vorhandenen Ressourcen nutzen. Stärker eingeschränkt sind die Varianten *Lerntheke* und *Lernstationen* – etwa im Hinblick auf ein bestimmtes Fach, einen Themenbereich oder auch bestimmte Übungen und sozialorientierte Schwerpunkte. Im einen Fall können die Lernenden Arbeitsmaterialien an der Theke auswählen und an Gruppentischen bearbeiten, während im anderen ein Wechsel des Arbeitsplatzes von einer Lernstation zur nächsten vorgesehen ist. Auf die Variante Lernstationen (Lernzirkel) wird später noch näher eingegangen. Die weniger geöffneten Varianten betrachtet Kasper (vgl. ebd., 195) dabei nicht als eine Art Vorstufe, sondern schreibt ihnen einen eigenen Stellenwert zu: Sie können für Schüler, die ein höheres Maß an Selbstentscheidung und Eigenstrukturierung überfordern würde, die geeignetere Form freier Arbeit darstellen.

Je nach Öffnungskonzept kann freie Arbeit in ihrem Umfang von ein bis zwei Stunden pro Woche bis zu ein bis zwei Stunden pro Tag variieren (vgl. Wallrabenstein 1994, 95).

Rollen von Lernenden und Lehrenden

Schüler sollen während der freien Arbeit die Möglichkeit haben, ihr eigenes Lernen selbst zu gestalten. Dabei können sie alleine, zu zweit oder auch in Gruppen arbeiten. Ein weiteres Ziel liegt darin, dass Schüler zu einem gegenseitigen Helfen im Sinne sozialer Kooperation finden können (vgl. Wallrabenstein 1994, 95f.). Wie viel Freiheit die Schüler bei der Gestaltung ihres Lernens haben, kann jedoch recht unterschiedlich sein, wie etwa bei Betrachtung der von Kasper genannten Varianten freier Arbeit deutlich wird.

Eine Aufgabe des Lehrers besteht in der Auswahl und Vorbereitung von Arbeitsmitteln, welche an den Lernbedürfnissen der Einzelnen sowie der ganzen Gruppe orientiert sein sollten. „Durch die Freistellung von der Lenkung des Unterrichtsgeschehens kann der Lehrer in der Freien Arbeit beobachten, anregen, fördern, helfen und beraten" (ebd.). Die Entlastung von der direkten Lehrfunktion und die sich dadurch eröffnenden Möglichkeiten zu Förderung und prozessbezogener Beobachtung hebt auch Kasper (vgl. 1996, 195) als besondere Chance hervor. Im Idealfall wird sich der Pädagoge in der freien Arbeit auf den jeweiligen Bedarf an Begleitung einzelner Schüler im Rahmen ihrer völlig frei gewählten Beschäftigungen einstellen.

Passung für die Pädagogik bei Verhaltensstörungen

Ein Einwand gegen freie Arbeit im Bereich der Pädagogik bei Verhaltensstörungen könnte die für ein solches Lernen notwendige Selbststeuerung betreffen, eine Fähigkeit, die Schülern mit Verhaltensauffälligkeiten meist abgesprochen wird. Im Hinblick auf diese Schülergruppe wird dann auch häufig ein stark strukturiertes Angebot für notwendig erachtet.

Freie Arbeit bietet den Lernenden aber auch – stärker als andere Konzepte – Möglichkeiten, eigene Bedürfnisse wahrzunehmen und ihren individuellen Interessen nachzugehen. Somit können in einem solchen Unterricht eher Bedürfnisse der Einzelnen Berücksichtigung finden, die sich sonst als Störungen in den Vordergrund schieben. Es ist davon auszugehen, dass Schüler – auch und gerade jene mit Verhaltensauffälligkeiten – am ehesten dann konzentriert und zielgerichtet arbeiten, wenn sie eigenen Interessen nachgehen können.

Die Möglichkeit, Tätigkeiten frei zu wählen, muss nicht notwendigerweise ein Fehlen von Strukturen bedeuten. So sind beispielsweise durch gemeinsam vereinbarte grundsätzliche Regeln und Absprachen schon gewisse Strukturen gegeben. Außerdem können im Einzelfall, dort wo sie benötigt werden, durch den Lehrer Hilfen bei der Strukturierung der selbstgewählten Vorhaben bereitgestellt werden.

Goetze & Jäger (1991, 36) berichten von Beobachtungen im Rahmen eines Unterrichtsversuchs an einer Schule für Erziehungshilfe, wonach „sich einige Schüler des öfteren langweilten und nicht wußten, womit sie sich in den offenen Stunden sinnvoll beschäftigen sollten". Teilweise entstand auch der Eindruck, dass den eigenen Bedürfnissen nicht entsprechende Tätigkeiten gewählt wurden. Außerdem wurden Vorhaben selten längere Zeit verfolgt und zum Teil kurz vor deren Abschluss abgebrochen (vgl. Goetze 1989, 582).

Dies zeigt, dass oft Hilfen und Unterstützung durch den Lehrer notwendig sein werden.

Kritische Betrachtung

Die angesprochenen Probleme dürften sich jedoch nicht nur im Unterricht mit Schülern mit Verhaltensauffälligkeiten oder an einer Schule für Erziehungshilfe zeigen, sondern sind vermutlich auch in anderen Kontexten anzutreffen. So weist auch Hegele (vgl. 1995, 11f.) darauf hin, dass Anleitung und Lenkung durch den Lehrer sinnvoll und notwendig sein kann. Als wesentlich stellt sie das „Ausbalancieren von Freiheit und Lenkung" heraus.

Es wird dabei deutlich, dass das Maß an Freiheit und Mitbestimmung, welches den Schülern gewährt wird, nicht schon durch die Methode allein vorgegeben ist. Gerade im Hinblick auf freie Arbeit ergeben sich Schwierigkeiten beim Bestimmen der Grenzen – zum Gewährenlassen einerseits sowie andererseits zu einem starr vorstrukturierten und direktiven Unterricht, in dem vorgegebene Aufgaben zu erledigen sind. Letzteres könnte durchaus als eine Gefahr bei einer unten noch näher zu beschreibenden Form freier Arbeit, den Lernzirkeln, gesehen werden.

Auch hier ist ausschlaggebend, wie stark die Lernenden in Planungsprozesse mit einbezogen werden – so etwa hinsichtlich der grundsätzlichen Entscheidung für freie Arbeit: Wollen die Schüler überhaupt „frei arbeiten"? Somit ist auch die Einbindung freier Arbeit in den gesamten Unterricht von Bedeutung. Wenn sich die „klare[1] Botschaft an die Kinder: Ihr könnt frei wählen! Ihr könnt selbst entscheiden!" (Claussen 1995, 21) nur auf wenige im Stundenplan vorgesehene Stunden bezieht, muss Unterricht noch nicht freier und Lernen nicht selbstbestimmter sein.

5.6.3 Tages- und Wochenplan

Die Strukturierung im offenen Unterricht erfolgt häufig über Tages- oder Wochenpläne. Sie dienen als wichtiges Hilfsmittel der Organisation, Planung und Überprüfung der Arbeit in offenen Lernsituationen (vgl. Wallrabenstein 1994, 97; Kasper 1996, 195).

Bönsch (1995, 144) nennt als Anliegen der Tages- bzw. Wochenplanarbeit, „für einen veränderten Vormittag oder für die Woche Lernzeiten [zu] schaffen, in denen bei ... formulierten Aufgaben die selbständige Bearbeitung möglich wird". Tages- und Wochenplanarbeit sind dabei nicht als Alternativen zu betrachten, die sich gegenteilig ausschließen. So führt etwa Claussen (vgl. 1996, 227) Vorschläge an, wie beide Möglichkeiten kombiniert werden können.

Tagespläne enthalten die für einen Schultag vorgesehenen Aufgaben und Inhalte, wobei im Laufe des Vormittags ein Wechsel zwischen gebundenen und freien Lernzeiten möglich ist. Diese Aufgaben können für alle Schüler gleich sein. Bönsch (vgl. 1995, 145) weist aber auch auf die Möglichkeit hin, Tagespläne zur inneren Differenzierung zu nutzen. Als einen positiven Aspekt stellt er die über den Plan erreichte Transparenz des Tagesablaufes heraus.

Wochenplanarbeit kann sich in einer Woche über mehrere Stunden erstrecken, die für „selbstverantwortetes Lernen" vorgesehen sind. Bei Wochenplänen handelt es sich um Übersichten über mehr oder weniger verbindliche Lernangebote: Sie enthalten Aufgaben, die erledigt werden müssen, bearbeitet werden können oder als zusätzliche Angebote zu betrachten sind, also festgelegte Pflichtaufgaben wie auch offene Elemente (vgl. Wallrabenstein 1994, 97; Kasper 1996, 195). Entsprechend nennt Claussen (vgl. 1996, 224) als mögliche Kategorien, die ein Wochenplan enthalten kann:

- vorgegebene Pflichtaufgaben,
- vorgegebene oder gemeinsam festgelegte Wahlpflichtaufgaben (aus einer Reihe von Aufgaben soll eine vorgegebene Anzahl ausgewählt und bearbeitet werden) sowie für die restliche Zeit
- ein Angebot frei wählbarer, vorwiegend auf das schulische Curriculum bezogene Aufgaben und Aktivitäten und
- Raum für eigene Initiativen.

---

1 im Original groß geschrieben

Bei Bönsch enthalten Wochenpläne ebenso wie Tagespläne dagegen zunächst nur Pflichtaufgaben. Hierfür sollen den Schülern Arbeitsblätter sowie weitere Lernmaterialien zur Verfügung stehen, wobei das Einrichten eines Ablagesystems für erledigte und korrigierte Arbeiten als sinnvoll angesehen wird (vgl. Bönsch 1995, 146). Im Zusammenhang mit freier Arbeit weist Bönsch aber auf die Möglichkeit hin, Wochenplan und freie Arbeit zu integrieren, das heißt im Wochenplan Zeit für die Beschäftigung mit selbstgewählten Aufgaben vorzusehen. Claussen (vgl. 1996, 236; 1995, 19f.) betont jedoch, dass auch *außerhalb* des Wochenplans Gelegenheit zu freier Arbeit gegeben werden sollte, die dann nicht an das Erfüllen von Pflichtaufgaben gekoppelt ist. Sonst bestünde die Gefahr, dass Wochenplanarbeit zu einem „Instrument des Antreibens" wird. Die Verquickung von Wochenplan und freier Arbeit hält er insbesondere mit Blick auf Schüler, die langsamer lernen, für problematisch. Kasper (vgl. 1996, 195f.) spricht sich im Hinblick auf die eher freien Elemente des Plans für die Freigabe von Bearbeitungsspielräumen sowie für das Ermöglichen vielfältiger Lösungen und Gewähren von Raum für das Entwickeln und Weiterführen eigener Ideen aus. Für den Pflichtbereich fordert sie, die Möglichkeiten innerer Differenzierung zu nutzen, indem auch hier Alternativen angeboten werden. Claussen (vgl. 1996) sieht vor allem Möglichkeiten zur Differenzierung durch die angebotenen Hilfen.

Rollen von Lernenden und Lehrenden

Tages- und Wochenpläne können zwar vom Lehrer erstellt werden, der dann die zu erledigenden Aufgaben alleine bestimmt – ein solches Vorgehen wird häufig genannt, vor allem zu Beginn der Arbeit mit Wochenplänen; Ziel ist es jedoch, dass die Schüler lernen, die Pläne aktiv mitzugestalten. Mögliche unterschiedliche Grade der Öffnung von Wochenplänen beschreibt Claussen (vgl. 1996, 232ff.), wobei auch Optionen angesprochen werden, wie die Schüler an der Planung beteiligt werden können. Auch die Kontrolle der Pläne erfolgt in der Regel durch den Lehrer; häufig sind jedoch ergänzend Möglichkeiten zur Selbstkontrolle berücksichtigt. Als wesentliche Aspekte des Lehrerverhaltens während der Wochenplanarbeit nennt Claussen (vgl. 1996, 229) unter anderem die folgenden: differenzierende Hilfe und Unterstützung bieten, zeitlich begrenzt eine kleine Gruppe unterweisen, falls dies aufgrund von Beobachtungen als notwendig erscheint, Eindrücke und Beobachtungen notieren sowie Arbeiten durchsehen als Basis für das weitere Vorgehen. Das skizzierte Verhalten wird durch Zurücknahme des aktiven Lehrerhandelns ermöglicht.

Ein wesentliches Ziel der Wochenplanarbeit wird darin gesehen, aktives, selbständiges Lernen zu ermöglichen. Die Schüler sind weniger festgelegt hinsichtlich der Zeit, die sie für die Bearbeitung der Aufgaben vorsehen, und können ihre Arbeit freier gestalten. Dadurch wird ihnen auch Gelegenheit gegeben, den Umgang mit solchen Freiräumen zu lernen. Claussen (vgl. 1996, 224) nennt neben der Wahl der Reihenfolge der Bearbeitung sowie der freien Zeiteinteilung die folgenden Möglichkeiten, im Rahmen der Wochenplanarbeit eigene Entscheidungen zu treffen: Die Lernenden können selbst wählen, wann sie welche Hilfen nutzen, wie sie die nach Erfüllung der Pflichtaufgaben noch zur Verfügung stehende Zeit ausfüllen und – falls dies nicht durch den Plan festgelegt ist – auch, ob sie die Aufgaben in Einzel-, Partner- oder Gruppenarbeit erledigen. Als weiterer Aspekt spricht er an, dass die Aufgaben von den Schülern selbst kontrolliert werden, soweit dies möglich ist.

Passung für die Pädagogik bei Verhaltensstörungen

Der häufig angesprochene Aspekt der Differenzierung spielt in der Pädagogik bei Verhaltensstörungen sicher eine wesentliche Rolle. In diesem Zusammenhang kann der Einsatz von Wochenplänen, bei entsprechender Nutzung der Möglichkeiten, die Wochenplanarbeit bietet, durchaus hilfreich sein – insbesondere in heterogenen Gruppen sowie in Klassen einer Schule für Erziehungshilfe. So könnten beispielsweise mit den einzelnen Schülern je eigene Pläne erstellt werden und damit Lernvoraussetzungen sowie individuelle Ziele stärker berücksichtigt und Über- oder Unterforderung – als situationsbedingte Quellen für Verhaltensstörungen (vgl. 2.3.2) – weitgehend vermieden werden.

Weiterhin ist die hier vorgesehene veränderte Rolle des Lehrers und die damit gegebene Möglichkeit, einzelnen Schülern oder Schülergruppen Hilfen anzubieten, für den Unterricht mit Schülern mit Verhaltensauffälligkeiten von Bedeutung: Sowohl bei der freien Arbeit als auch bei der Wochenplanarbeit können Konflikte und Störungen grundsätzlich flexibel und ohne größere Unterbrechungen des gesamten Unterrichts angegangen werden.

Kritische Betrachtung

Die Arbeit mit Wochenplänen muss im Vergleich mit anderen Unterrichtsmethoden nicht an sich schon mehr Offenheit und Freiheit bedeuten. Wallrabenstein (vgl. 1994, 98) hält eine kritische Überprüfung von Wochenplänen für wichtig hinsichtlich der Eigenbeteiligung der Lernenden, die dabei vorgesehen und möglich ist: So wäre beispielsweise nach dem Verhältnis von Pflichtaufgaben und offenen Lernangeboten und dem Grad der Mitbeteiligung der Schüler bei der Erstellung der Pläne zu fragen, aber auch danach, ob etwa im Rahmen des Wochenplans die Möglichkeit gegeben ist, selbst Aufgaben zu finden. Auch Kasper (vgl. 1996, 196) verweist auf die Bedeutung der Beteiligung der Schüler bei Planung und Beurteilung im Hinblick auf das Ziel, Selbstverantwortung der Lernenden anzubahnen. Das Ausmaß, in dem die Pläne diesem Ziel gerecht werden können, betrachtet sie als ein Kriterium für deren Bewertung.

Claussen (1996, 231) macht auf die Diskussion um Wochenpläne im Rahmen offenen Unterrichts aufmerksam, in der diese teils als typische Form offenen Unterrichts betrachtet, teils aber auch kritisiert werden, „weil etwa mit WP ‚alte' Inhalte lediglich mittels noch trickreicherer und raffinierterer Methoden und noch subtilerer Verfahren an die Kinder herangebracht würden." Er spricht außerdem die seines Erachtens in einigen praxisnahen Veröffentlichungen anzutreffende problematische Verwendung des Begriffes „frei" an – für einen Unterricht, in dem die direkte Lenkung durch den Lehrer lediglich durch eine indirekte mittels Plan ersetzt wurde (vgl. Claussen 1996, 18f.).

Wochenpläne können durchaus Möglichkeiten bieten, den Schülern mehr Verantwortung für ihr Lernen zu übertragen und sie an der Gestaltung des Unterrichts zu beteiligen. So könnten Wochenpläne als Planungsinstrumente für die Schüler eingesetzt werden. Im Idealfall würde jeder Schüler in Absprache mit dem Lehrer seinen eigenen Plan selbst erstellen. Dadurch wird in hohem Maße Differenzierung und Individualisierung möglich und es kann von selbstverantwortetem Lernen gesprochen werden. Es hängt demnach vor allem von der Form ab, in der ein solcher Plan zum Einsatz kommt. Ein Wochenplan, der lediglich vom Lehrer festgelegte Pflichtaufgaben enthält – eventuell versehen mit einigen Vorschlägen, wie die Schüler die verbleibende Zeit verbringen könnten –, ermöglicht kaum Mitbestimmung und Selbstverantwortung. Dahinter könnte sich sogar eine Manipulation der Schüler verbergen.

5.6.4 Wahldifferenzierter Unterricht

Bönsch (vgl. 1995, 143f.) nennt als ein Teilkonzept der „Freiarbeit" (des offenen Unterrichts) den wahldifferenzierten Unterricht. Dieser gliedert sich in drei Phasen:

- *Strukturierungsphase*: Diese Phase umfasst den Einstieg in das Thema sowie einen Überblick sowohl über die Gesamtthematik als auch über einzelne Teilthemen und Arbeitsschwerpunkte.
- *Differenzierungsphase* (Wahlphase und Erarbeitungsphase): An die Strukturierungsphase schließt sich zunächst die *Wahlphase* an, während der die Schüler zu einer begründeten Auswahl eines Teilthemas kommen sollen, das sie gemeinsam mit anderen bearbeiten möchten. Nachdem sich Gruppen zusammengefunden haben, entwerfen diese einen Grobplan. Das Erstellen eines differenzierten Arbeitsplanes ist dann Gegenstand der *Erarbeitungsphase*, ebenso die Bearbeitung des Themas. Eine weitere Aufgabe der Gruppen während dieser Phase besteht in der Vorbereitung der Vermittlung der Arbeitsergebnisse – etwa Überlegungen zu Tafelbild oder Vortrag, aber auch das Erstellen von Arbeitsblättern oder Folien.
- *Vermittlungs- und Reflexionsphase*: In dieser abschließenden Phase werden die Teilthemen von den Gruppen vorgestellt und diskutiert. Ergänzungen durch den Lehrer sind möglich, etwa zu nicht berücksichtigten, noch fehlenden Teilthemen. Die Phase wird schließlich durch eine Reflexion der Unterrichtseinheit been-

det, wobei nicht nur die Ergebnisse, sondern auch der Verlauf und aufgetretene Schwierigkeiten angesprochen werden sollen.

Rollen von Lernenden und Lehrenden

Im Rahmen eines vorgegebenen Themengebietes haben die Schüler die Möglichkeit, sich für ein Teilthema zu entscheiden, das sie in Gruppen weitgehend selbständig bearbeiten – also ihr Vorgehen planen, Lernmaterial auswählen, sich mit dem Thema auseinandersetzen und die Vermittlung ihrer Ergebnisse vorbereiten. Hierfür steht ihnen dann eine begrenzte Zeit zur Verfügung. Die Schüler sind dabei verpflichtet, ein Ergebnis vorzulegen, wobei Vorgaben (Strukturierung und Lernmaterial) helfen sollen, Desorientierung zu vermeiden.

Der Lehrer hat in dieser Phase eine beratende Funktion. Während der Strukturierungsphase kommt ihm jedoch die zentrale Rolle zu: Er führt in die Thematik ein, gibt einen Überblick und stellt Teilthemen vor. Auch die Sicherung wesentlicher Ergebnisse sowie Ergänzungen im Rahmen der letzten Phase zählen zu seinen Aufgaben (vgl. Bönsch 1995, 144).

Passung für die Pädagogik bei Verhaltensstörungen

Im Gesamtbild wirkt das Konzept des wahldifferenzierten Unterrichts zunächst hilfreich für den Kontext Verhaltensstörungen, da es klare, überschaubare Strukturen bietet. Andererseits können aus der hier (vgl. Kap. 1) vertretenen Sicht des Lernens heraus die vorgesehenen, von außen gesetzten Strukturen keine wirkliche Förderung von Lernprozessen bewirken: Sie engen Schüler in ihren Entfaltungsmöglichkeiten ein und lassen die Berücksichtigung und Umsetzung von Konstruktionen der Lernenden nicht zu.

Kritische Betrachtung

Der wahldifferenzierte Unterricht, wie ihn Bönsch darstellt, kann den Schülern durchaus Gelegenheit zu einem selbständigen und gleichzeitig kooperativen Lernen bieten. Auf den ersten Blick könnte man Ähnlichkeiten zwischen dem Vorgehen im Rahmen der Differenzierungsphase und demjenigen beim Projektlernen sehen und daher den wahldifferenzierten Unterricht als eine Möglichkeit betrachten, Projektunterricht in einer Klasse einzuführen. Problematisch sind jedoch der enge Rahmen (begrenzte Zeit; Auflage, ein Ergebnis präsentieren zu müssen) und die dominierende Rolle des Lehrers während der übrigen Phasen: Er bestimmt das Themengebiet, gibt die Struktur und Lernmaterialien vor und moderiert die abschließende Phase. So sind lediglich methodische Ähnlichkeiten mit dem Projektunterricht erkennbar. Die demokratische Grundidee fehlt jedoch.

Damit sei aber nicht gesagt, dass ein wahldifferenzierter Unterricht dem Ziel einer stärkeren Mitbestimmung der Schüler nicht gerecht werden *könnte*. Wesentlich wäre jedoch, die Schüler auch an inhaltlichen und organisatorischen Entscheidun-

gen hinsichtlich des gesamten Unterrichts und nicht nur im Rahmen einer bestimmten Phase zu beteiligen. Wenn dies nicht der Fall ist, wird eine Offenheit
vorgegeben, die es in Wirklichkeit nicht gibt.

5.6.5 Lernzirkel

Lernzirkel werden als eine Form der freien Arbeit angesehen (vgl. Kasper 1996;
Faust-Siehl 1995). Gleichzeitig ist Lernzirkelunterricht durch die für den wahldifferenzierten Unterricht beschriebenen Ablaufphasen gekennzeichnet (vgl. Faust-Siehl
1995, 25f.). Daher sollen Lernzirkel an dieser Stelle getrennt von den genannten
Konzepten kurz dargestellt, jedoch auf eine detaillierte Betrachtung verzichtet werden, weil wesentliche Aspekte bereits im Zusammenhang mit freier Arbeit und
wahldifferenziertem Unterricht angesprochen wurden.

Der Lernzirkel ist als Variante freier Arbeit, für die auch die Bezeichnungen „Lern-
straße" oder „Stationenarbeit" gebraucht werden, insofern nur begrenzt geöffnet,
als Thema, einzelne Aufgaben, mögliche Sozialformen sowie die zur Verfügung
stehende Zeit weitgehend festgelegt sind. Aus dem Lernangebot müssen jedoch
nicht alle Aufgaben bearbeitet werden; die Schüler können somit eine Auswahl vor-
nehmen, die Reihenfolge der Bearbeitung und die dafür verwendete Zeit selbst bestimmen. Außerdem besteht teilweise die Möglichkeit, sich für eine Sozialform zu
entscheiden (vgl. Faust-Siehl 1995, 24f.). Hegele (1996, 8) spricht von einer „vermittelnden Position zwischen eher offenem und stärker geschlossenem Unterricht".
Innerhalb eines vorgegebenen thematischen Rahmens sollen selbständiges Lernen,
Einflussnahme auf Ziele und Inhalte, die Entwicklung eigener Fragestellungen und
deren Bearbeitung ermöglicht werden. Lernzirkel können somit Raum geben, eigene Interessen zu entfalten; sie zielen auf eine Differenzierung des Unterrichts.
Gleichzeitig wird davon ausgegangen, dass, durch das gemeinsame Thema bedingt,
das Interesse an der Arbeit der Mitschüler größer ist als bei anderen Formen der
freien Arbeit (vgl. Faust-Siehl 1995, 25). Ob Lernzirkel den genannten Zielen gerecht werden können, wäre jedoch im konkreten Fall zu prüfen. Dies dürfte weitgehend von Inhalten, Art der Aufgaben und dem Grad der Mitbestimmung der
Schüler bei der Planung der Lernzirkel abhängen.

Wie erwähnt gleicht Lernzirkelunterricht im Ablauf dem wahldifferenzierten Unterricht und lässt sich in vier Phasen beschreiben: Die *Strukturierungsphase* soll
Einblick in das Thema bieten, bevor in der *Wahlphase* durch Erläuterung der einzelnen Stationen eine begründete Wahl der ersten Station ermöglicht wird. In der
Arbeitsphase werden einzelne Aufgaben alleine, mit einem Partner oder in Gruppen
bearbeitet, wobei ein Wechsel der Stationen nach einem individuellen Rhythmus
möglich sein sollte. Organisationsformen, die dies nicht gewährleisten, können den
genannten Zielen nicht gerecht werden. In der *Schlussphase* – oder auch bei Unterbrechungen – werden dann die Ergebnisse berichtet und die Arbeit reflektiert (vgl.
Faust-Siehl 1995, 25ff.).

Lernzirkel können entdeckendes und problemlösendes Lernen ermöglichen, wobei sie dann am Anfang einer neuen Unterrichtseinheit stehen, oder – stattdessen am Ende – die Übung des zuvor Erarbeiteten in den Vordergrund stellen (vgl. Faust-Siehl 1995, 28).

5.6.6 Gesprächskreis

Unter Gesprächskreisen sind Phasen des gemeinsamen Austausches zwischen Schülern und Lehrern zu *bestimmten* Themen oder auch Phasen des *offenen* thematischen Austauschs zu verstehen. Wallrabenstein (vgl. 1994, 92) nennt den „Stuhlkreis" als eine Grundform offenen Unterrichts. Er beschreibt ihn als „eine die Gemeinschaft und die Verständigung fördernde Unterrichtsform" (vgl. ebd., 93) und fasst unter diesen Begriff unterschiedliche Formen von Gesprächskreisen: den Morgen- und Abschlusskreis, die Wochenrunde sowie den Klassenrat. Sie sollen „echte offene Lernsituationen" darstellen und eine Reihe von Funktionen erfüllen: Unter anderem werden der Austausch von Erfahrungen und Erlebnissen, die Bearbeitung von Problemen und Konflikten, das gemeinsame Aufstellen von Regeln sowie die Planung und Auswertung der Arbeit genannt (vgl. ebd., 93f.). Dies entspricht weitestgehend den oben bereits erwähnten „kommunikativen Klammern", die Bönsch (vgl. 1995, 149) als bedeutende Grundlage der Freiarbeit betrachtet.

Rollen von Lernenden und Lehrenden

Die Rollen, die Lernenden und Lehrenden im Rahmen des Gesprächskreises zukommen, lassen sich nur schwer allgemein und unabhängig von konkreten Situationen beschreiben. So wird es sehr auf die Umsetzung ankommen, wie stark sich Einzelne in das Gespräch einbringen können: Die Lernenden dürften prinzipiell zwar eine eher aktive, mitgestaltende Rolle haben; wie sie diese ausfüllen können, hängt jedoch einerseits ab vom Ausmaß der Strukturierung und der Dominanz des Lehrers oder einzelner Schüler, andererseits auch von den je individuellen Kompetenzen des Einzelnen, sich konstruktiv an Gesprächen zu beteiligen.

Im Idealfall würde bei solchen Gesprächskreisen ein Austausch zwischen weitgehend gleichberechtigten Partnern stattfinden, wobei die Gesprächsleitung grundsätzlich von jedem der Beteiligten übernommen werden kann. Der Lehrer wäre in diesem Fall ein Diskussionspartner, der Anregungen, Ideen, aber auch Fragen in das Gespräch einbringt. Dies schließt jedoch nicht aus, dass der Lehrer teilweise die Gesprächsleitung übernimmt und das Gespräch strukturiert, falls es notwendig sein sollte.

Passung für die Pädagogik bei Verhaltensstörungen

In Gesprächen, insbesondere durch thematisch offenen Austausch, kommt der im Unterricht oft eher vernachlässigte sozial-emotionale Bereich stärker zur Geltung. So kann ein Gesprächskreis den Einzelnen Gelegenheiten bieten, Erfahrungen und

Erlebnisse auszutauschen. Bei einem entsprechenden, durch gegenseitiges Vertrauen gekennzeichneten Klassenklima können die Schüler vielleicht auch Probleme und Ängste ansprechen – etwa auch familiäre Probleme –, die häufig keinen Platz im Unterricht finden. Hier ist es möglich, dass die Schüler aus der Gruppe heraus Unterstützung erhalten, und gleichzeitig wird so ermöglicht, dass sich andere in die betreffende Person einfühlen und sie damit auch besser verstehen können. Daher vermag, aus einer anderen Blickrichtung gesehen, ein offener Austausch in Gesprächskreisen bei entsprechendem Einsatz ein vertrauensvolles Klima gerade dort zu fördern, wo es bislang in zu geringem Maße vorhanden war.

Im Rahmen von Gesprächskreisen können außerdem Störungen aufgegriffen, Probleme und Konflikte besprochen und gemeinsam gelöst werden. Des Weiteren tragen Gesprächskreise dazu bei, die Fähigkeit zu fördern, sich verbal auszudrücken und anderen zuzuhören. Die Förderung dieser Fähigkeiten ist gerade bei Schülern mit Verhaltensauffälligkeiten bedeutsam; Mängel hinsichtlich dieser Kompetenzen stellen jedoch zugleich erhebliche Erschwernisse für die Arbeit im Gesprächskreis dar: Sie kann schwierig bis unmöglich werden, wenn anderen eben nicht zugehört wird, Teilnehmer eigene Gedanken nur schwer verbalisieren können oder dies gar nicht erst wollen.

Kritische Betrachtung

In das Gespräch fließen Erfahrungen der einzelnen Beteiligten ein, Interessen werden deutlich und Fragen tauchen auf. All diese Aspekte, die sonst möglicherweise nicht zur Sprache gekommen wären, können im Unterricht wieder aufgegriffen werden.

Des Weiteren können Gesprächskreise auch als eine geeignete Unterrichtsform für die Auseinandersetzung mit dem Unterrichtsgeschehen betrachtet werden – entweder im Voraus planend oder im Nachhinein sowie während des gesamten Verlaufs reflektierend.

Gesprächskreise eignen sich insbesondere dann, wenn Probleme angesprochen oder Gefühle im Unterricht thematisiert werden sollen. Im Rahmen solcher Gesprächskreise sollte jedoch jeder Einzelne frei entscheiden können, ob und inwieweit er sich in ein Gespräch einbringen möchte. Dieses Prinzip der Freiwilligkeit wäre beispielsweise dann verletzt, wenn jeder in festgelegter Reihenfolge kurz erzählen „darf", wie es ihm geht. Gesprächskreise sollen einem offenen Austausch dienen – und nicht zu rituellen Selbsterfahrungsrunden werden, bei denen die wirklichen Mitteilungsbedürfnisse der Beteiligten zu wenig Anlass für das Geschehen sind.

5.6.7 Zusammenfassende Betrachtung

Bis hierher wurden wesentliche Komponenten und Verfahrensweisen offenen Unterrichts im Einzelnen differenziert erörtert. In der nun folgenden Betrachtung steht ihr Zusammenwirken im Vordergrund.

In eine abschließende Bewertung muss ein Unterrichtsversuch mit einbezogen werden, in dessen Rahmen sich Goetze & Jäger (vgl. 1991; Goetze 1989, 581ff.) mit der Frage der Umsetzbarkeit offenen Unterrichts an einer Schule für Erziehungshilfe beschäftigten. Dabei ergaben sich im Vergleich zwischen Unterrichtsphasen unter offenen und solchen unter lehrerzentrierten Bedingungen hinsichtlich der Beobachtungskategorien „unterrichtsbezogenes Verhalten", „aufgabenbezogenes Verhalten", „Störungen", „Ablenkbarkeit" sowie '"positive Kommunikation" keine bedeutsamen Unterschiede im Unterrichtsverhalten der Schüler. (Die Güte der Schülerleistungen ließ sich in diesem Versuch leider nicht kontrollieren.) Es war also weder eine eindeutige Über- noch Unterlegenheit der offenen Unterrichtsphasen erkennbar, sondern lediglich ein „leicht vorteilhafter Trend" für letztere in Bezug auf Unterrichtsstörungen, Ablenkbarkeit und positive Kommunikation. Insgesamt kommen Goetze & Jäger (1991, 37) zu dem Ergebnis, dass

> „verhaltensgestörte Schüler ... trotz ihrer ungünstigen persönlichen Voraussetzungen dazu in der Lage zu sein [scheinen], aus dem erweiterten Raum-, Material- und Aktivitätsangebot positiven Nutzen zu ziehen. Für die Vermutung, daß die strukturelle Offenheit für sie geradezu kontraindiziert sei, weil Störungen nur noch vermehrt auftreten würden, ergaben sich keinerlei Hinweise".

Im Unterrichtsversuch fand offensichtlich vor allem das oben dargestellte Teilkonzept der freien Arbeit, ergänzt durch Gesprächskreise (zu Beginn und am Ende der Stunde; Klassenrat am Ende der Woche), Berücksichtigung (vgl. Goetze & Jäger 1991, 31f.) – also lediglich zwei der dargestellten Ansätze. Es ist daher problematisch, von einer Untersuchung „offenen Unterrichts" zu sprechen und aus den Ergebnissen allgemeine Schlüsse zu ziehen. Da es sich beim offenen Unterricht um eine Sammlung von Teilkonzepten handelt, müssten diese auch getrennt beurteilt werden. Weiterhin ist an dem während des Versuchs in Kraft bleibenden Belohnungs- und Bestrafungssystem – Token- und Response-Cost-Verfahren – (vgl. ebd., 32) Kritik zu üben, da es im Widerspruch zu den Zielen steht, die Vertreter eines offenen Unterrichts herausstellen, und vor allem zu dem von Goetze zugrunde gelegten Rahmenkonzept, dem personenzentrierten Ansatz nach Rogers (vgl. 5.6.1; auch 5.2).
Goetze & Jäger (vgl. 1991, 37) beschreiben selbst verschiedene forschungsmethodische Probleme ihrer Studie, welche die Ergebnisse relativieren. Allerdings liegt das Verdienst dieser Untersuchung in ihrer Intention, sich überhaupt empirisch mit diesem Thema auseinander zu setzen; Studien mit stärker kontrollierten Forschungsdesigns müssten sich anschließen – was aber für die Erforschung der Wirkungen offenen Unterrichts generell dringend zu fordern ist. Voraussetzung hierfür wäre jedoch zunächst eine Klärung grundlegender Konzepte und Begrifflichkeit.

Insgesamt wurde deutlich, dass sich die einzelnen Teilkonzepte offenen Unterrichts mehr oder weniger stark unterscheiden – etwa hinsichtlich der Freiräume, die Lernenden und Lehrenden gewährt werden. Zugleich sind aber auch immer wieder Überschneidungen festzustellen, und es zeigen sich Möglichkeiten, einzelne Konzepte im Unterricht kombiniert einzusetzen. – Direkt angesprochen wurde diese Möglichkeit beispielsweise im Zusammenhang mit freier Arbeit und Wochenplan. Des Weiteren hat sich gezeigt, dass es sich bei den vorgestellten Konzepten weitgehend um Methoden handelt, die je nach zugrundeliegender Haltung in unterschiedlicher Form zum Einsatz kommen können, was die Beurteilung einzelner Ansätze erheblich erschwert. Wie beim offenen Unterricht als Ganzem fehlt auch bei vielen Teilkonzepten eine klare theoretische Fundierung und Begründung, so dass der Beliebigkeit viel Raum bleibt.

Dennoch kann abschließend festgestellt werden, dass vom offenen Unterricht mit seinen verschiedenen Ansätzen wichtige Impulse ausgehen: Eingebettet in ein begründetes Unterrichtskonzept, welches Haltungen und Prinzipien offen legt, könnten die vorgestellten Methoden einen wichtigen Beitrag zu einer Individualisierung von Lernen und auch zu Selbstbestimmung im Unterricht leisten.

Der bedeutsame Aspekt der Eigenbewertung bzw. Selbstbeurteilung findet zwar in der Literatur zu offenem Unterricht häufiger Erwähnung (vgl. etwa Goetze 1989, 574). Unklar bleibt jedoch, inwieweit dieser Aspekt im Rahmen einzelner Teilkonzepte wirklich umgesetzt werden kann. Eine im Vergleich differenziertere Diskussion bietet hier der Ansatz von Rogers (vgl. 5.2).

5.7 Ergänzende Ansätze für den Unterricht bei Verhaltensstörungen

In diesem abschließenden Kapitel sollen ausgewählte besondere, nicht direkt als Konzeptionen von Unterricht zu verstehende Ansätze vorgestellt werden, die wichtige spezifische Bereicherungen und Ergänzungen der Unterrichtsführung und -gestaltung bieten können, was den präventiven wie interventiven Umgang mit Verhaltensstörungen anbelangt. Es handelt sich um Ansätze, die in verschiedene Konzepte und Vorgehensweisen der Unterrichtsgestaltung integriert werden können. Ihre Auswahl richtet sich darauf, das Spektrum dreier Dimensionen auszuloten: erstens die Berücksichtigung von längerfristig auf die Schülerpersönlichkeit wirkenden sowie nicht-personbezogenen Ansätzen, zweitens das Einbringen interventiver sowie präventiver Vorschläge – und drittens die Beachtung von Vorgehensweisen, die sich einerseits auf Selbstverantwortlichkeit und Autonomie, andererseits auf Lehrerzentrierung hin ausrichten. Die Reihenfolge der nun thematisierten Ansätze folgt diesen drei Dimensionen.

5.7.1 Streit-Schlichter-Ansätze

Schon seit längerem, verstärkt aber in jüngerer Zeit haben sich verschiedene Streitschlichter-Programme in Schulen verbreitet. Dazu sind unterschiedliche Konzepte veröffentlicht worden, und es wurden Fortbildungen für Lehrkräfte, insbesondere aber für Kinder und Jugendliche an den Schulen etabliert. Ausgehend von Ansätzen der „peer mediation", wie sie in den USA in den 1960er und 1970er Jahren entwickelt wurden, hielten solche Programme in den 1990er Jahren zunächst in Haupt- und Gesamtschulen, später dann auch in anderen Schulformen Einzug. Für Grundschüler liegen mittlerweile altersstufenangepasste Programme vor (vgl. Jefferys-Duden 1999; 2000, 11 f.; Walker 1993, 209).
Streitschlichter-Programme basieren auf dem Grundkonzept der Mediation (vgl. etwa Korn & Mücke 2000). Mediation meint Vermittlung und ist keine Methode, die unmittelbar aus der Pädagogik stammt, sondern findet weltweit zunehmend Beachtung als außergerichtliche Möglichkeit zur Beilegung von sehr verschiedenartigen Konflikten. Anwendungsbereiche sind für den interpersonalen Bereich unter anderem die Trennungs- und Scheidungsmediation, der Täter-Opfer-Ausgleich und die Mediation in Schule und Jugendarbeit. Die grundlegende Zielsetzung ist in allen Anwendungsbereichen gleich: eine Form der Konfliktregelung anzubieten, welche die Interessen aller Beteiligten berücksichtigt und gemeinsame Lösungsfindung ermöglicht (vgl. ebd., 74). Wichtigste Merkmale des Mediationsverfahrens sind die Anwesenheit der vermittelnden Mediatoren, die Einbeziehung aller Konfliktparteien, die informelle und außergerichtlich Ebene, die Freiwilligkeit der Teilnahme und die Selbstbestimmung bezüglich der Konfliktlösung in dem Sinne, dass Entscheidungsbefugnisse nicht an Dritte abgegeben werden (vgl. Besemer 1993, 14).
In der Schule soll Mediation als Methode nicht nur von den Lehrerinnen und Lehrern angewendet werden, sondern auch unter den Schülern selbst. Alle Konzepte zur Mediation und Streitschlichtung haben gemeinsam, dass sie den Schülern zum einen in ihrer Gesamtheit Konfliktlösestrategien nahe bringen und zum anderen durch speziell geschulte Streitschlichter den Einfluss der Schüler auf ihre Peergroup geltend machen wollen. Diese Streitschlichter bieten ihren Mitschülern die Möglichkeit, sie als vermittelnde Instanz aufzusuchen und sich von ihnen bei der Klärung ihrer Konflikte unterstützen zu lassen. Dieses Verfahren soll zum einen die Lehrkräfte entlasten und zum anderen auch denjenigen Schülern, die sich, weshalb auch immer, nicht an eine Lehrkraft wenden, eine Möglichkeit bieten, ihre Streitigkeiten ohne Verlierer und ohne Geschädigten zu beenden.
Im Rahmen von Streitschlichter-Programmen sollen somit verschiedenste in der Schule auftretende Konflikte durch die Konfliktparteien selbst bearbeitet und gelöst werden. Hierbei werden sie durch entsprechend ausgebildete, in der Regel eher gleichaltrige Schlichter unterstützt. Mit Götzinger & Kirsch (vgl. 2004) kann der Ablauf einer Streitschlichtung beispielhaft in sechs Phasen differenziert werden:

1) *Erklären der Regeln* – die Streitschlichter erläutern die Regeln des Vorgehens bei der Streitschlichtung sowie die eingesetzten Hilfsmittel (Erzählstein, Gefühlewürfel usw.);

2) *Darstellung des Hergangs aus subjektiver Sicht* – die Beteiligte haben die Gelegenheit, ihre Sicht der Konfliktsituation darzustellen;

3) *Schildern der Gefühle* – es soll eine Auseinandersetzung mit den Gefühlen vor und während des Streits sowie danach stattfinden;

4) *Erörterung der Vorgeschichte* – hier wird eine Konflikterhellung angezielt; die Ursachen des Streits sollen thematisiert werden;

5) *Lösungsfindung* – es erfolgt ein Sammeln von möglichen Lösungsvorschlägen und die Suche nach solchen Vorschlägen, die beide Seiten akzeptieren können;

6) *Vertrag / Nachtreffen* – ein Vertrag zur Schlichtung wird abgeschlossen und ein Nachtreffen vereinbart; beim Nachtreffen findet ein Gespräch über die Einhaltung der Vereinbarungen statt, es wird nach gemeinsamen Aktivitäten gefragt und danach, was beide Parteien unternommen haben, um erneuten Streit zu vermeiden.

Die Ausbildung von Streitschlichtern ist bei Götzinger & Kirsch (vgl. 2004) an diesem Ablauf orientiert und in zwölf Einheiten gegliedert. Eine ähnliche, einfachere Struktur bietet das aus dem Angloamerikanischen von Jefferys-Duden (vgl. 1999, 75) übernommene vierstufige Programm „Friedensbrücke": Regeln, Standpunkte austauschen, Lösungen, Abkommen. Es wird Wert darauf gelegt, dass zwei Streitschlichter jeweils zusammenarbeiten, weil der Vorgang viel Konzentration erfordere und diese gleichmäßig auf alle Konfliktparteien verteilt werden müsse (vgl. ebd., 12). Das Ausbildungsprogramm für die Schüler der Klassen 3 bis 6 setzt sich aus sechs Unterrichtseinheiten zusammen, die je nach verwendeter Methodik eine bis zwei Unterrichtsstunden füllen. Die Schüler sollen dabei als Basiskompetenzen lernen zuzuhören, zu paraphrasieren, nonverbal ausgedrückte Gefühle zu erkennen, Konfliktgegenstände und Lösungsmöglichkeiten formulieren zu können, den Mediationsablauf zu beherrschen und mit einem Partner im Schlichtungsgespräch zu kooperieren. Ein analoges Programm wurde für die Sekundarstufe entwickelt (vgl. Jefferys-Duden 2000).

Es finden sich in der Praxis unterschiedliche Umsetzungen, was die Auswahl der Schüler angeht, die zu Streitschlichtern qualifiziert werden: Neben der Ausbildung einer Schülergruppe als Experten kommt auch eine Schulung der gesamten Schülerschaft in Frage. Letzteres hätte den Vorteil, dass auch für alle grundlegende Kompetenzen im sozialen und kommunikativen Bereich, insbesondere für Konfliktsituationen, aufgebaut werden können. Götzinger & Kirsch (vgl. 2004, 22) empfehlen eine Auswahl der Schüler nach folgenden Kriterien: ein Spektrum unterschiedlicher Persönlichkeiten aus verschiedenen sozialen Gruppen, besondere soziale Kompetenzen, gewisse sprachliche Eloquenz.

Durchgängig genannte Voraussetzungen sind die enge Bindung an ein oder zwei Lehrkräfte als Ansprechpartner und die Einrichtung eines Schlichtungsraums. Die Umsetzung kann unterschiedlich erfolgen: Die Schlichter könnten im Schlichtungsraum ansprechbar sein, sie könnten Konfliktparteien direkt vor Ort ansprechen – oder sie könnten eine Ecke im Pausenhof einrichten, wo sie zu bestimmten Zeiten erreichbar sind.

Rollen von Lernenden und Lehrenden

Im Hinblick auf die Rollen von Lehrenden und Lernenden in Streitschlichterprogrammen sind grundsätzlich zwei Ebenen zu bedenken:
• die Ebene der Qualifizierung von Streitschlichtern – und
• die Ebene der konkreten Tätigkeit der Streitschlichter.

Im Rahmen der Ausbildung sowie auch der Organisation treten die Pädagogen direkt in Aktion: Sie werden sich über Streitschlichteransätze informieren, hierzu Konzepte sichten, sich in die Ausbildung einarbeiten, Entscheidungen über die in Frage kommenden Schüler treffen und die Qualifizierung dann durchführen. In dieser Phase ist die Rolle der Pädagogen eine eher direktive und aktive. Allerdings könnten auch hier schon die Schüler, etwa auch Klassen- oder Schulsprecher, in die Vorbereitung der Konzepteinführung an der Schule sowie auch in die Planung und Durchführung der Qualifizierungsmaßnahmen eingebunden werden. Die Streitschlichtungen selbst sollen im Idealfall von Schülern ohne Anwesenheit von Lehrern durchgeführt werden. Dies ist auch in den üblichen Programmen so vorgesehen und dem Konzept der Streitschlichtung immanent. Dabei sind die Rollen der Schüler im Streitschlichtungsprozess nochmals zu unterscheiden: Im Hinblick auf Verantwortlichkeiten bei der Schlichtung sollen die Konfliktparteien für die Lösung selbst verantwortlich sein, die Mediatoren hingegen für den Prozess des Verfahrens. Zu bedenken ist, dass die Lehrer eine Art „Wächterfunktion" über die Funktionalität der Schlichtungsverfahren einnehmen – hier sind insbesondere die qualifizierenden Lehrer oder die Kontaktlehrer für die Schlichter gefragt. Bei dysfunktionalen Schlichtungsprozessen müssten sie eingreifen – wobei dieses Eingreifen stets kritisch zu durchdenken wäre, da es die vorgesehene Eigenverantwortlichkeit der Streitschlichter wiederum einschränkt. Eine gegenseitige Supervision der begleitenden Lehrer ist für diese Problemstellung hilfreich.

Passung für die Pädagogik bei Verhaltensstörungen

Auch hier sind die beiden oben genannten Ebenen zu unterscheiden: zum einen die Qualifizierung zu Streitschlichtern, zum anderen die konkrete Streitschlichtertätigkeit.
Im Rahmen der Qualifizierung selbst kann für die zu qualifizierenden Schüler ein intensiver sozial-emotionaler Lernprozess erfolgen, indem das Einüben und Anwenden grundlegender Verhaltens- und Kommunikationsregeln gefördert wird.

Von besonderer Bedeutung ist die gerade für den Schlichtungsprozess auch erforderliche Perspektivübernahme beider betroffener Seiten, indem die Streitenden aufgerufen sind, sich mit der Wahrnehmung des Gegenübers auseinanderzusetzen. Das Geschehene muss auch im Hinblick auf die damit verbundenen Gefühle reflektiert werden. Aspekte subjektiver Wahrnehmung werden in die Aufmerksamkeit geführt sowie damit möglicherweise auch Etikettierungsprozesse aufgedeckt – beispielsweise indem seitens eines der Streitenden dem anderen eine Absicht unterstellt wird, die bei diesem gar nicht vorliegt, was erst durch das Schlichtungsgespräch erkennbar wird.

Zudem erfolgt im Prozess der Schlichtung eine bewusste Auseinandersetzung mit dem Handeln in der Konfliktsituation. Diese greift Momente auf, wie sie das Konzept der Selbst- und Handlungsregulation (vgl. 2.3.3) beschreibt: zum einen, was die Phasen einer Handlung betrifft, die hier reflektiert werden müssen (von der Wahrnehmung der Situation über das konkrete Verhalten bis hin zur Analyse des eigenen Handelns und desjenigen der anderen Konfliktpartei), zum anderen auch hinsichtlich der Bewusstseinsebenen im Handlungsgeschehen im Sinne gezielter Bewusstheit. Damit wird ganz grundsätzlich Bewusstsein für eigenes Handeln und differenzierte Wahrnehmung gefördert.

Zugleich findet im gesamten Konzept die Möglichkeit der Begleitung und Einflussnahme durch Gleichaltrige Berücksichtigung, wie sie Konzepte der „Positive Peer Culture" eröffnen und diskutieren (vgl. Opp & Unger 2006).

Damit tritt allerdings eine Dilemmasituation zutage, die ebenso für andere Ansätze gilt und schon verschiedentlich angesprochen wurde: Zum einen sind hier soziale und emotionale Kompetenzen gefordert, die gerade bei Kindern mit Verhaltensauffälligkeiten besondere Problembereiche betreffen. Auf der anderen Seite können durch den Streitschlichtungsprozess sowie auch die Funktion als Streitschlichter solche Kompetenzen intensiv gefördert werden. Bei der Auswahl von Streitschlichtern mag dieses Problem dazu führen, Kinder mit besonderen sozial-emotionalen Problemen gerade nicht in Betracht zu ziehen – auf der anderen Seite birgt das Wagnis, dies denn doch gezielt und gut durchdacht zu tun, erhebliche Entwicklungsmöglichkeiten für diese Kinder.

Kritische Betrachtung

Streitschlichterkonzepte kommen oft ohne eine solide theoretische Fundierung aus; sie orientieren sich recht eng und direkt auf die Praxis hin. Hier wäre eine deutliche Vertiefung hilfreich, um die Konzepte systematisch zu fundieren und auszudifferenzieren. Auch ist im Hinblick auf das Verständnis von Lernen und Erziehung festzustellen, dass die Programme recht statisch wirken, indem Aspekte „abgearbeitet" werden. Inwiefern dies zum Problem wird, hängt allerdings sehr von der Qualität der jeweiligen Umsetzung der Streitschlichterqualifizierung an den Schulen ab.

Systematische Evaluationen von Streitschlichterprogrammen finden sich kaum; hier müsste in mehr wissenschaftliche Begleitung und Forschung investiert werden, um die Effekte und die erforderlichen Bedingungen für erfolgreiche Umsetzungen zu analysieren.

Wichtig ist, dass Streitschlichtungen zeitnah erfolgen, damit es bei den Schülern zu einer ernsthaften Bearbeitung kommt. Des Weiteren kommt das Konzept bei tieferliegenden, gravierenden Konflikten eindeutig an seine Grenzen und würde eine Überforderung der Schüler darstellen – hier sind andere Maßnahmen indiziert.

Das Grundkonzept wird einer konstruktivistischen Perspektive gerecht, indem den unterschiedlichen Sichtweisen derselben Situation Rechnung getragen werden soll und diese Sichtweisen, nachdem sie offen gemacht wurden, gegenseitig ausgehandelt werden können. Zudem werden über Streitschlichtung Erziehungsprozesse unter Gleichaltrigen initiiert, die Autonomie ermöglichen, einfordern – und ihrer Weiterentwicklung dienen können. Auf übergeordneter Ebene stellen die Programme im Hinblick auf die starke Schülereinbindung einen Beitrag zur Förderung von Demokratie an Schulen dar. Im Idealfall werden zudem im Schlichtungsprozess ganz unterschiedliche Ebenen der Person berücksichtigt: Kognitionen, Emotionen sowie auch Körperlichkeit (vgl. 4.6) – und eine Dynamik von *Ich*, *Wir* und *Es* (Sache), wie es die Themenzentrierte Interaktion einfordert (vgl. 4.1).

5.7.2 Kooperative Verhaltensmodifikation

Die Kooperative Verhaltensmodifikation (vgl. Redlich & Schley 1981) versteht sich als ein Ansatz zur Bewältigung der im Unterricht auftretenden Probleme, welcher die Veränderung der Lehrer-Schüler-Interaktion zum Ziel hat (vgl. Schley 1989, 546). Erziehung und Unterricht können nach Schley (ebd.) als eine „unablässige Folge von Problemlösungsprozessen" verstanden werden: Probleme können in Diskrepanzen zwischen einem gegebenen Zustand und einem Soll-Zustand sowohl im fachlichen als auch sozialen Bereich bestehen – etwa darin, dass bestimmte Lernziele nicht erreicht werden oder erwünschtes Verhalten, zum Beispiel gegenseitige Hilfe zwischen Schülern, ausbleibt und stattdessen ein damit unvereinbares Verhalten zutage tritt. Das von Redlich und Schley entwickelte Konzept der Kooperativen Verhaltensmodifikation soll Lehrern angemessene Problemlösestrategien bieten (vgl. ebd., 554).

Dem Ansatz liegt eine systemische Sicht zugrunde: Die Gruppe/Schulklasse wird als ein System menschlicher Beziehungen betrachtet, dessen Teilelemente in wechselseitiger Abhängigkeit stehen. Das System strebt einen stabilen Gleichgewichtszustand an, welcher jedoch nicht mit Stagnation gleichzusetzen ist. Von einem Problem wird dann gesprochen, wenn das Gleichgewicht labil ist, und als Problemträger wird die gesamte Schulklasse gesehen – nicht der Einzelne. Das Ziel der Kooperativen Verhaltensmodifikation besteht darin, Stabilität herzustellen, wobei alle

(Wechsel-)Wirkungsbeziehungen zu berücksichtigen und wesentliche Bedingungen als Elemente des Feldes zu beachten sind (vgl. Redlich & Schley 1981, 28f.). Den Ausgangspunkt der Kooperativen Verhaltensmodifikation bildet die klassische Verhaltensmodifikation (mit den beiden grundlegenden Lernformen über Verstärkung und durch Beobachtung), deren Nutzen darin gesehen wird, dass durch diese sowohl die Entstehung bestimmter Verhaltensweisen beschrieben als auch Verhaltensänderungen gezielt initiiert werden können. Im Rahmen ihres Konzeptes erweitern Redlich & Schley (vgl. 1981) den Ansatz der klassischen Verhaltensmodifikation um drei Elemente:

- ein *Selbstbewertungskonzept* (ausgehend von der Kritik an der klassischen Verhaltensmodifikation, in deren Rahmen fast nur vom Schüler kaum durchschaubare Fremdsteuerungsmethoden vorgesehen sind),
- ein *Kooperationsmodell* (als Reaktion auf die mangelnde Berücksichtigung von Beziehungsaspekten in der klassischen Verhaltensmodifikation) und
- eine *Handlungsstrategie* (da dem Ansatz der klassischen Verhaltensmodifikation eine systematische Handlungsstruktur fehlt).

Diese Elemente werden im Folgenden skizziert:

Obwohl kein vollständiger Verzicht auf Fremdverstärkung erfolgt, soll diese weitgehend durch *Selbstbewertung* ersetzt werden mit dem Ziel, die Selbststeuerungsfähigkeit der Schüler aufzubauen. Kognitiven Selbstbewertungen wird deshalb große Bedeutung beigemessen, weil die Schüler durch diese „von direkten, äußeren Anreizen unabhängig [werden] und ... langfristige Ziele trotz momentaner Schwierigkeiten mit großer Ausdauer anstreben" (ebd., 22) können. Dabei ist es wichtig, dass Wege zur Zielerreichung bekannt und die Zusammenhänge zwischen eigenem Verhalten und angestrebtem Ziel bewusst sind. Hiermit ist insbesondere das Erlernen einer realistischen Selbsteinschätzung von Bedeutung. Kooperative Verhaltensmodifikation zielt auf die Verbesserung dieser Fähigkeit. Den Prozess der Selbstbewertung beschreiben Redlich & Schley (vgl. 1981, 24ff.) in fünf Schritten: (1) die Zielsetzung, (2) die Beschreibung derjenigen Verhaltensweisen, welche die Zielerreichung ermöglichen, (3) die Selbstbeobachtung als möglichst objektive Beobachtung des eigenen Verhaltens, (4) die Selbstbewertung durch einen Vergleich des tatsächlichen Verhaltens mit dem Zielverhalten, wodurch eine Korrektur von Verhaltensweisen ermöglicht wird, und schließlich (5) die Erfolgsbeurteilung.

Von dem zugrundeliegenden systemischen Verständnis (siehe oben) ausgehend wird im Verständigungsprozess der Beteiligten die einzige Möglichkeit gesehen, flexibel mit Problemen umzugehen; Problemlösung in sozialen Gruppen wird als *kooperativer Prozess* verstanden. Falls die Probleme nicht von den Betroffenen allein zu lösen sind, ist es möglich, einen außenstehenden Berater mit einzubeziehen, der dann Teil des Systems wird (vgl. ebd., 29f.). Hierbei nimmt der Berater jedoch nur gelegentlich direkt Kontakt zu den Schülern auf. „Die Kooperation im Rahmen eines längeren Problemlösungsprozesses läßt sich als zweiseitiger Austausch beschreiben, zwischen Berater und Lehrer einerseits, Lehrer und Schülern andererseits" (Schley 1989, 564). Im Kooperationsprozess haben alle Beteiligten je spezifische Kompetenzen, die in den gemeinsamen Prozess eingebracht werden sollen: so gelten Schüler als „Selbststeuerungsfachmänner", Lehrer als „Feldfachmänner" und Berater als „Modellfachmänner". Eine Missachtung und Verletzung dieser Kompetenzen durch andere würde zu einer Beeinträchtigung des Kommunikationsprozesses führen. Die Kommunikation zwischen allen Beteiligten und die gemeinsame Veränderung von Problembedingungen haben im kooperativen Prozess eine zentrale Position, was von den Beteiligten kommunikative Fähigkeiten erfordert. Daher ist das Verständigungskonzept von Bedeutung (vgl. Redlich & Schley 1981, 36ff.): Die Problemlösung setzt eine optimale Verständigung voraus, wobei im Rahmen des Verständigungsprozesses neben Informationen über Sachinhalte auch Gefühle ausgetauscht und aufgearbeitet werden sollen. Redlich & Schley stellen dabei drei wesentliche Komponenten einer Botschaft heraus:

• die *Verständnis-Komponente*: Bemühen des Empfängers, die Botschaft in Bezug auf Sachinhalte und Gefühle zu verstehen
• die *Stellungnahme-Komponente*: aktive Stellungnahme zur Botschaft, Feedback
• die *Informations-Komponente*: Informationen verständlich weitergeben und Gefühle offen äußern

Die genannten Komponenten sind in einer Botschaft meist miteinander verschränkt.

Als Leitlinie für den kooperativen Problemlösungsprozess, in den Lehrer, Berater und Schüler eintreten, beschreiben Redlich & Schley (vgl. 1981, 39ff.) eine *Handlungsstrategie*. Diese beinhaltet die folgenden drei Handlungsschritte, die sich wiederum aus jeweils drei Teilschritten zusammensetzen:

(1) Kooperative Diagnose sozialen Verhaltens:

• *Erfassung der Lehrersicht*: möglichst genaue und verständliche Beschreibung des Problems und Versuch, die Bedingungen, also Hinweisreize und Konsequenzen/Verstärker, zu bestimmen
• *Erfassung der Schülersicht*: Befragen der Schüler danach, was sie in Bezug auf den Unterricht, auf die Mitschüler, auf den Lehrer und an sich selbst stört
• *Gemeinsames Bedingungsmodell*: Vergleich der Sichtweisen; Entwicklung eines Bedingungsmodells durch Lehrer und Berater, das alle Sichtweisen der Beteiligten berücksichtigen und verständlich formuliert sein muss, um es mit den Schülern besprechen zu können

(2) Kooperative Planung der Intervention:

• *gemeinsame Zielbestimmung*: Berücksichtigung der Bedürfnisse der Einzelnen; Bestimmen von Teilzielen und Operationalisierung durch Berater und Lehrer, wobei sie bei fehlender Zustimmung der Schüler zu ändern sind
• *Methodenplanung*: Bestimmen konkreter Methoden und Maßnahmen, die den Teillernzielen zugeordnet werden

- *Zeit- und Kontrollplanung*: Festlegen der Schritte, der in bestimmten Zeitabschnitten zu erreichenden Zielwerte und der Formen der Kontrolle, die Selbstbewertung ermöglichen

(3) Kooperative Intervention:

- *Methodeneinsatz/Erfolgsprüfung*: Vorstellen der Planung durch den Lehrer, wobei Anregungen und Veränderungsvorschläge der Schüler Berücksichtigung finden müssen; gemeinsame Umsetzung der Planung
- *Stabilisierung*: Ausblenden der Intervention bei Erreichen des Ziels
- *Abschlussbewertung*: gemeinsame Bewertung des gesamten Projektes

Die Abfolge der Handlungsschritte und einzelner Teilschritte ist dabei nicht starr einzuhalten, sondern sollte durch die Beteiligten an den Einzelfall angepasst werden. Handlungsschritte sowie die einzelnen Teilschritte „stehen ... in einer flexiblen Beziehung wechselseitiger Steuerung zueinander" (Redlich & Schley 1981, 40). Während des gesamten Prozesses können Korrekturen erforderlich werden, da es kaum möglich ist, alle Problembedingungen sofort vollständig zu erfassen. So werden im Verlauf des Problemlösungsprozesses immer wieder neue Einsichten gewonnen, Unzulänglichkeiten in Diagnose, Planung und Durchführung deutlich und damit Modifikationen notwendig – ein Aspekt, der explizit im Konzept vorgesehen ist: Diagnose und Planung sind somit nur vorläufig und veränderbar.

Rollen von Lernenden und Lehrenden

Im Rahmen der Kooperativen Verhaltensmodifikation soll allen Beteiligten die Möglichkeit gegeben werden, ihre je spezifischen Kompetenzen einzubringen. Die Kompetenzen des Gegenübers – also auch die der Schüler – sollen im offenen Austausch anerkannt werden: „Sie sind die einzigen, die den Unterricht am eigenen Leibe erfahren, sie allein verfügen über die innere Bereitschaft, mitzumachen oder sich zu verweigern" (Schley 1989, 564). Daher sind Möglichkeiten zur Mitbestimmung und Beteiligung der Schüler vorgesehen: Die Korrektur der Lehrersicht sowie das Einbringen der eigenen Sichtweise, von Wünschen und Ideen zählen zu ihren Aufgaben. Somit wird eine aktive Rolle der Schüler als „Experten für Selbststeuerung" im Unterricht berücksichtigt:

> „Individuelle und gemeinsame Selbststeuerungsprozesse als Ziel und Mittel der Kooperativen Verhaltensmodifikation können nur die Schüler durchführen. Das setzt voraus, daß für sie alle Vorgänge (die Diagnose des Problems, die Zielsetzung, die Interventionsplanung) in hohem Maße durchschaubar sind" (Redlich & Schley 1981, 34).

Die Aufgaben des Lehrers (vgl. Redlich & Schley 1981, 32; Schley 1989, 547) bestehen in der Lösung von Problemen im fachlichen wie sozialen Bereich – er wird als „pädagogischer Problemlöser" bzw. „Feldfachmann" betrachtet. Der Pädagoge hat insgesamt eine zentrale Position inne: Für die Planung und Durchführung von Unterricht ist *er* zuständig.

Passung für die Pädagogik bei Verhaltensstörungen
Die Kooperative Verhaltensmodifikation stellt eine Möglichkeit dar, die im Unterricht auftretenden Probleme anzugehen. Dabei stehen das Problem und nicht einzelne Schüler im Mittelpunkt der Betrachtung. So weist Schley (1989, 565) darauf hin, dass einzelne, als „verhaltensauffällig" betrachtete Schüler eben „nur besonders auffallen und damit zu Symptomträgern von problematischen Interaktionen und Kommunikationen in der Gruppe werden". Die Probleme werden gemeinsam bearbeitet. Eine solche Sichtweise könnte der Segregation einzelner Schüler entgegenwirken. Ausgrenzung und Selektion sollen stärker in den Hintergrund treten: Die Maßnahmen sind nicht auf einzelne Schüler gerichtet, vielmehr wird die Stabilisierung der gesamten Lerngruppe angestrebt.

Außerdem kann der Einsatz Kooperativer Verhaltensmodifikation im Unterricht durchaus auch einen Beitrag zur Förderung von Selbst-Wahrnehmung und Selbst-Steuerung leisten: Indem innerhalb der Klasse Probleme gemeinsam erörtert werden, kann mehr Bewusstheit für auftretende Schwierigkeiten und Konflikte sowie für die eigene Rolle hierbei geweckt werden. Weiterhin kann in dem Prinzip der Selbstbewertung, das im Konzept Berücksichtigung findet, eine Möglichkeit zur Förderung der bewussten Wahrnehmung und kritischen Auseinandersetzung mit dem eigenen Verhalten gesehen werden.

Förderung von Selbstkontrolle unter besonderer Berücksichtigung des Aspektes der Bewusstheit hat aus Sicht der Pädagogik bei Verhaltensstörungen besondere Bedeutung: Wie in Kapitel 2.3.3 erörtert wurde, können Verhaltensauffälligkeiten als eine Folge eines misslungenen Handlungsprozesses betrachtet werden. Dabei ist der angesprochene Aspekt der Bewusstheit sicherlich wichtig. Gleichzeitig wurde jedoch auch deutlich, dass weitere – personale wie situative – Faktoren von Bedeutung sind, wobei auf Seiten der Person neben den Bereichen der Verhaltensstile und der Fähigkeiten und Fertigkeiten, die im Rahmen der Kooperativen Verhaltensmodifikation im Vordergrund stehen, auch Gefühle und Stimmungen, Motive und Selbstbildaspekte berücksichtigt werden sollten. Insbesondere die letztgenannten Bereiche finden im Konzept von Redlich und Schley insgesamt zu wenig Beachtung – wenn auch emotionale Aspekte angesprochen werden: Letztlich zielt das Konzept, wie Verhaltensmodifikation im Allgemeinen, doch ausschließlich darauf, das äußerlich sichtbare Verhalten der Schüler zu verändern, wobei deren inneres Erleben eher vernachlässigt wird. Somit bleiben die Interventionen der Kooperativen Verhaltensmodifikation an der Oberfläche und es besteht durchaus – gerade aus Perspektive der Pädagogik bei Verhaltensstörungen – die Gefahr, dass tieferliegende Probleme übergangen werden. Von daher muss vor einem Einsatz dieses Konzeptes abgeklärt werden, auf welcher Ebene die tatsächlichen Probleme liegen. Dies kann durch ein vorausgehendes Gespräch in der Gesamtgruppe geschehen. Auch der kritischen Selbstreflexion des Pädagogen kommt im Hinblick auf einen so verstanden verantwortungsvollen Einsatz Bedeutung zu.

Kritische Betrachtung

Die Kooperative Verhaltensmodifikation stellt das soziale Lernen in den Vordergrund, wobei Lernprozesse als Veränderung im Verhaltensrepertoire einer Person betrachtet werden. Auch emotionale Aspekte finden im Rahmen des Verständigungsprozesses Berücksichtigung. Wichtig ist die Sicht der Gruppe als System: nicht ein einzelner Schüler ist Problemträger, sondern die gesamte Gruppe (einschließlich des Lehrers). Dementsprechend wird nicht einzelnen Schülern allein die Verantwortung für auftretende Störungen zugeschrieben, und auch die Maßnahmen beziehen sich auf das Gesamtsystem.

In der Umsetzung würde dies bedeuten, dass situative Faktoren sowie Beziehungen und Prozesse innerhalb der Gruppe konsequent Berücksichtigung finden und in der gemeinsamen Auseinandersetzung mit auftretenden Störungen thematisiert werden. Daher ist das Vorgehen stets dahingehend zu hinterfragen, ob es einer systemischen Sichtweise auch tatsächlich gerecht wird. Kooperative Planung und Auswertung sowie die Forderung, dass sich die Maßnahmen auf die gesamte Klasse beziehen, können dies noch nicht allein garantieren. Dennoch stellt das gemeinsame Erörtern der Probleme, die kooperative Planung und Auswertung von Interventionen hier eine notwendige, aber eben keine hinreichende Bedingung dar.

Die dem Konzept zugrunde liegende systemische Sichtweise schließt jedoch nicht unbedingt aus, dass auch individuelle Pläne erstellt und Vereinbarungen getroffen werden. Somit könnten einer interaktionistischen Sichtweise von Verhaltensstörungen entsprechend sowohl der Kontext, in dem die Störung auftritt, als auch Personmerkmale des Schülers – auch in ihrem Zusammenwirken – Berücksichtigung finden.

Im Unterschied zu anderen strukturierten Unterrichtskonzepten (vgl. 5.1) findet bei der Kooperativen Verhaltensmodifikation die subjektive Sicht der Schüler dezidierte Berücksichtigung und geht beispielsweise in die Problemdiagnose mit ein. Auch in den übrigen Phasen ist eine starke Mitbeteiligung der Schüler vorgesehen, so dass sich diese insgesamt durchaus aktiv einbringen können.

Dennoch besteht bei der Anwendung verhaltensmodifikatorischer Techniken grundsätzlich die Gefahr der Manipulation der Schüler: Auch der Einsatz von Verträgen kann auf eine bloße Anpassung der Schüler zielen – etwa dadurch, dass der Lehrer wesentliche Elemente eines Vertrags vorgibt und der Beitrag der Schüler lediglich in einer mehr oder weniger freiwilligen Zustimmung besteht. So wird zwar die Mitbestimmung der Schüler in dem Konzept betont und ihre starke Beteiligung – bei Diagnose, Planung und Intervention – ist vorgesehen, aber der Lehrer dürfte – auch bei weitgehender Gleichberechtigung – größeren Einfluss haben, so dass die Gefahr der einseitigen Durchsetzung seiner Interessen durchaus noch bestehen bleibt. Somit ist ein Missbrauch im Sinne einer manipulativen Verhaltensmodifikation nicht ausgeschlossen, was im Hinblick auf ein verantwortungsvolles Vorgehen erfordert, dass der Pädagoge sein Handeln immer wieder kritisch reflektiert und dahingehend prüft, ob das Vorgehen tatsächlich kooperativ ist. Redlich & Schley (1981, 34) scheinen selbst diese Gefahr der Manipulation zu sehen, wenn sie im Zusammenhang mit der geforderten Durchschaubarkeit des Vorgehens schreiben: „Mit älteren Schülern ... kann man schon die einfachen Lernprinzipien erarbeiten und sie damit wenigstens ansatzweise gegen Manipulation ‚impfen'."

Grundsätzlich ist in Bezug auf diesen Ansatz ebenso wie für denjenigen strukturiert-schülerzentrierten Unterrichts kritisch anzumerken, dass die theoretische Integration der von so unterschiedlichen therapeutischen Konzepten wie Verhaltensmodifikation und Gesprächstherapie übernommenen Elemente wenig gelungen erscheint – worauf Goetze & Neukäter (vgl. 1989, 540/543) hinweisen. Dies ist insbesondere auf die Unterschiedlichkeit der Grundannahmen dieser Konzepte im Hinblick auf die Entwicklung des Menschen zurückzuführen – anthropologische Grundannahmen, welche kaum kompatibel sind.

5.7.3 Klassenmanagement (Classroom Management)

Verschiedene Überlegungen zu einer unterrichtsbezogenen Lernfeldgestaltung, welche stark präventiv orientiert ist, um Störungen proaktiv zu vermeiden, sind in jüngerer Zeit im Rahmen der Diskussion um Klassenführung, Klassenmanagement bzw. „Classroom Management" gebündelt worden. Sie basieren insbesondere auf frühen Arbeiten von Kounin (vgl. 1976), die über vier Jahrzehnte zurückreichen. Dieser untersuchte empirisch den Zusammenhang zwischen dem Führungsverhalten der Lehrkräfte einerseits sowie Lernerfolgen, sozialem Klassenklima und dem Wohlbefinden der Schüler andererseits. Im Deutschen wurden seine Befunde durch Havers (vgl. 1981) im Hinblick auf den Umgang mit Erziehungsschwierigkeiten in der Schule berücksichtigt.

Im Vordergrund solcher Fragen der Lernfeldgestaltung steht der Gedanke der Effektivität: Unterricht soll so gestaltet werden, dass eine effektive Schulökologie bzw. ein effektives Lernmilieu entstehen (vgl. Hennemann & Hillenbrand 2010, 255). Kounin (vgl. 1976) fasste seine eigenen Untersuchungen zu effektivem Unterricht in vier Prinzipien zusammen. Nolting (vgl. 2007) kommt, auf dieser Basis und anhand eigener Überlegungen, zu vier teilweise ähnlichen, teilweise anders orientierten Prinzipien. Beide Gruppierungen werden zunächst in der nachfolgenden Tabelle 02 einander gegenübergestellt und dann näher skizziert:

Tab. 02: Prinzipien des Classroom Managements bei Kounin (vgl. 1976) und Nolting (vgl. 2007)

Kounin (1976)	Nolting (2007)
Reibungslosigkeit und Schwung	Unterrichts„fluss"
Aufrechterhaltung des Gruppenfokus	breite Aktivierung
„withidness" und „overlapping"	klare Regeln
Überdrussvermeidung	Präsenz- und Stoppsignale

Folgende Prinzipien können aus Kounins Beiträgen herausgearbeitet werden (vgl. Kounin 1976; Havers 1981, 155ff.; Nolting 2002):

* *Reibungslosigkeit und Schwung*: Wichtig sind gut strukturierte Übergänge zwischen verschiedenen Aktivitäten sowie die Vermeidung von unnötigen Verzögerungen im Unterrichtsfluss. Vermieden werden sollen zufällige, für den aktuellen Unterricht unwichtige Reize, minutenlange „Predigten" wegen Fehlverhalten, aber auch zu schnelle, abrupte bzw. sprunghafte Wechsel von Aufgaben oder Themen. Ziel ist eine zügige Unterrichtsführung. Kritische Punkte sind häufig die Übergangsphasen im unterrichtlichen Geschehen (vgl. Havers 1981, 163f.).
* *Aufrechterhaltung des Gruppenfokus*: Es sollte gelingen, nicht nur einzelne, sondern jeweils gleichzeitig möglichst viele Schüler zu aktivieren, auch solche, die gerade nicht offiziell „dran" sind. Dabei sind vor allem zwei Aspekte entscheidend: *Gruppenmobilisierung* im Sinne der Stimulierung einer breiten Aufmerksamkeit und des Miteinbeziehens auch aktuell unbeteiligter Schüler – sowie *Rechenschaftsprinzip* im Sinne einer breiten (erlebten) Leistungskontrolle. Schüler sollten das Gefühl haben, dass sie jederzeit zur Rechenschaft über ihre Lernaktivitäten aufgefordert werden könnten. Dazu ist es wichtig, offen zu lassen, wer „dran" sein könnte, und nicht vorschnell Schüler anzusprechen, so dass andere sich zurücklehnen, unaufmerksam sind oder mit nicht-unterrichtsbezogenen Aktivitäten beginnen. Auch sollte darauf geachtet werden, dass im Laufe einer Unterrichtsstunde nicht nur einige wenige aktiviert werden, sondern möglichst viele. Hennemann & Hillenbrand (2010, 270) weisen auf den Unterschied zwischen Motivierung und Aktivierung hin: „Während motivierender Unterricht versucht, Schüler zu interessieren, gelingt es aktivierendem Unterricht Handeln sogar trotz Desinteresse aufrecht zu halten".
* *„Withitness"* und *„overlapping"*: Withidness steht für Dabeisein, Allgegenwärtigkeit oder Präsenz. „Gemeint ist die Fähigkeit der Lehrkraft, den Eindruck zu vermitteln, dass sie alles im Blick hat und ihr nichts entgeht. Dazu gehört auch die Fähigkeit, zwei Dinge gleichzeitig zu tun, von Kounin als Überlappung bezeichnet" (Nolting 2002, 31). Overlapping meint also die Fähigkeit, seine Aufmerksamkeit auf verschiedene gleichzeitig ablaufende Ereignisse zu richten. Hinsichtlich der Allgegenwärtigkeit besteht die „Kunst" darin, rechtzeitig zu re-

agieren und die richtigen Schüler zu ermahnen. Überlappung kann auch durch Bemerkungen, Anweisungen oder einfach Blicke und Gesten signalisiert werden.

- Programmierte Überdrussvermeidung: Hier geht es nicht um optimale Motivierung, sondern um die Vermeidung negativer Motivation. „Ermittelt wurde ein empirischer Zusammenhang von guter Mitarbeit und geringem Fehlverhalten mit dem Teilaspekt ‚(positive) Valenz und intellektuelle Herausforderung'" (Nolting 2002, 35). Dies soll durch zwei Maßnahmen erreicht werden: zum einen *stimulierende Anstöße*, insbesondere an Überleitungsstellen – und zum anderen die Prinzipien der *Abwechslung* und *intellektuellen Herausforderung*.

Nolting (vgl. 2002) weist angesichts dieser Befunde darauf hin, dass eine gute Prävention viele Probleme erst gar nicht aufkommen lässt. Aus den Beiträgen von Kounin heraus erarbeitet er selbst vier „disziplinrelevante Bereiche des Lehrerverhaltens" (ebd., 42):

- *Prävention durch breite Aktivierung* (vgl. ebd., 42ff.): Der Akzent liegt hier auf der Unterrichtsführung bzw. den Lernarrangements; Ziel ist die Klassenaktivierung, also die Aktivierung möglichst vieler. – Nolting nennt hierzu folgende Ansatzpunkte:
  - o anregende Darbietung durch didaktisch-methodische Gestaltung sowie auch das Ausdrucksverhalten der Lehrperson;
  - o reflektiertes Frageverhalten, bei dem alle angesprochen werden und Zeit zum Nachdenken besteht;
  - o Stillarbeit und Gruppenarbeit als Chancen für breite Aktivierung, bei Auswahl eines adäquaten Anforderungsniveaus, Einsatz klarer Instruktionen, ggf. mit medialer Unterstützung, breiter Kontrolle – und Realisierung individueller Verantwortlichkeit;
  - o Einsatz positiver Kommentare in verschiedenster Art, die präzise auf die Leistungen bezogen werden.
- *Prävention durch Unterrichts„fluss"* (vgl. ebd., 56ff.): Der Akzent liegt hier auf der Vermeidung eigener Unterbrechungen des eigentlichen Unterrichts durch den Lehrer selbst. Nolting nennt folgende Möglichkeiten:
  - o Wartezeiten vermeiden: Je höher der Zeitanteil für Nebenaktivitäten außerhalb der eigentlichen Lernzeit ist, desto eher kommt es zu Disziplinproblemen. Wünschenswert ist auch ein zügiger Wechsel zwischen unterschiedlichen Aktivitäten, etwa durch eindeutige Signale sowie klare, prompte Instruktionen. „Die Aktivität der *ganzen Klasse* muss Vorrang haben vor der Beschäftigung mit Einzelnen oder Gruppen" (ebd., 59).
  - o Eigene „Störungen" unterlassen: Viele Lehrer störten ihren eigenen Unterricht – etwa durch die Art der Reaktion auf Unterrichtsstörungen: lange Strafpredigten und Vorträge sowie sprunghaftes Reagieren auf Ereignisse. Kleine Störungen sollten ignoriert oder auch auf nichtverbalem Wege gestoppt werden. Verbale Kommentare sollten eher nicht auf die Störung, sondern auf die zu erledigende Aufgabe zentriert sein.

- *Prävention durch klare Regeln* (vgl. ebd., 61ff.): Damit werden Verhaltenserwartungen an die Schüler gesetzt – im Hinblick auf ihre Lernaktivitäten sowie das Unterlassen von Störungen. Regeln vermögen unsichtbar und sanft zu wirken sowie zugleich, da für alle gültig, für Gerechtigkeit zu sorgen und diese zu signalisieren. Sie liefern zugleich die Legitimation für Lehrerinterventionen. Konkrete Lehrererwartungen sollten in Regeln gefasst werden – sowie dann auch konsequent mit ihnen umgegangen werden. Weitere Hinweise richten sich auf die möglichst frühzeitige Einführung wichtiger Regeln, deren Altersangemessenheit, die Notwendigkeit der Abstimmung im Kollegium – sowie drei „Regeln für Regeln": „so wenig wie möglich, so einsichtig wie möglich, so positiv wie möglich" (ebd., 64). Als hilfreich beurteilt Nolting (vgl. ebd., 64ff.) auch die Beteiligung der Schüler bei der Regelfestlegung, zumindest jedoch die gemeinsame Diskussion über ihren Sinn.
Lehrer sollten eigene Regeln auch selbst ernst nehmen und ihre Umsetzung konsequent beachten – sich also auch nicht mit halben Erfolgen zufrieden zu geben. Allerdings müssen Regeln auch immer wieder kritisch auf ihren Sinn überprüft werden.
- *Prävention durch Präsenz- und Stoppsignale* (vgl. ebd., 67ff.): Schülerverhalten sollte im Hinblick auf Regeleinhaltung überwacht werden. Als hilfreich beurteilt Nolting (ebd., 68) „Augen im Hinterkopf" im Sinne einer Art intuitiver Aufmerksamkeit. Entscheidend sei es, dann abzuwägen, ob eine Störung ignoriert werden kann oder nicht; nicht ignoriert werden sollten solche Störungen, die „Welleneffekte" auszulösen vermögen. Reaktionen auf Störungen können als nonverbale oder als verbale Signale erfolgen. Letztere sollten kurz und knapp bleiben.

Nolting (vgl. 2002, 74ff.) stellt auch verschiedenste interventive Strategien zusammen. Die Darstellung soll sich hier auf die proaktiven Ansätze beschränken, die den Kern des Verständnisses von Klassenführung ausmachen und auf die sich auch Kounin zentriert.

Classroom Management wird mittlerweile international sehr breit diskutiert und erforscht (vgl. Evertson & Weinsteim 2006; Evertson & Emmer 2009). Unter Bezug auf Evertson & Emmer (vgl. 2009) arbeiten Hennemann & Hillenbrand (2010) differenzierter elf Kriterien effektiven Classroom Managements heraus:

- neun proaktive Kriterien: Vorbereitung des Klassenraumes, Planung und Unterrichtung von Regeln und unterrichtlicher Verfahrensweisen, Festlegung von Konsequenzen, Schaffen eines positiven (Lern-) Klimas im Klassenraum, Beaufsichtigung der Schüler, Unterricht angemessen vorbereiten, Festigung von Schülerverantwortlichkeit, unterrichtliche Klarheit sowie kooperative Lernformen – des weiteren
- zwei reaktive Kriterien: unangemessenes Schülerverhalten unterbinden, Strategien für potenzielle Probleme.

Dabei wird darauf aufmerksam gemacht, dass das Gesamtgefüge derjenigen Faktoren, die Klassenführung ausmachen, berücksichtigt werden muss, um den Ansatz nicht zu verkürzen: „Isoliert oder eindimensional betrachtet würde es sich bei den … Maßnahmen um Elemente eines wenig effektiven und kritisch zu hinterfragenden Disziplinmanagements handeln. Maßgeblich für eine effektive Klassenführung ist neben der Kenntnis spezieller Handlungsweisen immer die verantwortungsbewusste und selbstreflektierende Lehrkraft, die diese Formen anwendet. Zentrale Voraussetzung bleibt die Beziehungsgestaltung mit Schülern, Kollegen und Eltern …, die wiederum jeweils mit spezifischen Bedingungen in den Lernprozess eintreten" (ebd., 256f.). Die Faktoren müssten jeweils in ihrem Zusammenwirken gesehen werden.

Die elf Kriterien dieses Ansatzes beinhalten verschiedene Aspekte, die das Verständnis von Klassenführung über dasjenige von Kounin oder Nolting hinaus ausweiten – dies gilt insbesondere für die folgenden Punkte:

- Auch die Vorbereitung und Gestaltung des Klassenraumes wird als wichtiges proaktiv wirkendes Merkmal von Classroom Management gesehen.
- Im Rahmen verschiedener Kriterien wird auf die Bedeutung einer aktiven Beteiligung der Schüler hingewiesen: so etwa bei Festlegung der Regeln, aber auch bei ihrer Überwachung. Als Konzept zur Realisierung könne das Good Behavior Game, im Deutschen KlasseKinderSpiel (vgl. Hillenbrand & Pütz 2008) dienen. Darüber hinaus wird Schülerbeteiligung in Form eines Klassenrates empfohlen.
- Die Realisierung von Classroom Management wird über die Ebene einer konkreten Klasse hinaus als Thema eines Lehrerkollegiums und einer gesamten Schule betrachtet. Prävention soll hier auf Schulebene und schulkonzeptionell umgesetzt werden. Dazu wird auch die Miteinbeziehung von Stützsystemen im schulischen Umfeld gezählt.
- Für das frühzeitige Erkennen von Lern- und Verhaltensproblemen wird eine prozessbezogene Diagnostik über Screenings oder systematische Verhaltensbeobachtung empfohlen – wie sie auch das response-to-intervention-Modell (RIM, Huber & Grosche 2012; vgl. 3.2) vorsieht. Ganz analog wird auf dieser Basis auch der Einsatz evidenzbasierter Förderprogramme diskutiert (Hennemann & Hillenbrand 2010, 265ff.).
- Die Einbindung kooperativer Lernformen wird betont; dazu gehören auch „Partner-Learning, Tutoren-Konzepte und Buddy-Prinzipien" (Hennemann & Hillenbrand 2010, 272).

Hennemann & Hillenbrand (vgl. 2010) unterlegen ihrer komplexen Sicht von Klassenführung ein theoretisches Rahmenkonzept von Helmke (vgl. ebd., 256f.; Helmke 2009). Dieser stellt Klassenführung in einen Gesamtkontext relevanter Unterrichtsfaktoren. Neben Klassenführung unterscheidet er die Faktoren Unterrichtsqualität, Lehrerpersönlichkeit, aktive Lernzeit sowie Klassenkontext (im Sinne des Klimas und der Klassenzusammensetzung). Bei Blick auf die von Kounin herausgearbeiteten Aspekte ist allerdings eine klare Trennung zwischen den hier grundsätzlich unterschiedenen Faktoren Klassenführung sowie Lehrerpersönlichkeit schwierig; letztere wird recht stark in Fragen der Klassenführung einfließen. Geht man von Kounins Prinzipien, aber auch von den durch Evertson und Emmer unterschiedenen Aspekten aus, so können grundsätzlich im Hinblick auf erfolgreiche Klassenführung zwei Ansatzpunkte unterschieden werden:

- Zum einen werden Anforderungen an die Lehrerpersönlichkeit gestellt: etwa, hochgradig präsent für das aktuelle Geschehen zu sein.
- Zum anderen ergeben sich Anforderungen an die Planung und Gestaltung des Unterrichts selbst: diesen vorab und im Geschehen selbst so zu gestalten, dass Störungen gar nicht erst aufkommen oder aber frühzeitig gestoppt bzw. unterbunden werden.

Rollen von Lehrenden und Lernenden

Der Ansatz des Klassenmanagements, der sich in der Gesamtschau als ein Spektrum von Ansätzen mit teilweise durchaus unterschiedlichen Sichtweisen und Schwerpunkten erweist, stellt einen Faktor ohne Zweifel ins Zentrum: die Person des Lehrers. Es wurde oben bereits herausgearbeitet, dass dies sowohl dessen Persönlichkeit in ihrer Wirkkraft betrifft aus auch bestimmte Kompetenzen. Dabei fokussieren beide Schwerpunkte auf das gut geplante, klar strukturierte Gestalten unterrichtlicher Prozesse.

Insofern stehen die Lernenden zunächst im Hintergrund; ihre aktive Einbindung wird wenig thematisiert. Dies ändert sich allerdings in jüngeren Ansätzen und Veröffentlichungen; so betonen gerade Hennemann & Hillenbrand (vgl. 2010) in ihrem Forschungsüberblick den direkten Miteinbezug der Schülerinnen und Schüler, etwa bei der Definition von Regeln oder auch in Form eines Klassenrats. In der Gesamtschau bleibt allerdings zu fragen, wie konsequent die Ansätze des Klassenmanagements dies wirklich anstreben, etwa in Form des Good Behavior Games, aber auch über andere Realisierungsmöglichkeiten – und inwiefern diese Zielsetzung kompatibel ist mit der zugleich ganz starken Fokussierung auf die Lehrperson und ihre zentrale Funktion in der Unterrichtsgestaltung.

Passung für die Pädagogik bei Verhaltensstörungen

Der Ansatz ist dezidiert im Hinblick auf die Prävention von, aber ansatzweise auch die Intervention bei Störungen entwickelt worden. Insofern sind Verhaltensstörungen direkt in das Konzept mit eingebunden; die Konzeptentwicklung hat sich aus der empirischen Forschung zur erfolgreichen Vorbeugung des Entstehens oder unterrichtlichen Verfestigens solcher Störungen ergeben. Von der Grundanlage des Konzepts her liegt der Schwerpunkt allerdings auf Prävention und dem Umgang mit leichteren Störungen; die Aufnahme reaktiver Konzepte und der Umgang mit gravierenderen Problematiken wirken hier eher wie ein – notgedrungen deutlich zu wenig ausgearbeiteter – Fremdkörper.

Im Hinblick auf eine interaktionistische Sicht von Verhaltensstörungen fokussiert Klassenmanagement recht stark auf die situative Perspektive, indem unterrichtliche Situationen so gestaltet oder modifiziert werden, dass Störungen aus ihren heraus gar nicht erst entstehen. So sollen dezidiert provozierende und belastende Situationen vermieden werden.

Kritische Betrachtung

Klassenmanagement oder Klassenführung ist in den vergangenen Jahren, gerade auch durch die Inklusionsdiskussion, zu einem sehr prominenten, viel diskutierten und etwa auch in Lehrerfortbildungen verbreiteten Thema geworden. Es handelt sich ohne Zweifel um einen Ansatz, der verschiedene Vorschläge und Konzepte einer stark proaktiven Berücksichtigung von Störungen bündelt. Allerdings bleiben auch einige kritische Aspekte, die im Rahmen der Implementation des Konzepts berücksichtigt werden müssen:

- Klassenmanagement fokussiert vor allem auf die Prävention von und den Umgang mit „milderen" Störungen, insbesondere solchen, die aus den situativen Bedingungen heraus entstehen. Die Vorschläge und Maßnahmen kommen bei gravierenderen Problematiken, die stärker in der Person der Kinder und Jugendlichen verankert sind, rasch an ihre Grenzen.
- Insofern befindet sich das Konzept des Klassenmanagement in einer Grauzone zwischen pro- und retroaktiven Ansätzen. Dies zeigt sich beispielsweise in der Kriterienliste von Evertson & Emmer (vgl. 2009), deren Schwerpunkt bei proaktiven Strategien liegt, die zugleich jedoch auch (lediglich) zwei recht global bleibende reaktive Kriterien berücksichtigt. Da, wo Verhaltensstörungen gravierender auftreten, wären stärker retroaktive Strategien unverzichtbar. Unklar bleibt, ob Klassenmanagement sich nun dieses Problemfeldes annehmen möchte oder nicht – und wie das wiederum zum Gesamtkonzept passt.
- Auch wenn Hennemann & Hillenbrand (vgl. 2010) sehr gut nachvollziehbar auf die Notwendigkeit einer komplexen Sicht der relevanten Faktoren und ein multiples Herangehen hinweisen, um einer Art „Rezeptologie" zu begegnen, befindet sich die Thematik des Klassenmanagements dennoch in einer Gesamtdiskussion des stärkeren Einsatzes „evidenzbasierter" Verfahren und dem Blick auf das, was wirkt. Damit wird eine gewisse „Machbarkeit" von Maßnahmen suggeriert, die im Hinblick auf ein differenziertes Verständnis von Erziehungsprozessen (vgl. 3.6.1) als teilweise problematisch beurteilt werden muss. Erziehung impliziert immer auch die Grenzen der „Machbarkeit".

Im Gesamtbild bietet das Konzept des Klassenmanagements, trotz der vorgebrachten Kritik, interessante Impulse für ein integratives Unterrichtsmodell, indem gerade das „Antizipieren" von Störungen hier eine bedeutsame Rolle einnimmt.

5.8 Unterrichtskonzepte: Fazit

Der anfangs genannten Zielsetzung entsprechend wurden wesentliche Unterrichts-konzepte kritisch betrachtet – insbesondere auch im Hinblick auf Passung für die Pädagogik bei Verhaltensstörungen. In der Beurteilung der einzelnen Ansätze fand das in den ersten drei Kapiteln dargelegte Verständnis von Lernen und Erziehung sowie von Verhaltensstörungen Berücksichtigung.

Die Betrachtung zeigt, dass in den verschiedenen Konzepten unterschiedliche Schwerpunkte gesetzt werden – etwa hinsichtlich der Strukturen im Unterricht, der Schülerorientierung, des kooperativen und demokratischen Handelns sowie der Selbstbestimmung und Selbstverantwortung. Es finden sich dabei jeweils Elemente, die im Hinblick auf einen Unterricht bei Verhaltensstörungen als sinnvoll angesehen und nutzbar gemacht werden können. Diese sollen im folgenden Kapitel im Rahmen der Überlegungen zu einem Modell der Didaktik und des Unterrichts wieder aufgegriffen werden.

Hierbei ist jedoch zu berücksichtigen, dass einzelne Ansätze, wie im Vorausgehenden deutlich wurde, durchaus als problematisch beurteilt werden müssen und alle Konzepte mit spezifischen Schwierigkeiten und teilweise auch Gefahren verbunden sind. Wesentlich ist der verantwortungsvolle und reflektierte Einsatz der jeweiligen Unterrichtskonzepte. So ist vor allem die Art der Umsetzung ausschlaggebend dafür, ob beispielsweise Kooperative Verhaltensmodifikation wirklich kooperativ und nicht manipulierend, freie Arbeit wirklich frei und nicht doch – wenn auch indirekt – stark von außen gelenkt ist, ob in der Projektarbeit tatsächlich kooperatives Handeln und demokratische Umgangsformen erfahrbar werden oder inwiefern beim Klassenmanagement die Schülerinnen und Schüler ernsthaft aktiv beteiligt sind.

Gefahren des Missbrauchs solcher Konzepte ergeben sich insbesondere dort, wo klare Bestimmungen und Kriterien fehlen. Daher wurde hinsichtlich der verschiedenen Ansätze auf möglichst exakte Begrifflichkeit und Definitionen Wert gelegt. Es ist in diesem Zusammenhang jedoch auch der Gesamtrahmen von Bedeutung, in den die einzelnen Konzepte eingebettet sind. Dieser müsste Anhaltspunkte für die Nutzung einzelner Elemente sowie Kriterien zur Beurteilung bieten. Notwendig ist dann die kritische Reflexion des Pädagogen hinsichtlich seiner selbst sowie hinsichtlich der Auseinandersetzung mit dem eigenen unterrichtlichen Handeln.

6 Ein integratives Modell der Didaktik und des Unterrichts bei Verhaltensstörungen

Aus der Analyse grundlegender didaktischer Theorien und verschiedener Unterrichtskonzepte, wie sie in den vorangehenden Kapiteln durchgeführt wurde, ergibt sich der Bedarf, hier gefundene Aspekte zu einem Modell zusammenzutragen, das sich als integrativ versteht, und zwar in folgendem Sinne:

▶ durch Integration der verschiedenen Aspekte menschlichen Erlebens und Handelns (Emotion, Kognition, Körperlichkeit sowie soziale Interaktion),

▶ durch Integration von Verhaltensstörungen in das unterrichtliche Planen und Handeln sowie

▶ durch Integration verschiedener didaktischer Ebenen und Aspekte im Rahmen eines Gesamtmodells und schließlich

▶ durch seinen allgemeinen, inklusiven Charakter und die Berücksichtigung eines differenzierten Störungsbegriffs im Hinblick auf die soziale Integration.

Differenziert wurden diese Gedanken in Kapitel 1 erörtert. Dort wurde ebenfalls der im Folgenden häufig verwendete, für das Modell zentrale Begriff der „Facette" definiert – auch das Verständnis von Lehrern als „Pädagogischen Partnern" fand dort bereits Erwähnung (vgl. Näheres unter 6.4.1). Das zu entwickelnde Modell versteht sich als *ein* Modell integrativer Didaktik, welches von den oben angesprochenen Eckpunkten ausgeht (vgl. Stein & Faas 1999; Stein & Stein 2006) – eine andere integrative Didaktik wurde zwischenzeitlich von Kiper & Mischke (vgl. 2004; 2009) vorgelegt.

Im Hinblick auf das nun darzustellende Modell werden vorab unter 6.1 zunächst grundlegende Aspekte und Prinzipien didaktischer Arbeit beschrieben. Auf diesen aufbauend erfolgt unter 6.2 die Skizze der grundlegenden Struktur eines didaktischen Modells.
Möglichkeiten der Realisation werden Gegenstand der danach folgenden Ausführungen sein. Zunächst wird in Kapitel 6.3 eine prozessorientierte Konzeption für die gemeinsame Planung, Gestaltung und Reflexion von Unterricht vorgestellt, welche an das unter 6.2 dargestellte didaktische Modell anknüpft und dessen Um-

setzung ermöglichen soll. Gleichzeitig sollen damit Wege aufgezeigt werden, wie die bei 6.1 genannten recht allgemeinen Prinzipien im Unterricht verwirklicht werden können.

Das bis dahin umrissene Modell kann mit erheblichen Veränderungen unterrichtlicher Gestaltung verbunden sein, insbesondere, was die Mitbestimmung der Schüler im Sinne eines gemeinsamen Planens, Gestaltens und Auswertens von Unterricht in der Lerngruppe anbelangt. Dies stellt auch Lehrer vor neue Aufgaben und macht eine nähere Konkretisierung der veränderten Rolle der Pädagogen notwendig, wie sie unter 6.4.1 vorgenommen wird.

Anschließend (vgl. 6.4.2) erfolgt eine Diskussion der Vorschläge im Hinblick auf einen Unterricht bei Verhaltensstörungen. Diese geht vor allem von den unter 3.6 herausgearbeiteten grundlegenden Prinzipien der Pädagogik bei Verhaltensstörungen einschließlich des dort herausgearbeiteten Erziehungsverständnisses aus – und berücksichtigt weitere wichtige Überlegungen, die sich aus dem hier zugrunde liegenden Verständnis von Verhaltensstörungen ergeben.

Das im Folgenden darzustellende Modell ist als Idealmodell zu verstehen; es stellt ein Ziel dar. Als ein solches ist es jedoch anspruchsvoll, insofern es neue Anforderungen an Lehrer und Schüler stellt. Daher müssen auch mögliche Schwierigkeiten und Probleme, die bei der Umsetzung auftauchen können, mit bedacht und Überlegungen zu deren Lösung angestellt werden, was unter 6.4.3 geschieht. So sind etwa Möglichkeiten zu diskutieren, wie es gelingen kann, Ansprüche zeitweise zurückzunehmen, ohne dabei die Zielsetzung sowie grundlegende Prinzipien aus den Augen zu verlieren. Gleichzeitig soll für Pädagogen ein möglicher Weg hin zum Modell aufgezeigt werden. Damit wird auch das Ziel verfolgt, Anknüpfungspunkte für Pädagogen mit ihren jeweiligen Vorerfahrungen und ihrer individuellen Struktur anzubieten: Es soll eben nicht alles „Alte" verworfen werden, um Lehrern ein Modell „überzustülpen", das für sie und für die Schüler im Moment eine Überforderung darstellen könnte.

6.1 Grundlagen einer integrativen Didaktik

6.1.1 Unterricht als Prozess der Verständigung

Für einen Unterricht als Prozess der Verständigung müssen im Folgenden fünf zentrale Aspekte näher erörtert und bestimmt werden: ein Verständnis von Lernen und des Weiteren auch von Planung, die Notwendigkeit der kontinuierlichen Verständigung, die Frage der Annäherung an diesen Anspruch und der Umgang mit Störungen.

Grundlagen des Lernens

Lernende konstruieren ihre Lernwelten selbsttätig und aus den bereits bestehenden kognitiv-affektiven Strukturen heraus (vgl. Kapitel 1). Dabei fließen affektive, kognitive und körperliche Facetten auch im Lernen stets ineinander.

Wie Lernende ihre Lernwelt konstruieren, kann ein Pädagoge nicht voraussehen; er kann allenfalls Lernangebote machen sowie Verständigungsversuche über gemeinsame Lernschritte unternehmen; er wird Unterricht nie lenken, sondern allenfalls modellieren. Dies entspricht auch einem differenzierten, kritischen Verständnis von Erziehung. Dabei können Pädagogen versuchen, Unterricht so zu gestalten, dass es den Lernenden ermöglicht wird, sich in ihrem Lernen – aus ihren subjektiven Strukturen heraus – affektiv, kognitiv und körperlich anzukoppeln. Sie können, auf Basis einer gelingenden Ankopplung, Angebote zur Erweiterung und Differenzierung bestehender Strukturen machen. Lernen erfolgt jedoch letztlich eigenverantwortlich, es ist nicht planbar und auch nur indirekt mitzuverfolgen. Lernen erfolgt zudem in aller Regel (und gerade im üblichen Unterricht) im Rahmen sozialer Bezüge, die in ihrer Relevanz für Lernprozesse vom Pädagogen mitbedacht und mitreflektiert werden müssen.

Planung

Unterrichtliches Handeln bedarf eines Konzeptes der Planung. Klafki (vgl. 4.2) bietet im Rahmen seiner kritisch-konstruktiven Didaktik ein Schema der Unterrichtsplanung als Handlungsmodell für curriculare Prozesse, die über sieben Fragen erschlossen werden sollen. Hier wird Pädagogen ein Instrument zur systematisierten Planung von Unterricht angeboten. Allerdings kann didaktisches Handeln nicht sinnvoll als lineare Folge von Schritten verstanden werden – sie stellt stets einen Prozess dar, der sich im Sinne eines offenen Entwurfes letztlich nur flexibel am Lerngeschehen und an den Lernenden orientieren kann: Wie gehen sie in Lernprozesse hinein; welche Lernwege schlagen sie ein? Diese Prozessorientierung findet sich deutlich bei Kösel (vgl. 4.7): Pädagogen bringen „Morpheme" als ganzheitliche Gestalten aus Zielen, Inhalten, Lernformen usw. in das Lernfeld ein. Diese Morpheme sollen eine vom Pädagogen modellierte Anreizstruktur für die Lernenden bilden. Im Folgenden ergeben sich Lernprozesse, die nur noch sehr bedingt vorherzusehen sind und auf die Pädagogen daher flexibel reagieren müssen. Auf den Begriff des Morphems wird hier verzichtet, jedoch der dahinter stehende Gedanke der *Didaktischen Gestalt* als einer grundsätzlichen didaktischen Ganzheit eingeführt: miteinander verwobene Ziele, Vorgehensweisen und Auswertungen, die in das Lernfeld eingebracht werden. Dieser Ganzheitsgedanke findet sich nicht nur in der Gestaltpädagogischen Didaktik (vgl. 4.6), sondern auch bei Schulz (vgl. 4.3): als wechselseitige Interdependenz von Unterrichtszielen, Ausgangslagen, Vermittlungsvariablen und Erfolgskontrollen, den vier zentralen Handlungsmomenten.

Wenn nun einerseits vom Pädagogen das Einbringen von Didaktischen Gestalten als eine anschlussfähige Anreizstruktur für die Lernenden gefordert wird, andererseits aber zugleich die Beurteilung der bei den Lernenden stattfindenden Entwicklungsprozesse von außen nur schwer und unvollständig geleistet werden kann, stellt die von Kösel vollzogene Zentrierung auf Pädagogen bei der Entwicklung Didaktischer Gestalten letztlich keine günstige Lösung dar: So weit wie möglich sollte die Planung gleich unter Einbezug der Lernenden erfolgen. Auch die notwendige Aufgabe, die eingeführten Didaktischen Gestalten im Prozess des sich nun entwickelnden Lerngeschehens einer stetigen reflexiven Kontrolle zu unterziehen, um sie fließend veränderbar weiterzuentwickeln, kann, soweit realisierbar, effektiver von der Gruppe übernommen werden. Die Umsetzung dieses Gedankens wird unter 6.3 deutlicher und konkreter erörtert.

Auch Klafki (vgl. 1995, 25) sieht seine Konzeption als offenen Entwurf und fordert Pädagogen zu flexiblem Unterrichtshandeln heraus. Konsequent gedacht können zentrale Aspekte seines Schemas zur Unterrichtsplanung im Rahmen einer Didaktischen Gestaltung als Prozessmodell eingesetzt werden: Planung begleitet den gesamten Unterrichtsverlauf und ist mit diesem eng verwoben. Als Regulierungsprinzip für solche unterrichtsbegleitenden Prozesse bietet sich der Balancegedanke aus der Themenzentrierten Interaktion an (vgl. 4.1). Das tragende Moment in diesem Konzept, die immer wieder neu zu findende dynamische Balance zwischen den Faktoren von *Es*, *Ich* und *Wir* (bei Berücksichtigung des *Globe*) wird in der Gestaltpädagogik (vgl. 4.6) verknüpft mit einer zweiten Balance: einer Balance der Erfahrungsebenen aus Affekten, Kognitionen und Körperlichkeit.

Schulz unterscheidet teilweise ähnlich zwischen Sach-, Sozial- und Gefühlserfahrungen sowie zwischen kognitiven, affektiven und pragmatischen Unterrichtszielen (vgl. 4.3). Dabei werden allerdings eher auf einer dieser Ebenen isolierte Lernziele bedacht und weniger grundlegende, integrative Erfahrungen, die auch die ureigene Ebene der Körperlichkeit mit einschließen.

Implizit werden in der Gestaltpädagogischen Didaktik die beiden oben angesprochenen Balancen, die Balance der Faktoren und die Balance der Erfahrungsebenen, vor den Hintergrund der drei Aspekte des Psychologischen, des Fachlichen und des Gesellschaftspolitischen gestellt, wobei im Zentrum der Psychologische Aspekt unter Einbeziehung von Lernenden und Lehrenden steht (vgl. 4.6).

Der Zusammenhang zwischen Faktoren der TZI, Erfahrungsebenen aus der Gestalttherapie und Aspekten aus der Gestaltpädagogik wird im gestaltpädagogischen Ansatz nicht klar herausgearbeitet. Er bietet jedoch die Möglichkeit, verbunden mit Klafkis Perspektivenschema und didaktischen Fragen sowie dem Schulz'schen Verständnis der wechselseitigen Abhängigkeit aller maßgeblichen didaktischen Handlungsmomente, ein Instrument für didaktisches Handeln zu entwickeln. Auf eben dieser Grundlage wird unter 6.2 ein nicht-linear, kontinuierlich-prozesshaft, Störungen integrierend und demokratisch-gruppenorientiert ausgerichtetes Modell entworfen.

Kontinuierliche Verständigung

Angesichts der Tatsache, dass die Wahrnehmung von Realität durch Individuen grundsätzlich subjektiv konstruiert wird, sind Abstimmungen und gemeinsame Klärungen immer wieder notwendig: Didaktik ist auf eine kontinuierliche Verständigung zwischen Lehrenden und Lernenden angewiesen (vgl. etwa Kösel und Schulz unter 4.7 und 4.3). Um dies optimal zu realisieren, muss eine wichtige Aufgabe der Pädagogen darin bestehen, die Lernenden so weit wie möglich in die Planung, Gestaltung und Reflexion der Lernprozesse mit einzubeziehen. Dies könnte in Form einer Annäherung erfolgen, wobei diese Annäherung ein wesentlicher Teil des längerfristigen Bildungsprozesses der Lernenden ist.

Die notwendigen Kompetenzen für eine konstruktive Beteiligung an Planungsprozessen und für eine aktive Mitgestaltung des Unterrichts werden Schülern – und insbesondere jenen mit Verhaltensauffälligkeiten – häufig abgesprochen; gerade der Aufbau entsprechender Kompetenzen dürfte jedoch eines der maßgeblichen Ziele der pädagogischen Arbeit darstellen. Dies entspricht auch dem unter 3.6.1 entworfenen Verständnis von Erziehung: Autonomie zugleich vorauszusetzen und anzustreben – und von der grundlegenden Tatsache der Verständigung und des Aushandelns zwischen Erziehern und Zu-Erziehenden auszugehen. Des Weiteren empfiehlt sich die Beteiligung der Lernenden auch deshalb, weil Pädagogen nicht immer und nicht stetig zielsicher deren Ausgangsbedingungen ermitteln können; noch weniger sicher können sie die je individuellen Lernwege abschätzen und nachvollziehen, die sie einschlagen (vgl. Kösel 1993, 245ff.; auch Kapitel 4.7). Da ist es schlicht einfacher und effektiver, wenn Lernende in der Planung ihre eigenen Ausgangsbedingungen aktiv einbringen und auch selbst, im Rahmen der Gruppeninteraktion, ihre Lernfortschritte einschätzen und berücksichtigen. Diese und andere Gedanken lassen eine *schrittweise* Annäherung an eine Partizipation der Lernenden, wie sie hier angesprochen wurde, kritisch erscheinen: zum einen wegen der damit verbundenen Gefahr, den Aufbau von Kompetenzen eher zu behindern als zu fördern; zum anderen wegen der Notwendigkeit einer Beteiligung der Schüler bei Planungsprozessen.

Im Prozess kontinuierlicher gemeinsamer Lernplanung in der Gruppe werden viele Themen des Unterrichts zu einer Art „komplexer Unternehmungen" (vgl. Gagné 1985; Gagné & Merrill 1990), die einen Wechsel von Phasen der Planung und der Auswertung, der Aufgaben- und Rollenverteilung, der gemeinsamen Diskussion verschiedener Aspekte, der Aushandlung im Sinne Frey'scher Metainteraktionen (vgl. 5.5) und des Handelns im Rahmen übernommener Aufgaben umfassen.

Annäherung

Die Annäherung an eine Didaktik der Verständigung impliziert also einen Prozess zunehmender geplanter Modellierung, Durchführung und Auswertung von Lernprozessen in der gesamten Lerngruppe. Eine sich steigernde Beteiligung der

Lernenden wird, bis zu einem gewissen Grad, in verschiedenen der diskutierten klassischen und neueren didaktischen Modelle ausdrücklich vorgesehen (vgl. Kapitel 4). Allerdings dürfte eine vollständige Miteinbeziehung der Lernenden in die Lerngestaltung in aller Regel zunächst erhebliche Probleme bereiten. Dafür kommen vor allem drei Gründe in Betracht – durchaus auch gleichzeitig:

- Das System der Schule ist nicht darauf eingestellt bzw. nicht bereit: Oft besteht eine systemische Trägheit, in den alten Formen zu verharren. Auch Machtaspekte innerhalb der Schulstrukturen mögen eine Rolle spielen, Befürchtungen des Verlustes von Kontrolle oder auch Widerstände zur Erhaltung eigener Verfügungs- und Einflussbereiche.

- Pädagogen wollen oder können sich nicht gleich darauf einlassen: Dies kann zum einen auf Ängste zurückzuführen sein, vertrautes Terrain zu verlassen und die eigene Rolle erheblich zu verändern – Ängste vor Rollenunsicherheit, vor Arbeitsüberlastung, vor dem Verlust erwünschter Distanz und andere Befürchtungen. Zum anderen ist es aber auch möglich, dass das Konzept einer radikal veränderten didaktischen Arbeit keine oder zu wenige Anknüpfungspunkte für die bei Pädagogen bestehenden kognitiven und affektiven Konzepte von Didaktik und Unterricht zu bieten vermag.

- Die Lernenden sind dazu nicht in der Lage oder bereit: Oft verhält es sich so, dass Lernende aufgrund eigener Unsicherheiten keine aktiveren Rollen übernehmen wollen. Möglicherweise fürchten sie auch spätere Sanktionen von irgendeiner Seite, wenn sie auf das Angebot einer aktiven Rolle eingehen – oder sie sorgen sich, Sicherheiten in der Lerngruppe zu verlieren, die sie gegenwärtig genießen. Daneben kommen natürlich auch Verweigerungshaltungen in Betracht, die allerdings grundsätzlich, unabhängig von der Arbeit mit einem bestimmten Konzept, im Unterricht auftreten können.

Diese Aspekte und potentiellen Probleme gilt es ernst zu nehmen und kritisch zu berücksichtigen. Ansonsten drohen sie im Sinne Cohns (vgl. 4.1) zu Störungen zu werden, die untergründig beeinträchtigend und zersetzend wirken.

Hier mag zunächst doch wieder eine gestufte Annäherung an eine solche Beteiligung nahe liegend scheinen, wie sie Winkel entwirft (vgl. 4.5): von stellvertretenden Entscheidungen, die Pädagogen treffen, über behutsame Beteiligung und ein komplementäres Handeln bei Zurücknahme der Autorität bis zu symmetrischem Handeln. Es wurde jedoch bereits problematisiert, dass diese Form der Stufung die möglicherweise unüberwindliche Schwierigkeit der Überführung zur Selbständigkeit der Lernenden in sich birgt. Es stellt sich hier die wichtige Frage, angesichts welcher Kriterien und auf welchem Wege der Übergang zu einer anspruchsvolleren Stufe erfolgen kann. Günstiger scheint es, die Stufung anders herum zu fassen: im Gewähren von Selbständigkeit immer von der höchstmöglichen Stufe auszugehen und diese erst bei drohendem oder realem Scheitern zugunsten einer niedrigeren Stufe der Selbständigkeit zu verlassen, also erst dann „zur Selbsttätigkeit aufzufordern", wenn sich dies als notwendig erweist (vgl. Benner 1991). Das Kriterium für den Stufenwechsel ergibt sich so notwendig aus auftretenden Problemen und Störungen; es wird das Risiko vermieden, Lernenden Selbsttätigkeit vorzuenthalten, die zumutbar gewesen wäre.

Da nicht alle Störungen durch mangelnde Selbständigkeit bedingt sind, müssen mögliche Ursachen auftretender Probleme in der Gruppe diskutiert werden, bevor eine Entscheidung über Einschränkung von Freiräumen fällt. Nur so kann verhindert werden, dass derlei Einschränkungen ohne Notwendigkeit vorgenommen werden.

Immer dann, wenn Zurücknahmen realisiert wurden, sind diese in der Folge kritisch auf ihre andauernde Notwendigkeit zu überprüfen. Dies betrifft beispielsweise auch Fälle, in denen gewisse Einschränkungen sinnvoll erschienen, weil erkennbar war, dass bei Lernenden durch das Zumuten von Selbständigkeit andauernde und erhebliche Misserfolgserlebnisse entstehen würden. Zunächst kann hier aus der Lerngruppe heraus oder, in akuten Fällen, von Seiten des Pädagogen zusätzliche Unterstützung erfolgen, um gravierende Frustrationen zu vermeiden. Diese sollte jedoch nicht zum Standard werden.

Störungen

Eine besondere Bedeutung kommt Störungen im Lerngeschehen zu: Diese werden insbesondere in der kritisch-kommunikativen Didaktik von Winkel (vgl. 4.5) sowie im Rahmen der Themenzentrierten Interaktion von Cohn (vgl. 4.1) spezifisch berücksichtigt. Über die Integration von Kernaspekten des Cohn'schen Ansatzes sind sie auch zu besonderen Themen in Subjektiver Didaktik (vgl. 4.7), Gestaltpädagogischer Didaktik (vgl. 4.6) sowie auch der Lehrtheoretischen Didaktik von Schulz (vgl. 4.3) geworden. Unthematisierte und unaufgelöste Störungen belasten den Lernprozess durch ihre fortdauernde, unterschwellige Präsenz; sie sollten daher angesprochen und aufgearbeitet werden. Dabei ist es für die pädagogisch-pragmatische Arbeit unerlässlich, wesentliche Störungen zu selektieren, da nicht jede kleine Störung zur Unterbrechung laufender Lernprozesse Anlass geben kann. Pädagogen müssen also eine differenzierte, kompetente Selektion betreiben, welche Störungen sie aufgreifen. Hier geben Konzepte des Klassenmanagements hilfreiche vertiefte Hinweise (vgl. 5.7.3). Dabei ist es notwendig, wann immer möglich die Lerngruppe in diese Entscheidungsprozesse mit einzubeziehen – insbesondere im Sinne eines Korrektivs.

Im Hinblick auf eine Didaktik der Pädagogik bei Verhaltensstörungen können diesbezüglich aus der beruflichen Praxis heraus zwei große Störungsgruppen unterschieden werden:

• Zum einen *antizipierte Störungen*, die vom Pädagogen oder der Lerngruppe als Möglichkeiten vorausgesehen werden: etwa ein typisches Störverhalten, das ein Schüler in bestimmten Situationen meistens zeigt. Eine solche Störung kann bereits in die Lernplanung mit einbezogen werden, einschließlich möglicher Reaktionen auf die Störung hin, wenn sie denn auftreten sollte.

- Zum anderen *aktuell auftretende Störungen*, die im weiteren didaktischen Prozess zu berücksichtigen sind: In diesen Situationen ist die flexible Planungs- und Um-Planungskompetenz des Pädagogen als Re-Aktion in Zusammenarbeit mit der Lerngruppe gefordert.

6.1.2 Zur Rolle des Pädagogischen Partners

Lehrende werden hier als *Pädagogische Partner* verstanden, deren Rolle zunächst, im Wesentlichen, durch die folgenden vier zentralen Funktionen gekennzeichnet ist:

- *Pädagogischer Partner als didaktischer Gestalter*: Die primäre Aufgabe von Pädagogen besteht in der prozessorientiert planenden, reflektierenden, auswertenden und weiter planenden Gestaltung des Unterrichts. Diese erfolgt kooperativ mit der Gruppe der Lernenden.
- *Pädagogischer Partner als Begleiter und Berater*: Pädagogische Partner nehmen die Funktion eines Lern-Begleiters ein, womit nicht lückenlose Präsenz gemeint ist, jedoch Begleitung der Lernenden zur Gewährleistung eines Überblicks über wesentliche stattfindende Prozesse. Pädagogen sind ja in aller Regel qualitativ völlig anders in die Lernprozesse involviert als die Lernenden. Im Rahmen dieser Begleitung können sie den Lernenden gegebenenfalls Unterstützung, Hilfe oder Anregungen bieten. Diese Beratungsfunktion werden sie im Allgemeinen erst auf einen Appell der Lernenden hin aufnehmen. Allerdings wird in besonderen Fällen, insbesondere bei drohender Selbst- oder Fremd-Gefährdung sowie bei erheblichen abzusehenden Schadensrisiken, die Beratungtätigkeit auch einmal ungefragt erfolgen müssen – mit nachfolgender Aufarbeitung.
- *Pädagogischer Partner als Organisator*: Bei konsequenter Beachtung des Vorranges der Selbsttätigkeit der Lernenden können Pädagogische Partner ergänzend und unterstützend etwa Materialien und Lernmittel beschaffen, Termine organisieren, wesentliche Voraussetzungen des Lernfeldes gestalten und sich in ähnlichen Funktionen an der Lern-Organisation beteiligen. Dies schließt aber auch eine wachsame Aufmerksamkeit im Unterrichtsgeschehen selbst mit ein, um aktuell entstehende organisatorische Bedarfe sensibel zu erkennen und damit dem Aufkommen von Störungen, etwa durch Stockungen oder Leerläufe, vorzubeugen (vgl. auch 5.7.3).
- *Pädagogischer Partner als Erzieher*: Erziehung als Kernaufgabe einer Pädagogik bei Verhaltensstörungen prägt die Rolle pädagogischer Partner. Wenn sie hier zugleich auch als Begleiter beschrieben werden, haben sie die Aufgabe, im Sinne Benners (vgl. 1991; siehe Kap. 3.6.1) „zur Selbsttätigkeit aufzufordern" und in eine stetige erzieherische Auseinandersetzung mit ihren Schülern einzutreten. Sie haben dabei eine Vorbildfunktion im Hinblick auf Sozialverhalten, Selbstsorge, die Sorge für den Anderen sowie moralisch reflektiertes Urteilen und Handeln.

Dabei kommt im Übrigen auch der gesamten Lerngruppe und ihren Mitgliedern eine erzieherische Funktion zu, womit nichts darüber gesagt wird, in welcher Form erzieherische Intentionen und so gemeinte Handlungen in die Konstruktionen der Betroffenen einfließen und wirken.

Im Hinblick auf Begleitung, Beratung und Erziehung stellen auch Konsequenz und Beispielgebung wichtige Attribute für Pädagogische Partner dar. Hiermit ist, anknüpfend an die erwähnte Vorbildfunktion, die besondere Bedeutung eines im Rahmen des vertretenen Unterrichtsmodells konsequenten eigenen Verhaltens gemeint. Durch eine so verstandene Konsequenz wird den Lernenden ein Beispiel für ihre eigenen Konstruktionen reflektierten Handelns angeboten. Konsequenz und Beispielhaftigkeit im Rahmen des hier skizzierten Modells ist insbesondere im Hinblick auf die Umsetzung des Modells als solchem bedeutsam, jedoch auch im Hinblick auf dessen Eckpfeiler wie demokratisches Handeln, prosoziales Verhalten, Verantwortungsübernahme oder Engagement für Aufgaben. Im Rahmen konsequenter Umsetzung des Modells als solchem werden Pädagogische Partner Handlungen reflektieren – im positiven Falle ein mögliches Beispiel für gelingende Selbst- und Handlungskontrolle (vgl. 2.3.3).

In verschiedene der angesprochenen Funktionen fließen Aspekte des Verständnisses eines „Facilitators" ein, wie es Rogers beschreibt (vgl. 5.2). Damit sind Pädagogen allerdings nicht als bloße Moderatoren zu verstehen – sie befinden sich aktiv handelnd in zirkulären Beziehungssystemen der kontinuierlichen Verständigung mit Lernenden, anderen Pädagogischen Partnern, anderen Professionellen sowie Eltern und müssen sich auch als aktiv und wirksam verstehen sowie erfahren (vgl. etwa Reich 1996, 80).

Insofern sind hier lediglich zentrale Rollen beschrieben, zu denen peripher andere kommen können – auch solche, die traditionell stärker im Mittelpunkt standen. Meyer (1997b, 42) nennt insbesondere auch die Aufgaben des Unterrichtens und des Beurteilens. So kann aus der Lerngruppe heraus der Wunsch an den Pädagogen gerichtet werden, einen Lehrgang durchzuführen und in diesem Rahmen die Lernenden zu unterrichten (vgl. dazu auch das Vorgehen im schülerzentrierten Unterricht, Kapitel 5.2). Beurteilungen erfolgen im Rahmen des hier verfolgten Didaktikverständnisses, ebenso wie Erziehung, in der gesamten Lerngruppe. Dabei ist allerdings die besondere, in unserem Lernsystem mit ganz spezifischer Macht ausgestattete Rolle des Pädagogen nicht zu leugnen, die auch eine besondere Beurteilungs-Macht mit sich bringt. Wie Pädagogen damit umgehen könnten, versucht Kapitel 6.3.1 aufzuzeigen.

Für Pädagogische Partner gelten im Sinne der Erfüllung ihrer professionellen Aufgabe vier zentrale Voraussetzungen:

Prinzip des Wohlfühlens:

Die grundsätzliche Zufriedenheit von Pädagogen in ihren beruflichen Handlungsfeldern ist ein zentraler Parameter des Gelingens von Lernprozessen und steht daher hier im Mittelpunkt. Umso wichtiger ist sie für schwierige pädagogische Felder wie die Arbeit mit Kindern und Jugendlichen mit Verhaltensauffälligkeiten. Ohne ein Sich-Wohlfühlen des Pädagogischen Partners wird ein Sich-Wohlfühlen der Lernenden kaum erreichbar sein (vgl. etwa Langos-Luca 1994).

Zum Wohlgefühl zählt auch ein bestimmtes Verständnis eigener didaktisch-unterrichtlicher Ansprüche: Sie sollten nicht erdrückend sein, sondern als Anreiz wirken. Nur in letzterem Falle werden sie hilfreich sein. Diesbezüglich ist also eine kritische Selbstreflexion wichtig: Erzeugen Ansprüche an das eigene pädagogische Handeln, wie sie etwa auch über das hier entwickelte Modell hervorgerufen werden können, Druck und Unzufriedenheit – oder dienen sie als Anregung und Ideal?

In diesem Sinne ist also auch die Wahrnehmung momentaner Unzufriedenheit von großer Bedeutung. Auch solche Gefühle müssen akzeptiert werden, um ihnen dann kritisch nachzugehen – denn sie enthalten wichtige Informationen zur Situation. Gerade diese bewusste Wahrnehmung und Akzeptanz von Gefühlen, auch negativen Gefühlen des Unwohlseins bis hin zu Erlebnissen des erzieherischen Scheiterns, stellt einen wichtigen Aspekt des hier erörterten Prinzips dar – indem dadurch Handlungsmöglichkeiten eröffnet werden. Dazu gehören auch gute Unterstützungs- und Auffangstrukturen innerhalb eines Teams.

Prinzip der Selbstreflexion:

Pädagogen sollten in einem stetigen Prozess selbst sowie im Rahmen von Supervision ihre Person und ihre Beziehungen zu Lerngruppe, Kollegen, anderen Professionellen, Eltern, Lerninhalten und pädagogischem Umfeld reflektieren. Dies dient der Klärung subjektiver Werte, Ziele und Motive, der Bewusstmachung von Erwartungen an sich selbst und an andere; es dient auch der Gewinnung von Klarheit hinsichtlich impliziter (pädagogischer und psychologischer) Theorien über die Welt, über Lernen und anderes, wie es Kösel beschreibt (vgl. 4.7); es dient der Wahrung von Authentizität gegenüber sich selbst und anderen – und es dient schließlich der Bestimmung subjektiver Nähe oder Distanz zu Themen, Lernenden, anderen Personen usw. Diese Selbstreflexion ist auch wichtig im Hinblick auf die Frage, ob und inwiefern ein ausreichendes Wohlgefühl in Lernsituationen vorliegt, welche Faktoren beeinträchtigend auf dieses Wohlbefinden wirken und wie das Wohlbefinden verbessert oder wiederhergestellt werden kann. Für den Kontext Verhaltensstörungen ist dabei auch die reflexive Arbeit an teilweise zunächst unbewussten, verborgenen oder teil-bewussten

Erlebnissen, wie sie im Rahmen von Übertragungs- und Gegenübertragungsprozessen entstehen, wichtig (vgl. etwa Myschker & Stein 2014, 217ff.).

Prinzip der Kooperation:
Die beiden erörterten Prinzipien des Wohlfühlens und der Selbstreflexion stehen in enger Anbindung an eine gelingende Zusammenarbeit mit verschiedenen Professionen und Personengruppen. So wurde im Kontext des Prinzips der Selbstreflexion von Pädagogen zur Unterstützung dieses Prozesses die Möglichkeit der Supervision angesprochen. Bei Supervision handelt es sich um einen wichtigen Aspekt der Kooperation mit Kollegen. Die Qualität dieser Zusammenarbeit wie auch der Arbeit mit Lernenden stellt auch einen entscheidenden Faktor im Hinblick auf das Sich-Wohlfühlen von Pädagogen dar.

Bereits mehrfach wurde die Bedeutung von Kooperation angesprochen (vgl. Kapitel 3.2; 3.3; 3.4; 3.6.3), wobei hauptsächlich Kollegen, Vertreter anderer Berufsgruppen und Eltern als Personengruppen und somit immer wieder Kooperation im außerschulischen Bereich im Vordergrund standen. Aber auch im Unterrichtsgeschehen selbst kommt dem Prinzip der Kooperation große Bedeutung zu: insbesondere im inklusiven Unterricht zwischen allgemeinen Lehrern und Sonderpädagogen. Kooperation meint aber auch diejenige zwischen Pädagogen und Lernenden – sowie auch die Kooperation der Lernenden untereinander: So besteht eine wichtige Aufgabe für Pädagogische Partner darin, Lernende im Prozess der gemeinsamen Planung, Durchführung und Auswertung von Unterricht – eben als Partner – ernst zu nehmen und eine echte Kooperation anzustreben. Des Weiteren sollten sie immer wieder – etwa über das Angebot adäquater Lernformen und eine wenig konkurrenzorientierte Form der Leistungsbewertung – Anregungen zur Kooperation der Lernenden miteinander im Unterricht geben.

Im Zusammenhang mit dem Prinzip der Kooperation ist die Verwirklichung demokratischer Umgangsformen im Unterricht von besonderer Bedeutung, aber grundsätzlicher auch die gemeinsame Auseinandersetzung mit Regeln und moralischen Maximen des Handelns.

Prinzip der Verantwortlichkeit:
Verantwortung und Verantwortlichkeit sind tragende Aspekte in verschiedenen der hier zugrunde gelegten Konzeptionen: Menschen tragen die Verantwortung, Entscheidungen zu fällen und Verantwortung für diese sowie für ihr Leben zu übernehmen, wie dies etwa im Postulat des „Chairmans" der TZI (vgl. 4.1) oder im „Prinzip der Verantwortlichkeit Lehrender und Lernender gegenüber sich selbst" aus der Gestaltpädagogik (vgl. 4.6) Ausdruck findet, aber auch im Autonomiepostulat im Rahmen der Diskussion um Erziehung (vgl. 3.6.1). Dabei ist stets eine Verantwortlichkeit gemeint in dem Sinne, eigene Haltungen zu vertreten – auch im Bewusstsein hinsichtlich möglicher (absehbarer wie nicht absehbarer) Konsequenzen.

Darüber hinaus kommt Pädagogen im Rahmen ihrer Rolle eine besondere Verantwortlichkeit zu: die Verantwortlichkeit, einen bestimmten, von Seiten der Gesellschaft an sie gestellten und über die Rolle freiwillig übernommenen Kanon von Aufgaben und Erwartungen zu erfüllen, diese jedoch ebenso immer wieder kritisch zu hinterfragen. Verantwortlichkeit des Pädagogen meint also eine verantwortliche Prüfung der gesellschaftlichen Anforderungen vor Überführung dieser Anforderungen in den pädagogischen Rahmen (vgl. 3.6.1; Benner 1991), eine Verantwortlichkeit für das eigene Handeln als Mensch und als Rollenträger.

Da keine direkte, sozusagen stellvertretende Verantwortlichkeit für andere Menschen übernommen werden kann, ist hier nicht die Verantwortlichkeit *für* andere gemeint, aber eine Verantwortlichkeit des eigenen Handelns *gegenüber* anderen Menschen, und zwar im Hinblick auf gesellschaftliche wie persönliche Normen und Werte.

Im Sinne des gesellschaftspolitischen Didaktikaspektes der Gestaltpädagogik und des *Globe* der TZI ist hier allerdings zugleich eine Verantwortlichkeit im Hinblick auf die Umwelt – oder treffender: Mitwelt – des Pädagogen und der Lerngruppe zu bedenken (vgl. Kleber & Stein 2001). Das erfordert eine bewusste Kenntnisnahme dieser Mitwelt und – im Rahmen der eigenen Möglichkeiten – die aktive Teilnahme am sozialen und politischen Geschehen. Ein Pädagoge hat in solchem Sinne, angesichts der Rückwirkung seiner pädagogischen Arbeit in die Mitwelt hinein, eine Verantwortlichkeit gegenüber den gesellschaftspolitischen und ökonomischen Bedingungen, unter denen er seine Arbeit erfüllt.

Diese Voraussetzungen, hier im Rahmen der Rollenskizze Pädagogischer Partner erörtert, gelten ebenso für die Lernenden und andere am Unterrichtsgeschehen Beteiligte, was verschiedentlich bereits anklang: Auch deren Sich-Wohlfühlen ist eine Grundbedingung für gelingende Unterrichtsprozesse; über Prozesse gemeinsamer Planung sollen die Lernenden zur Selbst- und Handlungsreflexion, auch zu moralischer Reflexion hingeführt werden; Kooperation der Lernenden untereinander und Kooperation mit den Lehrenden ist eine wichtige Voraussetzung für den Unterricht und wird zugleich durch diesen gefördert. Verantwortlichkeit für das eigene Handeln gilt ebenso wie für Pädagogische Partner auch für die Lernenden. Aus einer erlebten Selbst-Verantwortung heraus kann diese bewusst übernommen werden – für das eigene Handeln sowie gegenüber anderem Leben und der Mitwelt.

All diese Voraussetzungen sollen durch das im Folgenden skizzierte Modell nicht verletzt werden. Vielmehr ist es wichtig, im Rahmen pädagogischer Praxis ihre Aufrechterhaltung immer wieder zu überprüfen. Es soll keinesfalls als Überforderung für Pädagogen in der Praxis wirken (wobei dies angesichts des modellhaften Idealcharakters auch nicht ausgeschlossen werden und ein solches Erleben nachvollziehbar sein kann).

6.2 Grundstrukturen des didaktischen Modells

Lernprozesse, wie sie hier betrachtet werden, vollziehen sich im Rahmen von Unterricht. Dieser kann, in Übereinstimmung mit den in Kapitel 1 dargelegten Grundannahmen, wie folgt bestimmt werden:

Unterricht bezeichnet immer spezifische soziale Situationen, welche in verschiedenen Handlungsfeldern institutionalisiert sind, wobei hier insbesondere das Handlungsfeld Schule betrachtet wird. Dabei ist Unterricht an diese spezifischen Handlungsfelder gebunden, jedoch nicht darauf beschränkt. Unterricht als soziale Situation findet in einem vorgegebenen Rahmen statt, der neben dem Handlungsfeld insbesondere durch definierte soziale Rollen, übergreifende gesellschaftliche Ziele und diese vermittelnde Lehrpläne sowie geltende Normen und Regularien gebildet wird. Innerhalb dieses Rahmens bestehen jedoch weit reichende Gestaltungsmöglichkeiten. Die dort stattfindenden Prozesse sind grundsätzlich längerfristig angelegt; Lernen ist als ausdrückliches Ziel ausgewiesen. Erziehung ist eine besondere, zentrale Aufgabe im Hinblick auf Verhaltensstörungen.

Ein weiteres allgemeines Bestimmungsstück von Unterricht findet sich in dessen Gebundenheit an Gegenstände, an Inhalte. Über das gemeinsame Erarbeiten von Inhalten sollen umfassende Bildungsprozesse ermöglicht werden:

- im Sinne des Erwerbs von Wissen sowie von Lern-, Sozial- und Handlungskompetenzen,
- im Sinne der Persönlichkeitsentwicklung,
- im Sinne der Herausbildung von Mündigkeit, Kritikfähigkeit und Demokratiebewusstsein sowie von Verantwortlichkeit für das eigene Handeln.

Damit wohnen dem Unterrichten auch grundsätzlich zentrale Erziehungsfunktionen inne. Das gemeinsame Erarbeiten von Inhalten erfolgt als Zusammenspiel von Lehren und Lernen. Diese Tätigkeiten sind dabei durchaus, aber auch nicht ausschließlich an bestimmte Rollen gebunden: Grundsätzlich werden alle am Unterricht Beteiligten lernend und zeitweise – in unterschiedlichem Maße – auch lehrend tätig sein.

Unterricht findet infolge seiner Institutionalisierung in künstlichen Räumen statt; gerade deshalb sollte die so geschaffene Distanz durch möglichst viele Verbindungen mit der Lebenswirklichkeit außerhalb des Unterrichts verringert werden.

Ein zentrales Moment der Bestimmung von Unterricht ist im didaktischen Anspruch zu sehen. Unterricht als planvolle Interaktion bezieht didaktische Prozesse mit ein. Insofern umfasst Unterricht die Planung, Organisation, Gestaltung, Durchführung und Analyse des gemeinsamen Lernens (zur Bestimmung von Unterricht vgl. auch Helsper & Keuffer 1995; Schulz 1995b, 49ff.).

So verstanden bilden didaktische Prozesse einen wichtigen Teil des Unterrichts. Im Gesamtblick der bis hierher kritisch zusammengetragenen Aspekte und Momente ergibt sich, in Verbindung mit didaktischen Gedanken, ein spezifisches Bild der Planung und Gestaltung von Unterricht:

Didaktik, auch Didaktik für die Pädagogik bei Verhaltensstörungen, bezeichnet das Modell und die Praxis der gemeinsamen, demokratischen, begründeten, kontinuierlich-prozesshaft erfolgenden Analyse von Lernen und Unterricht sowie Unterrichts-Planung einer Gruppe aus Lernenden und professionellen Pädagogen in einem systemischen Handlungsfeld in Hinsicht auf

- *die (je subjektiven) Voraussetzungen, Bedingungen, Gegebenheiten,*
- *die gewählten Entscheidungen (bezüglich Zielen, Inhalten, Organisation, Lernformen und Medien) sowie*
- *die weiterführenden Entwicklungen und Prozesse, darunter auch Auswertungsphasen sowie die Evaluation vollzogener Lernprozesse.*

Abbildung 14 illustriert das Gesamtmodell des bis hierher entwickelten Didaktik-Verständnisses:

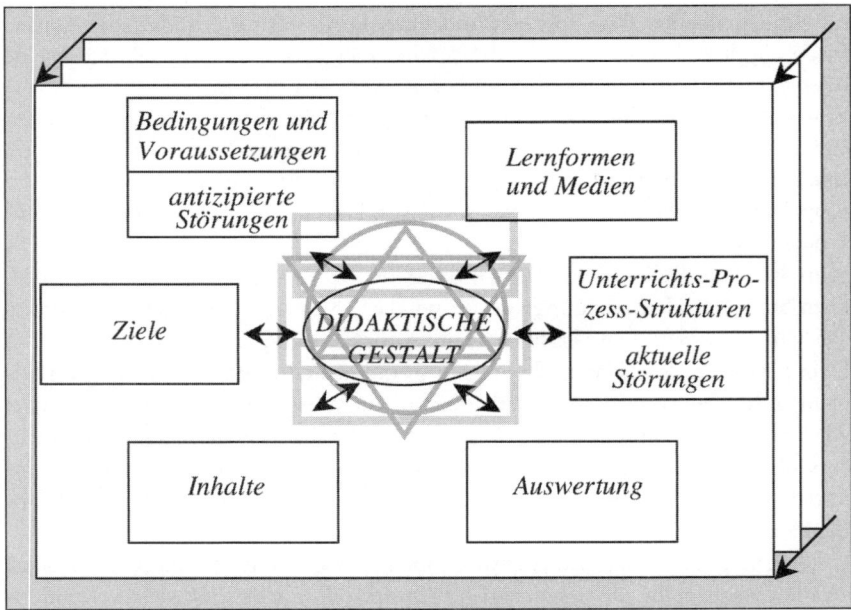

Abb. 14: Modell einer integrativen Didaktik für die Pädagogik bei Verhaltensstörungen (vgl. auch Stein 1997a, 67; Stein & Faas 1998, 250)

Das gesamte Modell ist prozessbezogen zu verstehen, was die übereinander liegenden Ebenen verdeutlichen sollen: Lernsituationen fließen ineinander, und die Aufgaben der Pädagogen als didaktischer Gestalter bestehen in der kritischen Beobachtung, Reflexion und Prozessgestaltung des Geschehens im Sinne einer rollenden Planung: So können sie etwa gemeinsam mit der Lerngruppe an einem bestimmten Punkt entscheiden, die Lernform zu wechseln (etwa vom selbstgesteuerten Projektlernen zum Frontalunterricht), neue Ziele anzuvisieren, auftretende Störungen zu thematisieren oder neue Inhalte in den Unterricht einzubringen.

Im Rahmen der prozessbezogenen didaktischen Arbeit sind zwei Bereiche der Didaktischen Gestalt zu berücksichtigen:
- ein innerer Bereich der Balance-Facetten sowie
- ein äußerer Bereich der Unterrichts-Facetten.

6.2.1 Der innere Bereich: die Balance-Facetten

Im Zentrum einer kontinuierlich-prozesshaft erfolgenden Planung, Begleitung und Auswertung von Lernprozessen steht die Fähigkeit des Pädagogen, sensibel Prozesse in der Gruppe, bei einzelnen Lernenden und bei sich selbst wahrzunehmen und darauf zu reagieren. Dieses Moment lässt sich (die zentralen Gedanken gestaltpädagogischer Arbeit herausarbeitend) in Form von drei bereits unter 6.1.1 skizzierten, miteinander verwobenen Facettengruppen beschrieben. Sie werden durch das graphische Symbol im Mittelpunkt der Abbildung 14 repräsentiert und über die folgende Abbildung 15 differenziert beschrieben:

Dreiecke:	das TZI-Modell
	das integrative Persönlichkeitsmodell der Gestaltpädagogik und -therapie
Vierecke:	das gestaltpädagogische Didaktik-Modell
Prinzipien:	Hier-und-Jetzt / Integrative Arbeit

Abb. 15: Der innere didaktische Bereich

Im inneren Bereich sind drei Facettengruppen integriert: die vier Faktoren des TZI-Kugeldreiecks, die drei Aspekte gestaltpädagogischer Didaktik sowie die drei Erfahrungsebenen der Person. Diese Facettengruppen werden im Folgenden erläutert.

Die vier Faktoren des TZI-Kugeldreiecks:

*   *Ich*: Bei der Entwicklung von Didaktischen Gestalten ist der Bezug zur eigenen Person mit zu bedenken, wobei hier sowohl Lernende als auch Pädagogische Partner gemeint sind: Wie geht es einzelnen Gruppenmitgliedern derzeit, was möchten sie (wirklich)? Um dies zu ermitteln, bedarf es sensibler Wahrnehmung nach außen (als Wahrnehmung anderer) und nach innen (als Selbstwahrnehmung). Zum Verständnis dieses gegenwärtigen Erlebens und Wollens ist die Berücksichtigung biographischer Hintergründe und individueller Zielvorstellungen (Motive, Strebungen) unverzichtbar (vgl. Reiser 1995). Damit wird auch eine weitgehende Individualisierung ermöglicht, die für die Pädagogik bei Verhaltensstörungen besondere Bedeutung gewinnt (vgl. Kapitel 3.6.8).
*   *Wir*: Des Weiteren sind auch Prozesse der Lerngruppe bedeutsam: Welche sozialen Vorgänge spielen sich hier ab, wohin strebt die Gruppe in ihrer Dynamik, wo zeigen sich Konflikte, wo Kooperation oder Vertrauen, welche gruppenbezogenen Lernmöglichkeiten eröffnen sich (vgl. Reiser 1995)? Damit wird die Gruppe auch explizit als ein soziales Lernfeld ins Bewusstsein gerückt (vgl. Husslein 1993, 488).
*   *Es*: Dies beschreibt Cohn (vgl. 1975, 113f.) als „Thema", Reiser (vgl. 1995, 128) als „Stoff", der erst durch Bezüge zu den anderen Faktoren des Kugel-Dreiecks zum „Thema" wird (vgl. ebd., 130). Gerade dieser Faktor ist jedoch am wenigsten isoliert von den übrigen denkbar, da er immer mit Personen in Verbindung gebracht werden muss – denn in dem Moment, in dem man ihn betrachtet, wird er quasi zum „Thema". Damit sind die nun folgenden Gedanken zwar bedeutsam, beschreiben jedoch nicht mehr den „Stoff" als solchen:
    Bezüge der am Lerngeschehen Beteiligten zum Stoff sind einerseits wichtig, andererseits abzuklären: Was interessiert den Einzelnen / die Gruppe daran, was nicht; was kennen die Lernenden bereits; welche Vorerfahrungen mit dem Stoff bringen sie mit und welche Gefühle verbinden sie mit diesem potentiellen Thema? Dies spielt nicht nur in Hinsicht auf die Lernenden eine Rolle: Lehnt ein Pädagoge insgeheim einen Stoff ab, so wird es auch Auswirkungen auf den Zugang der Lernenden zu diesem haben.
*   *Globe*: Cohn (vgl. 1975, 113f.) folgend bezeichnet die Kugel, in welche das TZI-Dreieck eingebettet ist, die „Umgebung" der lernenden Gruppe: „Diese Umgebung besteht aus Zeit, Ort und deren historischen, sozialen und teleologischen Gegebenheiten" (ebd., 114). Umgebungsbedingungen beeinflussen die Lern- und Entwicklungsprozesse der Gruppe. Daher sind sie stets bewusst zu machen und mit zu reflektieren, um ein erweitertes Verständnis der Prozesse im *Ich*- und

Wir-Bereich zu gewinnen. Reflexionsprozesse dieser Art schaffen eine Einbettung der Thematik in soziale Hintergründe, führen ihre erweiterten Bedeutungsmomente vor Augen und tragen zu elementaren Bildungsprozessen im Sinne eines Verständnisses der Mit-Welt, in der die Gruppe lebt, bei. Sielert (1995, 254) berücksichtigt auch eine Rückwirkung der Gruppe in den *Globe* hinein, indem sie „Verantwortung für notwendige Veränderungen übernimmt".

Bei Berücksichtigung des *Globe* ist eine stetige und stetig neu zu findende Balance der Facetten *Es*, *Ich* und *Wir* Aufgabe und Ziel der didaktischen Arbeit.

Die drei Aspekte gestaltpädagogischer Didaktik:

* *Psychologischer Aspekt*: Im Zentrum dieser Sicht von Didaktik stehen psychologische Momente, bezogen auf einzelne Lernende, auf die Pädagogischen Partner sowie dynamische Prozesse in der Gruppe. Entscheidend ist das grundlegende persönliche Interesse, das persönliche Involviertsein, denn nur diese machen Lernprozesse überhaupt möglich. Wie im gestaltpädagogischen Konzept des „persönlich bedeutsamen Lernens" beschrieben, wird Lernfähigkeit erst durch einen individuellen Bezug zum jeweiligen Lerninhalt erreicht.

* *Fachlicher Aspekt*: In das persönliche Interesse sind inhaltliche Aspekte integriert, denn im Unterricht stehen nicht durchweg Beziehungsklärungen und andere psychologische Momente im Vordergrund. Es werden persönlich bedeutsame Bezüge zu fachlichen Inhalten hergestellt.

* *Gesellschaftspolitischer Aspekt*: Welche sozialen, politischen und ökologischen Implikationen enthält das gewählte Thema, welche spiegeln sich in den stattfindenden Prozessen der lernenden Gruppe wider? Im Rahmen menschlicher Lern- und Entwicklungsprozesse sind Verantwortungsübernahme und die Fähigkeit zu kritischen Diskursen von großer Bedeutung. Zum persönlich bedeutsamen Lernen gehört daher auch die Berücksichtigung von Bezügen zwischen Lerngruppe, Lerninhalten sowie der Gesellschaft und Welt „*hinter*" einer Gruppe, welche diese und in ihr stattfindende Prozesse prägen. Es besteht ein gewisser Bezug zum *Globe* der TZI, welcher jedoch auch, neben der allgemeinen Umwelt und Welt, die ganz konkrete, unmittelbare Umwelt der lernenden Gruppe meint.

Neben einer Reflexions- und Verständnis-Ebene des gesellschaftspolitischen Aspekts ist auch eine Handlungsebene zu bedenken. Burow (vgl. 1988, 230ff.) sieht hier, aus der Auseinandersetzung mit Freire (vgl. 1973) heraus, einen Entwicklungsbedarf der Gestaltpädagogik. Angesichts der Berücksichtigung gesellschaftspolitischer Aspekte im Hinblick auf Gruppe und Lernthemen stellt sich, konsequent weitergedacht, in der Tat auch die Frage der gesellschaftlichen, sozialen und politischen Wirkung und Handlung von Klassen und Schulen nach außen hin, wie ähnlich für den *Globe* oben in einem Gedanken von Sielert beschrieben: Zum einen ist grundsätzlich zu bedenken, dass Lernende und auch Pädagogen aus dem unterrichtlichen Geschehen, in dem sie Lern- und Entwicklungsprozesse erfahren haben, nach außen gehen und dort als solche Wirkungen hervorrufen. Des Weiteren sind hier auch Aktivitäten aus dem schulischen System in seine Umgebung hinein zu berücksichtigen, hinter denen das Ziel der reflektierenden Kontaktnahme mit dieser Umgebung, unter Umständen auch ihre Veränderung, steht – etwa in Form von Treffen, öffentlichen Veranstaltungen oder Infoständen auf Märkten zu bestimmten in der Schule bearbeiteten Themen. Dieser Aspekt gewinnt besondere Bedeutung im Sinne der integrativen Vernetzung einer Schule mit ihrem ökologischen Umfeld (vgl. auch das Prinzip der Verantwortlichkeit unter 6.1.2).

Die drei Erfahrungsebenen der Person:
- *Emotion*: Die angemessene Berücksichtigung von Gefühlen und affektiven Bezügen zu Lerninhalten, zur Lerngruppe und zu den Pädagogen ist von entscheidender Bedeutung für Lern-Entwicklungs-Fortschritte. Persönlich bedeutsames Lernen ist immer mit Gefühlen verbunden; Lerninhalte sind affektiv aufgeladen, wenn ein persönlicher Bezug vorhanden ist. Damit besteht für alle relevanten Lerninhalte eine Verbindung von Kognitionen und Affekten. Gerade bei Kindern sind alle Erlebnisse und Erinnerungen mit Objekten und Personen emotional besetzt. Insbesondere in der Arbeit mit Kindern und Jugendlichen mit Verhaltensauffälligkeiten kommt es im erzieherischen Diskurs auf beiden Seiten immer wieder zu intensiven, nicht vollständig und durchgängig bewussten gefühlshaften Reaktionen, deren Bewusstheit für den weiteren Prozess von großer Bedeutung sein kann.
- *Kognition*: Prozesse des Denkens, der Informationsverarbeitung, der Einordnung und Kategorisierung, der Analyse, der Planung usw. dienen dem integrativen Lernen und der Entwicklung. Eine gezielte, systematische Aufnahme von Lerninhalten fördert deren Verankerung und Wieder-Abrufbarkeit. Kognitionen dienen jedoch auch der Planung, Steuerung und Analyse von Handlungen und sind insofern im Sinne gelingender Selbst- und Handlungskontrolle von besonderer Bedeutung – bezogen auf Lernhandlungen, aber ebenso auch soziales Handeln.
- *Körper*: Neben Gefühlen und kognitiven Prozessen eröffnet sich ein breites Spektrum von Körperausdruck (Motorik) und Körperempfindungen (Sensorik), von Bewegungen und Körpererfahrungen im Rahmen eines integrativen Lernens. Dazu zählen auch enaktive Lernprozesse der unbewussten Speicherung von Handlungsfolgen ebenso wie grundsätzliches physisches Wohlbefinden, Ausgeglichenheit und Entspanntsein, sensorische Lernmomente und körperliche Personbezüge zu bestimmten Thematiken im Unterricht. Mit dem körperlichen Erleben sind wiederum Emotionen eng verwoben; Körperausdruck kommt in der Regel kaum ohne vermittelnde kognitive Prozesse aus.

Die hier vollzogene Ausdifferenzierung in drei Erfahrungsebenen dient der Unterstützung der didaktischen Analyse; letztlich sind diese Ebenen kaum zu trennen.

Auch in diesem Zusammenhang ist wiederum die immer neue Herstellung einer Balance aller drei Facetten zu bedenken.

Bei didaktischer Planung, Durchführung, Begleitung und Auswertung ist eine Balancierung beider Dreiecke notwendig, des Weiteren eine Berücksichtigung des zentralen Stellenwertes des psychologischen Aspektes bei Integration der Aspekte des Fachlichen und des Gesellschaftspolitischen. In diesem Sinne dienen die Bewusstheit und Reflexion aller drei Balance-Facetten der didaktischen Arbeit.
Eine gelingende Balance dieses inneren Bereiches unterstützt auch eine besondere Berücksichtigung von Erziehung (vgl. auch Husslein 1993, 475f.; auch 3.6.1) – und zwar in dem Sinne, dass es ein Pädagoge schafft, personale Aspekte in den Vordergrund zu stellen, die Faktoren des *Ich* und des *Wir* sowie auch Störungen angemessen und sensibel zu beachten sowie einer Balance von emotionalen, kognitiven und körperlichen Momenten Raum zu geben. Die Miteinbeziehung der *Ich*- und *Wir*-Bedürfnisse und -Prozesse und allgemein psychologischer, insbesondere affektiver Momente hilft dabei, ein „therapeutisches Milieu" zu realisieren, soweit dies im jeweiligen pädagogischen Setting machbar und sinnvoll ist. Dabei können Pädagogen die Facetten des inneren Bereiches zweifach nutzbar machen: im bewussten, sensiblen Gewahrsein in aktuellen Lernsituationen – sowie vorab oder nachträglich im Sinne der Antizipation oder Reflexion von Situationen (letzteres beschreibt etwa Reiser 1995). Unter Umständen werden zur Umsetzung dieser erhöhten Ansprüche exklusive, besondere pädagogische Settings notwendig sein.

6.2.2 Der äußere Bereich: die Unterrichts-Facetten

Im äußeren Bereich (vgl. Abbildung 14) sind sechs Facetten zu finden, aus deren jeweiliger Bearbeitung und Zusammenstellung sich grundlegende Didaktische Gestalten konstituieren. Die folgenden Darstellungen bieten zunächst eine Skizze dieser Facetten in ihren jeweils wesentlichen Aspekten – alle äußeren Facetten beziehen sich auf die Facetten des inneren Bereiches, und diese Bezüge werden unter 6.3 näher konkretisiert:

Bedingungen und Voraussetzungen
Die im Rahmen der gemeinsamen Lernplanung zu berücksichtigenden Bedingungen und Voraussetzungen können vierfach gegliedert werden:
Zunächst sind Voraussetzungen auf Seiten der *Personen*, die am Unterricht beteiligt sind, zu nennen: Welche Voraussetzungen bringen die Lernenden für eine bestimmte geplante Lerneinheit mit, welche Voraussetzungen fehlen möglicherweise noch? Dabei sind auch die Lebensumstände der Lernenden zu berücksichtigen, welche gerade im Falle von überdauernden Lern- und Verhaltensstörungen ein maßgebliches Voraussetzungsfeld darstellen. Auch zu bedenken ist, welche besonderen Störungen bei einzelnen Lernenden oder im Lernsystem der Gruppe voraus-

zusehen, zu erwarten sind – und wie diese von vornherein im Rahmen der Lernplanung Berücksichtigung finden können. Das ist gerade im Hinblick auf massivere personale Problematiken wie etwa Depressivität, Autismus-Spektrum-Störungen oder Schulabsentismus wichtig. Des Weiteren sind Voraussetzungen der Pädagogen zu beachten: Welche Beziehung haben sie etwa zum Thema? Welche besonderen didaktischen Kompetenzen können sie einbringen? Welche Akzeptanz bringen sie den Lernenden oder auch pädagogischen Kollegen gegenüber mit?

Neben den einzelnen Personen muss auch die *Lerngruppe* als Ganzes in ihrer Situation und Dynamik hinsichtlich der Bedingungen und Voraussetzungen reflexive Beachtung finden: Lässt die Gruppenatmosphäre bestimmte Lernformen oder auch Themen zu? Welche Rollenzuweisungen bestehen in der Gruppe, welche sind für den Lernprozess zu verteilen?

Es sind, von einer anderen Seite her, die Bedingungen zu bedenken, die erfüllt sein müssen, um eine bestimmte *Lerneinheit* durchführen zu können: Erfordert diese bestimmte Orte, Zeiten, Hilfsmittel, Personen usw.?

Schließlich sind auch die Voraussetzungen relevant, die das *Umfeld* bereitstellt oder potentiell enthält: Welche Lernräume bieten sich an, welche nicht? Welche Materialausstattung kann genutzt werden? Welche Personen sind mit einzubeziehen?

Ziele

Dies betrifft zum einen sowohl eine Berücksichtigung verschiedener Differenzierungsebenen in Zusammenhang mit der jeweiligen Planung, wie sie in der lehrtheoretischen Didaktik als Perspektiv-, Umriss- und Prozessplanung beschrieben werden: von allgemeineren, längerfristigen Zielen bis zu spezifischeren, konkreten, kurzfristigen Zielen. Zum anderen sind hier auch verschiedene Funktionsebenen zu bedenken: im Sinne der Definition kognitiver, affektiver, sozial-kommunikativer oder psychomotorischer Ziele – als Berücksichtigung der in verschiedenen didaktischen Konzeptionen hervorgehobenen Integration von Handeln, Fühlen und Denken. Auch gesellschaftspolitische Ziele sind zu berücksichtigen. Damit ist hier eine möglichst differenzierte Bestimmung der gemäß Vereinbarung angestrebten Ziele gemeint.

Dem Erziehungsprimat der Pädagogik bei Verhaltensstörungen entsprechend werden oft wichtige affektive und sozial-kommunikative Ziele zu reflektieren sein, die gemeinsam oder alternierend anvisiert werden.

Inhalte

Diese sind zum einen, mehr oder weniger differenziert, durch Curricula vorgegeben und in Hinsicht auf Situation, Beteiligte und angestrebte Ziele auszuwählen. Zum anderen bestehen jedoch immer auch Freiräume zur Auswahl von Inhalten aus eigenen Bedürfnissen der Lernenden oder Lehrenden heraus sowie im Hinblick auf die zeitliche Verortung von Inhalten im Lernprozess. Die Auswahl von Inhalten schließt neben der grundsätzlichen Frage der Eignung dieser Inhalte auch eine kritische Erörterung der persönlichen und allgemeinen Relevanz ein – insbesondere im Hinblick auf solche Inhalte, die nicht von den Lernenden ausgewählt, sondern curricular definiert werden.

Lernformen und Medien
Didaktische Gestaltung beinhaltet auch die Auswahl möglicher Lernformen. Lernformen sind differenzierbar in Aktions- und Sozialformen. Wesentliche dieser Lernformen wurden im Rahmen der Betrachtung von Unterrichtskonzepten unter 5. ausführlich erörtert.
Insbesondere sind hier folgende, als Auswahl verstandene Lernformen zu nennen:
• Projektunterricht
• freie Arbeit
• Gesprächskreise
• Lernzirkel
• Vortrag
• Aspekte Kooperativer Verhaltensmodifikation
• Exkursionen
• erlebnispädagogische Aktionen
Auch Plan- oder Rollenspiele können hierzu gezählt werden, ebenso etwa Praktika. Mögliche Mischformen oder Unterformen sind nicht weiter berücksichtigt. Aktionsformen sind implizit oder werden explizit mit bestimmten Sozialformen verknüpft: Einzel-, Partner- und Gruppenarbeit sowie Frontalunterricht.
Die Auswahl von Medien setzt einen Bezug auf die vorliegenden Bedingungen und Voraussetzungen sowie die gewählten Ziele und Inhalte voraus. Auch antizipierte Störungen sind hier zu berücksichtigen. Bei der Medienwahl ist auch die wichtige Frage des Ansprechens vielfältiger Sinneskanäle (vgl. Vester 1993) und Repräsentationsebenen der kognitiv-affektiven Verarbeitung (vgl. O´Connor & Seymour 1994, 56ff.) zu bedenken: Sehen, Hören, Fühlen/Tasten, Schmecken/Riechen. Daher ist ein Einsatz verschiedener Medien oft günstig.
Die Vielfalt der medialen Möglichkeiten kann folgendermaßen strukturiert werden (vgl. auch Stein 1997b, 135f.):
• *Informationsmittel*: Damit sind alle direkten Medien gemeint, die als solche Informationen enthalten. Sie können auf zwei Achsen systematisiert werden. Zum einen sind explizite und implizite Informationsmittel zu unterscheiden: solche, die speziell zur Nutzung für Lernen und Unterricht gedacht sind (etwa Fachbücher, Übungsblätter, spezifische Seiten im Internet) sowie solche, die nicht speziell hierfür entwickelt wurden (thematisch passende Spielprogramme, Zeitschriftentexte oder die Nutzung von Informationen aus dem Internet). Zum anderen kann zwischen fachbezogen-spezifischen und allgemeinen Informationsmitteln unterschieden werden: solchen Informationsmitteln, die auf eine

fachliche Thematik zugeschnitten sind (etwa Übungsblätter zum Biologieunterricht) und solchen, die thematisch allgemeinen Charakter haben (etwa Übungsblätter zur Förderung der Problemlösefähigkeit). So ist der Einsatz fachbezogen-expliziter, fachbezogen-impliziter, allgemein-expliziter sowie allgemein-impliziter Informationsmittel möglich.

- *Hilfsmittel*: Informationsmittel bedürfen zu ihrer Nutzung oft bestimmter Hilfsmittel – etwa Papier, verschiedenste Tafelformen, Smartboards, PCs, Laptops, Tablets und Smartphones, Flip-Charts, Beamer sowie unterschiedlichste traditionelle und neuere audiovisuelle Technik und Speichermedien.
- *Gestaltungselemente*: Verschiedenste verfügbare Gestaltungselemente können dabei bewusst, flexibel und kreativ genutzt werden – so zum Beispiel die Wände, die Decke und der Boden (vgl. Kösel 1993, 317f.).

Eine ausführliche Erörterung von Medien, insbesondere im Hinblick auf Kriterien des Einsatzes, bietet etwa Glöckel (vgl. 1992, 49ff.).

Unterrichts-Prozess-Struktur

Als Unterrichts-Prozess-Struktur wird der jeweils vorläufig geplante zeitliche, strukturelle und organisatorische Ablauf der jeweiligen Didaktischen Gestalt bezeichnet – die Strukturierung des Prozesses, wie sie im Vorhinein bestimmt und gegebenenfalls aktuell verändert wird. Dies kann auch mehrere Varianten beinhalten, um flexibleres Agieren möglich zu machen. Schulz spricht in seiner lehrtheoretischen Didaktik (vgl. 4.3) diesbezüglich von „Planungsvarianten" zur Unterstützung einer Planungskorrektur. Im Sinne dieser didaktischen Konzeption ist hier zunächst die Umriss- und Prozessplanung gemeint, jedoch auch die Gestaltung der weiterreichenden Perspektivplanung, für die allerdings zunächst in aller Regel nur eine sehr grobe, allgemeine Struktur entwickelt werden kann.

Diese geplante Didaktische Gestalt wird im Rahmen der Realisierung begleitend ausgewertet und gegebenenfalls modifiziert.

Hier sind je nach Situation auch Störungen zu berücksichtigen: zum einen vorab planend (etwa, da bestimmte Störungen zu erwarten sind, wie unter 6.1.1 als antizipierte Störungen beschrieben); zum anderen über flexible Reaktionen im Rahmen des ablaufenden Lernprozesses (wenn aktuell Störungen auftreten).

In der kritisch-kommunikativen Didaktik von Winkel (vgl. 4.5) werden neben den Aspekten der Vermittlungen, der Inhalte und der Beziehungen auch Störungen, fünffach strukturiert, unterschieden und berücksichtigt. Diese bereits skizzierte Struktur kann einer Analyse aktuell auftretender Störungen dienen, an die sich dann eine entsprechende Veränderung der Didaktischen Gestalt (Lernformen, Ziele, Zwischen-Ziele, Medien usw.) anschließt. Die von Winkel genannten fünf Aspekte werden im Folgenden durch einen weiteren, handlungsbezogenen zu sechs Aspekten einer didaktischen Störungsberücksichtigung ergänzt:

- *Störungsanalyse*: Danach werden Störungen hinsichtlich fünf zentraler Merkmale betrachtet – Störungsarten, Störungsfestlegungen (Ursprünge von Störungen), Störungsrichtungen (Zielrichtung der Störung), Störungsfolgen und Störungsursachen.
- *Störungsbeantwortung*: Anhand der vollzogenen Störungsanalyse werden mögliche Reaktionen erarbeitet, welche Rücksicht auf die Störung nehmen. Dies kann meinen, etwa die Störung anzusprechen und gemeinsam zu erörtern, es könnte ein Verweis auf vereinbarte Regeln erfolgen, ein kooperatives Aus-dem-Feld-Nehmen eines Schülers, das Ignorieren der Störung oder anderes.

Eine Beantwortung von Störungen in dieser Differenziertheit setzt wiederum die Selektion wesentlicher Störungen voraus. Solche wesentlichen Störungen, die sich im aktuellen Geschehen manifestieren, können in der Regel erst im Nachhinein differenziert analysiert und adäquat berücksichtigt werden.

Auswertung

Während und nach der Realisierung Didaktischer Gestalten können Prozesse der Auswertung stattfinden. Dabei sind vier Ebenen zu unterscheiden (differenzierter vgl. 6.3.5):

- Auswertung des Unterrichts im Hinblick auf die eingeführte Didaktische Gestalt – im Sinne einer Analyse und Bewertung der Unterrichtsplanung einschließlich des Entwurfes erforderlicher Modifikationen;
- Auswertung der Aussagen über die je individuellen Lernprozesse, über individuelle Lernfortschritte und Lernentwicklungen;
- Auswertung im Hinblick auf die Entwicklung der Gruppe;
- Auswertung im Hinblick auf die Arbeit des Pädagogen.

Damit ist Auswertung oft eher Zwischen- denn Endauswertung im Sinne des hier verfolgten Verständnisses rollender Planung. Aus der Kritik von Schulz (vgl. 4.3), dass Normorientierung den Vergleich mit anderen in den Vordergrund geraten lässt, ergibt sich eine bevorzugte Orientierung der zu wählenden Kriterien und Auswertungsverfahren für eine Lern-Entwicklungs-Analyse an den jeweils vereinbarten (auch individuellen) Zielen. Kriterien und Auswertungsverfahren können verschiedenster Art sein, je nach Zusammensetzung der Didaktischen Gestalt. Sie sollten, evtl. auch in Form von Verträgen (vgl. 5.7.2), gemeinsam vereinbart werden – gleich, ob es sich etwa um Berichte, Präsentationen, Tests, Fragebogen, Auswertungsgespräche o.a. handeln mag. Über die kooperativ in der Lerngruppe erfolgende Zwischen- und End-Auswertung von Lernphasen ergeben sich auch automatisch Meta-Unterricht und Meta-Kommunikation, ein „Unterricht über Unterricht", und damit einerseits Unterrichtskritik, andererseits auch die Möglichkeit einer Steigerung der Kompetenz zur Gesprächsführung, wie es Klafki (vgl. 4.1) und Winkel (vgl. 4.5) aus allgemeindidaktischer Sicht sowie Husslein (vgl. 1989, 487) für die Pädagogik bei Verhaltensstörungen fordern.

Ziel einer optimierten didaktischen Gestaltung ist eine enge Verschränkung von äußerem und innerem Bereich: Im Hinblick auf jede der Facetten des äußeren Bereiches sind jeweils *Ich-*, *Wir-*, *Es-* und *Globe*-Faktoren, sind jeweils emotionale, kognitive und Körper-Ebene und sind auch jeweils psychologischer, fachlicher und gesellschaftspolitischer Aspekt zu bedenken und zu reflektieren. Beide Bereiche, äußerer und innerer, sind aufeinander bezogen und aufeinander zu beziehen.

Dieses Ziel ist allerdings unbedingt als *Ideal* im Sinne einer Annäherung an didaktische Optimierung zu verstehen, denn es impliziert ein hohes Maß der Reflexion verschiedenster Aspekte in einem komplexen Feld.

6.3 Prozess der didaktischen Gestaltung

Die folgenden Gedanken knüpfen an das bis hierher erarbeitete Verständnis von Unterricht an mit dem Ziel, die vorangegangenen didaktischen Überlegungen zu konkretisieren. Ausgehend von den oben dargestellten Prinzipien und dem Modell einer integrativen Didaktik sind einige Forderungen an ein Modell zur Planung, Gestaltung und Auswertung von Unterricht zu stellen:

Nach dem hier zugrundeliegenden Didaktik-Verständnis sollte Unterricht den Lernenden mit ihren bisherigen Erfahrungen und Strukturen – als Ganzheit von kognitiven, affektiven und körperlichen Facetten verstanden – Anknüpfungspunkte für ihr Lernen bieten. In engem Zusammenhang hiermit steht die Forderung, Unterrichtsplanung am Lernprozess der Einzelnen sowie der Gruppe zu orientieren. Da jedoch die Pädagogen Vorerfahrungen, Voraussetzungen und Lernwege der Lernenden kaum vollständig und präzise von außen erfassen können, erfordert eine solche Planung, dass für die Schüler Möglichkeiten vorgesehen sind, ihre individuellen Voraussetzungen, Bedürfnisse und Ziele direkt in die Planung und Gestaltung von Unterricht einzubringen – und dies während des gesamten Prozesses. Insofern ist, wie bereits dargelegt, eine gemeinsame Unterrichtsplanung und somit eine weitestgehende Beteiligung der Lernenden an Planungsprozessen notwendig. Gemeinsame Planung wird über Vereinbarungen hinsichtlich der einzelnen Unterrichts-Facetten innerhalb der Lerngruppe ermöglicht, wobei sich Lehrer und Schüler hier als weitgehend gleichberechtigte Partner verstehen sollten. Somit wird den einzelnen Beteiligten Verantwortung für den Unterricht und ihr Lernen übertragen; sie sind nicht mehr nur Adressaten und Konsumenten fertiger Lernangebote, sondern können aktiv an der Gestaltung von Unterricht partizipieren.

Darüber hinaus sind dem integrativen didaktischen Modell entsprechend bei der Planung, Durchführung sowie Auswertung von Unterricht stets die Balance-Facetten zu berücksichtigen. Auch in diesem Zusammenhang ist die Beteiligung der Schüler von Bedeutung: Indem die Einzelnen ihre Befindlichkeit, ihre Bedürfnisse und Ziele direkt in den gemeinsamen Prozess der Planung und Durchführung von Unterricht einbringen können, kommt den Faktoren *Ich* und *Wir* sowie dem psychologischen Aspekt ein größerer Stellenwert zu. Des Weiteren erfordert eine gleichgewichtige Berücksichtigung der Balance-Facetten, dass sich Pädagoge und Lernende in ihrer gemeinsamen Planung am Unterrichtsgeschehen und den jeweiligen Lernprozessen flexibel orientieren.

Das nachfolgende Modell soll der Darstellung dienen, wie eine so verstandene Planung konkret aussehen könnte. Dabei wird auf einzelne wichtige Elemente aus verschiedenen Unterrichtskonzepten zurückgegriffen, die im 5. Kapitel betrachtet wurden. Im Rahmen der dort dargestellten kritischen Auseinandersetzung fanden sich bei fast allen Ansätzen mehr oder weniger solcher Elemente.

Besondere Berücksichtigung finden jedoch der Projektunterricht und insbesondere die Projektmethode nach Frey (vgl. 5.5). Mit der Betonung von Kooperation und demokratischen Umgangsformen sowie im Hinblick auf das Ausmaß an Mitbestimmung und Verantwortungsübernahme, die diese Unterrichtsform den Schülern ermöglicht, kommt der Projektunterricht den hier zugrunde gelegten Zielsetzungen sehr nahe. Gleichzeitig liegt mit der Projektmethode Freys bereits ein Ansatz gemeinsamer Planung, Gestaltung und Auswertung von Projekten vor, der den oben genannten Forderungen an ein Modell für einen gemeinsam geplanten Unterricht weitgehend gerecht wird: Er lässt Planungskorrekturen und somit eine Orientierung am aktuellen Unterrichtsgeschehen zu, indem immer wieder Pausen zur weiteren Organisation des Vorgehens (Fixpunkte) sowie zur Reflexion des eigenen Tuns und des allgemeinen Rahmens (Metainteraktion) vorgesehen und eingeführt werden.

Es handelt sich jedoch bei der Projektmethode um eine besondere Form der Auseinandersetzung mit bestimmten Inhalten und nicht um ein Modell der Planung von Unterricht. In ihrem Ablauf bietet die Projektmethode aber eine Reihe von Anregungen für ein solches Modell: So wäre die gemeinsame Unterrichtsplanung, -durchführung und -auswertung denkbar als ein Projekt, welches Unterricht selbst zum Gegenstand hat. Damit wird der Gedanke des „Meta-Unterrichts" aufgegriffen (vgl. dazu Klafki unter 4.1, Winkel unter 4.5 sowie Husslein unter 3.6.6) – als das Bemühen, Unterricht selbst und die dort auftretenden Störungen in der Lerngruppe zu thematisieren und zu reflektieren. Husslein (1989, 487) hat insbesondere das Thematisieren und Lösen von Unterrichtsstörungen im Blick, wenn er im Zusammenhang mit methodisch-didaktischen Überlegungen fordert: „Meta-Unterricht zulassen". Neben dem Beitrag zur Bewältigung von Konflikten und Störungen ist die durch „Meta-Unterricht" – im Sinne eines gemeinsamen Planens von Unterricht im Unterricht – gebotene Möglichkeit hervorzuheben und entsprechend zu nutzen, die Bedürfnisse, Interessen und Voraussetzungen der Lernenden besser berücksichtigen zu können. Insofern wäre die Forderung Hussleins zu erweitern: „Meta-Unterricht immer wieder anregen und verwirklichen".

Danach würde sich eine Klasse zunächst über eine allgemeine Struktur für den Unterricht verständigen. Diese vereinbarte Struktur kann und sollte immer wieder verändert werden, falls es erforderlich zu sein scheint. Innerhalb eines solchen Rahmens werden dann einzelne Unterrichtseinheiten gemeinsam geplant. Während der Durchführung sind Möglichkeiten zur Reflexion des Unterrichtsgeschehens vorgesehen, um Planungskorrekturen sowie notwendige Veränderungen des Gesamtrahmens zu ermöglichen. Damit wäre der Unterricht selbst von einer kontinuierlichen Planung begleitet, die eine enge Orientierung am Lernprozess, wie sie oben gefordert wurde, erlaubt. Besondere Bedeutung auch im Hinblick auf die weitere Planung kommt der Auswertung am Ende einer Unterrichtseinheit zu: In diesem Rahmen reflektieren die Mitglieder der Lerngruppe das eigene Lernen, die Zusammenarbeit in der Gruppe und die zurückliegende Unterrichtseinheit.

Im Folgenden werden diese Überlegungen detaillierter beschrieben. Mit dem Ziel der Konkretisierung soll hierbei immer wieder Bezug auf die beiden Fundamente genommen werden, auf denen der Entwurf eines Modells zur Planung von Unterricht aufbaut: auf die unter 6.1 aufgestellten Prinzipien und das unter 6.2 grundgelegte integrative didaktische Modell. Die dort skizzierten Unterrichts-Facetten stehen in engem Zusammenhang und sind in der konkreten Planung kaum getrennt voneinander zu betrachten. Aufgrund dieser Komplexität der Zusammenhänge ist in der folgenden Darstellung einerseits eine vollständige Erfassung aller Aspekte nur schwer möglich, andererseits lassen sich Wiederholungen einzelner Gedanken kaum vermeiden.

6.3.1 Facette der Verständigung über eine allgemeine Struktur des Unterrichts

Die Notwendigkeit von klaren Strukturen wird insbesondere in Ansätzen des strukturierten Unterrichts und des Klassenmanagements betont. Strukturierung in *irgendeiner* Form findet sich jedoch implizit in fast allen der betrachteten Unterrichtskonzepte – Unterricht kommt ohne sie nicht aus: Ein möglichst reibungsloses Zusammenleben und -arbeiten im Unterricht erfordert Strukturen und Regeln, die von allen Mitgliedern der Lerngruppe akzeptiert werden. Damit steht neben dem Ziel, die Entfaltung von Individualität zu ermöglichen, vor allem auch der Schutz individueller Freiräume der einzelnen im Vordergrund – im Sinne einer Integration der Prinzipien der Strukturgebung und der Eröffnung von individuellen Freiräumen, also einer Begrenzung dort, wo sie der Gruppe oder Einzelnen schadet (vgl. 3.6.5). Damit dienen Strukturen und Regeln als Richtlinien für Individuen und Gruppe. Sie können auch Sicherheit vermitteln, insofern, als weitgehend Klarheit darüber besteht, was den Einzelnen im Unterricht erwartet und was von ihm selbst erwartet wird. Solche Regelungen bedeuten gleichzeitig jedoch immer eine – wenn auch notwendige – Einschränkung von persönlichen Freiräumen. Daher müssen sie stets begründet erfolgen, als sinnvoll erkannt und gemeinsam ausgehandelt werden.

Auf diesem Wege wird der wichtige Gedanke der Strukturierung aufgenommen, jedoch – in deutlicher Abgrenzung zu Ansätzen strukturierten Unterrichts – nicht in Form einer vom Lehrer vorgegebenen, sondern einer auf gemeinsamen Entscheidungen basierenden Struktur.

Vereinbarungen über den Gesamtrahmen des Unterrichts müssen vor allem die Klärung von Rollen, das Aushandeln von Regeln sowie die Vereinbarung von Zeiten und Orten berücksichtigen. Diese zentralen Aspekte werden im Folgenden erörtert.

Klären von Rollen

Ein Unterricht, der Lernenden einen möglichst großen Raum für eigene Entscheidungen und Verantwortungsübernahme für das eigene Lernen geben möchte, ist mit veränderten Rollen von Lehrern und Schülern verbunden. Das Lehrerverhalten in einem solchen Unterricht ist weniger direktiv. Statt dessen hat der Lehrer die Rolle eines Pädagogischen Partners, der – wie unter 6.1.2 näher beschrieben wurde – gemeinsam mit der Lerngruppe als didaktischer Gestalter fungiert, die Lernprozesse der Schüler begleitet, als Berater zur Verfügung steht, als Organisator die Schüler unterstützt und als Erzieher im Geschehen präsent ist. Mit einer Zurücknahme der Steuerung durch den Lehrer ändert sich auch die Rolle der Schüler: Sie erhalten die nötigen Freiräume, um ihr Lernen selbst zu gestalten, und haben die Möglichkeit, sich aktiv in Planung und Gestaltung von Unterricht einzubringen. Im Idealfall wären Lehrer und Schüler im Unterricht gleichberechtigte Partner, das Lehrer-Schüler-Verhältnis ein symmetrisches. Wie Bastian (vgl. 1994) in Bezug auf den Projektunterricht feststellt, gilt allgemein, dass sich eine symmetrische Beziehung im Unterricht, also Gleichheit in der Beziehung zwischen Lehrer und Schüler, nicht vollständig erreichen lässt: Sie bleibt aufgrund der institutionellen Rollenstruktur und des Wissens- sowie persönlichen Entwicklungsvorsprungs des Lehrers komplementär. Aus diesen Gründen bedarf es einer kritischen Klärung der Rollen des Pädagogen einerseits und der Lernenden andererseits, wobei auch bestehende Machtverhältnisse realitätsorientiert transparent und ehrlich thematisiert werden sollten. Wichtig wäre dann das gemeinsame Herausarbeiten neuer Rollen unter Berücksichtigung der bisherigen Erfahrungen und Erwartungen aller am Unterricht Beteiligten. So sollten zunächst die Rollenerwartungen, welche die Einzelnen mitbringen, offengelegt werden. Dies kann in Form eines Gesprächs geschehen, aber auch mit Hilfe von Bildern, Rollenspielen usw. Im Zusammenhang mit der Rollenfindung können auch verschiedene gestaltpädagogische Methoden hilfreich sein: neben solchen zur Rollenübernahme und Identifikation wären auch feed-back und Übungen zum Selbst- und Fremdbild denkbar (vgl. 4.6).

Aushandeln von Regeln

Für das Zusammenleben und -arbeiten in der Gruppe sind Regeln notwendig. Klarheit über bestehende Regeln ermöglicht dem Einzelnen, sich an diesen zu orientieren, wodurch das Auftreten von Konflikten und Störungen reduziert werden kann; sie dienen etwa aus Sicht des Klassenmanagements zur Prävention von Störungen (vgl. auch 5.7.3). Daneben müssen jedoch auch Freiheit und Freiräume des Einzelnen beachtet werden; Regeln dürfen keine unnötige Einschränkung solcher Freiräume bedeuten, um Selbstgestaltung nicht zu verhindern. Sie haben vielmehr die Funktion, Verletzungen der Freiräume anderer zu vermeiden (vgl. 3.6.5). Um den Prinzipien der Strukturgebung sowie der Eröffnung von Freiräumen und individueller Selbstgestaltung gerecht werden zu können, ist eine Verständigung über Regeln innerhalb der Gruppe notwendig. Sie sollten sinnvoll und begründet sein, so dass sie von allen akzeptiert werden können. Im Idealfall werden solche Regeln innerhalb der Lerngruppe dann vereinbart, wenn ihre Notwendigkeit erkannt wird – etwa Gesprächsregeln dann, wenn Störungen durch mangelndes Zuhören und ständiges Dazwischenreden das Zustandekommen eines vernünftigen Gesprächs verhindern. Neben dem Aufstellen von Regeln als Reaktion auf aktuelle Störungen wird es teilweise notwendig sein, Regeln im Voraus festzulegen, um solche Störungen zu vermeiden, mit denen zu rechnen ist (antizipierte Störungen). Derlei Regeln sind jedoch ebenfalls in der Gruppe zu diskutieren. In diesem Zusammenhang ist es auch wichtig, eigene Normen und Ideale sowie die von anderen kennen zu lernen und kritisch zu reflektieren – mit eingeschlossen in diese Reflexion sind auch immer die Normen des Pädagogen im Hinblick auf Verhaltensstörungen (vgl. hierzu auch 2.2). Solche persönlichen Normen, aber auch die schulischen und gesellschaftlichen Normen bedürfen der Hinterfragung und gegebenenfalls auch der Veränderung. Die Berücksichtigung individueller Normen ist notwendig, wenn eine Verständigung erreicht werden soll.

Neben der Verständigung über Regeln selbst müssen zusätzlich auch Vereinbarungen hinsichtlich deren Einhaltung getroffen werden; auch im Hinblick auf das Sanktionieren muss Klarheit bestehen. Hierbei sind nicht nur die mit dem Begriff der „Sanktion" in seiner umgangssprachlichen Verwendung eher verknüpften negativen Sanktionen als Reaktion auf ein abweichendes Verhalten gemeint, sondern ebenso positive Sanktionen, durch die ein den geltenden Normen entsprechendes Verhalten belohnt wird (zum Begriff der „Sanktion" vgl. Fuchs u.a. 1978). In der Lerngruppe sollte somit geklärt werden, wer sich um die Einhaltung der Regeln kümmert, wo und wie die Diskussion über Regeleinhaltung oder -nichteinhaltung sowie angemessene Sanktionen angesiedelt werden sollte (siehe etwa die Arbeit der „Gerechten Gemeinschaft", 3.6.1) – und wie mit Sanktionen – positiven wie negativen – umgegangen wird. Im Idealfall wären dies alle Mitglieder der Lerngruppe, die sich dann auch mit der Frage nach adäquaten Sanktionen befassen.

Denkbar wäre auch, bei auftretenden Problemen ähnlich wie beim Konzept der Kooperativen Verhaltensmodifikation (vgl. 5.7.2) vorzugehen. Im Rahmen einer gemeinsamen Erörterung des Problems kann die Gruppe zu dem Ergebnis kommen, dass eine eindeutige Regelung, an die sich alle halten, notwendig ist. Es wird eine entsprechende Vereinbarung getroffen und nach geeigneten Methoden als Hilfen zu deren Einhaltung gesucht – etwa zur Unterstützung der Selbstkontrolle. Der Nutzen dieser Vereinbarungen muss überprüft werden. Die Kooperative Verhaltensmodifikation kann effektiv im Unterricht genutzt werden: Wenn dieses Konzept in ein demokratisches Unterrichtsmodell eingebunden ist, das neben der Mitbestimmung der Schüler vor allem auch die kritische Selbstreflexion der Pädagogen fordert, und das so verstandene Modell konsequente Umsetzung erfährt, dann dürfte auch die mit Formen der Verhaltensmodifikation verbundene Gefahr der Manipulation der Schüler gebannt sein.

Vereinbarung von Zeiten und Orten

Zur Verständigung über einen Gesamtrahmen des Unterrichts gehören beispielsweise auch Vereinbarungen darüber, wie der Tages- bzw. Wochenablauf oder das Schuljahr gestaltet wird. So können etwa regelmäßige Gesprächskreise, gemeinsames Frühstück und Zeiten für freie Arbeit, aber auch Feiern oder Ausstellungen im Verlauf des Schuljahres festgelegt werden. Innerhalb des von außen vorgegebenen Rahmens kann gemeinsam ein Stundenplan erstellt werden, wobei eine flexible Anpassung an vorgesehene Unterrichtseinheiten möglich sein sollte. Allerdings ist auch die Flexibilität des zugrundeliegenden Stundenrasters grundsätzlich kritisch auf erweiterte Möglichkeiten hin auszuloten – im Sinne einer Distanzierung von engen, klassischen Stundenplänen, soweit die schulische Gesamtplanung dies ermöglicht. Die Gruppe sollte sich auch darüber verständigen, ob feste Zeitpunkte für Reflexionsphasen zur kritischen Auseinandersetzung mit den getroffenen Vereinbarungen im Voraus bestimmt oder jeweils bei Bedarf eingeschoben werden.

Ebenso ist es notwendig, geeignete Orte zu vereinbaren, etwa die Benutzung von Fachräumen mit spezifischer Ausstattung zu regeln, Ziele für Exkursionen zu wählen oder für bestimmte Aktionen eine Binnenstruktur des Klassenraums festzulegen. Hier sind auch Absprachen mit anderen Personen und Gruppen zu treffen – etwa mit anderen Klassen hinsichtlich der Benutzung von Fachräumen. Zum Rahmen dieser zeitlichen wie räumlichen Strukturplanung sind auch Fragen des Team-Teachings zu zählen, die zu reibungslosem Funktionieren rechtzeitig geklärt werden müssen. Solche Absprachen können ebenso wie inhaltliche Aspekte den Bedarf flexibler Veränderungen der Struktur hervorrufen.

Innerhalb eines solchen Rahmens kann dann die gemeinsame Planung, Gestaltung und Auswertung von Unterricht erfolgen. Dabei wird sich zeigen, ob die vereinbarten Strukturen tauglich sind oder ob Veränderungen notwendig werden. Eine flexible Anpassung der bestehenden Strukturen an die Gegebenheiten ist unverzichtbar – etwa dann, wenn sich die Auseinandersetzung mit einem bestimmten Thema nicht in den üblichen Tagesablauf eingliedern lässt, ein Vorhaben aus Gründen der Sicherheit bestimmter Vorkehrungen und zusätzlicher Regeln bedarf oder auch dann, wenn neue oder veränderte Regelungen gefunden werden müssen, um immer wieder auftretende, vermeidbare Störungen zu reduzieren.

Wichtig ist daher, dass die gemeinsam vereinbarte Struktur immer wieder hinterfragt und gegebenenfalls auch verändert wird. Nur so ist eine Balance zwischen Strukturgebung einerseits sowie Freiheit, Selbstgestaltung und Offenheit andererseits möglich. Gleichzeitig wird vermieden, dass Strukturen erstarren und beibehalten werden, obwohl sie ihren Sinn verloren haben. So ist beispielsweise eine gewisse Regelmäßigkeit im Tages- und Wochenverlauf – etwa der Abschlusskreis am Ende der Woche – einerseits zwar wünschenswert, da sich jeder darauf einstellen und freuen kann, andererseits sollten daraus keine Gewohnheiten werden, die nicht mehr hinterfragt und möglicherweise von vielen als langweilig oder gar lästig empfunden werden.

Dazu muss jedoch die Veränderbarkeit von Strukturen in das Bewusstsein von Lehrern und Schülern eingehen. Daher kann es vor allem am Anfang sinnvoll sein, feste Zeitpunkte zu bestimmen, zu denen sich die Lerngruppe bewusst und kritisch auch mit bestehenden Strukturen, mit deren Sinn und Nutzen auseinandersetzt.

6.3.2 Facette der gemeinsamen Planung

Unter einer gemeinsamen Planung von Unterricht wird hier die Verständigung über die einzelnen Unterrichts-Facetten, also den äußeren Bereich des oben dargestellten Didaktik-Modells, in der Lerngruppe verstanden: Das bedeutet, dass sich die Gruppe mit den Inhalten auseinandersetzt, die Bedingungen und Voraussetzungen gemeinsam klärt, individuelle und gruppenbezogene Lernziele festlegt, geeignete Lernformen und Medien auswählt und sich Gedanken macht zum zeitlichen und strukturellen Ablauf sowie zu möglichen Formen der Auswertung von Unterricht und von Lernprozessen. Da die Planung in der Lerngruppe selbst erfolgt, können Voraussetzungen, Bedürfnisse, persönliche Zielsetzungen und Interessen der Einzelnen und der Gruppe direkt in die Unterrichtsplanung eingehen. So finden insbesondere die Faktoren *Ich* und *Wir* der TZI sowie der psychologische Aspekt der Gestaltpädagogik – als gewöhnlich vernachlässigte Bereiche – eher Berücksichtigung als in einem ausschließlich durch den Lehrer geplanten Unterricht. Damit wäre eine weitere wichtige Forderung angesprochen: die gleichgewichtige Beachtung der Balance-Facetten des inneren Bereichs bei Planung, Gestaltung und Auswertung von Unterricht.

Verständigung über Inhalte

Die besonders intensive Auseinandersetzung mit einem Thema wird dann möglich, wenn die Lernenden persönlich betroffen und am Inhalt interessiert sind. Die Lernenden müssen mit ihren Erfahrungen daran anknüpfen können und Bedeutung und Sinn in der Beschäftigung mit dem Gegenstand erkennen. Im Idealfall würden vor allem Interessen und Fragen der Schüler aufgegriffen und im Unterricht behandelt. Insbesondere die Humanistischen Ansätze betonen die Bedeutung des persönlichen Interesses, der persönlichen Involviertheit als notwendige Voraussetzung für Lernprozesse. So rückt etwa die Gestaltpädagogik den psychologischen Aspekt ins Zentrum didaktischer Überlegungen. In der Arbeit mit Schülern mit Verhaltensauffälligkeiten ist allerdings auch zu berücksichtigen, dass ein allzu hohes emotionales Involvement Probleme erzeugen kann, bis hin zu schwer steuerbaren Prozessen. Dies gilt gerade bei Vorliegen gravierenderer psychischer Problematiken wie etwa Angst- und Zwangsstörungen, Depressivität oder auch Autismus. Hier ist auf die emotionale Eigenbeteiligung bei bestimmten Themen sensibel zu achten, die nicht immer nur positive Effekte im Sinne des Interesses zeitigt, wenn Schülerinnen und Schüler emotional und persönlich „betroffen" sind – man denke etwa an Themen wie Ehescheidung, Partnerschaft, Freundschaft oder auch Emotionalität selbst.

Bei dieser Fokussierung auf Interessen wird jedoch häufig auch ein anderer wichtiger Aspekt zu wenig beachtet: gesellschaftliche Erwartungen und Forderungen hinsichtlich der Kenntnisse und Fähigkeiten, die in der Schule erworben werden sollen. Diese manifestieren sich direkt in Curricula und Lehrplänen. Solche Erwartungen müssen grundsätzlich berücksichtigt werden, auch wenn man die Notwendigkeit persönlichen Interesses im Auge hat: Themen sind weitgehend von Lehrplänen vorgegeben. Insofern ist die Lerngruppe nicht völlig frei in ihrer Entscheidung, welche Inhalte im Unterricht behandelt werden.

Dennoch können Inhaltsfragen nicht aus der gemeinsamen Planungsarbeit ausgeklammert werden. So bestehen innerhalb dieses von außen vorgegebenen Rahmens durchaus Entscheidungsfreiräume – und zwar nicht nur in Bezug auf die zeitliche Verortung oder Reihenfolge der Themen, sondern darüber hinaus auch bezüglich inhaltlicher Entscheidungen: etwa dahingehend, mit welchen Teilbereichen des Gesamtthemas man sich verstärkt beschäftigen möchte.

Über die Frage der Schwerpunktsetzung hinaus ist auch die kritische Auseinandersetzung mit den vorgesehenen Inhalten hinsichtlich ihrer Bedeutung für die Lernenden ein wesentlicher Aspekt im Rahmen der Verständigung über das Thema: die Klärung der Fragen, inwiefern der Gegenstand die Lernenden betrifft und welche Bedeutung die Inhalte in der Zukunft gewinnen könnten. Dadurch soll eine *begründete* Auswahl der Inhalte erreicht und den Lernenden die Möglichkeit gegeben werden, diese als sinnvoll zu erkennen. Gelingt es im Verlauf einer solchen kritischen Auseinandersetzung nicht, einen Bezug zum Thema herzustellen, dessen Relevanz herauszuarbeiten, stellt sich die Frage, ob die Behandlung des Themas überhaupt sinnvoll ist oder ob man eher darauf verzichtet, da bei mangelndem Kontakt Lernen ohnehin erheblich erschwert ist. Dies gilt allerdings auch für die eben aufgeworfene Problematik des zu starken persönlichen Themen-„Kontakts".

Neben dem psychologischen Aspekt ist grundsätzlich auch immer der gesellschaftspolitische Aspekt, neben *Ich* und *Wir* auch der *Globe* zu berücksichtigen: Anforderungen und Erwartungen der Gesellschaft reichen über Curricula hinaus; auch ganz andere Anforderungen sind als Realität zur Kenntnis zu nehmen und stets kritisch zu reflektieren. Dies betrifft beispielsweise den Arbeitsmarkt: Wie oben bereits angedeutet, werden bestimmte Qualifikationen gefordert, welche die Schüler im Laufe der Schulzeit erworben haben sollten. Selbst wenn bestimmte Anforderungen und Erwartungen in Frage zu stellen sind, müssen sie Berücksichtigung finden, da ihr Ignorieren im Rahmen schulischen Lernens zu einer späteren erheblichen Benachteiligung der Schüler führen kann. Andererseits ist ein dauerhaftes Lernen nur dann möglich, wenn der Sinn einsichtig ist. Dieser muss daher diskutiert werden. Selbst wenn über die Behandlung eines Themas nicht in der Lerngruppe entschieden werden kann, weil Inhalte bearbeitet werden müssen, sollte dies eine angemessene und differenzierte Begründung erfahren.

Verständigung über Bedingungen und Voraussetzungen

Neben der Diskussion der Inhalte ist die Klärung von Bedingungen und Voraussetzungen ein weiterer wichtiger Schritt der gemeinsamen Planung von Unterricht. So betont Benkmann (vgl. 1998, 484) unter Bezugnahme auf Mead die Notwendigkeit, auf Vorerfahrungen der Lernenden einzugehen, wenn Lernen nicht oberflächlich und vom Individuum abgespalten bleiben soll. Vorerfahrungen sollten bereits im Hinblick auf die Auswahl von Inhalten erfasst und berücksichtigt werden. Zum anderen können die Voraussetzungen je nach Inhalt sehr unterschiedlich sein und sind daher wiederum in Bezug auf ein bestimmtes Thema zu ermitteln. Die Kenntnis der je individuellen Voraussetzung ist jedoch auch hinsichtlich der übrigen Unterrichts-Facetten von Bedeutung: Welche Lernformen sind bei gegebenen Bedingungen und Voraussetzungen durchführbar? In welcher Form wird die Auswertung einzelnen Schülern am ehesten gerecht? – um nur einige der möglichen Fragen zu nennen.

Pädagogen wird es jedoch kaum gelingen, die individuellen Voraussetzungen der Schüler von außen vollständig und präzise zu ermitteln. Daher ist, wie auch schon aus anderen Zusammenhängen heraus erörtert wurde, die Beteiligung der Lernenden an der Planung unumgänglich, wenn eine Passung des Unterrichts an die Voraussetzungen der Einzelnen angestrebt wird. So können beispielsweise in einem Gespräch Erfahrungen und Vorwissen ausgetauscht oder im Rahmen eines Brainstormings zunächst gesammelt und anschließend geordnet werden; auch der Einsatz von Mind-maps dürfte bei der Erfassung von Vorkenntnissen hilfreich sein. Dabei sind jedoch nicht nur kognitive Voraussetzungen von Interesse: Erfahrungen umfassen auch immer affektive und körperliche Aspekte; so sind sie etwa mit Gefühlen verbunden, die ebenfalls berücksichtigt werden müssen, da sie bei Kontakt mit dem Gegenstand in den Vordergrund treten. Dies gilt in besonderem Maße für Kinder und noch dazu solche mit erheblichen psychischen Problematiken (vgl. Bettelheim 1990). Ebenso sind allerdings auch die Vorkenntnisse und emotionalen Assoziationen der Pädagogen im Hinblick auf bestimmte Themen von großer Bedeutung. Voraussetzungen sind jedoch nicht nur im Hinblick auf Inhalte zu ermitteln, sondern ebenso bei der Auswahl von Lernmethoden und Medien mit einzubeziehen: So sollten die Erfahrungen der Lernenden sowie die des Pädagogen mit unterschiedlichen Arbeitsformen Berücksichtigung finden – etwa auch, wie die einzelnen Lernenden mit selbständigem Arbeiten zurechtkommen.

Insbesondere im Hinblick auf die Lernformen kommt neben den bisher genannten Voraussetzungen den sozialen Kompetenzen der Lernenden eine wesentliche Bedeutung für das Funktionieren von Unterricht zu – beispielsweise der Bereitschaft, mit anderen zusammenzuarbeiten und Mitschülern zu helfen. Gerade in Bezug auf den sozialen Aspekt sind jedoch nicht nur die Voraussetzungen jedes Einzelnen, sondern insbesondere auch die in der gesamten Lerngruppe gegebenen Voraussetzungen relevant; in diesem Zusammenhang ist auch der Klassenatmosphäre (als dem *Wir*) Aufmerksamkeit zu widmen. Abhängig davon, ob diese eher durch Konkurrenz oder Kooperation geprägt ist, können Probleme beim Einsatz bestimmter Lernformen auftreten. Auch die Beziehungen zwischen den Lernenden (Freundschaften, Cliquen, Außenseiter, Mobbingprozesse usw.) sind relevant, ebenso bestimmte selbst übernommene oder von außen zugeschriebene Rollen. Diese Voraussetzungen sind in der Lerngruppe zu klären; sie können weder vom Pädagogen noch von den einzelnen Lernenden vollständig erfasst werden. Ein gemeinsam erstelltes und offen besprochenes Soziogramm kann dabei eventuell hilfreich sein; zu bedenken ist allerdings, durch die Offenheit der Rückmeldung einen Nutzen und keinen Schaden zu bewirken.

Im Rahmen einer solchen Klärung können auch Probleme und vorhersehbare Störungen zur Sprache kommen, um dann solche antizipierten Störungen nach einer gemeinsamen Erörterung bei der weiteren Planung und deren Umsetzung entsprechend zu berücksichtigen. Auf diesem Wege ist es vielleicht auch möglich, ihr tatsächliches Auftreten zu vermeiden. Des Weiteren trägt die Thematisierung von Störungen dazu bei, dass andere Mitglieder der Lerngruppe eher Verständnis aufbringen können, falls diese auftauchen sollten.

Neben den Voraussetzungen der Einzelnen sowie der gesamten Lerngruppe müssen die gegebenen Bedingungen hinsichtlich der Lernorte, der Materialien, des zur Verfügung stehenden Zeitraumes usw. bedacht werden. Auch hiermit muss sich die Lerngruppe im Rahmen der gemeinsamen Unterrichtsplanung auseinandersetzen.

In der weiteren Planung sind die gemeinsam ermittelten Bedingungen und Voraussetzungen zu berücksichtigen. Dabei ist jedoch auch immer zu bedenken, dass nicht nur Voraussetzungen bestimmen, was im Unterricht machbar ist, sondern auch umgekehrt das Unterrichtsgeschehen, etwa der Einsatz bestimmter Lernformen, auf die Voraussetzungen Auswirkungen haben kann.

Im Übrigen ist abschließend auf ein Problem hinzuweisen: Im Rahmen unterrichtlichen Lernens ist es ein Ziel, ausgehend von gegebenen Voraussetzungen zu einer Weiterentwicklung zu kommen. Wenn allzu strikt vom Ist-Stand her geplant wird, könnte sich die Gefahr eines Steckenbleibens ergeben. Dies gilt gerade für die Auswahl bestimmter Lernformen: Fehlen beispielsweise in einer Lerngruppe wichtige Voraussetzungen der Zusammenarbeit, könnte möglicherweise zunächst auf kooperative Arbeitsformen verzichtet werden. Dies ist ein häufig zu beobachtendes Vorgehen beim Auftreten von Verhaltensauffälligkeiten, das aus dem Erleben des Lehrpersonals heraus die aktuelle Situation entlastet. Dadurch werden jedoch Bereitschaft und Fähigkeit zur Zusammenarbeit gerade nicht gefördert und entwickelt; Zusammenarbeit wird also auch weiterhin nicht möglich sein. Auch im Hinblick auf eingesetzte Lernformen wäre also auf eine mittlere Diskrepanz zu den festgestellten Voraussetzungen zu achten, um die Lernenden zu fordern. Möglich sind, zur Reduzierung der hier beschriebenen Gefahr, auch bisweilen eingesetzte „paradoxe Interventionen", indem ab und an bewusst gerade einmal „neben" den ermittelten Voraussetzungen oder an diesen vorbei geplant wird. Dies könnte zu verunglückten Lernphasen, jedoch auch zu großen Überraschungen bei Pädagogen und Lernenden führen, mit welchen Lerninhalten oder mit welchen Lernformen entgegen aller Erwartungen *doch* gearbeitet werden kann.

Grundsätzlich gilt, dass Veränderungen der Voraussetzungen im Unterricht im Rahmen nachfolgender Auswertungsphasen ermittelt und für die weitere Planung berücksichtigt werden müssen, denn die Voraussetzungen werden sich in einer lebendigen Lerngruppe in stetiger Entwicklung befinden.

Verständigung über Lernziele

Mit der Verständigung über die Bedingungen und Voraussetzungen hängt die Vereinbarung von Lernzielen eng zusammen. So kann sich bei der Klärung der Voraussetzungen beispielsweise gezeigt haben, dass sich diese bei den einzelnen Lernenden stark unterscheiden. In diesem Fall wäre es wenig sinnvoll, für die gesamte Lerngruppe gleiche Lernziele festzusetzen.

Die Lernziele des Unterrichts sollten so bestimmt werden, dass sie für die Einzelnen auch erreichbar sind. Dies könnte bei gleichen Zielen für alle eine Unterforderung von einigen Lernenden bedeuten, weshalb zusätzlich individuelle Lernziele festgelegt werden sollten. Ebenso könnten individuelle Lernziele aber auch darin bestehen, dass schwächere Schüler im Rahmen der Unterrichtseinheit noch Fehlendes aufarbeiten. Solche Lernziele können jedoch nicht vom Pädagogen allein definiert werden: zum einen, weil er die für die Lernenden jeweils angemessenen Ziele von außen nur unzureichend beurteilen kann; zum anderen, weil es sich bei den Lernzielen um Ziele des Schülers selbst handeln muss, denn nur dann wird der Lernende sich aus sich selbst heraus bemühen, diese auch zu erreichen, und muss nicht von außen – etwa durch Noten und andere Bewertungen – unter Druck gesetzt werden. Es scheint daher sinnvoll, dass die Lernenden selbst Ziele mit bestimmen. So wäre es denkbar, dass sich die Lerngruppe für einen Themenbereich auf allgemeine

Lernziele verständigt, die jedes Mitglied der Lerngruppe anstreben sollte. Darüber hinausgehend können dann individuelle Ziele festgelegt werden, indem einzelne Lernende mit dem Pädagogen und der Gruppe gemeinsam persönliche Lernziele vereinbaren. Durch ein solches Vorgehen könnte sowohl Über- als auch Unterforderung vermieden werden. Gleichzeitig setzen sich die Lernenden selbst Ziele, die sie erreichen wollen, was langfristig auch zu einer realistischeren Selbsteinschätzung führen könnte.

Ebenso kann die Gruppe der Lernenden als Ganze – in Zusammenarbeit mit dem Pädagogen – Lernziele formulieren. Dabei wird es sich vor allen Dingen um soziale Lernziele und die Umsetzung bestimmter Arbeitsformen handeln – für den Kontext Verhaltensstörungen wichtige Bereiche. Beispiele wären etwa das selbständigere Arbeiten in Gruppen, die gegenseitige Hilfe in bestimmten Lernphasen, die Integration von Außenseitern in die Arbeitsprozesse oder das Entwickeln einer Gesprächskultur.

Auch im Zusammenhang mit der Bestimmung von Lernzielen müssen gesellschaftliche Erwartungen und Anforderungen im Auge behalten werden: Zum einen sind sie immer kritisch zu hinterfragen, zum anderen jedoch, realitätsorientiert, grundsätzlich zu berücksichtigen. Geschieht dies nicht, so besteht die Gefahr, dass aus der Festlegung individueller Lernziele – als solche durchaus sinnvoll – aufgrund der Missachtung gesellschaftlicher Realitäten längerfristig eine Benachteiligung einzelner Lernender erwächst, indem sie sich solchen Zielen nicht nähern, die im Rahmen ihres späteren Lebens mit hoher Wahrscheinlichkeit von entscheidender Bedeutung sein werden.

Verständigung über Lernformen und Medien

Bei der Auswahl bestimmter Lernformen werden zunächst Sachaspekte eine Rolle spielen. So wäre es beispielsweise künstlich und kaum sinnvoll, in Mathematik die schriftliche Addition in einem speziellen Projekt zu üben. Die gewählte Lernform sollte den Inhalten und Lernzielen gerecht werden.

Daneben sind auch hier wiederum die Voraussetzungen der Einzelnen sowie die der Lerngruppe von Bedeutung: Je nach Vorkenntnissen können direkt vermittelte Informationen (im Sinne direkten und systematischen Unterrichts; vgl. Wember 2014) oder ein Lehrgang notwendig sein, bevor selbständiges Lernen überhaupt möglich wird.

Neben dem Sachwissen sind aber auch die bisherigen Erfahrungen mit unterschiedlichen Lernformen von erheblicher Bedeutung: etwa die Sicherheit, mit welcher der Pädagoge mit einer bestimmten Lernform umgeht, aber auch der Grad der Selbständigkeit und der Bereitschaft sowie Fähigkeit zur Kooperation auf Seiten der Lernenden. Des Weiteren sollten auch die Bedürfnisse der einzelnen Gruppenmitglieder sowie der Gruppe insgesamt bei der Auswahl der Lernform Berücksichtigung finden. Hinter diesen Bedürfnissen steht das hier bedeutsame Prinzip des Wohlfühlens.

Im bisher Erörterten sind die Komponenten *Es*, *Ich* und *Wir* bedacht, die bei der Entscheidung für eine Lernform gleichgewichtig berücksichtigt werden sollten, was wiederum dann eher möglich ist, wenn alle Mitglieder der Lerngruppe an diesem Prozess beteiligt sind. Des weiteren sollte bei der Wahl einer Lernform darauf geachtet werden, inwieweit diese auch allen drei Erfahrungsebenen – Kognition, Emotion und Körper – gerecht werden kann.

In Abhängigkeit von den übrigen Unterrichts-Facetten kann hier auch auf unterschiedliche Elemente der in Kapitel 5 vorgestellten Unterrichtskonzepte zurückgegriffen werden. Wesentliche Lernformen wurden bereits unter 6.2.2 knapp zusammengestellt.

Ähnliche Überlegungen wie die bisher erörterten sind auch im Hinblick auf die Wahl der Medien anzustellen. Auch hier stellt sich die Frage, welche Erfahrungen bestimmte Medien zulassen, welche Sinneskanäle sie ansprechen. Außerdem müssen in diesem Zusammenhang wiederum sowohl Sachaspekte als auch die Bedürfnisse der einzelnen Beteiligten sowie der Gruppe berücksichtigt werden. Wichtig ist es, bei der Medienwahl unterschiedliche Zugänge zur Sache zu ermöglichen, um den individuellen Bedürfnissen gerecht zu werden und auch entsprechend unterschiedliche Lernwege zuzulassen. Um diese Bedürfnisse adäquat mit einzubeziehen, sollten die Lernenden im Rahmen der gemeinsamen Planung auch an Entscheidungen hinsichtlich der im Unterricht eingesetzten Medien beteiligt werden – an Entscheidungen, auf welchem Weg und mit welchen Hilfen sie sich mit einem Inhalt auseinandersetzen.

Verständigung über die Unterrichts-Prozess-Struktur

Auch bei Entscheidungen hinsichtlich des zeitlichen und strukturellen Ablaufs einer Unterrichtseinheit ist die Beteiligung der Schüler von Vorteil. Es bestehen zwar hinsichtlich der Vereinbarung des zeitlichen Rahmens Grenzen, die durch Lehrplan und Stundenplan gesetzt werden, innerhalb dieser Grenzen jedoch auch Freiräume für eigene Entscheidungen, die von der Lerngruppe genutzt werden sollten. So können beispielsweise eine sinnvolle Reihenfolge für die Bearbeitung einzelner Teilthemen gemeinsam festgelegt, Schwerpunkte gesetzt sowie ein entsprechender Wechsel von Lernformen vereinbart werden.

Hinsichtlich des Einsatzes unterschiedlicher Lernformen sollte die Gruppe vor allem auch darauf achten, dass insgesamt schon im Vorhinein ein Gleichgewicht der Balance-Facetten angestrebt wird – zum Beispiel, indem sich solche Lernformen, die Sachaspekte stark in den Vordergrund stellen, mit solchen abwechseln, die eher emotionale und soziale Komponenten beinhalten.

Gerade im Zusammenhang mit der zeitlichen Strukturierung sind Möglichkeiten zur inneren Differenzierung gegeben. Wenn etwa bei der Klärung der Voraussetzungen einzelne Schüler feststellten, dass ihnen Kenntnisse oder Übung fehlen, kann die Gruppe beispielsweise Phasen der Freiarbeit einplanen, bei denen die Gelegenheit besteht – gegebenenfalls auch mit Hilfe anderer Schüler –, Fehlendes nachzuholen, um so zunächst Voraussetzungen für das weitere Vorgehen zu schaffen. Ebenso kann ein Lehrgang eingeplant werden, wenn die Gruppe ein Projekt in Angriff nehmen möchte und abzusehen ist, dass im Verlauf des Projekts notwendige Kenntnisse und Fertigkeiten fehlen würden, die erst erworben werden müssen. Häufig tritt dies jedoch erst im Verlauf der Umsetzung deutlich zutage. Daher werden insbesondere im Hinblick auf die Unterrichts-Prozess-Struktur immer wieder Veränderungen notwendig sein. Insofern dürfte die Unterrichts-Prozess-Struktur diejenige Facette sein, die im Voraus am wenigsten eindeutig zu klären bzw. fassbar ist. Dennoch können auch hier grobe Vereinbarungen getroffen werden, die als Richtlinie dienen, solange ihre Veränderbarkeit immer bewusst bleibt.

Verständigung über Kriterien und Formen der Auswertung

Es ist sinnvoll, schon vor oder zu Beginn einer Unterrichtseinheit auch über Kriterien und mögliche Formen der Auswertung sowohl des Unterrichts selbst als auch des Lernens der Einzelnen und der Lernprozesse in der Gruppe zu sprechen. Die Kriterien sind dabei vor allem durch die vereinbarten Lernziele bestimmt und dürften diesen weitgehend entsprechen. Sie sollten dennoch an dieser Stelle nochmals explizit formuliert werden. Außerdem sollte die Gruppe gemeinsam nach geeigneten Methoden suchen, um Unterricht und das Lernen des Einzelnen sowie der Gruppe anhand dieser Kriterien auswerten zu können.

Ein solches Vorgehen kann zu einer größeren Klarheit und damit zu mehr Sicherheit für die Schüler beitragen. Maßstäbe für Beurteilungen werden offengelegt, Bewertungen transparenter. Im Rahmen der Diskussion über denkbare Formen der Leistungsbewertung in der Lerngruppe hat außerdem jeder Lernende die Möglichkeit, individuelle Probleme anzusprechen – etwa seine Angst vor Klassenarbeiten, welche durch eine bestimmte Art der Leistungskontrolle bedingt ist. Es kann dann gemeinsam nach geeigneten Alternativen gesucht werden – beispielsweise eine schriftliche Ausarbeitung zu dem betreffenden Thema. Transparenz sowie individuelle Formen der Leistungsbewertung können dazu beitragen, solche Verunsicherungen und Bedrohungen zu reduzieren, die mit Bewertungen häufig verbunden sind – ohne generell auf diese zu verzichten. Des Weiteren werden in der Verständigung über die Kriterien einer späteren Beurteilung durch die Klarheit der Maßstäbe wesentliche Voraussetzungen für Selbstkontrolle und -beurteilung geschaffen. Auch gestaffelte Zwischenziele und Zwischenauswertungen können eine differenzierte Selbstkontrolle unterstützen.

Es wären außerdem solche Formen der Beurteilung zu bestimmen, die eine Auswertung anhand der vereinbarten Kriterien erlauben und von allen akzeptiert werden. Im Rahmen der Diskussion um Kriterien und Formen der Auswertung von Lernprozessen sollte auch die (individuelle, organisatorische und gesellschaftliche) Bedeutung von Bewertungen kritisch thematisiert werden – im Rahmen eines realitätsorientierten Diskussionsprozesses. Nur wenn die gesellschaftliche Bedeutung von Noten und ähnlichen Bewertungskriterien sowie die Selektion nach Leistung (durch die Schule und nach der Schule) bewusst sind, werden sie auch für die Lernenden hinterfragbar.

Damit wird die radikale Kritik Winkels an Noten und ähnlichen Formen der Bewertung (vgl. 4.5) hier aufgenommen, ohne wiederum im Hinblick auf gesellschaftliche Anforderungen und gesellschaftliche Integration Bewertungen auszuschließen. Diesbezüglich ergibt sich, im Hinblick auf die Auswertung von Lernentwicklungen, oft eine in die Erwägungen mit einzubeziehende Gratwanderung: die Gratwanderung zwischen der Aus- und Bewertung individueller Lernfortschritte einerseits und der zu berücksichtigenden Bedeutung interindividueller Vergleiche andererseits (vgl. dazu die Ausführungen unter 6.3.5).

Da es durchaus sinnvoll sein kann, für einzelne Schüler auch unterschiedliche Methoden der Auswertung zu vereinbaren, ist eine Abstimmung individuell differierender Kriterien und Methoden der Auswertung vonnöten, um zu ermöglichen, dass diese von jedem auch wirklich als gleichwertig betrachtet werden. Außerdem können nur so die Bedürfnisse der Einzelnen – der Lernenden *wie* der Pädagogen – berücksichtigt werden.

Bei der prozessorientierten Auswertung von Lern- und Entwicklungsfortschritten sind auch die beteiligten Pädagogen zu beachten: Die kritische Auswertung ihrer Aktivitäten dient der Optimierung pädagogischer Arbeit. Auch hierfür könnten, je nach Entwicklungsstand der Gruppe, Kriterien gemeinsam erörtert und festgelegt werden, die dann in Auswertungsphasen Berücksichtigung finden. Hier ist die Frage zu klären, auf welche Weise überprüft werden kann, ob Pädagogen die für sie vorgesehenen Aufgaben ausgeführt (oder auch: Entwicklungsziele erreicht) haben.

Eine Interdependenz der genannten Facetten ist in der Darstellung bereits deutlich geworden: So sind mit individuell vereinbarten Zielen auch inhaltliche Schwerpunktsetzungen verbunden; je nach Voraussetzungen müssen unterschiedliche Lernformen und Hilfsmittel gewählt werden, wobei sich die Auswahl bestimmter Lernformen wiederum auf die Voraussetzungen auswirken dürfte. Klafki weist auch auf den Zusammenhang zwischen gewähltem Thema und methodischen Entscheidungen hin (vgl. 4.2). Somit ist die hier vorgenommene Aufteilung und Strukturierung insgesamt, im Sinne einer Trennung von Facetten, künstlich und kann nicht alle Aspekte – insbesondere nicht die Facetten in ihrer Interdependenz – erfassen. Die Strukturierung hier dient jedoch der Systematisierung und Ordnung. In der Praxis wird wohl kaum eine Auseinandersetzung mit den einzelnen Facetten in festgelegter Reihenfolge möglich sein. So wird man beispielsweise im Zuge der Klärung der Voraussetzungen auf wichtige Lernziele stoßen oder erkennt bei der Vereinbarung des Themas fehlende Voraussetzungen. Dennoch sollten die Vereinbarungen nach einzelnen Facetten getrennt bedacht und festgehalten werden, um sicherzustellen, dass alle wesentlichen Aspekte auch wirklich Berücksichtigung finden, und um eine systematische Reflexion und Auswertung von Unterricht zu gewährleisten.

6.3.3 Facette der Durchführung

An die gemeinsame Planung des Unterrichts schließt sich deren Umsetzung an. Dabei können Probleme auftauchen oder Interessen geweckt werden, so dass das weitere Vorgehen immer wieder besprochen und die Planung gegebenenfalls verändert werden muss. Das reale Unterrichtsgeschehen ist nicht durch die Planung vorherzubestimmen; es kann grundsätzlich allenfalls annähernd vorausgesehen werden. So werden die Lernenden in der Auseinandersetzung mit dem Gegenstand neue Erfahrungen und Kenntnisse gewinnen, vielleicht erst jetzt Vorkenntnisse und Fähigkeiten entdecken und ihr Interesse an bestimmten Aspekten des Themas erkennen. Ebenso ist es denkbar, dass das Interesse der Lernenden am Thema mit dessen Bearbeitung abnimmt oder die Lernenden auf mangelnde Kenntnisse und Fähigkeiten erst in der konkreten Unterrichtssituation aufmerksam werden.

Mit der Änderung von Voraussetzungen, Interessen und Bedürfnissen werden Planungsänderungen erforderlich – ebenso wie beim Auftreten von Störungen. Ursachen solcher Störungen können in der Planung selbst, aber auch in der vereinbarten Struktur liegen. Insofern können durchaus auch Veränderungen der Struktur notwendig werden.

Die Lerngruppe muss in der Umsetzung der Planung so flexibel sein, dass sie diese dem Unterrichtsgeschehen, den Lernprozessen immer wieder durch entsprechende Änderungen anpassen und so angemessen auf Störungen und sich ändernde Bedürfnisse reagieren kann. Dies bedeutet jedoch, dass die zentrale Aufgabe des Pädagogen zunächst darin besteht, besonders bewusst und wachsam die stattfindenden Prozesse zu registrieren. Allerdings sollten letztlich alle Mitglieder der Lerngruppe versuchen, ihre momentanen Bedürfnisse und Interessen, aber auch diejenigen der Gruppe bewusst wahrzunehmen und einzubringen. Jeder Einzelne trägt somit als Teilnehmer des Geschehens die Verantwortung dafür mit, dass die Balancen von *Es*, *Ich* und *Wir* sowie von Kognition, Emotion und Körper erhalten bleiben bzw. immer wieder hergestellt werden. Es muss somit auch jeder – die Pädagogen wie die Lernenden – die Möglichkeit haben, Reflexionsphasen und Planungsänderungen anzuregen.

Insofern kann die Durchführung nie als strenge Umsetzung der Planung zu verstehen sein, sondern sie erfolgt im Wechsel mit weiteren Planungsschritten. Für solche Planungsänderungen sind Unterbrechungen des geplanten Ablaufes zur Reflexion des Unterrichtsgeschehens und zur Organisation des weiteren Vorgehens vorgesehen. Auf diese wird im Folgenden näher eingegangen.

6.3.4 Facette der Reflexion

Wie bereits deutlich wurde, ist Unterrichtsplanung, wie sie hier verstanden wird, nicht von der Durchführung selbst zu trennen. Planungsprozesse enden nicht mit der beginnenden Umsetzung. Vielmehr sind Planung und Durchführung eng miteinander verwoben, wenn eine flexible Orientierung am Lernprozess angestrebt und realisiert wird. Insbesondere dann, wenn Störungen und Konflikte auftreten, wenn es zu Schwierigkeiten bei der Auseinandersetzung mit der Sache oder auch zu individuellen Problemen kommt, sind Modifikationen der Planung nötig. Bei Störungen sind Reflexionsphasen unumgänglich, wenn man diese gemeinsam in der Gruppe bewältigen will – unter Berücksichtigung wesentlicher Faktoren, welche die Störung bedingen (vgl. 2.3.5). Des Weiteren werden Planungsänderungen dann nötig, wenn sich während der Auseinandersetzung mit einem Thema besondere Interessen herausgebildet und sich die Bedürfnisse der einzelnen und der Gruppe so verändert haben, dass die ursprüngliche Planung diesen nicht mehr gerecht werden kann. Darüber hinaus können aufgrund der sich im Laufe des gemeinsamen Lernprozesses verändernden Voraussetzungen Planungskorrekturen erforderlich werden. Grundsätzlich kann jedes Mitglied solche Reflexionsphasen vorschlagen, wenn sie notwendig zu sein scheinen. Neben derlei Unterbrechungen, die aufgrund aktueller Anlässe notwendig werden, können auch Reflexionsphasen hilfreich sein, die von der Lerngruppe bereits im Voraus für feste Zeitpunkte vereinbart wurden, um den Unterrichtsverlauf zu reflektieren und das weitere Vorgehen zu besprechen und damit eine Orientierung am Lernprozess zu ermöglichen. Eine solche Festlegung von Reflexionsphasen im Voraus kann durchaus sinnvoll sein, um Aktivismus zu vermeiden und somit ein geplantes und reflektiertes Vorgehen, auch im Sinne der Selbst- und Handlungskontrolle (vgl. 2.3.3), zu sichern.

In einer solchen Reflexionsphase können insbesondere Gesprächskreise (vgl. 5.6.6) eine Möglichkeit für die Lernenden bieten, ihre Ergebnisse vorzustellen, die bis zu diesem Zeitpunkt erarbeitet wurden, und Probleme anzusprechen, aber auch den gesamten Unterrichtsverlauf zu diskutieren sowie Meinungen und Vorstellungen hinsichtlich des weiteren Vorgehens auszutauschen.

Bei dieser Reflexion sollten rückwärts blickend und im Hinblick auf weiterführende Planungsschritte vor allem die Balance-Facetten Berücksichtigung finden. Im Rahmen der Auseinandersetzung mit dem zurückliegenden Unterrichtsgeschehen kann sich die Gruppe darüber bewusst werden, welche Aspekte eher vernachlässigt wurden und daher im weiteren Unterrichtsverlauf stärker hervorzuheben sind. Unterbrechungen dienen dazu, das Gleichgewicht zwischen den Faktoren wieder herzustellen oder aufrecht zu erhalten. Dies kann beispielsweise geschehen, indem die Gruppe für den weiteren Verlauf des Unterrichts andere Lernformen wählt, in denen die bis dahin vernachlässigten Aspekte stärker zum Tragen kommen. Es können aber beispielsweise für den Anschluss an eine Phase konzentrierter Arbeit ebenso Entspannungsübungen, Bewegungsspiele oder auch einfach eine Pause vereinbart werden, um so einen Ausgleich zu schaffen.

Daneben sollten solche Reflexionsphasen auch immer dazu genutzt werden, sich mit der vereinbarten Struktur, dem Gesamtrahmen des Unterrichts kritisch auseinanderzusetzen, da auch hierin Ursachen von Störungen liegen können – etwa dann, wenn klare Regelungen und Absprachen fehlen oder die Struktur nicht mehr angemessen ist, dem gegenwärtigen Unterrichtsgeschehen nicht mehr entspricht. Zugleich kann die Reflexion festgelegter Strukturen dazu beitragen, dass sinnlose Regeln und Strukturen erkannt und geändert werden, anstatt eine einmal festgelegte Struktur starr beizubehalten.

6.3.5 Facette der Auswertung

Die Auswertung kann, wie unter 6.2.2 bereits dargestellt, im Hinblick auf vier Aspekte differenziert werden: die Auswertung der gesamten Unterrichtseinheit in Bezug auf die Planung, die Bewertung individueller Lernprozesse sowie der Lernprozesse der Gruppe – und schließlich auch eine Diskussion der Arbeit des oder der Pädagogen.

Die Beteiligung der Schüler an solchen Auswertungsprozessen, wozu auch die unter 6.3.2 beschriebene gemeinsame Verständigung über Kriterien und Formen zählt, stellt einen wichtigen Schritt zu einem verantwortlichen Lernen dar. Damit wird unter anderem an Gedanken von Rogers (vgl. 5.2) angeknüpft, welcher der Selbstbewertung große Bedeutung beimisst. Dabei soll allerdings auch interindividuelle Vergleichbarkeit Berücksichtigung finden, wie im Weiteren noch zu diskutieren sein wird.

Auswertung des Unterrichts hinsichtlich der Didaktischen Gestalt

Eine Auswertung des Unterrichts ist nicht nur im Sinne eines Rückblickes zu verstehen, sondern im Rahmen einer „rollenden Planung" immer auch nach vorne gerichtet: Insbesondere im Hinblick auf weitere Planungen kommt der Auswertung des Unterrichts Bedeutung zu, da nur im Rahmen differenzierender Reflexion positive Ansätze, aber auch Schwächen bei Planung und Durchführung deutlich werden, die dann zukünftig mehr Berücksichtigung finden können. Dabei wird eine Rückkoppelung zur ursprünglichen Planung notwendig sein, wobei auch die Reflexionsphasen sowie vorgenommene Planungsänderungen in die Betrachtung mit einbezogen werden sollten. So wäre beispielsweise zu fragen: Wurden die Voraussetzungen und Bedingungen angemessen eingeschätzt? Welche Bedeutung wird den Inhalten jetzt beigemessen und wurde dies zu Beginn der Planung ähnlich beurteilt? Waren die Medien und ausgewählten Lernformen geeignet? Wann und warum traten Störungen und Probleme auf, waren diese vorherzusehen? Worin lagen die Ursachen – in der Planung oder Umsetzung? Waren Veränderungen hinsichtlich der zeitlichen Planung notwendig? Konnten die Lernziele erreicht werden, waren sie realistisch? – um nur einige relevante Gesichtspunkte zu nennen. In engem Zusammenhang mit der letzten Frage steht die Beurteilung individueller Lernprozesse als weiterer Aspekt der Auswertung.

Auswertung individueller Lernprozesse und -ergebnisse

Bei der Auswertung werden neben der Einschätzung der Lernenden auch die zuvor gemeinsam festgelegten Formen der Leistungsbeurteilung zu berücksichtigen sein. Indem die Kriterien für eine solche Beurteilung bereits bei der Planung bestimmt wurden, wird eine differenzierte Selbsteinschätzung möglich. Zusätzlich wird jedoch auch eine Beurteilung und Bewertung der Leistungen durch den Pädagogen vorgenommen. Diese orientiert sich ebenfalls an den Vereinbarungen, wobei die Selbstbewertung der Lernenden mit einbezogen werden kann (und sollte). Da die Form der Leistungsbewertung im Voraus mit den Lernenden abgesprochen wurde und somit Art und Maßstäbe der Beurteilung bekannt sind, kann die Überprüfung von Leistungen weniger angsterzeugend und bedrohlich wirken.

Es wird auch ein interindividueller Vergleich der Leistungen der Einzelnen in die Beurteilung mit eingehen müssen: Zwar ist es einerseits wichtig, dass Bewertungen den *individuellen* Lernfortschritt widerspiegeln, jedoch müssen andererseits Bewertungen zur Orientierung für die Lernenden auch Auskunft über ihre Leistungen *im Vergleich zu anderen* geben. Eine solche Vergleichbarkeit ist in aller Regel nicht durchweg verzichtbar, da rein intraindividuelle Auswertungen und Beurteilungen unter Umständen die Konfrontation mit dem Problem der Beurteilung und Selektion nach Leistung nur an das Ende der Schulzeit verschieben, wo es plötzlich, für die Betroffenen unerwartet, zutage tritt und diese unvorbereitet trifft: Spätestens dann erfolgt eine Auslese nach Leistungen als gesellschaftliche Realität. Häufig wünschen die Schüler auch solche interindividuellen Bewertungen und Vergleiche als Rückmeldung. Es ist hilfreich, diesen Wünschen nicht unüberlegt, aber wohlreflektiert in bestimmten Situationen entgegenzukommen. So können interindividuelle Vergleiche, gut durchdacht eingesetzt, die Entwicklung einer realistischen Selbsteinschätzung fördern.

Bei der Auswertung individueller Lernprozesse ist auch die Entwicklung sozialer sowie emotionaler Kompetenzen und ihrer Realisierung im Lerngeschehen zu berücksichtigen. Dies gilt gerade auch für Schüler mit gravierenderen Verhaltensauffälligkeiten. Dabei handelt es sich allerdings zugleich um Kompetenzen, die ebenso im Gruppenprozess zu bedenken sind und somit auch für den nachfolgenden Auswertungsaspekt besondere Bedeutung haben.

Auswertung der Lernprozesse der Gruppe

Nicht nur die einzelnen Individuen, sondern die gesamte Gruppe entwickelt sich im Rahmen von Phasen des Lernens. Dies ist in der Auswertung zu berücksichtigen. Dabei steht insbesondere die Atmosphäre in der Gruppe, aber auch soziales Lernen hinsichtlich seiner Funktion für die Gruppeninteraktionen im Vordergrund. Fragestellungen könnten etwa die Folgenden sein: Hat sich die allgemeine Gruppenatmosphäre verändert? Welche expliziten und impliziten Rollen in der Gruppe bestanden und bestehen und in welchem Verhältnis befinden sich diese vergebenen Rollen zu den individuellen Bedürfnissen und Voraussetzungen? Welche Entwicklung haben die gruppeninternen Interaktionsstrukturen genommen? Wurden sensible soziale Wahrnehmung und soziales Verhalten in der Gruppe insgesamt weiterentwickelt? War und ist die Dynamik der Gruppe lebendig? Hat sich der Gruppenzusammenhalt weiterentwickelt; wie steht es mit der Situation von (potenziellen) Außenseitern?

Da zur Gruppe auch der oder die Pädagogen gehören, kann es durchaus hilfreich sein, soweit verfügbar eine Außensicht der vollzogenen Gruppenprozesse zu erheben: etwa durch Befragung gruppenexterner Personen, welche die Gruppe vor der vollzogenen Lernphase und/oder im Lernprozess erlebt haben oder sie gegenwärtig erleben (vgl. auch die Möglichkeiten kollegialer Supervision unter 6.4.3). Dies kann wichtige An- und Einsichten über die Dynamik der gesamten Lerngruppe eröffnen.

Auswertung der Arbeit des oder der Pädagogen
Auch die Pädagogen werden im Rahmen einer kritischen Diskussion eine Rückmeldung hinsichtlich ihrer Arbeit erhalten. Hierbei kann Bezug auf die Rolle und die Funktionen als Pädagogischer Partner genommen werden, die in der Lerngruppe diskutiert wurden (vgl. 6.3.1), aber auch auf Erwartungen und Auswertungskriterien, welche die Gruppe im Rahmen der gemeinsamen Planung formuliert hat (vgl. 6.3.2). So wären beispielsweise Rückmeldungen zu folgenden Fragen wichtig: War der Pädagoge für die Lernenden ansprechbar? Verfolgte er aufmerksam die individuellen und Gruppenprozesse; nahm er sie adäquat wahr? Wie stark fühlten sich die Lernenden durch den Pädagogen unterstützt, etwa in Form von Beratung und Hilfen bei der Organisation? Hat der Pädagogische Partner demokratische Umgangsformen realisiert? War sein Unterrichtsverhalten eher beratend oder bestimmend? Hat er in seiner Erziehungsfunktion ein gelungenes Gleichgewicht zwischen der Ermöglichung von Autonomie und gezielten Impulsen, ggf. auch Interventionen bewältigt?

Das hier beschriebene Unterrichtsmodell soll im Folgenden hinsichtlich seiner zentralen Aspekte graphisch verdeutlicht werden:

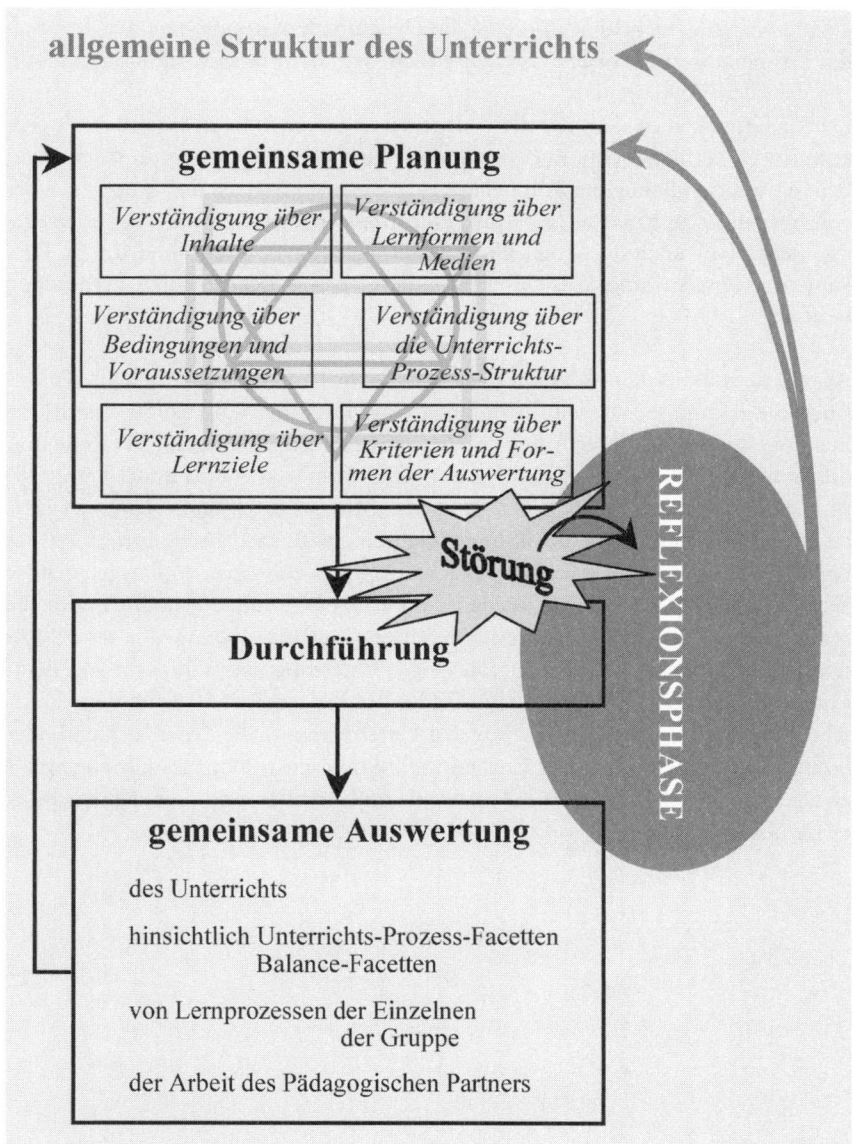

Abb. 16: Prozessmodell didaktischer Gestaltung

6.4 Gesichtspunkte der Umsetzung

6.4.1 Aufgaben des Pädagogen

In dem vorgestellten Modell von Unterricht hat der Lehrer als Pädagogischer Partner eine andere Rolle und damit verbunden auch andere Aufgaben als in einem allein vom Lehrer geplanten und gesteuerten Unterricht. Die allgemeine Rolle des Pädagogischen Partners als didaktischer Gestalter, Begleiter und Berater sowie Organisator wurde bereits unter 6.1.2 bestimmt. Im Anschluss an das oben entwickelte Modell eines gemeinsam geplanten und gestalteten Unterrichts können nun die Überlegungen zur Rolle als Pädagogischer Partner präzisiert werden, indem Aufgaben und Anforderungen konkreter beschrieben werden.

Vor allem wird die Vorbereitung des Pädagogischen Partners in einem gemeinsam geplanten Unterricht sich von der eines Lehrers unterscheiden, der allein für Planung und Durchführung des Unterrichts zuständig ist: Wenn die Lernenden als Mitplanende ernstgenommen werden sollen und eine echte Beteiligung angestrebt wird, muss der Pädagoge, konsequent gedacht, auf eine eigene Vorplanung des Unterrichts verzichten, da dies eine Einengung des gemeinsamen Planungsprozesses bedeuten würde.

Dennoch ist eine, anders beschreibbare, umfassende Vorbereitung seinerseits unumgänglich, da er im Rahmen der gemeinsamen Planung grundsätzlich eine andere Rolle als die Schüler hat: Der Pädagoge ist insbesondere als *Berater* gefragt. Er muss den Lernenden flexibel Hilfen anbieten können, die sie für Planung und Gestaltung von Unterricht benötigen. Dies erfordert nicht nur das nötige Fachwissen, sondern auch ein breites Repertoire an Methoden, die flexibel und gezielt zum Einsatz kommen können. Um die Lernenden bei der gemeinsamen Planung angemessen beraten zu können, bedarf es auch somit keiner konkreten Vorplanung von Seiten des Pädagogen, sondern vielmehr einer Sammlung von unterschiedlichen Ideen, die er den Lernenden, aus der gemeinsamen Planung und dem Unterrichtsverlauf heraus, gegebenenfalls anbieten kann. Diese Planungsarbeit des Pädagogen lässt sich mit dem Bild eines „Karteikastens" beschreiben:

Der Pädagoge als *didaktischer Gestalter* macht sich Gedanken zu den einzelnen Unterrichts-Facetten (vgl. 6.2) – letztere können als Fächer eines Karteikastens gedacht werden, welche mehrere Alternativen beinhalten und beliebig zu ergänzen sind. Zunächst versucht der Pädagoge für sich, Inhalte zu begründen, und informiert sich ausreichend zum Thema; er durchdenkt die damit verbundenen Anforderungen und notwendigen Bedingungen, überlegt sich mögliche Ziele, angemessene Lernformen sowie denkbare Unterrichts-Prozess-Strukturen und sucht nach geeigneten Formen der Auswertung. Dabei sollten ihm die Zusammenhänge der Facetten bewusst bleiben. Im gemeinsamen Planungsprozess können dann einzelne, passende Überlegungen – im hier verwendeten Bild „Karteikarten" – ausgewählt und angeboten werden, wobei der Karteikasten ständig erweitert werden kann – vor allem auch durch Karten der Lernenden. Ebenso ist, als Alternative zum Bild des „Karteikastens", das Bild einer „Datenbank" denkbar. Dabei ergeben sich zusätzliche Möglichkeiten, indem Zusammenhänge zwischen „Einzeldaten" (Gedanken zu unterschiedlichen Facetten) über „Links" hergestellt werden können oder das flexible Sortieren der „Daten" nach unterschiedlichen Kriterien möglich wird.

Als didaktischer Gestalter muss der Pädagoge in seiner Partnerfunktion dabei immer auch die Balance-Facetten im Auge behalten und sich um ihre gleichgewichtige Berücksichtigung kümmern. Dieser wichtige Aspekt ist jedoch nicht nur im Rahmen der Planung von Bedeutung, sondern während des gesamten Unterrichtsverlaufs zu bedenken. Damit tritt eine andere zentrale Funktion als Pädagogischer Partner in den Vordergrund: die des *Begleiters*. Der Pädagoge muss das Unterrichtsgeschehen stetig sensibel beobachten und die stattfindenden Prozesse aufmerksam wahrnehmen. Die Forderung nach Aufmerksamkeit und sensibler Wahrnehmung bezieht sich dabei, wie bereits mehrfach deutlich wurde, auch auf die Person des Pädagogen selbst – im Sinne des Prinzips der Selbstreflexion. Diese sensible, wache Wahrnehmung der gegenwärtigen, im „Hier und Jetzt" stattfindenden (externen wie internen) Prozesse wird von der Gestaltpädagogik (vgl. 4.6; Stein 2005, 38f.) als „awareness" bezeichnet und gilt hier als zentrales Moment pädagogischer Arbeit. Sie kann durch Prozesse der Supervision unterstützt werden.

Mit der Funktion des Begleiters ist für den Pädagogen immer auch die Aufgabe verbunden, Störungen aufmerksam wahrzunehmen, Situationen, in denen er als *Berater* Hilfen anbieten muss – insbesondere dann, wenn Prozesse völlig aus dem Ruder laufen, etwa, wenn Aggressionen, Gewalt gegen Personen und Sachen auftreten. Daneben wird der Pädagoge jedoch immer auch auf Anfrage der Lernenden Hilfen anbieten, etwa entsprechende Ideen einbringen, indem er ihnen „den Karteikasten zur Verfügung stellt". Diese Hilfe kann jedoch auch darin bestehen, dass er Informationen in Form eines Vortrages gibt oder mit den Lernenden einen Lehrgang durchläuft.

Dieses Anbieten von Hilfen meint aber beispielsweise auch, als *Organisator* tätig zu werden: etwa Termine zu vereinbaren, falls dies den Lernenden nicht möglich ist, Materialien (zum Beispiel Kopien, Filme, Bücher) zu besorgen, an welche die Lernenden nicht herankommen, oder auch in schwierigen Situationen die Gesprächsführung zu übernehmen.

In verschiedenen der bisher erörterten Aufgaben und Anforderungen ist auch schon die Funktion des *Erziehers* implizit enthalten. Der Pädagoge steht im Unterrichtsgeschehen im stetigen Dialog mit den Lernenden – hat aber auch die Prozesse und Dynamiken in der Gruppe zu berücksichtigen. Er muss sensibel beobachten und entscheiden, wann er gezielt eingreift, erzieherische Impulse gibt, hierfür Schüler aktiviert (etwa im Rahmen von Streitschlichtung oder Buddykonzepten), ein klärendes Gespräch führt oder als Vorbild auftritt – und wann er eher im Hintergrund wirkt oder nur begleitend präsent ist.

Wichtig im Zusammenhang mit den Aufgaben des Pädagogischen Partners ist außerdem die Nachbereitung des Unterrichts. Über die Auswertung in der Gesamtgruppe hinaus – eventuell auf dieser basierend – ist eine kritische Reflexion des Unterrichts sowie des eigenen Verhaltens durch den Pädagogen notwendig. Wenn hier der Begriff „Reflexion" verwendet wird, ist damit nicht ein unstrukturiertes Nachdenken über das Geschehen gemeint, sondern eine strukturierte gedankliche Analyse, die sich an dem hier erörterten Modell (vgl. 6.2) mit seinen Facetten orientiert. Aus einer solchen Reflexion heraus ergeben sich wiederum Impulse für die Vorbereitung und Gestaltung weiterer Unterrichtseinheiten – beispielsweise Ideen, die in die gemeinsame Planung eingebracht werden können.

Die hier geforderte Selbstreflexion sollte auch eine kritische Auseinandersetzung mit dem Problem „Störung" umfassen – eine Auseinandersetzung mit der eigenen Wahrnehmung, Interpretation sowie dem Verständnis von Störungen. Eine solche Forderung ergibt sich direkt aus dem hier vorgestellten didaktischen Modell: Störungen nehmen in diesem Ansatz einen zentralen Platz ein. Sie wurden, unterrichtsbezogen, differenziert in antizipierte und aktuell auftretende Störungen (vgl. 6.1.1). Sie wurden im Hinblick auf eine handlungsorientierte Analyse in Aspekte gegliedert (vgl. 6.2.2). Um Verhaltensstörungen wahrzunehmen und beurteilen zu können, bedarf es einer differenzierten „Störungsschulung" für Pädagogen, welche große Bedeutung für die allgemeine Lehrerbildung hat. Eine hilfreiche Struktur für die differenzierte Beschreibung und Analyse von Verhaltensstörungen – als Grundlage für den Umgang mit diesen – wurde in Kapitel 2 zusammengetragen. In Verbindung mit dem Störungsverständnis der Themenzentrierten Interaktion (vgl. 4.1) ergibt sich ein Störungsbegriff, der deutlich vom negativ akzentuierten Alltagsverständnis abweicht und Pädagogen eine kritische, aspektreiche Sicht von Störungsphänomenen ermöglichen sollte. Insofern ist eine intensive Auseinandersetzung von Pädagogen mit diesem Störungsverständnis und dessen Internalisierung unverzichtbare Basis des Verständnisses und der Arbeit im Rahmen des hier vertretenen Ansatzes zur Gestaltung von Unterricht.

6.4.2 Zur Berücksichtigung von Verhaltensstörungen im Rahmen des integrativen Modells der Didaktik und des Unterrichts

Mit dem eben skizzierten Modell sollte kein spezieller, im Hinblick auf eine bestimmte Schülergruppe – nämlich Schüler mit Verhaltensauffälligkeiten – ausgerichteter Ansatz entworfen werden. Es wurde vielmehr bereits eingangs als ein allgemeines Modell beschrieben, das jedoch in besonderer Weise auch Verhaltensstörungen berücksichtigen und einen flexiblen Umgang hiermit ermöglichen will. Daher fand schon bei der Betrachtung möglicher Bausteine eines solchen Modells die Frage nach der Passung für die Pädagogik bei Verhaltensstörungen Berücksichtigung. Bei den Überlegungen zum Entwurf eines Unterrichtsmodells waren dann insbesondere zwei Fragen relevant: Wie können Störungen im Unterricht vermieden werden? aber vor allem: Wie wird es möglich, im Unterricht flexibel mit Störungen umzugehen? Dabei werden auch die Erziehungsfunktion sowie die ab 3.6.2 genannten grundlegenden Unterrichtsprinzipien und -aspekte der Pädagogik bei Verhaltensstörungen aufgegriffen. Wie dort deutlich wurde, handelt es sich dabei überwiegend um Prinzipien, die im Bereich der Pädagogik bei Verhaltensstörungen von besonderer Bedeutung sind, jedoch auch für die Pädagogik allgemein Gültigkeit haben und dort ebenso beachtet werden sollten. Dies könnte auch der Weiterentwicklung eines integrierenden Unterrichtes dienlich sein, aus dem kein Schüler wegen auftretender Störungen ausgeschlossen werden muss – letztlich, im optimalen Falle, eines inklusiven Unterrichts.

Mit dem Anliegen, ein allgemeines Unterrichtsmodell zu entwickeln, ist bereits eines dieser Prinzipien berührt – das Prinzip des Durchgangs der Schule für Erziehungshilfe, der Schulen für Kranke, aber auch von Klassen mit dem Förderschwerpunkt emotional-soziale Entwicklung in unterschiedlichsten Formen. Eine problemlose und dauerhafte Rückschulung der Schüler aus solchen besonderen Beschulungsformen ist eher dann möglich, wenn sich der Unterricht in seiner Struktur nicht zu sehr von dem in der Regelschule unterscheidet. Die Schüler sollten somit in solchen Settings nicht grundsätzlich andere Bedingungen vorfinden, sondern vielmehr, bedarfsorientiert, intensive Hilfen im Umgang mit einer regulären Unterrichtssituation erfahren und damit die Möglichkeit erhalten, entsprechende Kompetenzen zu entwickeln und zu entfalten. Dieses Prinzip der regulären Pädagogik könnte dazu beitragen, dass sich ein Übergang in die allgemeine Schule weniger schwierig gestaltet, und dadurch einen wichtigen Beitrag zur Reintegration der Schüler leisten.

Im Hinblick auf das Ziel der Integration sind darüber hinaus noch weitere Aspekte von Bedeutung. Im vorgestellten Modell werden Verhaltensstörungen explizit berücksichtigt und es soll ein flexibler Umgang mit diesen ermöglicht werden, indem sich die Planung am Unterrichtsgeschehen orientiert und Störungen im Unterricht thematisiert werden (Meta-Unterricht). Dies wurde unter 3.6.6 als ein hilfreicher Aspekt prozessorientierten Unterrichtens herausgestellt. Indem das Unterrichtsgeschehen in der Gruppe reflektiert wird, lassen sich außerdem voreilige Zuschreibungen von Verhaltensauffälligkeiten vermeiden. Wie unter 3.5 gefordert, werden im Rahmen des Modells integrativer Didaktik in der Reflexion des Unterrichts und der Selbstreflexion wesentliche Aufgaben des Pädagogen gesehen. Mit Blick auf die berufliche Integration der Schüler wurde dort eine gleichgewichtige Berücksichtigung sozialer und emotionaler Aspekte, die im Bereich der Pädagogik bei Verhaltensstörungen besondere Betonung erfahren, einerseits und fachlicher und gesellschaftlicher Aspekte andererseits gefordert. In diesem Zusammenhang ist insbesondere der innere Bereich des Modells integrativer Didaktik, die konsequente Beachtung der Balance-Facetten, von Bedeutung. Von dieser Grundlage ausgehend wurden auch im Rahmen der Konkretisierung des Modells immer wieder gesellschaftliche und fachliche Aspekte angesprochen. Damit wird nochmals deutlich, dass der Unterricht der Schule für Erziehungshilfe oder anderer besonderer Settings sich nicht grundsätzlich von dem an einer Regelschule unterscheiden sollte, insofern auch hier fachliche Aspekte ihre Bedeutung haben – andererseits im regulären schulischen Unterricht auch weitere Aspekte wie Emotionen, Prozesse sozialer Interaktion oder Störungen stärkere Berücksichtigung finden bzw. finden sollten. Die Unterscheidung beider Formen von Förderorten liegt insbesondere in der Intensität der (erzieherischen) Maßnahmen, in der Milieugestaltung sowie im Vorhalten von Multiprofessionalität.

Als eine zentrale Aufgabe der Pädagogik bei Verhaltensstörungen, die jedoch über diesen Bereich hinausgehend relevant ist, wurde Erziehung genannt, wobei die enge Verknüpfung von umfassender Bildung im Sinne von Persönlichkeitsentwicklung einerseits und inhaltlichem Lernen andererseits herausgestellt wurde. Im Rahmen des dargestellten Unterrichtsmodells ist explizit keine künstliche Trennung der beiden Aspekte vorgesehen – im Unterschied zu Ansätzen wie beispielsweise jenem von Cruickshank (vgl. 5.1), welche die Förderung rein kognitiv-inhaltlichen Lernens zum vorrangigen Ziel haben, indem Verhaltensauffälligkeiten durch äußere Strukturen kompensiert werden. Hier sollen vielmehr Bildungsprozesse im Sinne eines umfassenden Werdens der Person im Vordergrund stehen (vgl. auch Kapitel 1): In der Auseinandersetzung mit Inhalten sind Menschen auch sozial-emotional involviert; daher finden auch Gefühle Berücksichtigung – und Kooperation, demokratische Umgangsformen sowie Emanzipation werden angestrebt. Nach diesem Verständnis müssen Störungen als ein Aspekt von Unterricht erkannt und dort gemeinsam angegangen werden.

In diesem Zusammenhang rückt insbesondere das unter 3.6.5 dargestellte Prinzip der Strukturgebung in den Vordergrund. Durch klare Strukturen können Störungen vermieden werden – wie dies auch im Klassenmanagement im Vordergrund steht (vgl. 3.7.3). Die Erwartungen, die an den Einzelnen gerichtet sind, sind klar erkennbar, was jedem Gruppenmitglied eine Orientierung ermöglicht. Mit einem gemeinsam vereinbarten Regelsystem kann das Zusammenleben in der Gruppe geordnet und somit das Auftreten von Konflikten reduziert werden. Daher wird auf die Vereinbarung eines allgemeinen Rahmens von Unterricht sowie auf gemeinsame Veränderungen dieses Rahmens im vorliegenden Modell besonderer Wert gelegt.

Eine solche allgemeine Strukturgebung darf jedoch nicht auf bloße Anpassung zielen, indem beispielsweise vom Lehrer Regeln und Sanktionen festgelegt werden. Strukturen und Regeln müssen immer wieder einer kritischen Diskussion in der Gruppe ausgesetzt und hinterfragt werden. Dann unterliegen sie einer gruppengesteuerten Entwicklung. Aus einer solchen Auseinandersetzung erwächst, als weitere Chance, die Möglichkeit der grundsätzlichen Verständigung über Normen: Da Strukturen und Regeln nicht vorgegeben, sondern in der Lerngruppe ausgehandelt werden, können individuelle Normvorstellungen aller Beteiligten bewusst gemacht und in Frage gestellt werden – ein wichtiges Moment sowohl grundsätzlich im Hinblick auf den Umgang mit Verhaltensstörungen als auch spezifisch im Hinblick auf Moralerziehung. So kann eine Ursache von Verhaltensstörungen darin bestehen, dass die Normen, welche die Lernenden im Laufe ihrer Sozialisation erworben haben, nicht mit den in der Schule gültigen übereinstimmen. Dies lässt eine analysierende, vergleichende Verständigung über Normen und Regeln unumgänglich erscheinen. Sie trägt dazu bei, Verständnis für das Verhalten anderer aufbringen zu können (vgl. auch 5.7.1), Normen zu hinterfragen sowie auch bestehende Normen und Regeln explizit und transparent zu machen – zugunsten von Orientierung und Verständigung. Indem Situation und Vorerfahrungen der Lernenden Berücksichtigung finden, kann durch eine solche Verständigung eine voreilige Aussonderung von auffälligen Schülern infolge starrer und nicht hinterfragter Normen vermieden werden.

Mit einer solchen durch die gesamte Gruppe vorgenommenen Strukturgebung, die dem Einzelnen Sicherheit vermitteln kann, findet ein weiteres wichtiges Prinzip Berücksichtigung – das des „therapeutischen Milieus" im Sinne einer möglichst bedrohungsfreien, angenehmen Klassenatmosphäre. Hierzu trägt neben der Strukturgebung vor allem das gemeinsame Festlegen von Lernzielen und von Formen der Leistungsbeurteilung bei. Aber auch das Bemühen der Pädagogen um Kooperation und das Vermeiden stärker konkurrenzorientierter Lernformen sind in diesem Zusammenhang hilfreich. Das Fehlen äußerer Bedrohung wird von Rogers (vgl. 5.2) als wesentliche Bedingung für Lernen und Persönlichkeitsentwicklung hervorgehoben; ähnlich beschreibt dies Bettelheim (vgl. 1990) als einen besonderen Schutz- und Schonraum, der insbesondere denjenigen Sicherheit vermittelt, welche diese nicht kennen.

Des Weiteren kann eine gemeinsame Strukturgebung, wie sie das vorliegende Modell vorsieht, einen Beitrag leisten, um ein positives Erleben aller am Unterricht Beteiligter zu ermöglichen. Das hiermit angesprochene Prinzip des Wohlfühlens steht gleichzeitig auch in einem engen Zusammenhang damit, eigene Gefühle zu thematisieren. Hierzu bedarf es einer offenen und vertrauensvollen Klassenatmosphäre und entsprechender Möglichkeiten für einen solchen Austausch. In Form von gemeinsamer Planung und vorgesehenen Reflexionsphasen sind entsprechende Möglichkeiten grundsätzlich gegeben. Im gesamten Verlauf findet dabei nicht nur das einzelne Mitglied der Gruppe, sondern auch die Gruppe als Ganzes Berücksichtigung: etwa, wenn im Rahmen der Verständigung über die Voraussetzungen nicht nur diejenigen einzelner Gruppenmitglieder angesprochen werden, sondern auch solche Voraussetzungen, die das Zusammenleben und -arbeiten betreffen (vgl. 6.3.2 – Verständigung über Bedingungen und Voraussetzungen; auch 6.3.5 – Auswertung der Lernprozesse der Gruppe). Somit sind auch soziale und gruppendynamische Aspekte Gegenstand der Reflexion in der Lerngruppe – ein Bereich, in dem Verhaltensstörungen häufig auftreten und insbesondere Kinder und Jugendliche mit Verhaltensauffälligkeiten Schwierigkeiten haben.

Beim Entwurf des oben dargestellten Modells war es von besonderer Bedeutung, bereits im Ansatz selbst das mögliche Auftreten von Störungen zu berücksichtigen und nach Wegen zu suchen, die einen flexiblen Umgang mit diesen erlauben. Das erfordert eine konsequente Umsetzung des Prinzips der Prozessorientierung. Eine solche Orientierung am Unterrichtsgeschehen und den Lernprozessen der Schüler wird nicht realisiert, wenn im Unterricht starr nach einer zuvor festgelegten Planung vorgegangen wird. Vielmehr verlangen Störungen und die Berücksichtigung aktueller Bedürfnisse nach einer mit dem Unterrichtsverlauf eng verknüpften Planung, die während ihrer Umsetzung immer wieder verändert wird. Des Weiteren setzt eine Orientierung an Lernprozessen möglichst genaue und vollständige Kenntnisse über diese voraus, weshalb die Beteiligung der Lernenden an Planungsprozessen notwendig ist. Daher wurde im Modell auf eine gemeinsame, vorläufige und im Rahmen von Reflexionsphasen immer wieder modifizierbare Planung Wert gelegt. Durch diese Art der Unterrichtsplanung, die gemeinsam in der Lerngruppe erfolgt und eng mit dem Unterrichts- und Lerngeschehen verwoben ist, wird außerdem dem Prinzip der Individualisierung entsprochen: Jeder Einzelne kann seine aktuellen Bedürfnisse, Ziele und Kompetenzen direkt in die Planung und Durchführung von Unterricht einbringen. Des weiteren sind im Rahmen der gemeinsamen Planung von Unterricht immer auch Möglichkeiten gegeben, Phasen einzuplanen, in denen alle, aber auch einzelne Schüler nach einem individuellen Arbeitsplan lernen können. Solche Pläne, welche den persönlichen Voraussetzungen, Interessen und Zielen der Lernenden entsprechen, können im Rahmen der Planung in der Lerngruppe oder gemeinsam mit dem Pädagogen erstellt werden; auch dieses Vorgehen dient der Prävention auftretender Störungen, die oft aus der Verletzung oder Nichtberücksichtigung individueller Bedürfnisse in verschiedenen Facetten heraus entstehen.

Über die unter 3.6 genannten Prinzipien hinausgehend finden hier weitere Aspekte Berücksichtigung, die aus der Perspektive einer Pädagogik bei Verhaltensstörungen von besonderer Bedeutung sind:

Anstelle kontinuierlicher Fremdkontrolle, welche die Lernenden letztlich in Abhängigkeit und Unmündigkeit belässt oder sogar erst in diese führt, zielt das Modell auf möglichst hohe Selbstkontrolle und Gewährung von Autonomie. Daher wurde der Verständigung über Regeln und Strukturen, über Lernziele sowie über Formen der Auswertung große Bedeutung beigemessen. Insbesondere die Klarheit im Hinblick auf Maßstäbe der Aus- und Bewertung ermöglicht Selbstkontrolle, indem das Verhalten hieran orientiert und im Hinblick auf die gemeinsam vereinbarten Maßstäbe überprüft werden kann. Damit wird eine gelingende Selbst- und Handlungsregulation gefördert, indem angemessene Handlungspläne, individuell wie gruppenbezogen, entworfen, realitätsadäquat umgesetzt und handlungsbegleitend analysiert sowie auch rückblickend reflektiert und bewertet werden können. Gerade angesichts der Tatsache, dass bei Verhaltensauffälligkeiten häufig bestimmte Bereiche der

Selbst- und Handlungskontrolle ungenügend entwickelt sind, können auf diesem Wege essentielle Kompetenzen gefördert werden. So lassen sich auch Fehler, die aus einer mangelnden Selbst- und Handlungskontrolle resultieren, reduzieren.

Als ein besonderes Problem des Unterrichts an Schulen für Erziehungshilfe sowie in speziellen Förderklassen bleibt das Phänomen der oft sehr hohen Fluktuation bestehen, das den Aufbau und die Weiterentwicklung des hier beschriebenen Unterrichtsmodells unter Umständen erheblich erschweren kann. Dies ist allerdings mittlerweile oft auch ein Problem von Grundschul-, Haupt- und Mittelschulklassen. Es handelt sich jedoch nur insofern um eine Schwierigkeit, als neue Lernende mit völlig anderen Gewohnheiten und Voraussetzungen zu einer Gruppe hinzustoßen. In dem Maße, in dem schulisches Lernen auch Kriterien wie einer gemeinsamen Unterrichtsplanung, demokratischem Aushandeln, Beteiligung Lernender an der Planung oder einer bedrohungsfreien Atmosphäre gerecht wird, bringen neue Mitglieder eher weniger Störungen und Schwierigkeiten in die bestehende Lerngruppe hinein. Trotzdem gilt auch hier, dass umso mehr Probleme mit einer starken Fluktuation verbunden sind, je größer die Diskrepanzen zwischen allgemeiner oder auch inklusiver Schule und besonderen Beschulungsformen sind: Wechseln Schüler in eine Schule, in der Lernformen praktiziert werden, die sie kaum kennen, ist es sehr wahrscheinlich, dass sie zunächst mit Störungen reagieren.

6.4.3 Möglichkeiten der Annäherung an ein Idealmodell

Es wurde bereits mehrfach darauf hingewiesen, dass dieses Modell als ein Idealmodell von Unterricht verstanden wird, welches möglicherweise nicht unbedingt uneingeschränkt in genau dieser Form umgesetzt werden kann. Wie nahe eine Lerngruppe diesen Idealvorstellungen kommt, ist insbesondere davon abhängig, welche Erfahrungen und Erwartungen bei Pädagogen und Lernenden hinsichtlich Unterricht und den Rollen von Lehrern und Schülern bestehen, wie selbständig eine Gruppe arbeiten kann und möchte und wie viel Mut die Einzelnen mitbringen, von Gewohntem abzuweichen. Das Alter der Lernenden spielt dabei sicherlich auch eine gewisse Rolle: So werden wichtige Voraussetzungen hinsichtlich Bewusstheit und kognitiver Strukturierung zur Mit- und Selbststeuerung bei älteren Kindern und Jugendlichen eher gegeben sein als bei Kindern im Grundschulalter. Aber auch äußere Bedingungen können die konsequente Umsetzung des Modells erschweren (vgl. auch Kapitel 7).

Darüber hinaus könnte es bei einer solchen konsequenten Umsetzung, die beispielsweise ja auch das gemeinsame Aushandeln von Regeln anstelle von Regelvorgabe und Sanktionierung durch den Lehrer vorsieht, anfänglich zu einer Art „Chaosphase" kommen, bis Regeln als notwendig erkannt und wirklich, akzeptierend, gemeinsam festgelegt werden. Es wird eine gewisse Zeit dauern, bis neue Rollen gefunden werden und die Einzelnen in der Lage sind, gemeinsam Verantwortung zu übernehmen.

Die notwendigen sozialen, emotionalen und kognitiven Kompetenzen – etwa Verantwortungsübernahme und Selbstkontrolle – können sich jedoch nur in solchen Situationen entwickeln, in denen sie auch benötigt und den Einzelnen zugetraut werden. Dafür scheinen, wie dargelegt, im unteren Bereich der Anforderungen ansetzende Stufenmodelle, wie sie etwa von Goetze und Neukäter (vgl. 5.3) sowie von Winkel (vgl. 4.5) vorgeschlagen werden, in dieser Form wenig geeignet: Sie bergen die Gefahr, dass den Lernenden die Möglichkeit zur Selbständigkeit vorenthalten und Verantwortung abgenommen wird, obwohl sie hierzu durchaus in der Lage wären. Es stellt sich die Frage, wie denn von außen und noch dazu in einer Situation, in der entsprechende Kompetenzen nicht gefordert sind, beurteilt werden kann, ob bei den Lernenden die Voraussetzungen für den Übergang zur nächst höheren Stufe gegeben sind. Insofern scheint es angemessener und sinnvoller, eben nicht schon im Voraus das Fehlen bestimmter Kompetenzen anzunehmen, sondern erst dann Hilfen anzubieten, wenn in der Situation Probleme auftreten – also konzeptionell umgekehrt einzusteigen (vgl. 6.1.1): ausgehend von einer maximalen Mitbestimmung und Beteiligung der Schüler.

Diese kann jedoch dann zurückgenommen werden, wenn hiermit eine Überforderung der Lernenden oder der Pädagogen verbunden wäre, wenn also eine Zurücknahme in der jeweiligen Situation notwendig erscheint. Ein solcher Schritt wäre vor allem dann angezeigt, wenn ohne ihn eine annehmbare Lernatmosphäre für die Beteiligten nicht mehr gewährleistet wäre. Somit kann hier das Prinzip des Wohlfühlens möglichst aller – der Lernenden sowie der Pädagogen – als zentrales Kriterium für das Maß der Annäherung an das unter 6.3 vorgestellte „Idealmodell" von Unterricht herangezogen werden. Solche Zurücknahmen müssen jedoch immer begründet erfolgen und bedürfen ebenfalls der Verständigung in der Lerngruppe, wenn nicht einseitig nur die Interessen Einzelner verfolgt werden sollen. In jedem Fall ist es wichtig, dass alle Beteiligten auch im weiteren Verlauf die Zielsetzung größtmöglicher Selbständigkeit und Beteiligung im Auge behalten, um ein Steckenbleiben bei „einfachen Lösungen" zu verhindern.

Es ist des Weiteren wichtig, dass Zurücknahmen keine grundlegenden Prinzipien verletzen. Dabei ist insbesondere an Akzeptanz und Achtung der anderen, die grundsätzliche Gewährleistung von Autonomie in den Erziehungsprozessen sowie an einen demokratischen Umgang in der Lerngruppe zu denken.

In Anbetracht gerade längerfristiger oder erheblicher Zurücknahmen der idealistischen Ansprüche dieses Modells ist der Reflexion innerhalb der Gesamtgruppe besondere Bedeutung beizumessen, aber vor allem – durch seine Position bedingt – der kritischen Selbstreflexion des Lehrers im Hinblick auf die vollzogenen Zurücknahmen. Letzteres gilt insbesondere dann, wenn die Zurücknahmen, gut begründet, in einer Einschränkung der Reflexionen und Entscheidungsbefugnisse der Gruppe liegen sollten, die Gruppe daher also dieser Kontrollfunktion gar nicht adäquat nachkommen kann. Dann hält der Pädagoge unter Umständen die Fäden des didaktischen Gelingens oder Scheiterns in der Hand und sollte sich dieser großen Verantwortung für die Entwicklung von Selbststeuerung, Autonomie und Reflexionsfähigkeit der Gesamtgruppe sehr bewusst sein.

Da eine Annäherung im Sinne eines im unteren Bereich der Anforderungen ansetzenden Stufenmodells nicht sinnvoll, ja für den gesamten Ansatz kontraproduktiv scheint, bleibt die Frage nach anderen Möglichkeiten der Annäherung für Pädagogen an das Modell. Als eine „Brücke des Überganges" kann eine intensive Vorbereitung und Auseinandersetzung dienlich sein: Es ist wichtig, dass Pädagogen von dem Modell und dem dahinterstehenden Bild von Mensch, Lernen, Erziehung und Unterrichtsprozessen überzeugt sind. Vielleicht wird es im Verlauf dieser Auseinandersetzung erst zu einem Denk-, später zu einem Handlungs-Modell: indem zunächst einfach Unterrichtsprozesse unter Heranziehung des Ansatzes betrachtet werden. Ebenso wichtig wie die Internalisierung des Gesamtmodells ist die Internalisierung des hier vertretenen komplexen, interaktionistischen Verständnisses von Verhaltensstörungen, um mit Störungen im Unterricht modelladäquat arbeiten zu können. Nur dann können, als „Rettungsanker" der Arbeit, Zurücknahmen des eingeführten Modells installiert werden, die zugleich die Basisprinzipien erhalten und weder kardinale Widersprüche hervorrufen noch in Sackgassen der pädagogischen Arbeit führen.

Es scheint wichtig, dass sich Pädagogen für diese Vorbereitung sowie die spätere Umsetzung Unterstützung suchen. So wäre die Einarbeitung in das Modell und spätere Reflexion des Unterrichtsgeschehens im Hinblick auf die Umsetzung des Ansatzes gemeinsam mit einem oder mehreren anderen Pädagogen sowie ggf. auch Angehörigen anderer Professionen möglich, im Zweier- oder im Kleingruppenteam – zur Unterstützung der Selbstreflexion der Pädagogen. Ein ähnliches Vorgehen wird im „Konstanzer Trainingsmodell" als „Tandem-Prinzip" vorgestellt (vgl. Tennstädt u.a. 1987; Humpert & Dann 2001). In einem kooperierenden „Tandem" zweier sich fortbildender Pädagogen ist eine sehr intensive Vorbereitung und Begleitung des Arbeitsprozesses möglich; auch gegenseitige Unterrichtsbesuche könnten hilfreich sein. Natürlich wäre es ebenso möglich, über das „Tandem" hinaus eine Kleingruppe zu bilden, die sich gemeinsam in das Modell einarbeitet und dann versucht, es bei gegenseitiger Rückmeldung und Supervision umzusetzen: Über einige Zeit hinweg bereitet sich das „Tandem" oder die Gruppe auf den Ansatz vor, diskutiert Wege der Umsetzung und zu erwartende Hindernisse – also „antizipierte Störungen" der Modellumsetzung. In diesem Sinne können sich die Pädagogen für die spätere Arbeit mit dem Modell vorab „wappnen".

Dieser Kreis bietet dann auch Möglichkeiten, nach dem „Sprung" in die Umsetzung Probleme und Krisen zu bearbeiten und aufzufangen. Dort könnte kollegiale Beratung und Supervision als Rückhalt dienen, jedoch auch als Kontrollinstanz für die einzelnen Teilnehmer, der sie sich freiwillig stellen, um auch aus unterrichtlichen Schicksalsmustern des „Teufelskreises" wieder ausbrechen zu können

– Muster, die sich mit großer Sicherheit dann und wann einstellen: So können beispielsweise infolge auftretender Schwierigkeiten bei der Umsetzung des Modells punktuell Zurücknahmen erforderlich werden. Diese mögen zunächst zwar sinnvoll sein; auf Dauer beibehalten würden sie jedoch in eine Sackgasse führen. Durch die Zurücknahmen werden ja in aller Regel bestimmte Anforderungen an Lernende und Lehrende vermieden. Die für die Bewältigung solcher Anforderungen erforderlichen Kompetenzen können durch dieses Vorgehen im Weiteren natürlich auch nicht aufgebaut werden. Sie werden auch weiterhin fehlen und im Folgenden wiederum Zurücknahmen von Anforderungen rechtfertigen.

Um ein solches „Feststecken" zu verhindern, können immer wieder Impulse von außen, wie sie etwa das „Tandem" bieten kann, hilfreich wirken. Dabei ist es unerlässlich, dass der oder die (professionellen oder auch kollegialen) Supervisoren die Ziele des Modells vor Augen haben, um Betroffene auf solche Muster aufmerksam zu machen und mit ihnen gemeinsam Wege heraus zu finden. Ebenso wichtig, gerade im Hinblick auf erhebliche Verhaltensstörungen im unterrichtlichen Geschehen, ist allerdings auch die emotionale Stützung der Pädagogen in Krisensituationen.

Um die Möglichkeit der Vorbereitung und Begleitung konzeptioneller Arbeit zu nutzen, ist die Bereitschaft zur Kooperation unerlässlich. Insofern findet hier bereits ein besonderes Prinzip der Pädagogik bei Verhaltensstörungen Berücksichtigung (vgl. 3.6.3), und ein Pädagoge, der sich auf diesen Arbeitsprozess einlässt, hat bereits eine wesentliche Facette der Rolle des Pädagogischen Partners in sein professionelles Handeln integriert (vgl. 6.1.2); er befindet sich damit schon auf dem Wege. Welche Zurücknahmen vorgenommen werden, kann und soll an dieser Stelle nicht weiter erörtert werden. Es bleibt den Pädagogen in ihren jeweiligen Unterrichtssituationen überlassen, solche Entscheidungen zu treffen und möglichst in die Beratung oder Supervision einzubringen. Allerdings scheint es ein sinnvolles Korrektiv für Pädagogen, sich selbst ab und an kritisch daraufhin zu prüfen, ob sie noch hinter der grundsätzlichen, hier vertretenen Auffassung von Unterricht stehen. Wenn eindeutige subjektive Distanzen dazu wahrgenommen werden, wäre es an der Zeit, kritisch zu hinterfragen, ob die eigene Unterrichtsgestaltung noch als didaktische Gestaltung im hier vertretenen Sinne zu verstehen ist – oder als etwas völlig anderes. Das Vorgehen im Zusammenhang mit notwendig erscheinenden Zurücknahmen soll abschließend anhand eines für die Pädagogik bei Verhaltensstörungen besonders relevanten Beispieles beschrieben werden: der Notwendigkeit einer Krisenintervention in sehr schwierigen Situationen. Dazu zählen beispielsweise akute Fälle physischer Bedrohung von Schülern oder Pädagogen durch andere, aber auch die Zerstörung von Material, massive Kontrollverluste oder erhebliche Selbstgefährdung. Nicht in all diesen und ähnlichen Situationen ist eine Absprache innerhalb der Gruppe möglich. Aufgrund seiner besonderen Verantwortlichkeit wird der Pädagoge gezwungen sein, sofort einzugreifen. Konzepte für solche kurzfristigen Kriseninterventionen sind nicht allzu zahlreich; Beiträge finden sich etwa bei Redl &

Wineman (vgl. 1976), Benkmann (vgl. 1981, 84), Tennstädt u.a. (vgl. 1987) sowie Dutschmann (vgl. 2001; 2003a; 2003b). Von Bedeutung ist hier auch das Konzept der „niederlagelosen" Methode nach Gordon (vgl. 1994).

Auch dann, wenn seitens des Pädagogen eine solche Intervention erfolgte, die nicht mit den betroffenen Lernenden oder der Gruppe abgesprochen war, sollte nachträglich, im Sinne einer Reflexion des Geschehens, unbedingt eine gemeinsame Klärung angestrebt werden: hinsichtlich der Entwicklung bis zum Interventionsbedarf, der Intentionen der Intervention, dieser Intervention selbst sowie der damit verbundenen Folgen. Eine – allerdings lediglich auf die Aufarbeitung mit den von der Problematik persönlich betroffenen Schülern bezogene – Struktur wichtiger Aspekte solcher nachfolgender, klärender Gespräche bietet die „Life Space Intervention" (vgl. Bergsson 1999, 91; Stein 2012, 184f.). Aspekte dieses Vorgehens könnten auf die Thematisierung mit der gesamten Lerngruppe bezogen werden.

Zentrale Leitlinie dieser Reflexion, aber auch der Selbstreflexion des Pädagogen, sollte dann der Weg von der Intervention zurück zur konsequenten Umsetzung des Modells gemeinsamer Planung und Gestaltung sein. Neben einer Klärung der akuten Situation ist es auch wichtig, durch gemeinsame Arbeit der Notwendigkeit weiterer Zurücknahmen in ähnlichen Fällen vorzubeugen. Dies meint, dass Gruppe und Pädagogen darauf achten, solche und vergleichbare Zurücknahmen nicht zu einem allgemeinen Handlungsprinzip geraten zu lassen – indem die Gruppe eine gemeinsame Suche nach Lösungen in Gang setzt.

In diesem Beispiel tritt ein Problem besonders deutlich zutage, das für Pädagogen eine generelle Herausforderung darstellen dürfte: die Diskrepanz zwischen den Anforderungen, welche mit der hier beschriebenen Rolle verbunden sind, und jenen Erwartungen sowie Verpflichtungen, welche die Rolle des Lehrers allgemein definieren. Hierzu ist zu sagen, dass der Lehrerberuf generell konfliktreich ist (vgl. etwa Riedel 1989, 932; Stein 2004, 113ff.). Konflikte könnten allerdings im Zuge der Arbeit mit dem vorliegenden Modell zunächst gehäuft und stärker zutage treten. Eine Vermeidung wird oft nicht möglich sein. Auch hier können jedoch Beratung und Supervision wichtige Dienste leisten.

Neben der intrapsychischen Bewältigung solcher Konflikte oder auch konkreten Veränderungen im Hinblick auf die eigene Person und den direkten Unterrichtsraum besteht grundsätzlich immer auch die Option, gesellschaftspolitisches Engagement, im Sinne einer aktiven Teilnahme am gesellschaftlichen und politischen Leben, zugunsten einer Reduktion solcher Konflikte einzusetzen. Aus der Selbstreflexion und aus Reflexionsprozessen im Rahmen der Supervision heraus ergeben sich daher immer zwei prinzipielle Handlungsrichtungen: zum einen die Möglichkeit, Konflikte und Probleme bei sich und in der Lerngruppe anzugehen und zu bewältigen – zum anderen jedoch auch die Aufforderung, die Verhältnisse zu hinterfragen und sich je nach Lage der Dinge auf die Suche nach Möglichkeiten der aktiven Veränderung dieser Verhältnisse zu begeben.

7 Antizipierte Störungen auf dem Weg der Umsetzung

Im Anschluss an die Darstellung eines Modells integrativer Didaktik dürften, trotz der Erörterung von Möglichkeiten der Annäherung an dieses Modell, beim Leser unterschiedlichste Bedenken zurückbleiben. Vier besonders bedeutsame „antizipierte" Bedenken sollen abschließend diskutiert werden.

Bedenken hinsichtlich der Umsetzung in einem speziellen schulischen System
Unterricht findet immer im Rahmen eines umgebenden, übergeordneten Systems statt: der Schule. Insofern stellt sich die kritische Frage, ob ein Pädagoge, der sich daran begibt, dieses Modell umzusetzen, nicht erheblichen Schwierigkeiten begegnen wird. Solche Schwierigkeiten dürften immer dann zutage treten, wenn sich das Unterrichtskonzept des einzelnen Lehrers deutlich vom allgemeinen Konzept der Schule oder von den Konzepten vieler Kollegen unterscheidet. Dies kann verschiedene Gründe haben: Zunächst werden möglicherweise notwendige strukturelle Grundbedingungen nicht oder unzureichend gegeben sein – insbesondere adäquate Verfügbarkeit von Räumlichkeiten und geeignete Zeitstrukturen. Des Weiteren mag der betreffende Pädagoge einem erhöhten Rechtfertigungsdruck unterliegen, da er eine Art „Exot" im Kollegium sein könnte – gerade auch, wenn es in der Anfangsphase der Umsetzung zu auffälligen Situationen kommen sollte. Schließlich ist möglicherweise mit Problemen zu rechnen, sobald mehrere Pädagogen – parallel oder etwa als Fachlehrer – in einer Klasse tätig sind und zugleich eine Verständigung über ein gemeinsames Konzept notwendig wird. Dies gilt etwa auch für das Team-Teaching im (inklusiven) Unterricht. Weitere Schwierigkeiten innerhalb des schulischen Systems sind vorstellbar – darunter fallen auch allgemeine Probleme wie etwa Personalstrukturen und Klassengrößen.
Diese Probleme können durchaus, gerade wenn sie gemeinsam auftreten, eine Umsetzung des Modells schwierig oder unmöglich machen. Meist verbleiben jedoch, bei ausreichender Motivation des Pädagogen zur Realisierung der Konzeption, Ansatzpunkte, um sich auf den Weg der Umsetzung zu machen, wobei es sicher hilfreich wäre, einzelne Kollegen in die eigene Arbeit mit einzubeziehen. Außerdem ist aufgrund der wechselseitigen Wirkung systemischer Prozesse folgendes zu bedenken: Sobald der Weg der Umsetzung beschritten wurde, ergeben sich nicht nur einseitig Wirkungen von dem System Schule auf Unterricht, sondern ebenso

umgekehrte Wirkungen von der Lerngruppe auf die Schulgemeinde. So werden möglicherweise Kollegen seitens der Lernenden mit dem Anspruch der Mitbestimmung konfrontiert – oder es ergibt sich in der Folge Einsicht in die Notwendigkeit, bestimmte Raum- und Zeitstrukturen der Schule zu verändern.

Bedenken hinsichtlich problematischer Wirkungen nach außen

Die einzelnen Mitglieder der Lerngruppe sind parallel oder zeitlich versetzt in andere Systeme eingebunden: Familie, Ausbildungs- oder Arbeitsfeld, Peer- Groups oder eine andere Schule, in die ein Schüler wechselt. Immer dann, wenn in diesen Systemen Strukturen bestehen, die von den im Unterricht geltenden stark abweichen, kann die aus der Lerngruppe gewohnte Art des Umgangs dort zu Schwierigkeiten für die Lernenden führen: Enttäuschungen angesichts mangelnder Mitbestimmungsrechte sowie Konflikte und negative Konsequenzen bei deren Einklagung. Zugleich könnten aber auch solche Kompetenzen fehlen, die benötigt werden, um in derlei Strukturen zurechtzukommen.

Dies stellt jedoch im Sinne verantwortlichen pädagogischen Handelns keine Begründung dafür dar, Lernenden die Entwicklung von Autonomie, Selbstbestimmtheit und Mündigkeit vorzuenthalten. Es kann auch nicht sein, einem *bestimmten* Teil der Schüler den Weg hin zu diesen Kompetenzen zu verschließen, weil sie ihnen in anderen Kontexten *besondere* Schwierigkeiten bringen könnten. Vielmehr wäre es wünschenswert, autoritäre Strukturen zu verändern, was gerade dadurch möglich sein kann, dass Lernende bestimmte konstruktive Kompetenzen der Selbst- und Mitbestimmung etwa in Familie und Beruf einbringen.

Allerdings ist es sicher wichtig und pädagogisch verantwortlich, bei den Lernenden eine Bewusstheit dafür zu fördern, dass diese Kompetenzen gar nicht immer gefragt sein werden – um einschätzen zu können, wann sie sich mit dem Einbringen dieser Kompetenzen oder auch dem Einklagen von Mitbestimmung selbst erheblich schaden könnten. Dies meint auch, Bewusstheit für Benachteiligungen und Stigmatisierungen zu wecken.

Bedenken hinsichtlich des Erreichens unterrichtlicher Ziele

Im Sinne einer konsequenten Umsetzung des vorliegenden Modells erfolgen Planung und Reflexion in der Gruppe. Solche gemeinsamen Reflexions- und Planungsprozesse nehmen einige Zeit in Anspruch, was zu dem Eindruck und der Befürchtung Anlass geben könnte, dass dadurch weniger Stoff vermittelt wird, dass Lehrplanvorgaben gegenüber Zielen der Gruppe in den Hintergrund geraten.

Vordergründig kann sicher zugestimmt werden, dass auf anderem Wege mehr Stoff gelehrt werden könnte. Im Vordergrund der hier vertretenen Sicht von Lernen und auch von Erziehung stehen jedoch umfassende Entwicklungsprozesse der Person. Planung und Reflexion in der Gruppe beinhalten dann aber wichtige Lernbereiche: soziale Kompetenzen, Mündigkeit, Kritikfähigkeit. Es wird daher nicht unbedingt weniger gelernt, sondern die Lerneffekte sind breiter gestreut. Jedoch ist selbst im Hinblick auf die reine Stoffbehandlung zu hinterfragen, inwiefern hier Lehren wirklich zu Lernprozessen führt: Erfolgt die Behandlung eines Themengebietes begründet und reflektiert, kann eher ein persönlich bedeutsames Lernen stattfinden, im Zuge dessen Inhalte auch wirklich integriert werden und längerfristig Bedeutung haben.

Bedenken hinsichtlich der Arbeit mit einer bestimmten Schülergruppe
Ein wichtiger Einwand, etwa im Hinblick auf den Unterricht an Schulen für Erziehungshilfe, aber auch bezogen auf inklusive Klassen mit einer größeren Anzahl von Schülern mit Verhaltensauffälligkeiten, könnte dahin gehen, dass das Modell nur mit solchen Schülern umzusetzen sei, die grundsätzlich motiviert sind. Wenn eine solche basale Motivation nicht gegeben ist, würde ein Pädagoge gerade mit diesem Ansatz auf unüberwindbare Schwierigkeiten stoßen, da ja die freiwillige, engagierte Mitarbeit der Lernenden ein entscheidendes Moment des Modells darstellt.

Grundsätzlich kann davon ausgegangen werden, dass Lernende sich engagieren und Motivation zeigen, wenn sie Interesse am Lerngeschehen, an dessen Inhalten (und den anderen Beteiligten) haben. Diese Interessen können am ehesten zutage treten und verwirklicht werden, wenn die Möglichkeit besteht, sie im Rahmen einer gemeinsamen Planung einzubringen. Je mehr sich Lernende mit ihren Interessen als akzeptiert und ernst genommen erleben, umso stärker dürften sie auch motiviert sein, sich weiter und deutlicher in Planungsprozesse und deren Verwirklichung einzubringen sowie auch Verantwortung für gemeinsames Lernen zu übernehmen.

Allerdings können besonders anfänglich Schwierigkeiten in diesem Prozess auftauchen – und zwar dann, wenn von Lernenden bislang keine Verantwortungsübernahme und aktive Beteiligung an der Planung gefordert war, möglicherweise auch ihre Interessen nicht erfragt wurden. Hier wird es besonders schwer sein, den Prozess in Gang zu bringen, da Lernende sich eventuell aus einer erheblichen Skepsis heraus Aktivitäten verweigern. In solchen Fällen müssen Pädagogen einen „langen Atem" haben: Konsequent müsste auch der Wunsch nach Nichtbeteiligung akzeptiert werden, um ebenso konsequent auf die Möglichkeit hinzuweisen, Vorschläge einzubringen. So könnten bei Ablehnung und Verweigerung beharrlich eigene Alternativen eingefordert werden.

Bedenken hinsichtlich der fehlenden Qualifikation
Schließlich stellt sich die Frage, ob Lehrer, die möglicherweise selbst völlig andere Erfahrungen gemacht haben, einen solchen Ansatz problemlos realisieren können. Es wäre zu vermuten, dass die Umsetzung des Modells für Pädagogen umso schwieriger wird, wenn sie aus ihren eigenen Lernphasen (in Schule, Studium oder Referendariat) heraus keine ähnlichen Erfahrungen mitbringen – sicher ein ernstzunehmendes Bedenken.

Es ist prinzipiell richtig, dass sich umso mehr Anknüpfungspunkte an das Modell ergeben, wenn eine entsprechende Gestaltung des Lernens selbst erlebt wurde. Daher wäre, hält man diese Art des gemeinsamen Lernens für einen gangbaren Weg, die konsequente Folgerung, analoge Prozesse auch Pädagogen in ihrer Ausbildung zu ermöglichen. Daraus ergäben sich die günstigsten Voraussetzungen, in der Rolle des Pädagogen an eine Unterrichtsgestaltung, wie sie hier beschrieben wird, anknüpfen zu können.

Je stärker in inklusiven Settings in der konkreten unterrichtlichen Situation Verhaltensstörungen auftreten, umso eher ist sehr dringend die Einbindung professionellen Fachpersonals, insbesondere von Sonderpädagogen mit dem Schwerpunkt Pädagogik bei Verhaltensstörungen, anzuraten. Diese können – und sollten – in verschiedenen Funktionen tätig werden: beobachtend, beratend, direkt unterstützend (vgl. 3.3).

Gerade bei denen, die überhaupt in Erwägung ziehen, sich auf den Weg hin zu diesem Modell zu begeben, werden diese oder andere Bedenken in unterschiedlicher Form und Intensität zutage treten. Es gilt sicher, diese Umsetzung nicht *gegen* solche Bedenken oder *trotz* solcher Bedenken zu versuchen, sondern in der individuellen Auseinandersetzung *mit* den je eigenen Bedenken ebenso eigene Möglichkeiten der Realisierung zu finden. Mit dieser Auseinandersetzung werden bereits erste wichtige Schritte auf das Modell zu getan: Sie bietet die Möglichkeit, zu einer verändernden Integration von Gewohntem und Vertrautem einerseits sowie Neuem und ... „Abenteuerlichem" andererseits zu gelangen.

Literatur

Achermann, Nicole; Pecorari, Claudia; Winkler Metzke, Christa & Steinhausen, Hans-Christoph (2006): Schulklima und Schulumwelt in ihrer Bedeutung für psychische Störungen bei Kindern und Jugendlichen – Einführung in die Thematik. In: Steinhausen, Hans-Christoph (Hrsg.): Schule und psychische Störungen. Stuttgart: Kohlhammer. 15-37.

Ahrbeck, Bernd (2011): Der Umgang mit Behinderung. Stuttgart: Kohlhammer.

Amesberger, Günter. (^{2}1994): Persönlichkeitsentwicklung durch Outdoor-Aktivitäten? Untersuchungen zur Persönlichkeitsentwicklung und Realitätsbewältigung bei sozial Benachteiligten. Frankfurt a.M.: Afra-Verlag.

Auer, Hans-Ludwig (2006): Didaktische Aspekte der Themenzentrierten Interaktion. In: Stein, Roland & Stein, Alexandra: Unterricht bei Verhaltensstörungen. Bad Heilbrunn: Klinkhardt. 89-95.

Bach, Heinz (1978): Integrierte Förderung verhaltensgestörter Schüler. Mainz: v. Hase & Koehler.

Bach, Heinz (^{2}1987): Schulintegrierte Förderung bei Verhaltensauffälligkeiten. Konzept und Praxis. Mainz: v. Hase & Koehler.

Bach, Heinz (1989a): Verhaltensstörungen und ihr Umfeld. In: Goetze, Herbert & Neukäter, Heinz (Hrsg.): Handbuch der Sonderpädagogik – Band 6. Pädagogik bei Verhaltensstörungen. Berlin: Ed. Marhold im Wiss.-Verl. Spiess. 3-35.

Bach, Heinz (1989b): Integrierte Förderung bei Verhaltensauffälligkeiten in der Schule. In: Goetze, Herbert & Neukäter, Heinz (Hrsg.): Handbuch der Sonderpädagogik – Band 6. Pädagogik bei Verhaltensstörungen. Berlin: Ed. Marhold im Wiss.-Verl. Spiess. 246-260.

Bach, Heinz (1993): Verhaltensstörung als relationaler Begriff. Praxiskonsequenzen einer Paradigmaentwicklung. In: Neukäter, Heinz & Wittrock, Manfred (Hrsg.): Verhaltensstörungen. Erziehung – Unterricht – Beratung. Oldenburg: Zentrum für pädagogische Berufspraxis. 27-33.

Bach, Heinz (1995): Sonderschule gestern, heute, morgen: Perspektiven schulischer Förderung beeinträchtigter Kinder und Jugendlicher. In: Zeitschrift für Heilpädagogik 46 (1), 4-7.

Bach, Heinz (1999): Grundlagen der Sonderpädagogik. Stuttgart, Bern: Haupt.

Baier, Stefan; Reiter, Sebastian & Winkler, Christoph (2008): Welches Verhalten stört die Didaktik? In: Grohnfeldt, Manfred (Hrsg.): Didaktik in der Sonderpädagogik - Festschrift zum 60. Geburtstag von Dr. Stephan Baumgartner. Würzburg: Edition Bentheim. 153-182.

Bastian, Johannes (^{4}1994): Lehrer im Projektunterricht. Plädoyer für eine profilierte Lehrerrolle in schülerorientierten Lernprozessen. In: Bastian, Johannes & Gudjons, Herbert (Hrsg.): Das Projektbuch. Hamburg: Bergmann & Helbig. 28-43.

Bastian, Johannes (1995): Offener Unterricht. Zehn Merkmale zur Gestaltung von Übergängen. In: Pädagogik 47 (12), 6-11.

Bauer, Hans G. (^{2}1995): Erleben als Aktionismus oder Bildungsansatz? In: Homfeldt, Hans Günther (Hrsg.): Erlebnispädagogik. Geschichtliches, Räume und Adressat(inn)en, erziehungswissenschaftliche Facetten, Kritisches. Baltmannsweiler: Schneider. 145-153.

Baulig, Volkmar (1982): Auffälliges Schülerverhalten. Weinheim: Beltz.

Bayerisches Staatsministerium für Unterricht und Kultus (Hrsg.) (2001): Lehrplan zum Förderschwerpunkt emotionale und soziale Entwicklung. Im Internet unter: http://www.isb.bayern.de/download/8991/e-s-gesamt.pdf. Abruf vom 15.03.2014.

Bayerisches Staatsministerium für Unterricht und Kultus (Hrsg.) (2006): Adaption des Lehrplans für die bayerische Hauptschule an den Förderschwerpunkt emotionale und soziale Entwicklung. Im Internet unter: https://www.isb.bayern.de/download/8513/e-gesamtdokument.pdf. Abruf vom 15.03.2014.

Belschner, Wilfried; Hoffmann, Monika; Schott, Franz & Schulze, Christa (1973): Verhaltenstherapie in Erziehung und Unterricht. Stuttgart: Kohlhammer.

Bender, Gerhard (1979): Die klientenzentrierte Gesprächspsychotherapie von C.R. Rogers. In: Sieland, Bernhard & Siebert, Madlen (Hrsg.): Klinische Psychologie für Pädagogen. Eine Einführung. Braunschweig: Westermann. 86-119.

Benesch, Hellmuth (1981): dtv-Wörterbuch zur Klinischen Psychologie. Band 1. München: dt. Taschenbuch-Verlag.

Benesch, Hellmuth (1987a): dtv-Atlas zur Psychologie. Band 1. München: dt. Taschenbuch-Verlag.

Benesch, Hellmuth (1987b): dtv-Atlas zur Psychologie. Band 2. München: dt. Taschenbuch-Verlag.

Benkmann, Karl-Heinz (1981): Grundlegungsprobleme der Verhaltensgestörtenpädagogik I. Kurseinheit 1: Verhaltensstörungen als pädagogisches Problem. (Studienbegleitbrief 3550/1/01/ S1; Fernuniversität-Gesamthochschule Hagen). Hagen: Fernuniversität-Gesamthochschule, Fachbereich Erziehungs- und Sozialwissenschaften.

Benkmann, Karl-Heinz (1989): Pädagogische Erklärungs- und Handlungsansätze bei Verhaltensstörungen in der Schule. In: Goetze, Herbert & Neukäter, Heinz (Hrsg.): Handbuch der Sonderpädagogik – Band 6. Pädagogik bei Verhaltensstörungen. Berlin: Ed. Marhold im Wiss.-Verl. Spiess. 71-119.

Benkmann, Rainer (1998): Soziale Konstruktion gravierender Lernschwierigkeiten und sonderpädagogische Förderung. In: Zeitschrift für Heilpädagogik 49 (11), 482-489.

Benner, Dietrich (²1991): Allgemeine Pädagogik. Eine systematisch-poblemgeschichtliche Einführung in die Grundstruktur pädagogischen Denkens und Handelns. Weinheim: Juventa.

Bergsson, Marita (1995): Ein entwicklungstherapeutisches Modell für Schüler mit Verhaltensauffälligkeiten. Organisation einer Schule. Essen: Bergsson-Billing-Wiedenhöft, Progressus-Verl. für Pädag. Praxis.

Bergsson, Marita (1999): Von Drachen, Igeln und Schnecken – Entwicklungsförderung von Kindern mit Verhaltensauffälligkeiten in der Grundschule. Studienbrief der FernUniversität – Gesamthochschule Hagen. Hagen: Fern-Universität.

Bergsson, Marita (2002): Die Life Space Crisis Intervention. In: Spiegelungen – Zeitschrift für Entwicklungstherapie / Entwicklungspädagogik 1 (1), 5-13.

Bergsson, Marita und das Team der Jakob-Muth-Schule, Essen (1997): „Die Superfreunde von der Drachenhöhle". Praktische Beispiele für Wochenthemen im entwicklungstherapeutischen Unterricht. Düsseldorf: Bergsson-Billing-Wiedenhöft, Progressus-Verl. für Pädag. Praxis.

Bergsson, Marita & Luckfiel, Heide (1998): Umgang mit „schwierigen" Kindern: auffälliges Verhalten, Förderpläne, Handlungskonzepte. Berlin: Cornelsen Scriptor.

Berndt, Heide (1975): Zur Soziogenese psychiatrischer Erkrankungen. In: Keupp, Heiner (Hrsg.): Verhaltensstörungen und Sozialstruktur. München: Urban & Schwarzenberg. 156-181.

Besemer, Christoph (²1994): Mediation – Vermittlung in Konflikten. Karlsruhe: Pazifix.

Bettelheim, Bruno (1950): Love is not enough. The Treatment of Emotionally Disturbed Children. Glencoe, Illinois: Free Press.

Bettelheim, Bruno (²1990): Der Weg aus dem Labyrinth. Leben lernen als Therapie. München: Dt. Taschenbuch-Verlag.

Bleidick, Ulrich (1977): Pädagogische Theorien der Behinderung und ihre Verknüpfung. In: Zeitschrift für Heilpädagogik 28, 207-229.

Bleidick, Ulrich (1999): Kann die Integration von Grundschulkindern mit Behinderungen im Lernen, mit Sprachproblemen und mit Verhaltensauffälligkeiten gelingen? In: Die neue Sonderschule 44, 124-137.

Boban, Ines & Hinz, Andreas (Hrsg.) (2003): Index für Inklusion. Lernen und Teilhabe in der Schule der Vielfalt entwickeln. Im Internet unter: http://www.eenet.org.uk/resources/docs/Index%20German.pdf. Abruf vom 27.02.2014.

Böhm, Winfried (¹⁶2005): Wörterbuch der Pädagogik. Stuttgart: Kröner.

Bönsch, Manfred (1995): Differenzierung in Schule und Unterricht. Ansprüche – Formen – Strategien. München: Ehrenwirth.

Boller, Sebastian; Rosowski, Elke & Stroot, Thea (Hrsg.) (2007): Heterogenität in Schule und Unterricht. Weinheim: Beltz.

Booth, Tony & Ainscow, Mel (2002): Index for Inclusion. Bristol, London: Centre for Studies on Inclusive Education.

Bröcher, Joachim (1997a): Didaktik: Niemandsland oder Spielwiese der Verhaltensauffälligenpädagogik? – Plädoyer für einen Unterricht als lebensweltorientiertem Gesamtzusammenhang. In: Sonderpädagogik 27, 92-103.

Bröcher, Joachim (1997b): Lebenswelt und Didaktik. Unterricht mit verhaltensauffälligen Jugendlichen auf der Basis ihrer (alltags-) ästhetischen Produktionen. Heidelberg: Winter, Programm Ed. Schindele.

Bröcher, Joachim (1998): Zum Zusammenhang von Verhaltensauffälligkeit und Lebenswelt, Alltagsästhetik und Didaktik – demonstriert an einem Unterrichtsbeispiel zur Trivialkultur. In: Zeitschrift für Heilpädagogik 49 (9), 423-429.

Bröcher, Joachim (1999a): Bilder einer zerrissenen Welt. Kunsttherapeutisches Verstehen und Intervenieren bei auffälligem Verhalten an Grund- und Sonderschulen. Heidelberg: Winter, Programm Ed. Schindele.

Bröcher, Joachim (1999b): Kunsttherapie als Chance. Das Ästhetische in der Grund- und Sonderschuldidaktik bei auffälligem Verhalten. Heidelberg: Winter, Programm Ed. Schindele.

Buber, Martin (^{5}1984): Das dialogische Prinzip. Heidelberg: Schneider.

Bundschuh, Konrad (^{2}1995): Heilpädagogische Psychologie. München: Reinhardt.

Burow, Olaf-Alex (1988): Grundlagen der Gestaltpädagogik. Dortmund: Verlag Modernes Lernen.

Burow, Olaf-Alex (1993): Gestaltpädagogik. Paderborn: Junfermann.

Burow, Olaf-Alex; Quitmann, Helmut & Rubeau, Martin P. (1987): Gestaltpädagogik in der Praxis. Salzburg: Müller.

Chu, Victor (1980): Gestalt-Therapie. In: Linster, Hans Wolfgang & Wetzel, Helmut u.a.: Veränderung und Entwicklung der Person. Grenzen und Möglichkeiten psychologischer Therapie. Hamburg: Hoffmann und Campe. 230-263.

Claussen, Claus (1995): Freie Arbeit als Element eines Konzepts der Öffnung von Schule und Unterricht. In: Claussen, Claus (Hrsg.): Handbuch freie Arbeit. Konzepte und Erfahrungen. Weinheim: Beltz. 13-23.

Claussen, Claus (^{3}1996): Wochenplanarbeit in der Grundschule. Möglichkeiten zu markanten Veränderungen der üblichen Unterrichtsplanung. In: Haarmann, Dieter (Hrsg.): Handbuch Grundschule, Bd.1. Allgemeine Didaktik: Voraussetzungen und Formen grundlegender Bildung. Weinheim, Basel: Beltz. 223-238.

Cohn, Ruth (^{1}1975; ^{12}1994): Von der Psychoanalyse zur Themenzentrierten Interaktion. Stuttgart: Klett-Cotta.

Cruickshank, William M. (^{1}1973): Schwierige Kinder in Schule und Elternhaus. Förderung verhaltensgestörter, hirngeschädigter Kinder. Berlin: Marhold.

Cruickshank, William M. (^{2}1981): Schwierige Kinder in Schule und Elternhaus. Förderung lern- und wahrnehmungsgestörter Kinder und Jugendlicher. Berlin: Marhold.

Demmer-Dieckmann, Irene (2001): Leben und Lernen in der Primarstufe. Individualisierende Formen des Unterrichts. In: Demmer-Dieckmann, Irene & Struck, Bruno (Hrsg.): Gemeinsamkeit und Vielfalt. Pädagogik und Didaktik einer Schule ohne Aussonderung. Weinheim: Juventa. 115-133.

Demmer-Dieckmann, Irene & Struck, Bruno (Hrsg.) (2001): Gemeinsamkeit und Vielfalt. Pädagogik und Didaktik einer Schule ohne Aussonderung. Weinheim: Juventa.

Dick, Lutz van (1991): Freie Arbeit – offener Unterricht – Projektunterricht – handelnder Unterricht praktisches Lernen. Versuch einer Synopse. In: Pädagogik 43 (6), 31-34.

Dilling, Horst; Mombour, Werner & Schmidt, Martin H. (Hrsg.) (^{3}1993): Internationale Klassifikation psychischer Störungen. ICD-10 Kapitel V (F). Klinisch-diagnostische Leitlinien. Bern: Huber.

DIMDI (Deutsches Institut für Medizinische Dokumentation und Information) (2004): Internationale Klassifikation der Funktionsfähigkeit, Behinderung und Gesundheit. Final Draft. Köln.

Dohrenwend, Bruce P. & Dohrenwend, Barbara Snell (1975): Sozialer Status und psychische Störungen: Bestandsaufnahme epidemiologischer Forschung. In: Keupp, Heiner (Hrsg.) (1975): Verhaltensstörungen und Sozialstruktur. München: Urban & Schwarzenberg. 137-155.

Dutschmann, Andreas (^{2}2003a): Verhaltenssteuerung bei aggressiven Kindern und Jugendlichen. Manual zum Typ A des ABPro. Tübingen: Deutsche Gesellschaft für Verhaltenstherapie e.V.

Dutschmann, Andreas (^{2}2003b): Aggressionen und Konflikte unter emotionaler Erregung. Manual zum Typ B des ABPro. Tübingen: Deutsche Gesellschaft für Verhaltenstherapie e.V.

Dutschmann, Andreas (^{2}2001): Aggressivität und Gewalt bei Kindern und Jugendlichen. Manual zum Typ C des ABPro. Tübingen: Deutsche Gesellschaft für Verhaltenstherapie e.V.

Ellinger, Stephan; Hoffart, Eva-Maria & Möhrlein, Gerald (Hrsg.) (2009): Ganztagsschule für traumatisierte Kinder und Jugendliche. Oberhausen: Athena.

Ellinger, Stephan & Stein, Roland (2012): Effekte inklusiver Beschulung: Forschungsstand im Förderschwerpunkt emotionale und soziale Entwicklung. In: Empirische Sonderpädagogik 4 (2), 85-109.

Evertson, Carolyn M. & Emmer, Edmunt T. (^{8}2009): Classroom management for elementary teachers. New Jersey: Pearson Education.

Evertson, Carolyn M. & Weinstein, Carol Simon (eds.) (2006): Handbook of Classroom Management. Mahwah, NJ: Lawrence Erlbaum.

Faas, Alexandra & Stein,Roland (1998): Facetten einer Didaktik für die Pädagogik bei Verhaltensstörungen – Teil 2. In: Die neue Sonderschule 43 (6), 406-417.

Faas, Anne-Kathrin & Stein, Alexandra (2009): Pädagogische und didaktische Aspekte. In: Stein, Roland & Orthmann Bless, Dagmar (Hrsg.): Schulische Förderung bei Behinderungen und Benachteiligungen. Baltmannsweiler: Schneider. 135-181.

Faller, Kurt & Kneip, Winfried (2007): Das Buddy – Prinzip. Soziales Lernen mit System. Düsseldorf: buddY e.V.

Faust-Siehl, Gabriele (1995): Lernzirkel – Themenbezogene Freiarbeit im wahldifferenzierten Unterricht. In: Claussen, Claus (Hrsg.): Handbuch freie Arbeit. Konzepte und Erfahrungen. Weinheim: Beltz. 24-31.

Fesch, Katharina & Müller, Thomas (2014): Schule für Kranke in Deutschland – zur heterogenen Situation der Bundesländer im Umgang mit psychisch erkrankten Kindern und Jugendlichen. In: Zeitschrift für Heilpädagogik 65 (2), 50-59.

Feuser, Georg (1982): Integration = die gemeinsame Tätigkeit (Spielen/Lernen/Arbeit) am gemeinsamen Gegenstand/Produkt in Kooperation von behinderten und nichtbehinderten Menschen. In: Behindertenpädagogik 21 (2), 86-105.

Fischer, Torsten (Hrsg.) (1993): Theoretische und praktische Überlegungen zu Methoden und Instrumenten empirischer Forschung in der Erlebnispädagogik. Lüneburg: Verlag Ed. Erlebnispädagogik.

Fisseni, Hermann-Josef (^{4}1998): Persönlichkeitspsychologie. Auf der Suche nach einer Wissenschaft. Ein Theorienüberblick. Göttingen: Hogrefe.

Freire, Paulo (1973): Pädagogik der Unterdrückten. Bildung als Praxis der Freiheit. Reinbek: Rowohlt.

Frey, Hermann & Wertgen, Alexander (Hrsg.) (2012): Pädagogik bei Krankheit. Lengerich: Pabst.

Frey, Karl (^{6}1995): Die Projektmethode. Weinheim: Beltz.

Fröhlich, Andreas (2013): Was ist ein Kind? Was braucht ein Kind? In: Spuren. Sonderpädagogik in Bayern. 1. 7-11.

Fröhlich, Werner D. (^{20}1994): dtv-Wörterbuch zur Psychologie. München: dt. Taschenbuch-Verlag.

Fuchs Werner; Klima, Rolf; Lautmann, Rüdiger; Rammstedt, Otthein & Wienold, Hanns (Hrsg.) (^{2}1978): Lexikon zur Soziologie. Opladen: Westdeutscher Verlag.

Gagné, Robert Mills (1969): Die Bedingungen des menschlichen Lernens. Hannover: Schroedel.

Gagné, Robert Mills (^{4}1985): The Conditions of Learning and Theory of Instruction. Fort Worth, New York: Holt, Rinehart and Winston.

Gagné, Robert Mills & Merrill, M. David (1990): Integrative Goals for Instructional Design. In: Educational Technology Research & Development. 38 (1), 23-30.

Girg, Ralf; Lichtinger, Ulrike & Müller, Thomas (2012): Lernen mit Lernleitern. Unterrichten mit der MultiGradeMultiLevel-Methodology (MGML). Immenhausen: Prolog.

Glöckel, Hans (^{2}1992): Vom Unterricht. Bad Heilbrunn/Obb.: Klinkhardt.

Göppel, Rolf (2002): Perspektiven des Faches „Verhaltensgestörtenpädagogik". In: Göppel, Rolf: Wenn ich hasse, habe ich keine Angst mehr. Psychoanalytisch-pädagogische Beiträge zum Verständnis problematischer Entwicklungsverläufe und schwieriger Erziehungssituationen. Donauwörth: Auer. 109-128.

Goetze, Herbert (1989): Offenes Unterrichten bei Schülern mit Verhaltensstörungen. In: Goetze, Herbert & Neukäter, Heinz (Hrsg.): Handbuch der Sonderpädagogik – Band 6. Pädagogik bei Verhaltensstörungen. Berlin: Ed. Marhold im Wiss.-Verl. Spiess. 567-584.

Goetze, Herbert (1990): Verhaltensgestörte in Integrationsklassen – Fiktionen und Fakten. In: Zeitschrift für Heilpädagogik 41, 832-840. Reprint mit neuen Vorbemerkungen. Heilpädagogik online, 2008 (2), 32-52. Im Internet unter: http://www.heilpaedagogik-online.com/2008/heilpaedagogik_online_0208.pdf. Abruf vom 28.12.2010.

Goetze, Herbert (1991): Regelschullehrer in Integrationsklassen mit verhaltensgestörten Schülern – eine Literaturübersicht. In: Heilpädagogische Forschung, 2, 80-87.

Goetze, Herbert (^{2}1996): Einführung in die Pädagogik bei Verhaltensstörungen. Teil I: Grundfragen. Potsdam (Eigendruck Universität).

Goetze, Herbert (2008): Strukturierter Unterricht. In: Gasteiger Klicpera, Barbara, Julius, Henri & Klicpera, Christian (Hrsg.): Sonderpädagogik der sozialen und emotionalen Entwicklung. Göttingen: Hogrefe. 752-776.

Goetze, Herbert & Jäger, Wiebke (1991): Offenes Unterrichten von Schülern mit Verhaltensstörungen. Unterrichtsversuch in einer 6. Klasse der Schule für Verhaltensgestörte. In: Sonderpädagogik 21 (1), 28–38.

Goetze, Herbert & Neukäter, Heinz (1989): Strukturierter Unterricht. In: Goetze, Herbert & Neukäter, Heinz (Hrsg.): Handbuch der Sonderpädagogik – Band 6. Pädagogik bei Verhaltensstörungen. Berlin: Ed. Marhold im Wiss.-Verl. Spiess. 520-545.

Goetze, Herbert & Neukäter, Heinz (Hrsg.) (^{1}1989; ^{2}1993): Handbuch der Sonderpädagogik – Band 6. Pädagogik bei Verhaltensstörungen. Berlin: Ed. Marhold im Wiss.-Verl. Spiess.

Goetze, Herbert & Neukäter, Heinz (1994): Unterricht bei Schülern mit Verhaltensstörungen. Potsdam (Eigendruck Universität).

Goetze, Herbert & Rudnick, Martin (1996): Förderung für Grundschulkinder mit emotionalen Störungen / Verhaltensauffälligkeiten. Konzeptpapier zum Brandenburger Fördermodell bei Verhaltensstörungen (BraV), Ministerium für Bildung, Jugend und Sport und Institut für Sonderpädagogik der Universität Postdam. Postdam.

Götzinger, Marina & Kirsch, Dieter (2004): Grundschulkinder werden Streitschlichter. Mülheim: Verlag an der Ruhr.

Gordon, Thomas (1994): Lehrer-Schüler-Konferenz. Wie man Konflikte in der Schule löst. München: Heyne.

Graumann, Olga (2002): Gemeinsamer Unterricht in heterogenen Gruppen. Bad Heilbrunn: Klinkhardt.

Grewe, Norbert (2007): Schul- und Klassenklima aktiv gestalten. In: Fleischer, Thomas; Grewe, Norbert; Jötten, Bernd; Seifried, Klaus & Sieland, Bernhard (Hrsg.): Handbuch Schulpsychologie. Psychologie für die Schule. Stuttgart: Kohlhammer. 229-238.

Grabski, Sigrid; Kissing, Gisela; Neukäter, Heinz & Benkmann, Karl-Heinz (1978): Strukturierter Unterricht mit verhaltensgestörten Schülern. Rheinstetten: Schindele.

Gudjons, Herbert (²1994a): Pädagogisches Grundwissen. Bad Heilbrunn: Klinkhardt.

Gudjons, Herbert (⁴1994b): Was ist Projektunterricht? In: Bastian, Johannes & Gudjons, Herbert (Hrsg.): Das Projektbuch. Hamburg: Bergmann & Helbig. 14-27.

Gudjons, Herbert (1997): Handlungsorientierter Unterricht. Begriffskürzel mit Theoriedefizit? In: Pädagogik 49 (1), 6-10.

Hartke, Bodo (2008): Spezifische Unterrichtsprinzipien. In: Gasteiger Klicpera, Barbara; Julius, Henri & Klicpera, Christian (Hrsg.): Sonderpädagogik der sozialen und emotionalen Entwicklung. Göttingen: Hogrefe. 797-810.

Hartke, Bodo; van der Kooij, Rimmert & Noelle, O. (1998): Integration bei Verhaltensstörungen durch regionale Förderzentren in Schleswig-Holstein. In: Sonderpädagogik 28 (2), 68-83.

Haupt, Ursula (1985): Die schulische Integration von Behinderten. In: Bleidick, Ulrich (Hrsg.): Handbuch der Sonderpädagogik – Band 1. Theorie der Behindertenpädagogik. Berlin: Marhold. 152-197.

Haupt, Ursula (2009): Integrierte Förderung. In: Stein, Roland & Orthmann Bless, Dagmar (Hrsg.): Schulische Förderung bei Behinderungen und Benachteiligungen. Baltmannsweiler: Schneider. 85-109.

Havers, Norbert (¹1978; ²1981): Erziehungsschwierigkeiten in der Schule. Weinheim: Beltz.

Heckhausen, Heinz (1987): Intentionsgeleitetes Handeln und seine Fehler. In: Heckhausen, Heinz; Gollwitzer, Peter M. & Weinert, Franz E. (Hrsg.): Jenseits des Rubikon. Der Wille in den Humanwissenschaften. Berlin: Springer. 143-175.

Heckhausen, Heinz (²1989): Motivation und Handeln. Berlin: Springer.

Heckhausen, Heinz; Schmalt, Heinz-Dieter & Schneider, Klaus (1985): Achievement Motivation in Perspective. Orlando: Academic Press.

Heckmair, Bernd & Michl, Werner (1993): Erleben und Lernen: Einstieg in die Erlebnispädagogik. Neuwied: Luchterhand.

Hegele, Irmintraud (1995): Einleitung. In: Hegele, Irmintraud (Hrsg.): Lernziel: Freie Arbeit. Unterrichtsbeispiele aus der Grundschule. Weinheim: Beltz. 9-13.

Hegele, Irmintraud (1996): Einführung. In: Hegele, Irmintraud (Hrsg.): Lernziel: Stationenarbeit. Eine neue Form des offenen Unterrichts. Weinheim: Beltz. 7-12.

Heidbrink, Horst (²1996): Einführung in die Moralpsychologie. Weinheim: Beltz.

Heimlich, Ulrich (2014): Inklusive Schulen / inklusive Schulentwicklung. In: Wember, Franz; Stein, Roland & Heimlich, Ulrich (Hrsg.): Handlexikon Lernschwierigkeiten und Verhaltensstörungen. Stuttgart: Kohlhammer. 195-197.

Heller, Kurt & Nickel, Horst (1978): Psychologie in der Erziehungswissenschaft. Band IV. Stuttgart: Klett-Cotta.

Helmke, Andreas (2009): Unterrichtsqualität und Lehrerprofessionalität. Diagnose, Evaluation und Verbesserung des Unterrichts. Seelze-Velber: Kallmeyer.

Helsper, Werner & Keuffer, Josef (1995): Unterricht. In: Krüger, Heinz-Hermann & Helsper, Werner (Hrsg.): Einführung in Grundbegriffe und Grundfragen der Erziehungswissenschaft. Opladen: Leske & Budrich. 81-91.

Hennemann, Thomas & Hillenbrand, Clemens (2010): Klassenführung – Classroom Management. In: Hartke, Bodo; Koch, Katja & Diehl, Kirsten (Hrsg.): Förderung in der schulischen Eingangsstufe. Stuttgart: Kohlhammer. 255-279.

Hennemann, Thomas; Ricking, Heinrich & Hillenbrand, Clemens (2009): Didaktik in der schulischen Erziehungshilfe: Wie arbeiten Lehrkräfte im Förderschwerpunkt Emotionale und Soziale Entwicklung? In: Zeitschrift für Heilpädagogik 60 (4), 131-138.

Hensle, Ulrich & Vernooij, Monika A. (⁷2002): Einführung in die Arbeit mit behinderten Menschen I. Psychologische, pädagogische und medizinische Aspekte. Wiebelsheim: Quelle und Meyer.

Herz, Birgit; Puhr, Kirsten & Ricking, Heinrich (Hrsg.) (2004): Problem Schulabsentismus. Wege zurück in die Schule. Bad Heilbrunn: Klinkhardt.

Heyting, Frieda (1996): Konstruktivistische Erziehungswissenschaft. In: Hierdeis, Helmwart & Hug, Theo (Hrsg.): CD-Rom der Pädagogik. Baltmannsweiler: Schneider.

Higgins, Ann (1987): Moralische Erziehung in der Gerechte Gemeinschaft-Schule – Über schulpraktische Erfahrungen in den USA. In: Lind, Georg & Raschert, Jürgen (Hrsg.): Moralische Urteilsfähigkeit. Weinheim: Beltz. 54-72.

Higgins, Ann (1989): Das Erziehungsprogramm der Gerechten Gemeinschaft: Die Entwicklung moralischer Sensibilität als Ausdruck von Gerechtigkeit und Fürsorge. In: Lind, Georg & Pollitt-Gerlach, Gundula (Hrsg.): Moral in „unmoralischer" Zeit. Heidelberg. 101-127.

Hillenbrand, Clemens (¹1999; ³2011): Didaktik bei Unterrichts- und Verhaltensstörungen. München: Reinhardt.

Hillenbrand, Clemens (2013): Inklusive Bildung in der Schule: Probleme und Perspektiven für die Bildungsberichterstattung. In: Zeitschrift für Heilpädagogik 64, 359-369.

Hillenbrand, Clemens & Pütz, Kathrin (2008): KlasseKinderSpiel. Spielerisch Verhaltensregeln lernen. Hamburg: edition Körber-Stiftung.

Hiller, Gotthilf G. (⁴1997): Ausbruch aus dem Bildungskeller. Pädagogische Provokationen. Langenau-Ulm: Vaas.

Holtz, Karl Ludwig & Kretschmann, Rudolf (1989): Psychologische Grundlagen der Pädagogik bei Verhaltensstörungen. In: Goetze, Herbert & Neukäter, Heinz (Hrsg.): Handbuch der Sonderpädagogik – Band 6. Pädagogik bei Verhaltensstörungen. Berlin: Ed. Marhold im Wiss.-Verl. Spiess. 908-966.

Huber, Christian (2006): Soziale Integration in der Schule?! Eine empirische Untersuchung zur sozialen Integration von Schülern mit sonderpädagogischem Förderbedarf im Gemeinsamen Unterricht. Marburg: Tectum.

Huber, Christian (2009): Gemeinsam einsam? Empirische Befunde und praxisrelevante Ableitungen zur sozialen Integration von Schülern mit Sonderpädagogischem Förderbedarf im Gemeinsamen Unterricht. In: Zeitschrift für Heilpädagogik 60 (7), 242-248.

Huber, Christian & Grosche, Michael (2012): Das response-to-intervention-Modell als Grundlage für einen inklusiven Paradigmenwechsel in der Sonderpädagogik. In: Zeitschrift für Heilpädagogik 63 (8), 312-322.

Hügli, Anton & Lübcke, Poul (²1997): Philosophielexikon. Reinbek: Rowohlt.

Hufenus, Hans-Peter (1993): Erlebnispädagogik – Grundlagen. In: Herzog, Fridolin (Hrsg.): Erlebnispädagogik: Schlagwort oder Konzept? Schweizerische Zentralstelle für Heilpädagogik (SZH), Luzern: Edition SZH-SPC. 85-99.

Hufenus, Hans-Peter (1994): Grundlagen der Erlebnispädagogik. In: Wildnisschule (Hrgs.): Life Training. Dokumentation. St. Gallen. 17-35.

Humpert, Winfried & Dann, Hanns-Dietrich (2001): KTM kompakt. Basistraining zur Störungsreduktion und Gewaltprävention. Bern: Huber.

Huschke-Rhein, Rolf (1996): Systemische Erziehungswissenschaft. In: Hierdeis, Helmwart & Hug, Theo (Hrsg.): CD-Rom der Pädagogik. Baltmannsweiler: Schneider.

Husslein, Erich (1983): Schule und Unterricht für Kinder und Jugendliche mit Verhaltensstörungen. Würzburg: Koenigshausen u. Neumann.

Husslein, Erich (1989): Unterrichtsgestaltung in der Schule für Verhaltensgestörte. In: Goetze, Herbert & Neukäter, Heinz (Hrsg.): Handbuch der Sonderpädagogik – Band 6. Pädagogik bei Verhaltensstörungen. Berlin: Ed. Marhold im Wiss.-Verl. Spiess. 473-491.

Ihle, Wolfgang & Esser, Günter (2002): Epidemiologie psychischer Störungen im Kindes- und Jugendalter: Prävalenz, Verlauf, Komorbidität und Geschlechtsunterschiede. In: Psychologische Rundschau 53 (4), 159-169.

Ihle, Wolfgang & Esser, Günter (2008): Epidemiologie psychischer Störungen des Kindes- und Jugendalters. In: Gasteiger Klicpera, Barbara; Julius, Henri & Klicpera, Christian (Hrsg.): Sonderpädagogik der sozialen und emotionalen Entwicklung. Göttingen: Hogrefe. 49-62.

Jantzen, Wolfgang (1990): Allgemeine Behindertenpädagogik – Band 2. Neurowissenschaftliche Grundlagen, Diagnostik, Pädagogik und Therapie. Weinheim: Beltz.

Jantzen, Wolfgang ([2]1992): Allgemeine Behindertenpädagogik – Band 1. Sozialwissenschaftliche und psychologische Grundlagen. Weinheim: Beltz.

Jefferys-Duden, Karin (1999): Das Streitschlichter-Programm. Mediatorenausbildung für Schülerinnen und Schüler der Klassen 3 bis 6. Weinheim: Beltz.

Jefferys-Duden, Karin (2000): Konfliktlösung und Streitschlichtung. Das Sekundarstufenprogramm. Weinheim: Beltz.

Jürgens, Eiko (2006): Offener Unterricht. In: Arnold, Karl-Heinz, Sandfuchs, Uwe & Wiechmann, Jürgen (Hrsg.): Handbuch Unterricht. Bad Heilbrunn: Klinkhardt. 280-284.

Jugendrecht. München: dtv [21]1997.

Kamp-Becker, Inge & Bölte, Sven (2011): Autismus. München: Reinhardt.

Kant, Immanuel (1997): Über die Erziehung. (Vorlesung WS 1776/77). München.

Kasper, Hildegard ([3]1996): Sich und den Unterricht öffnen. Differenzierung durch offene Lernsituationen. In: Haarmann, Dieter (Hrsg.): Handbuch Grundschule, Bd.1. Allgemeine Didaktik: Voraussetzungen und Formen grundlegender Bildung. Weinheim, Basel: Beltz. 186-198.

Keller, Gustav (2008): Disziplinmanagement in der Schulklasse. Bern: Huber.

Kiper, Hanna (2008): Unterrichtsplanung für heterogene Lerngruppen. In: Kiper, Hanna; Miller, Susanne; Palentien, Christian & Rohlfs, Carsten (Hrsg.): Lernarrangements für heterogene Gruppen. Bad Heilbrunn: Klinkhardt. 127-152.

Kiper, Hanna; Miller, Susanne; Palentien, Christian & Rohlfs, Carsten (Hrsg.) (2008): Lernarrangements für heterogene Gruppen. Bad Heilbrunn: Klinkhardt.

Kiper, Hanna & Mischke, Wolfgang (2004): Einführung in die Allgemeine Didaktik. Weinheim: Beltz.

Kiper, Hanna & Mischke, Wolfgang (2009): Unterrichtsplanung. Weinheim: Beltz.

Klafki, Wolfgang (1980): Zur Unterrichtsplanung im Sinne kritisch-konstruktiver Didaktik. In: Adl-Amini, Bijan & Künzli, Rudolf (Hrsg.): Didaktische Modelle und Unterrichtsplanung. München: Juventa. 11-48.

Klafki, Wolfgang (1985): Neue Studien zur Bildungstheorie und Didaktik. Beiträge zur kritisch-konstruktiven Didaktik. Weinheim: Beltz.

Klafki, Wolfgang ([8]1995): Die bildungstheoretische Didaktik im Rahmen kritisch-konstruktiver Erziehungswissenschaft. In: Gudjons, Herbert; Teske, Rita & Winkel, Rainer (Hrsg.): Didaktische Theorien. Hamburg: Bergmann u. Helbig. 11-26.

Kleber, Eduard W. (1993): Grundzüge ökologischer Pädagogik. Weinheim, München: Juventa.

Kleber, Eduard W. ([2]1997): Bildung. In: Hansen, Gerd & Stein, Roland (Hrsg.): Sonderpädagogik konkret. Ein Handbuch in Schlüsselbegriffen. Bad Heilbrunn: Klinkhardt. 44-48.

Kleber, Eduard W. & Stein, Roland (2001): Lernkultur am Ausgang der Moderne. Baltmannsweiler: Schneider.

Klewitz, Elard & Mitzkat, Horst (1977): Entdeckendes Lernen und offener Unterricht. In: Klewitz, Elard & Mitzkat, Horst u. a.: Entdeckendes Lernen und offener Unterricht. Braunschweig: Westermann. 7-26.

Knoll, Michael (2006): Projektmethode. In: Arnold, Karl-Heinz; Sandfuchs, Uwe & Wiechmann, Jürgen (Hrsg.): Handbuch Unterricht. Bad Heilbrunn: Klinkhardt. 270-275.

Kobi, Emil E. (2000): Verhaltensstörungen im gesellschaftlichen Umfeld. In: Schweizerische Zeitschrift für Heilpädagogik 11, 9-19.

Kobi, Emil E. (⁶2004): Grundfragen der Heilpädagogik. Berlin: BHP-Verlag.

Kösel, Edmund (1989): Lebendig lernen leben – Einige grundlegende Betrachtungsweisen aus neuerer wissenschaftstheoretischer und didaktischer Sicht. In: TIBB-Info Pädagogik 3, Teil 1. Bonn: IFA. 43-55.

Kösel, Edmund (1991): Arbeitsplatzbezogenes, dezentrales Lernen und neue Lernortkombinationen – Wie können wir Schlüsselqualifikationen vermitteln? In: Dehnbostel, Peter & Peters, Sybille (Hrsg.): Dezentrales und erfahrungsorientiertes Lernen im Betrieb. Alsbach: Leuchtturm. 161-180.

Kösel, Edmund (1993): Die Modellierung von Lernwelten. Ein Handbuch zur Subjektiven Didaktik. Elztal-Dallau: Laub.

Kösel, Edmund (⁴2002): Die Modellierung von Lernwelten. Band I: Die Theorie der Subjektiven Didaktik. Wissenschaftliche Grundlagen. Bahlingen: SD-Verlag für Subjektive Didaktik.

Kösel, Edmund (2007a): Die Modellierung von Lernwelten. Band II: Die Konstruktion von Wissen. Bahlingen: SD-Verlag für Subjektive Didaktik.

Kösel, Edmund (2007b): Die Modellierung von Lernwelten. Band III: Die Entwicklung postmoderner Lernkulturen. Bahlingen: SD-Verlag für Subjektive Didaktik.

Kösel, Edmund & Feller, Andreas (1998): Die Schule neu erfinden. Epistemologische Grundzüge einer subjektiven Didaktik. In: Voß, Reinhard (Hrsg.): Schul-Visionen. Theorie und Praxis systemisch konstruktivistischer Pädagogik. Heidelberg, Neuwied: Luchterhand. 168-179.

Kohlberg, Lawrence (1995): Die Psychologie der Moralentwicklung. Frankfurt a.M.: Suhrkamp.

Kolb, D.G. (1991): Meaningful Methods. Evaluation without the crunch. In: Journal of Experimental Education 14 (1), 40-44.

Korn, Judy & Mücke, Thomas (2000): Gewalt im Griff – Band 2: Deeskalations- und Mediationstraining. Weinheim: Beltz.

Kounin, Jacob S. (1976; Reprint 2006): Techniken der Klassenführung. Münster: Waxmann.

Kreische, R.; Myschker, Norbert & Reisen, Inge (1991): Prävention von Verhaltensstörungen durch Ambulanzlehrertätigkeit. Das schulische Ambulanzsystem in Berlin-Steglitz. In: Neukäter, Heinz (Hrsg.): Verhaltensstörungen verhindern. Prävention als pädagogische Aufgabe. Oldenburg: Universität, Zentrum für pädagogische Berufspraxis. 398-407.

Kriz, Jürgen (⁴1994): Grundkonzepte der Psychotherapie. Weinheim: Beltz, Psychologie-Verl.-Union.

Kron, Friedrich W. (¹1993; ⁵2008): Grundwissen Didaktik. München: Reinhardt.

Kronig, Winfried (2011): Heterogenität als Problem und als Problemlösung – einige pädagogische Irritationen. In: Faulstich-Wieland, Hannelore (Hrsg.): Umgang mit Heterogenität und Differenz. Baltmannsweiler: Schneider. 201-210.

Krüssel, Hermann (1993): Konstruktivistische Unterrichtsforschung. Der Beitrag des Wissenschaftlichen Konstruktivismus und der Theorie der persönlichen Konstrukte für die Lehr-Lern-Forschung. Frankfurt a.M.: Lang.

Kuhmerker, Lisa; Gielen, Uwe & Hayes, Richard L. (1996): Lawrence Kohlberg. Seine Bedeutung für die pädagogische und psychologische Praxis. München: Kindt.

Kultusministerium Rheinland-Pfalz (1979): Richtlinien. Schule für Verhaltensbehinderte (Sonderschule). Mainz.

Kultusministerkonferenz (1994): Empfehlungen zur sonderpädagogischen Förderung in den Schulen der Bundesrepublik Deutschland. In: Zeitschrift für Heilpädagogik 45 (7), 484-494.

Kultusministerkonferenz (1997): Die Sonderschulen in der bundeseinheitlichen Schulstatistik 1987 bis 1996. Statistische Veröffentlichungen der Kultusministerkonferenz, Dokumentation Nr. 144. Bonn: KMK.

Kultusministerkonferenz (2000): Empfehlungen zum Förderschwerpunkt emotionale und soziale Entwicklung. Bonn: KMK.

Kultusministerkonferenz (2003): Sonderpädagogische Förderung in Schulen 1993 bis 2002. Bonn: KMK.

Kultusministerkonferenz (2010): Dokumentation Nr. 189 – März 2010. Sonderpädagogische Förderung in Schulen 1999 bis 2008. Berlin 2010. Im Internet unter: http://www.kmk.org/fileadmin/pdf/Statistik/Dok_189_SoPaeFoe_2008.pdf. Abruf vom 10.12.2012.

Kultusministerkonferenz (2011): Inklusive Bildung von Kindern und Jugendlichen mit Behinderungen in Schulen (Beschluss der Kultusministerkonferenz vom 20.10.2011). Bonn. In Internet unter: http://www.kmk.org/bildung-schule/allgemeine-bildung/sonderpaedagogische-foerderung.html. Abruf vom 17.09.2013.

Kultusministerkonferenz (2012): Dokumentation Nr. 196 – Februar 2012. Sonderpädagogische Förderung in Schulen 2001 bis 2010. Berlin 2012. Im Internet unter: http://www.kmk.org/fileadmin/pdf/Statistik/KomStat/Dokumentation_SoPaeFoe_2010.pdf. Abruf vom 10.12.2012.

Kultusministerkonferenz (2014): Dokumentation Nr. 202 – Februar 2014. Sonderpädagogische Förderung in Schulen 2003 bis 2012. Berlin 2014. Im Internet unter: http://www.kmk.org/statistik/schule/statistische-veroeffentlichungen/sonderpaedagogische-foerderung-in-schulen.html. Abruf vom 13.03.2014.

Lamnek, Siegfried ([6]1996): Theorien abweichenden Verhaltens. München: Fink.

Langmaack, Barbara ([3]1996): Themenzentrierte Interaktion. Weinheim: Psychologie Verlags Union.

Langmaack, Barbara ([3]2004):Einführung in die Themenzentrierte Interaktion. Weinheim: Beltz.

Langos-Luca, Martin (1994): „Ich kümmere mich um meine Angelegenheiten ..." Entlastung auf dem Hintergrund der Gestaltpädagogik. In: Burow, Olaf-Alex & Gudjons, Herbert (Hrsg.): Gestaltpädagogik in der Schule. Hamburg: Bergmann & Helbig. 53-64.

Lauth, Gerhard (1983): Verhaltensstörungen im Kindesalter. Ein Trainingsprogramm zur kognitiven Verhaltensmodifikation. Stuttgart: Kohlhammer.

Lindsay, Geoff (2007): Educational psychology and the effectiveness of inclusive education/mainstreaming. In: British Journal of Educational Psychology 77, 1-24.

Linster, Hans Wolfgang (1980): Gesprächspsychotherapie. In: Linster, Hans Wolfgang & Wetzel, Helmut u.a.: Veränderung und Entwicklung der Person. Grenzen und Möglichkeiten psychologischer Therapie. Hamburg: Hoffmann und Campe. 170-229.

Löhmer, Cornelia & Standhardt, Rüdiger ([2]1994): Themenzentrierte Interaktion. Mannheim: PAL.

Lotz, Walter (1995): Ausblick auf die themenzentrierte Arbeit im pädagogischen Praxisfeld. In: Reiser, Helmut & Lotz, Walter: Themenzentrierte Interaktion als Pädagogik. Mainz: Matthias-Grünewald-Verlag. 245-248.

Luhmann, Niklas (1984): Soziale Systeme. Frankfurt a.M.: Suhrkamp.

Maturana, Humberto R. & Varela, Francisco J. (1987): Der Baum der Erkenntnis. Die biologischen Wurzeln des menschlichen Erkennens. Bern: Scherz.

Matzdorf, Paul & Cohn, Ruth ([4]1994): Themenzentrierte Interaktion. In: Corsini, Raymond J. (Hrsg.): Handbuch der Psychotherapie, Band 2. Weinheim: Psychologie Verlags Union.1272-1314.

Meister, Ulrike & Schnell, Irmtraud (2012): Gemeinsam und individuell – Anforderungen an eine inklusive Didaktik. In: Moser, Vera (Hrsg.): Die inklusive Schule. Standards für die Umsetzung. Stuttgart: Kohlhammer. 184-189.

Memmert, Wolfgang (⁴1991): Didaktik in Grafiken und Tabellen. Bad Heilbrunn: Klinkhardt.

Meyer, Hilbert (⁶1994): UnterrichtsMethoden, Bd.2. Frankfurt: Scriptor.

Moser, Vera (Hrsg.) (2012): Die inklusive Schule. Standards für die Umsetzung. Stuttgart: Kohlhammer.

Müller, Thomas (2012a): „Mit mir geht was weiter…". Zur Arbeit mit der MultiGradeMultiLevel-Methodology und ihren Lernleitern an der St. Vincent-Schule. In: Fördermagazin 3. Berlin: Oldenbourg. 49-52.

Müller, Thomas (2012b): Erfahrungen mit dem konkreten Einsatz der Lernleiterarbeit in der Grundschulstufe der St. Vincent-Schule. In: Fördermagazin 3. Berlin: Oldenbourg. 53-54.

Müller, Thomas & Stein, Roland (2013): Erziehung an Schulen für Erziehungshilfe? Zum fehlenden Erziehungsdiskurs einer Schulart. In: Vierteljahresschrift für Heilpädagogik und ihre Nachbargebiete 82 (3), 213-226.

Münchmeier, Richard & v. Wolffersdorff, Christian (²1995): Lebensweltorientierte Jugendhilfe und Erlebnispädagogik. In: Homfeldt, Hans Günther (Hrsg.): Erlebnispädagogik. Geschichtliches, Räume und Adressat(inn)en, erziehungswissenschaftliche Facetten, Kritisches. Baltmannsweiler: Schneider. 167-180.

Myschker, Norbert (1989): Zur Geschichte der Pädagogik bei Verhaltensstörungen. In: Goetze, Herbert & Neukäter, Heinz (Hrsg.): Handbuch der Sonderpädagogik – Band 6. Pädagogik bei Verhaltensstörungen. Berlin: Ed. Marhold im Wiss.-Verl. Spiess. 155-190.

Myschker, Norbert (¹1993; ²1996; ⁵2005; ⁶2009): Verhaltensstörungen bei Kindern und Jugendlichen. Stuttgart: Kohlhammer.

Myschker, Norbert & Stein, Roland (⁷2014): Verhaltensstörungen bei Kindern und Jugendlichen. Stuttgart: Kohlhammer.

Neukäter, Heinz (1980): Projektorientiertes Lernen in der schulischen Arbeit mit verhaltensgestörten Schülern. Sonderpädagogik 10 (4), 151-158.

Neukäter, Heinz (1989): Projektunterricht. In: Goetze, Herbert & Neukäter, Heinz (Hrsg.): Handbuch der Sonderpädagogik – Band 6. Pädagogik bei Verhaltensstörungen. Berlin: Ed. Marhold im Wiss.-Verl. Spiess. 613-622.

Neukäter, Heinz & Goetze, Herbert (1978): Hyperaktives Verhalten im Unterricht. München: Reinhardt.

NLTS (National Longitudinal Transition Study) (2006): School Behavior and Disciplinary Experiences of Youth With Disabilities. Im Internet unter: http://www.nlts2.org. Abruf vom 28.03.2011.

Nolting, Hans-Peter (⁶2007): Störungen in der Schulklasse. Weinheim: Beltz.

O'Connor, Josef & Seymour, John (⁴1994): Neurolinguistisches Programmieren: Gelungene Kommunikation und persönliche Entfaltung. Freiburg i.Br.: VAK, Verlag für angewandte Kinesiologie.

Oelkers, Jürgen (²1995): „Erlebnispädagogik": Ursprünge und Entwicklungen. In: Homfeldt, Hans Günther (Hrsg.): Erlebnispädagogik. Geschichtliches, Räume und Adressat(inn)en, erziehungswissenschaftliche Facetten, Kritisches. Baltmannsweiler: Schneider. 7-26.

Oelkers, Jürgen (2001): Theorie der Erziehung. Weinheim: Beltz.

Opp, Günther & Unger, Nicola (2006): Kinder stärken Kinder. Positive Peer Culture in der Praxis. Hamburg: edition Körber-Stiftung.

Oser, Fritz (1981): Moralisches Urteil in Gruppen – soziales Handeln – Verteilungsgerechtigkeit. Frankfurt a.M.: Suhrkamp.

Oser, Fritz (1987): Möglichkeiten und Grenzen der Anwendung des Kohlberg'schen Konzepts der moralischen Erziehung in unseren Schulen. In: Lind, Georg & Raschert, Jürgen (Hrsg.): Moralische Urteilsfähigkeit. Weinheim: Beltz. 44-53.

Petermann, Franz & Petermann, Ulrike ([1]1984; [13]2012): Training mit aggressiven Kindern. München: Urban u. Schwarzenberg (1984); Weinheim: Beltz (2012).

Petermann, Ulrike (1983): Training mit sozial unsicheren Kindern. München: Urban u. Schwarzenberg.

Petermann, Ulrike & Petermann, Franz ([10]2010): Training mit sozial unsicheren Kindern. Weinheim: Beltz.

Petermann, Franz; Kusch, Michael & Niebank, Kay (1998): Entwicklungspsychopathologie. Weinheim: Beltz, Psychologie Verlags Union.

Peterson, Donald R.; Quay, Herbert C. & Tiffany, Theodore C. (1961): Personality Factors related to juvenile delinquency. In: Child Development 32, 355-372.

Prengel, Annedore (Hrsg.) (1983): Gestaltpädagogik. Weinheim: Beltz.

Prengel, Annedore (1989): Gestaltpädagogik. In: Goetze, Herbert & Neukäter, Heinz (Hrsg.): Handbuch der Sonderpädagogik – Band 6. Pädagogik bei Verhaltensstörungen. Berlin: Ed. Marhold im Wiss.-Verl. Spiess. 793-803.

Preuss-Lausitz, Ulf & Klemm, Klaus (2008): Auszüge aus dem Gutachten zum Stand und zu den Perspektiven der sonderpädagogischen Förderung in den Schulen der Stadtgemeinde Bremen. Sonderpädagogische Förderung in NRW, Mitteilungen, Heft 4, Gladbeck, 6-17.

Pütter, Irene (1989): Gruppenorientierte Verfahren in der Arbeit mit verhaltensgestörten Schülern. In: Goetze, Herbert & Neukäter, Heinz (Hrsg.): Handbuch der Sonderpädagogik – Band 6. Pädagogik bei Verhaltensstörungen. Berlin: Ed. Marhold im Wiss.-Verl. Spiess. 585-612.

Quay, Herbert C.; Morse, William & Cutler, Richard L. (1966): Personality Patterns of Pupils in Special Classes for the Emotionally Disturbed. In: Exceptional Children 32, 297-301.

Quay, Herbert C. & Werry, John S. (Hrsg.) (1972): Psychopathological Disorders of Childhood. New York: Wiley.

Ramseger, Jörg (1977): Offener Unterricht in der Erprobung. München: Juventa.

Redl, Fritz & Wineman, David (1970): Kinder, die hassen. Freiburg i.Br.: Lambertus.

Redl, Fritz & Wineman, David (1976): Steuerung des aggressiven Verhaltens beim Kind. München: Piper.

Redlich, Alexander & Schley, Wilfried ([2]1981): Kooperative Verhaltensmodifikation im Unterricht. München: Urban & Schwarzenberg.

Reich, Kersten (1996): Systemisch-konstruktivistische Didaktik. Eine allgemeine Zielbestimmung. In: Voß, Reinhard (Hrsg.): Die Schule neu erfinden. Systemisch-konstruktivistische Annäherungen an Schule und Pädagogik. Neuwied: Luchterhand.

Reich, Kersten ([2]1997): Systemisch-konstruktivistische Pädagogik. Einführung in Grundlagen einer interaktionistisch-konstruktivistischen Pädagogik. Neuwied: Luchterhand.

Reiser, Helmut (1983): Die Themenzentrierte Interaktion als pädagogisches System im Vergleich zur Gestaltpädagogik. In: Prengel, Annedore (Hrsg.): Gestaltpädagogik. Therapie, Politik und Selbsterkenntnis in der Schule. Weinheim: Beltz. 253-277.

Reiser, Helmut (1995): Ein Modell zur Reflexion von Unterricht nach der Themenzentrierten Interaktion. In: Reiser, Helmut & Lotz, Walter (Hrsg.): Themenzentrierte Interaktion als Pädagogik. Mainz: Matthias-Grünewald-Verlag. 125-146.

Reiser, Helmut (1997): Lern- und Verhaltensstörungen als gemeinsame Aufgabe von Grundschul- und Sonderpädagogik unter dem Aspekt der Selektion. In: Zeitschrift für Heilpädagogik 48 (7), 266-275.

Reiser, Helmut (2007): Integrierte schulische Erziehungshilfe. In: Reiser, Helmut; Willmann, Marc & Urban, Michael: Sonderpädagogische Unterstützungssysteme bei Verhaltensproblemen in der Schule. Bad Heilbrunn: Klinkhardt. 71-89.

Reiser, Helmut & Lotz, Walter (1995): Themenzentrierte Interaktion als Pädagogik. Mainz: Matthias-Grünewald-Verlag.

Reiser, Helmut; Urban, Michael & Willmann, Marc (2008): Integrierte schulische Erziehungshilfe. In: Gasteiger Klicpera, Barbara; Julius, Henri & Klicpera, Christian (Hrsg.): Sonderpädagogik der sozialen und emotionalen Entwicklung. Göttingen: Hogrefe. 651-668.

Reiser, Helmut; Willmann, Marc & Urban, Michael (2007): Sonderpädagogische Unterstützungssysteme bei Verhaltensproblemen in der Schule. Bad Heilbrunn: Klinkhardt.

Remschmidt, Helmut (²2002): Autismus. Erscheinungsformen, Ursachen, Hilfen. München: Beck.

Remschmidt, Helmut & Walter, Reinhard (1990): Psychische Auffälligkeiten bei Schulkindern. Göttingen: Hogrefe.

Renner, Michael (1995): Spieltheorie und Spielpraxis. Eine Einführung für pädagogische Berufe. Freiburg i.Br.: Lambertus.

Resch, Franz (1996): Entwicklungspsychopathologie des Kindes- und Jugendalters. Weinheim: Beltz, Psychologie-Verlags-Union.

Ricking, Heinrich & Hennemann, Thomas (2008): Stillstand oder Innovationen? Tendenzen in der Didaktik und Methodik im Förderschwerpunkt Emotionale und Soziale Entwicklung. In: Biewer, Gottfried; Luciak, Mikael & Schwinge, Mirella (Hrsg.): Begegnung und Differenz: Menschen – Länder – Kulturen. Bad Heilbrunn: Klinkhardt. 361-370.

Ricking, Heinrich; Hillenbrand, Clemens & Hennemann, Thomas (2007): Didaktisch-methodische Innovationen in der schulischen Erziehungshilfe: Eine empirische Untersuchung. In: Vierteljahresschrift für Heilpädagogik und ihre Nachbargebiete 76, 342-343.

Ricking, Heinrich; Schulze, Gisela & Wittrock, Manfred (Hrsg.) (2009): Schulabsentismus und Dropout. Paderborn: Schöningh.

Riedel, Klaus (1989): Lehrer. In: Lenzen, Dieter (Hrsg.): Pädagogische Grundbegriffe – Band 2. Reinbek: Rowohlt. 930-937.

Rogers, Carl R. (1974): Lernen in Freiheit. Zur Bildungsreform in Schule und Universität. München: Kösel.

Rogers, Carl R. (1983): Die klientenzentrierte Gesprächspsychotherapie. Frankfurt a.M.: Fischer.

Rogers, Carl R. (¹¹1996): Entwicklung der Persönlichkeit. Psychotherapie aus Sicht eines Therapeuten. Stuttgart: Klett-Cotta.

Roth, Gerhard (1987a): Erkenntnis und Realität: Das reale Gehirn und seine Wirklichkeit. In: Schmidt, Siegfried J. (Hrsg.): Der Diskurs des Radikalen Konstruktivismus. Frankfurt a.M.: Suhrkamp. 229-255.

Roth, Gerhard (1987b): Autopoiese und Kognition: Die Theorie H.R. Maturanas und die Notwendigkeit ihrer Weiterentwicklung. In: Schmidt, Siegfried J. (Hrsg.): Der Diskurs des Radikalen Konstruktivismus. Frankfurt a.M.: Suhrkamp. 256-286.

Roth, Gerhard (1992): Das konstruktive Gehirn: Neurobiologische Grundlagen von Wahrnehmung und Erkenntnis. In: Schmidt, Siegfried J. (Hrsg.): Kognition und Gesellschaft. Der Diskurs des Radikalen Konstruktivismus 2. Frankfurt a.M.: Suhrkamp. 277-336.

Roth, Gerhard (²1998): Das Gehirn und seine Wirklichkeit. Kognitive Neurobiologie und ihre philosophischen Konsequenzen. Frankfurt a.M.: Suhrkamp.

Roth, Gerhard (2009): Aus Sicht des Gehirns. Frankfurt a.M.: Suhrkamp. Vollständig überarbeitete Neuauflage.

Rudnick, Martin & Goetze, Herbert (1996): Förderung für Grundschulkinder mit emotionalen Störungen / Verhaltensauffälligkeiten in Brandenburg. In: Sonderpädagogik 26 (2), 104-109.

Schlee, Jörg (1992): Das Forschungsprogramm Subjektive Theorien – innovative Impulse für die Sonderpädagogik. In: Haupt, Ursula & Krawitz, Rudi (Hrsg.): Anstöße zu neuem Denken in der Sonderpädagogik. Pfaffenweiler: Centaurus. 140-161.

Schley, Wilfried (1989): Kooperative Verhaltensmodifikation. In: Goetze, Herbert & Neukäter, Heinz (Hrsg.): Handbuch der Sonderpädagogik – Band 6. Pädagogik bei Verhaltensstörungen. Berlin: Ed. Marhold im Wiss.-Verl. Spiess. 546-568.

Schmidt, Siegfried J. (Hrsg.) (1987): Der Diskurs des Radikalen Konstruktivismus. Frankfurt a.M.: Suhrkamp.

Schmidt, Siegfried J. (Hrsg.) (1992): Kognition und Gesellschaft. Der Diskurs des Radikalen Konstruktivismus II. Frankfurt a.M.: Suhrkamp.

Schmidt, Siegfried J. (1995): (Radikaler) Konstruktivismus. Wie Wirklichkeit wirklich wird. In: Reusch, Siegfried (Hrsg.): Der blaue Reiter. Journal für Philosophie. Nr. 2, Thema: Wahrheit-Wirklichkeit. 30-33.

Schneider, Lucia (Hrsg.) (2010): Gelingende Schulen. Baltmannsweiler: Schneider.

Schnur, Sara & Müller, Thomas (2013): Elemente der MultiGradeMultiLevel-Methodology. Möglichkeiten und Grenzen für den Unterricht mit verhaltensauffälligen Kindern. Würzburg: edition von freisleben.

Schubarth, Wilfried (2010): Gewalt und Mobbing an Schulen. Stuttgart: Kohlhammer.

Schule für Erziehungshilfe des Lahn-Dill-Kreises (2013): Im Internet unter http://sfeh.de/index2.html. Abruf vom 14.02.2013.

Schulz, Wolfgang (²1980a): Unterrichtsplanung. München: Urban & Schwarzenberg.

Schulz, Wolfgang (1980b): Ein Hamburger Modell der Unterrichtsplanung – Seine Funktionen in der Alltagspraxis. In: Adl-Amini, Bijan & Künzli, Rudolf (Hrsg.): Didaktische Modelle und Unterrichtsplanung. München: Juventa. 49-87.

Schulz, Wolfgang (⁸1995a): Die lehrtheoretische Didaktik. In: Gudjons, Herbert; Teske, Rita & Winkel, Rainer (Hrsg.): Didaktische Theorien. Hamburg: Bergmann u. Helbig. 29-45.

Schulz, Wolfgang (1995b): Didaktische Einblicke.»Das Gesicht der Schule gestalten«. Hrsgg. von Otto, Gunter & Luscher-Schulz, Gerda. Weinheim: Beltz.

Schumacher, Gerhard (²1979): Neues Lernen mit Verhaltensgestörten und Lernbehinderten. Der durchstrukturierte Klassenraum. Berlin: Marhold.

Schwiersch, Martin (1995): Wirkt Erlebnispädagogik? Wirkfaktoren und Wirkmodelle in der Erlebnispädagogik. In: Kölsch, Hubert (Hrsg.): Wege moderner Erlebnispädagogik. München: Sandmann.

Seitz, Simone (2005): Zeit für inklusiven Sachunterricht. Baltmannsweiler: Schneider.

Seitz, Willi (1977): Persönlichkeitsbeurteilung durch Fragebogen. Braunschweig: Westermann.

Seitz, Willi (1981): Verhaltensstörungen von Kindern und elterliche Erziehung. In: Gösslbauer, Jakob Peter u.a. (Hrsg.): Brennpunkte der Psychologie. ‚Politische Studien‘, Sonderheft 4/1981. München: Olzog. 31-51.

Seitz, Willi (1982): Verhaltensstörungen und Erziehungsschwierigkeiten im Schulalter. In: Rost, Detlef H. (Hrsg.): Erziehungspsychologie für die Grundschule. Bad Heilbrunn: Klinkhardt. 11-43.

Seitz, Willi (1991): Erscheinungsweise und Prozesse der Entwicklung von Verhaltensstörungen. In: Hansen, Gerd & Seitz, Willi: Entstehung und Behandlung von Verhaltensstörungen im Kindes- und Jugendalter. Pfaffenweiler: Centaurus. 7-46.

Seitz, Willi (1992a): Problemlage und Vorgehensweise der Diagnostik im Rahmen der Pädagogik bei Verhaltensstörungen. In: Hansen, Gerd (Hrsg.): Sonderpädagogische Diagnostik. Pfaffenweiler: Centaurus. 107-139.

Seitz, Willi (1992b): Schulisches Leistungsversagen als Ergebnis mangelnder Selbst- und Handlungskontrolle des Schülers. In: Haupt, Ursula & Krawitz, Rudi (Hrsg.): Anstöße zu neuem Denken in der Sonderpädagogik. Pfaffenweiler: Centaurus. 186-199.

Seitz, Willi (1998a): Verhaltensstörungen. In: Rost, Detlef H. (Hrsg.): Handwörterbuch Pädagogische Psychologie. Weinheim: Beltz. 547-551.

Seitz, Willi (1998b): Delinquenz von Kindern und Jugendlichen als Folge mangelnder Selbst- und Handlungskontrolle. In: Knab, Eckhart & Macsenaere, Michael (Hrsg.): Heimerziehung als Lebenshilfe. Festschrift zum 70. Geburtstag von Dr. Peter Flosdorf. Mainz: Eigenverlag des Institutes für Kinder- und Jugendhilfe. 121-150.

Seitz, Willi & Rausche, Armin (⁴2004): Persönlichkeitsfragebogen für Kinder zwischen 9-14 Jahren (PFK 9-14). Göttingen: Hogrefe.

Seitz, Willi & Walkenhorst, Philipp (1995): Soziale Trainingskurse für straffällig gewordene Jugendliche. Ein theoriegeleitetes Konzept delinquenzpädagogischen Handelns in der Praxis. In Häußling, Josef M. & Reindl, Richard (Hrsg.): Sozialpädagogik und Strafrechtspflege. Pfaffenweiler: Centaurus. 380-417.

Semmer, Norbert & Frese, Michael (1979): Handlungstheoretische Implikationen für kognitive Therapie. In: Hoffmann, Nicolas (Hrsg.): Grundlagen kognitiver Therapie. Theoretische Modelle und praktische Anwendung. Bern: Huber. 115-153.

Sielert, Uwe (1995): Themenzentrierte Interaktion nach Ruth Cohn (TZI). In: Buddrus, Volker (Hrsg.): Humanistische Pädagogik. Bad Heilbrunn: Klinkhardt. 249-265.

Sigrell, Bo (1971): Problemkinder in der Schule. Weinheim: Beltz.

Somersalo, Heidi (2002): School environment and children's mental well-being. Academic dissertation, University of Helsinki. Im Internet unter: http:www.ethesis.helsinki.fi. Abruf vom 31.07.2009.

Sommers, Sam (2011): Situations matter. Understanding how context transforms your world. New York: Riverhead.

Speck, Otto (1979): Verhaltensstörungen, Psychopathologie und Erziehung. Grundlagen zu einer Verhaltensgestörtenpädagogik. Berlin: Marhold.

Speck, Otto (1989): Sonderpädagogische Organisationsformen. In: Goetze, Herbert & Neukäter, Heinz (Hrsg.): Handbuch der Sonderpädagogik – Band 6. Pädagogik bei Verhaltensstörungen. Berlin: Ed. Marhold im Wiss.-Verl. Spiess. 191-228.

Speck, Otto (1991): Chaos und Autonomie in der Erziehung. München: Reinhardt.

Speck, Otto (1996): Erziehung und Achtung vor dem Anderen. Zur moralischen Dimension der Erziehung. München: Reinhardt.

Speck, Otto (2010): Schulische Inklusion aus heilpädagogischer Sicht. München: Reinhardt.

Staatsinstitut für Schulqualität und Bildungsforschung München (ISB): LehrplanPLUS Grundschule. Im Internet unter: http://www.lehrplanplus.bayern.de/leitlinien/grundschule#. Abruf vom 15.03.2014.

Stähling, Reinhard & Wenders, Barbara (2013): „Das können wir hier nicht leisten". Wie Grundschulen doch die Inklusion schaffen können. Baltmannsweiler: Schneider.

Stein, Alexandra & Stein, Roland (2002): Konstruktionen von Unterricht bei Verhaltensstörungen und das „Modell integrativer Didaktik". In: Verband Deutscher Sonderschulen (Hrsg.): Entwicklung fördern – Impulse für Didaktik und Therapie. Würzburg: vds. 146–153.

Stein, Roland (1996): Pädagogisch-therapeutische Förderung bei Verhaltensstörungen im Modell geschachtelter Handlungssysteme. In: Stein, Roland & Brilling, Oskar (Hrsg.): Ökologische Perspektiven für pädagogische Handlungsfelder. Pfaffenweiler: Centaurus. 81-94.

Stein, Roland (1997a): Didaktik. In: Hansen, Gerd & Stein, Roland (Hrsg.): Sonderpädagogik konkret. 2. verb. Aufl., Bad Heilbrunn: Klinkhardt. 65-70.

Stein, Roland (1997b): Technische Berufsausbildung Lernbeeinträchtigter. Bad Heilbrunn: Klinkhardt.

Stein, Roland (1999): Erziehungshilfe: Lehrer als Psychotherapeuten? Ein Beitrag zum Selbstverständnis von Sonderpädagoginnen und Sonderpädagogen in der Erziehungshilfe. In: Rolus-Borgward, Sandra & Tänzer, Uwe (Hrsg.): Erziehungshilfe bei Verhaltensstörungen. Pädagogisch-therapeutische Erklärungs- und Handlungsansätze. Oldenburg: Universität, Zentrum für Pädagogische Berufspraxis. 81-93.

Stein, Roland (2002): Selbst- und Handlungsregulation: ein Metamodell für Störungen des Verhaltens und Lernens. In: Schröder, Ulrich; Wittrock, Manfred u.a. (Hrsg.): Lernbeeinträchtigung und Verhaltensstörung. Konvergenzen in Theorie und Praxis. Stuttgart: Kohlhammer. 80-95.

Stein, Roland (2004): Zum Selbstkonzept im Lebensbereich Beruf bei Lehrern für Sonderpädagogik. Hamburg: Dr. Kovač.

Stein, Roland (2005): Einführung in die pädagogische Gestaltarbeit. Baltmannsweiler: Schneider.

Stein, Roland (2010): Kranke Kinder in der Regelschule. In: SchuPS. Zeitung des Arbeitskreises Schule und Psychiatrie. 19, 4-11.

Stein, Roland ([3]2012): Grundwissen Verhaltensstörungen. Baltmannsweiler: Schneider.

Stein, Roland (2013): Kritik der ICF – eine Analyse im Hinblick auf die Klassifikation von Verhaltensstörungen. In: Zeitschrift für Heilpädagogik 64 (3), 106-115.

Stein, Roland & Faas, Alexandra (1998): Facetten einer Didaktik für die Pädagogik bei Verhaltensstörungen – Teil 1. In: Die neue Sonderschule 43(4). 246-256.

Stein, Roland & Faas, Alexandra (1999): Unterricht bei Verhaltensstörungen. Ein integratives didaktisches Modell. (Unter Mitarbeit von Hans-Ludwig Auer). Neuwied: Luchterhand.

Stein, Roland & Müller, Thomas (2014a): Was wird aus den Förderschulen? Inklusive Beschulung und bestehende Sonderbedarfe. In: Kroworsch, Susann (Hrsg.): Inklusion im deutschen Schulsystem. Barrieren und Lösungswege. Verlag des Deutschen Vereins für öffentliche und private Fürsorge e.V.: Berlin. 103-114.

Stein, Roland & Müller, Thomas (Hrsg.) (2014b): Inklusion im Förderschwerpunkt emotionale und soziale Entwicklung. Stuttgart: Kohlhammer. Im Druck.

Stein, Roland & Stein, Alexandra (2006): Unterricht bei Verhaltensstörungen. Ein integratives didaktisches Modell. Bad Heilbrunn: Klinkhardt.

Steinhausen, Hans-Christoph (Hrsg.) (2006): Schule und psychische Störungen. Stuttgart: Kohlhammer.

Steinkamp, Günther (1980): Klassen- und schichtanalytische Ansätze in der Sozialisationsforschung. In: Hurrelmann, Klaus & Ulich, Dieter (Hrsg.): Handbuch der Sozialisationsforschung. Weinheim: Beltz. 253-284.

Tennstädt, Kurt-Christian; Krause, Frank; Humpert, Winfried & Dann, Hans-Dietrich (1987): Das Konstanzer Trainingsmodell (KTM). Ein integratives Selbsthilfeprogramm für Lehrkräfte zur Bewältigung von Aggression und Störung im Unterricht auf der Basis subjektiver Theorien. Trainingshandbuch. Konstanz, Bern: Huber.

Terhart, Ewald (2005): Über Traditionen und Innovationen oder: Wie geht es weiter mit der Allgemeinen Didaktik? In: Zeitschrift für Pädagogik 54 (1), 1-13.

Thalmann, Hans-Christian (1971): Verhaltensstörungen bei Kindern im Grundschulalter. Stuttgart: Klett.

Theunissen, Georg (1992): Heilpädagogik und Soziale Arbeit mit verhaltensauffälligen Kindern und Jugendlichen. Eine Einführung. Freiburg i.Br.: Lambertus.

Tschamler, Herbert ([3]1996): Wissenschaftstheorie. Eine Einführung für Pädagogen. Bad Heilbrunn: Klinkhardt.

Urban, Michael; Reiser, Helmut & Willmann, Marc (2008): Ambulante / Mobile Hilfen. In: Gasteiger Klicpera, Barbara; Julius, Henri & Klicpera, Christian (Hrsg.): Sonderpädagogik der sozialen und emotionalen Entwicklung. Göttingen: Hogrefe. 668-685.

Varela, Francisco J. (1987): Autonomie und Autopoiese. In: Schmidt, Siegfried J. (Hrsg.): Der Diskurs des Radikalen Konstruktivismus. Frankfurt a.M.: Suhrkamp. 119-132.

Vernooij, Monika A. (1989): Vergleichende Aspekte der Unterrichtung von Kindern und Jugendlichen mit Verhaltensstörungen. In: Goetze, Herbert & Neukäter, Heinz (Hrsg.): Handbuch der Sonderpädagogik – Band 6. Pädagogik bei Verhaltensstörungen. Berlin: Ed. Marhold im Wiss.-Verl. Spiess. 1061-1085.

Vernooij, Monika A. (1994): Unterricht in der Schule für Erziehungshilfe nach dem Prinzip TOS – exemplarisch dargestellt an der (sonder-) pädagogischen Nutzung der Transaktionsanalyse. In: Goetze, Herbert (Hrsg.): Pädagogik bei Verhaltensstörungen – Innovationen. Bad Heilbrunn /Obb.: Klinkhardt. 104-126.

Vester, Frederic ([20]1993): Denken, Lernen, Vergessen. München: Dt. Taschenbuch-Verlag.

VN-BRK (Behindertenrechtskonvention der Vereinten Nationen) (2008): Gesetz zu dem Übereinkommen der Vereinten Nationen vom 13. Dezember 2006 über die Rechte von Menschen mit Behinderungen sowie zu dem Fakultativprotokoll vom 13. Dezember 2006 zum Übereinkommen der Vereinten Nationen über die Rechte von Menschen mit Behinderungen vom 21. Dezember 2008. Im Internet unter: www.un.org/Depts/german/uebereinkommen/ar61106-dbgbl.pdf. Abruf vom 02.01.2013.

Wachtel, Peter (1998): Zur Weiterentwicklung des Systems der sonderpädagogischen Hilfen. In: Sonderpädagogik in Rheinland-Pfalz. Mitteilungen des vds-Landesverbandes Rheinland-Pfalz e.V., 28 (4), 5-21.

Wagner, Angelika C. (1987): Schülerzentrierter Unterricht. Über die psychologischen Schwierigkeiten, guten Unterricht zu machen. In: Gesellschaft für wissenschaftliche Gesprächspsychotherapie e.V. (Hrsg.): Rogers und die Pädagogik. Theorieanspruch und Anwendungsmöglichkeiten des personenzentrierten Ansatzes in der Pädagogik. Weinheim, München: Juventa. 13-78.

Walker, Jamie (1993): Gewaltfreie Konfliktaustragung lernen – aber wie? Erfahrungen an einer Grundschule in Berlin-Kreuzberg. In: Spreiter, Michael (Hrsg.): Waffenstillstand im Klassenzimmer. Weinheim: Beltz. 208-251.

Wallrabenstein, Wulf (1991): Offene Schule – Offener Unterricht. Reinbek: Rowohlt.

Wember, Franz B. (2014): Direkter Unterricht. In: Wember, Franz; Stein, Roland & Heimlich, Ulrich (Hrsg.): Handlexikon Lernschwierigkeiten und Verhaltensstörungen. Stuttgart: Kohlhammer. 107-110.

Werbik, Hans (1983): Perspektiven handlungstheoretischer Erklärungen von Straftaten. In: Lösel, Friedrich (Hrsg.): Kriminal-Psychologie. Grundlagen und Anwendungsbereiche. Weinheim: Beltz. 85–95.

Werning, Rolf (1995): Gleichheit, Verschiedenheit, Integration. Lehrer lernen ihre Kinder neu sehen. In: Pädagogik 47 (10), 30-33.

Werning, Rolf (1996): Anmerkungen zu einer Didaktik des Gemeinsamen Unterrichts. In: Zeitschrift für Heilpädagogik 47 (11), 463-469.

Wertgen, Alexander (2014): Schule und Kinder- und Jugendpsychiatrie. In: Wember, Franz; Stein, Roland & Heimlich, Ulrich (Hrsg.): Handlexikon Lernschwierigkeiten und Verhaltensstörungen. Stuttgart: Kohlhammer. 208-209.

WHO (World Health Organization) (Hrsg.) (2011): ICF-CY. Internationale Klassifikation der Funktionsfähigkeit, Behinderung und Gesundheit bei Kindern und Jugendlichen. Übersetzt und herausgegeben von Judith Hollenweger und Olaf Kraus de Camargo unter Mitarbeit des DIMDI. Bern: Huber.

Willmann, Marc (2006): Pädagogisch-therapeutische Unterrichtsmodelle im Förderschwerpunkt Emotionale und Soziale Entwicklung – eine Literaturübersicht zu didaktischen Konzepten der Pädagogik bei Verhaltensstörungen. In: Heilpädagogische Forschung 32 (2), 76-90.

Willmann, Marc (2007): Die Schule für Erziehungshilfe / Schule mit dem Förderschwerpunkt *Emotionale und Soziale Entwicklung*: Organisationsformen, Prinzipien, Kooperationen. In: Reiser, Helmut; Willmann, Marc & Urban, Michael: Sonderpädagogische Unterstützungssysteme bei Verhaltensproblemen in der Schule. Bad Heilbrunn: Klinkhardt. 13-69.

Willmann, Marc (2008): Schule für Erziehungshilfe, Förderschule im Bereich Emotionale und soziale Entwicklung. In: Gasteiger Klicpera, Barbara; Julius, Henri & Klicpera, Christian (Hrsg.): Sonderpädagogik der sozialen und emotionalen Entwicklung. Göttingen: Hogrefe. 686-700.

Willmann, Marc (2010a): Schulische Erziehungshilfe. In: Ahrbeck, Bernd & Willmann, Marc (Hrsg.): Pädagogik bei Verhaltensstörungen. Ein Handbuch. Stuttgart: Kohlhammer. 67-75.

Willmann, Marc (2010b): Verhaltensstörungen als Erziehungsproblem: Zur pädagogischen Position im Umgang mit schwierigem Verhalten. In: Ahrbeck, Bernd & Willmann, Marc (Hrsg.): Pädagogik bei Verhaltensstörungen. Stuttgart: Kohlhammer. 205-214.

Willmann, Marc (2012): De-Psychologisierung und Professionalisierung der Sonderpädagogik. Kritik und Perspektiven einer Pädagogik für „schwierige" Kinder. München: Reinhardt.

Winkel, Rainer (1986): Antinomische Pädagogik und Kommunikative Didaktik. Studien zu den Widersprüchen und Spannungen in Erziehung und Schule. Düsseldorf: Schwann.

Winkel, Rainer (1989): Pädagogik bei Verhaltensstörungen in Regelschulen – Möglichkeiten und Grenzen einer Pädagogischen Psychiatrie. In: Goetze, Herbert & Neukäter, Heinz (Hrsg.): Handbuch der Sonderpädagogik – Band 6. Pädagogik bei Verhaltensstörungen. Berlin: Ed. Marhold im Wiss.-Verl. Spiess. 283-300.

Winkel, Rainer ([8]1995): Die kritisch-kommunikative Didaktik. In: Gudjons, Herbert; Teske, Rita & Winkel, Rainer (Hrsg.): Didaktische Theorien. Hamburg: Bergmann u. Helbig. 79-93.

Winkel, Rainer ([5]1993; [9]2009): Der gestörte Unterricht. Diagnostische und therapeutische Möglichkeiten. Bochum: Kapp (1993); Baltmannsweiler: Schneider (2009).

Winkler, Michael (1995): Erziehung. In: Krüger, Heinz-Hermann & Helsper, Werner (Hrsg.): Einführung in Grundbegriffe und Grundfragen der Erziehungswissenschaft. Opladen: Leske + Budrich. 53-69.

Zaudig, Michael; Wittchen, Hans-Ulrich & Sass, Henning (2000): DSM-IV und ICD-10 Fallbuch. Göttingen: Hogrefe.

Ziegenspeck, Jörg ([4]1992): Erlebnispädagogik: Rückblick – Bestandsaufnahme – Ausblick. Bericht über den gegenwärtigen Entwicklungsstand der Erlebnispädagogik in der BRD unter besonderer Berücksichtigung der Lüneburger Anstöße und Projekte. Lüneburg: Verl. Ed. Erlebnispädagogik.

Zimbardo, Philip G. ([6]1995): Psychologie. Berlin: Springer.